濉溪年鉴

SUI XI NIAN JIAN

2017

濉 溪 县 人 民 政 府　主办
濉溪县地方志办公室　　编

方志出版社
Publishing House of Local Records

图书在版编目（CIP）数据

潍溪年鉴. 2017/ 濉溪县地方志办公室编. -- 北京：
方志出版社，2019. 1
ISBN 978-7-5144-3625-9

Ⅰ. ①濉… Ⅱ. ①濉… Ⅲ. ①濉溪县—2017—年鉴
Ⅳ. ①Z525. 44

中国版本图书馆 CIP 数据核字(2019)第 050665 号

濉溪年鉴（2017）

编　　者：濉溪县地方志办公室
责任编辑：朱 姝
出 版 人：冀祥德
出 版 者：方志出版社
地址　北京市朝阳区潘家园东里 9 号（国家方志馆 4 层）
邮编　100021
网址　http://www.fzph.org
发　　行：方志出版社图书经销中心
电话（010）67110500
经　　销：各地新华书店
印　　刷：合肥锦华印务有限公司
开　　本：889×1194　1/16
印　　张：14.875
字　　数：430 千字
版　　次：2019 年 1 月第 1 版　2019 年 1 月第 1 次印刷
印　　数：0001～1000 册
ISBN 978-7-5144-3625-9　定价：160.00 元

濉溪县地方志（年鉴）编纂委员会

名誉主任：赵德志

主　　任：郭海磊

副 主 任：张　利　亓　峰　任　婷

成　　员：吴　飞　赵德光　郑　林　祁克勇　陆　建　陈　光
李　磊　丁正武　黄夫良　潘海船　蔡晓春　周　鹏
单春晓　程振华　徐亚军　陈安厚　张　平　刘须芹
欧阳玲　李军培　李敬乾　贾维维　李端新　王　莉

《濉溪年鉴（2017）》编纂人员

主　　编：贾维维

副主编：高　翔

编　　辑：李　冕　邱克难　束强华

编 辑 说 明

一、《濉溪年鉴（2017）》以马克思列宁主义、毛泽东思想、邓小平理论、“三个代表”重要思想、科学发展观、习近平新时代中国特色社会主义思想为指导，坚持辩证唯物主义和历史唯物主义的立场、观点和方法，以《地方志工作条例》为依据，系统记载濉溪县2017年全县经济、政治、文化、社会等各项事业发展的基本情况，真实、客观地反映濉溪县各级党委、人民政府的主要工作、经济建设、社会发展和社会主义精神文明建设的重大成就，突出地方特色和时代特色，力求科学性、系统性和全面性相统一。

二、《濉溪年鉴》由濉溪县地方志办公室承编，县直各部门、各乡镇政府办公室及有关单位提供资料。除特载、县情概述、人物，镇、企业、学校、医院和宣传图片内容超出断限外，其他记述资料时限均为2017年1月1日至2017年12月31日。领导干部名录以2017年12月31日为限。

三、《濉溪年鉴（2017）》采用分类编辑法，设置类目、分目、条目三个层次，条目为记述内容的主要形式。类目设特载、大事记、县情综述、农业 水利、工业 园区建设、商贸、交通运输 通信、城乡建设及管理、财税 金融业、综合管理、中共濉溪县委员会、濉溪县人民代表大会常务委员会、濉溪县人民政府、政协濉溪县委员会、人民团体、法治 军事、文化 教育 科技、卫生 人口计生、社会生活、乡镇概况、人物、附录、索引。卷首插入彩页，图文并茂。

四、《濉溪年鉴（2017）》统计数据源自濉溪县统计局，县统计局无该项统计数据的，采用各单位提供的数据。由于各单位统计的来源、口径、方式、方法或时间的不同，部分数据不尽一致。

五、数字用法、标点符号、计量单位分别执行国家标准《出版物上数字用法》（GB/T 15835—2011）、《标点符号用法》（GB/T 15834—2011）、《国际单位制及其应用》（GB 3100—1993）和《有关量、单位、符号的一般原则》（GB 3101—1993）。历史上使用的计量单位，如斗、石、里、尺、磅、华氏度等，在引文时可照录。考虑到社会使用习惯，全书中亩不统一换算。

六、中华人民共和国成立前的纪年，使用朝代年号纪年，括注公元年份；中华民国成立后的纪年，均使用公元纪年。

濉溪县行政区划图

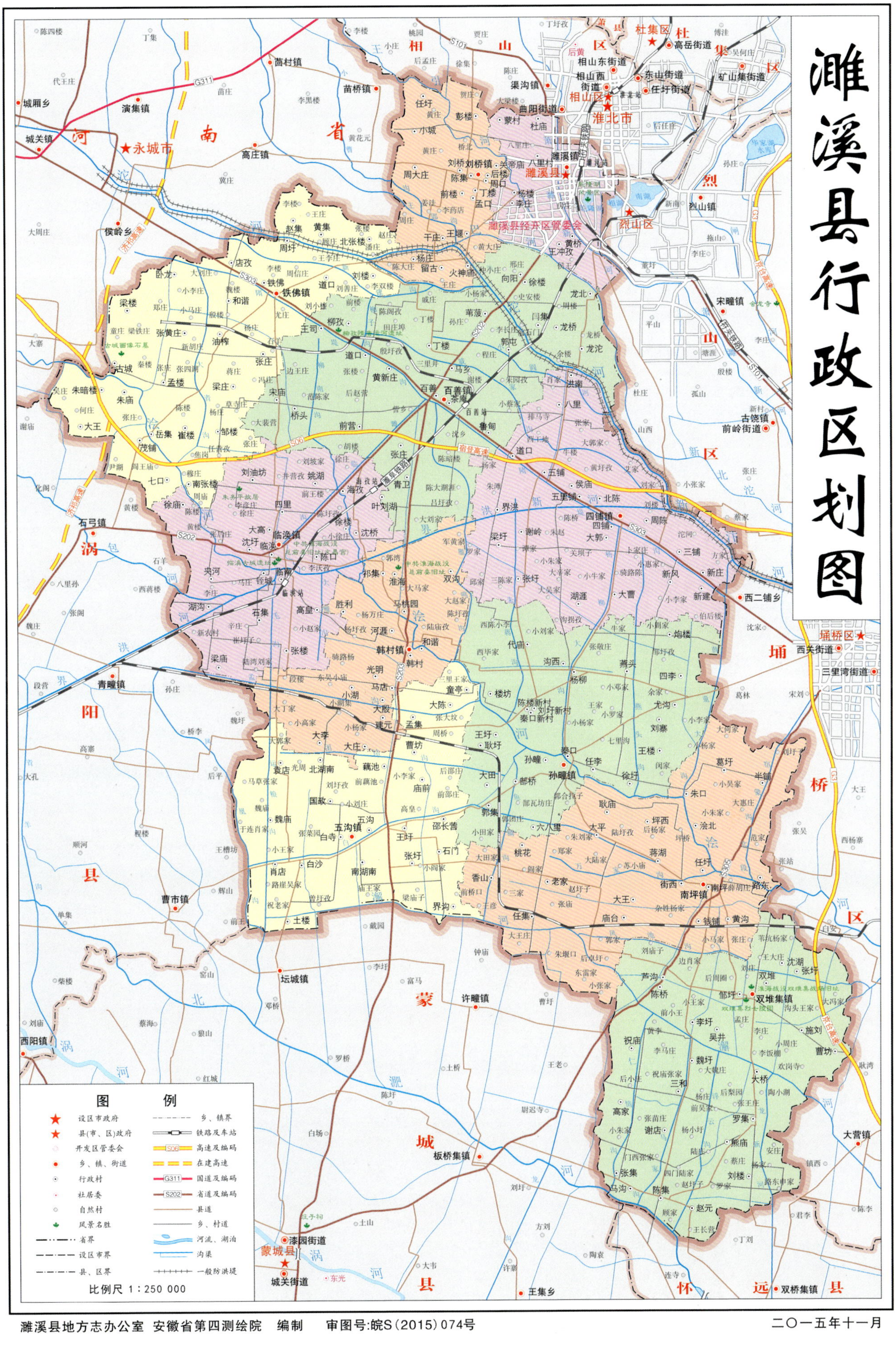

濉溪县地方志办公室 安徽省第四测绘院 编制 审图号:皖S(2015)074号

二〇一五年十一月

濉河上的新濉河大桥

濉溪经济开发区一角

柳孜文化园的园内南湖　　马复哲 摄

百善镇乡村风景　　张红心 摄

1月11日，省委常委、常务副省长吴存荣（右二）到淮北市开展慰问调研活动

岳建文 摄

3月7日，副省长方春明（右三）到濉溪县四铺镇、百善镇调研扶贫开发工作

岳建文 摄

9月15日，省委第二巡察工作督查组组长、省委副秘书长、督查室主任骆方平（右二）一行到濉溪，督查县委巡察工作暨巡视整改情况 陈立伟 摄

11月19日，市委副书记、市长戴启远（右二）深入濉溪县孙疃镇走村入户督查精准扶贫工作

万善朝 摄

11月2日，市委常委、县委书记李加玉（左二），县委副书记、县长赵德志（左一）调研县城园林绿化工作 陈丽伟 摄

5月26日，县委副书记、县长赵德志（图中）现场调度秸秆禁烧工作

11月14日，县委副书记、县长赵德志出席2017年中国铝加工与润滑技术交流研讨会暨安徽淮北濉溪铝产业发展高端论坛并致辞

11月14日，濉溪县荣获“安徽曲艺之乡”称号，授牌仪式在首届运河流域鼓书曲艺展演上举行

目 录

工业 园区建设

商 贸

交通运输 通信

城乡建设及管理

财税 金融业

综合管理

中共濉溪县委员会

濉溪县人民代表大会常务委员会

濉溪县人民政府

政协濉溪县委员会

人民团体

法治 军事

文化 教育 科技

卫生 人口计生

社会生活

乡镇概况

人　物

附　录

索　引

特 载

县委书记李加玉在县委十一届四次全体（扩大）会议上的报告（节选）

一、坚决落实首要政治任务，学懂弄通做实十九大精神

党的十九大是在全面建成小康社会决胜阶段、中国特色社会主义进入新时代的关键时期召开的一次十分重要的大会，是一次在新的历史起点上开启党和国家事业新征程的大会。习近平总书记所作的报告通篇闪耀着马克思主义的真理光芒，是一个举旗帜、指方向、明方略、绘蓝图的好报告，是我们党进入新时代、踏上新征程、书写新篇章的政治宣言和行动纲领。学习党的十九大精神，关键是学习习近平总书记所作的重要报告和党章，学习习近平新时代中国特色社会主义思想，要在学懂上下功夫,在弄通上下功夫，在做实上下功夫，把握思想精髓、核心要义，切实用以武装头脑、指导实践、推动工作。

全县各级党组织要高度重视、加强领导、精心组织，把学习宣传贯彻党的十九大精神，学习宣传贯彻习近平新时代中国特色社会主义思想，作为当前和今后一段时期的首要政治任务，作为党的理论武装工作的重点任务，面向全县党员开展多形式、分层次、全覆盖的学习培训，读原著、学原文、悟原理，做到学深悟透、真用笃行。

一要认真学习好，切实做到入心入脑。各镇党委、县直各党组（党委）理论学习中心组要集中学习，学深学透、融会贯通；各级党员领导干部要带头学习，充分发挥表率作用；县委党校要把党的十九大精神作为党员干部教育培训的“必修课”，对全县科级以上党员干部进行集中轮训，分期分批对党员干部进行系统培训；各基层党组织要深入学习，做到人员、时间、内容、效果“四落实”；广大党员干部要自觉学、认真学、反复学、结合实际学，确保党员干部学习全覆盖。

二要广泛宣传好，切实做到家喻户晓。要加大宣传力度，积极组织各级各类新闻媒体开辟专栏专题，精心策划、集中报道，形成强大的宣传声势。要保持宣传热度，推动党的十九大精神进企业、进农村、进机关、进校园、进社区，让干部群众鼓足干劲；要拓展宣传深度广度，深入基层开展宣讲活动，切实把党的十九大精神讲清楚、讲明白，让老百姓听得懂、能领会、可落实，达到统一思想、凝心聚力的效果。

三要深入贯彻好，切实做到落地生根。坚持把学习贯彻党的十九大精神，学习贯彻习近平新时代中国特色社会主义思想，与推动“两学一做”学习教育常态化制度化结合起来，与开展“不忘初心、牢记使命”主题教育结合起来，与做好当前工作、完成全年任务、谋划明年思路结合起来，聚焦总目标、打好组合拳，明确具体抓手，形成实招硬招，切实把全县广大群众利益守护好、稳定好、发展好。

二、主动高效作为成绩显著，全面夯实二次创业基础

今年以来，我县以迎接和宣传贯彻党的十九大精神为全部工作主线，面对经济下行压力持续加大等各种严峻形势，全县上下坚持发展第一要务，聚焦转型崛起，大力实施“五大发展行动”，着力推进产业发展、深化改革、社会治理、民生工程以及党的建设等重点工作，经济社会各项事业呈现“总体向好、稳中提速、质量提升”的良好态势，为“实施二次创业、实现争先进位”奠定了坚实基础。

（一）经济运行态势更稳

坚持把稳增长摆上首要位置，以新发展理念为指引，围绕实体经济产业转型，深入推进“一创双加”行动计划，大力开展“双实”活动，加速转型、跨越崛起的态势更加明确。经济蓄势勃发，争先进位可期。预计全年实现地区生产总值300亿元，同比增长9%，有望继续跻身全省前十；实现规模工业增加值145亿元，同比增长12%；完成固定资产投资314亿元，增长13%；完成财政收入33.8亿元，增长12%；城镇和农村常住居民人均可支配收入分别为26510元、11530元，分别增长8.5%和9%。产业结构优化，工业主导凸显。加大新兴产业培育补位力度，积极引育生物质能发电、新能源汽车关键零部件等新兴产业，着力发展铝基新材料和高端装备制造，拓展提升食品加工、纺织服装等传统产业，全年新增规模工业企业25家、总量达294家。加速农业现代化进程，养殖业止滑转稳，小麦产量实现“十四连丰”，新型农业经营主体加快发展，农民专业合作社782个，家庭农场1073个，农民收入稳定增长。加快现代服务业集聚升温，各种新业态、新模式不断涌现，房地产健康发展，商贸流通、电商业规模快速壮大，建成2000平方米电商服务中心和3个农村物流快配中心，服务业对经济增长的贡献率达30%。项目推进有力，增长后劲充足。进一步健全项目建设“四督四保”工作机制，完善县级领导联系重点项目制度，加强项目谋划储备，加快实施铝基产业提升、棚户区改造、南部次中心建设、交通网络建设等“十大工程”，预计全年可完成投资131.6亿元，进一步增强了发展后劲。

（二）改革创新动能更强

坚持突出问题导向，聚力创新攻坚，以改革破解发展难题，以创新厚植发展优势。各项改革深入推进。扎实推进行政审批及商事制度改革，清理规范中介服务事项40项，县（镇）公共服务事项819项。推进投融资等市场化改革，深化金融体制改革，放宽放活民间投资，创新投入方式，设立产业基金，为企业进入资本市场融资提供政策和资金支持。统筹抓好农村综合改革、新型城镇化、医药卫生等试点，各项改革协同推进、形成合力。开放水平大幅提升。顺应招商引资新常态，设立战略性新兴产业发展专项资金，全力创优招商环境，引资总量和质量实现了新突破。预计全年引进亿元以上项目47个；实际到位外资2.4亿美元，完成进出口总额2.5亿美元，利用外资规模继续保持全省县级领先。县开发区和濉芜产业园管理体制有序调整，县开发区已进入国家级开发区培育期，被纳入国家商务部管理考核序列；濉芜产业园坚持创新集聚、产城融合，全年签约3亿元以上项目11个，其中10亿元以上项目1个。创新活力充分激发。坚持创新驱动，聚焦提质增效。2017年，新认定国家级高新技术企业8家，预计全年可实现增加值29亿元，同比增长13%。通过“以铝联姻”，成功举办铝产业发展高端论坛，省铝制品监督检验中心积极争创国字号。设置创新发展专项资金，用于奖补智库建设。每年投入500万元资金，重点支持华中天力等涉铝企业创建省级以上企业技术中心、工程（技术）研究中心，省级以上企业技术中心达12家。坚定不移实施人才强县战略，重于引才，敢于用才，精于育才，善于留才，努力打造县域性人才高地。

（三）城乡建设品质更高

统筹城乡一体发展,加快推进以人为本的新型城镇化，城乡面貌显著变化，人居环境持续改善。加快城市建设步伐。编制完成南部次中心战略规划、刘桥等4个镇总体规划和农村生活污水处理等9个专项规划，着力形成县城、片区、中心镇的一体化规划体系。加快老城改造、河西拓展和南部片区开发，县文体中心、二中新校区等公共服务项目快速推进，南部次中心起步区路网和拆迁安置稳步实施，城市南进西跨框架基本成型，南北齐头并进、两翼互动的双城格局初步显现。加大环境治理力度。扎实抓好中央和省环保督察反馈问题整改，组织实施了水污染防治、大气污染防治等多项专项整治，全面推进污染减排。认真落实禁烧各项措施，午季、秋季秸秆禁烧实现零火点。采煤沉陷区综合治理纳入全国试点，乾隆湖生态修复、刘桥镇居民搬迁加快实施。大力实施城镇园林绿化提升行动，新增绿化面积约62万平方米，荣获“国家园林县城”称号。持续推进农村“三大革命”和“三线四边”环境整治，城乡环境得到有效改善。加速美丽村镇进程。紧紧围绕美丽乡村建设重点，坚持因地制宜，量入为出，整合资金1.2亿元，全县21个示范点全部按规划推进各类项目建设，为推动新型城镇化夯实了镇域发展基础。统筹用地保障、融资支持、管理体制等各方面举措，全方位支持培育百善、临涣等特色小镇建设。积极引导县城基础设施和公共服务向农村延伸，构筑城乡快捷一体的交通、通讯、信息等公共服务网络。

（四）社会治理招数更实

按照推进社会治理现代化的要求，以信息化为基础，以网格化管理、社会化服务为方向，积极探索社会治理方式创新，不断提升社会治理水平。统筹推进城乡文明。坚持以建促创、以创带建，新获“第二届安徽省文明县”“第三届安徽省未成年人思想道德建设工作先进县”等荣誉称号，有力助推了淮北市成功创建全国文明城市。深化核心价值观宣传教育，濉溪好人馆建设已完成方案设计，全县共45人荣登“中国好人榜”，总数位居全省县级第一，巩固了“好人濉溪”的精神品牌。在全省率先发动移风易俗行动，建立18个示范村，推动了乡风文明建设。全力维护社会稳定。继续推行信访积案化解行动，深化依法分类处理信访诉求工作，在全国“两会”“十九大”等重大节会活动期间，实行加密接访、有案随接，有力保障了社会稳定。深入推进平安建设，着力强化治安巡逻防控，构筑“打、防、管、控”一体化社会治安防控体系，群众安全感和满意度显著提升。扎实推进基层自治。深化城乡社区建设，试点开展以村民小组或自然村为基本单元的村民自治工作。持续开展社区网格化管理，基本实现城乡社区全覆盖。坚持积极引导和依法管理并重，促进社会组织明确权责、依法自治、发挥作用。

（五）民生改善成色更足

把保障改善民生民计、提高群众生活水平作为一切工作的出发点和落脚点，努力实现好、维护好、发展好广大人民的根本利益，不断提高广大群众幸福指数。民生工程提标扩面。大力实施31项民生工程，全年投入各类资金19.42亿元。强力实施棚户区改造，全年棚改开工16711套，开工率达134.8%。加快推进农村道路畅通工程，完成张百路等县乡道路373.6公里。扎实推进脱贫攻坚，全年累计投入扶贫资金1.37亿元，预计实现7810人脱贫、15个贫困村出列。社会事业统筹推进。教育教学质量水平快速提升，义务教育基本均衡发展县顺利通过国家验收，校车运营实现县域全覆盖，高考本科达线率连续三年大幅攀升，3人进入全省前100名，取得历史性突破。深化医药卫生体制综合改革，扎实推进家庭医生签约服务工作，组建由县医院、县中医院牵头，覆盖全县基层医疗卫生机构的两个县域医共体，域外就诊率下降3.92%。文化旅游事业蓬勃发展，成功举办首届“柳孜大运河文化艺术节”，荣获“安徽省曲艺之乡”称号，文化软实力持续提升。保障机制不断完善。城乡居民养老保险、医疗保险实现全覆盖，城乡最低生活保障应保尽保。全面落实各类救助政策，健全社会福利服务体系和社会保障救助机制，实现保障标准与经济发展同步提高。积极开展农民工等人员返乡创业试点和小老板培育工程，促进创业就业，预计全年新增私营企业1350家，个体工商户6750户，实现以创业带动就业近3.9万人。

（六）管党治党措施更硬

坚持把党的建设作为各项工作的基石，以省市委巡视巡察为契机，严明纪律抓配合，即知即行抓整改，举一反三抓长效，着力解决党的领导弱化、党的建设缺失、从严治党不力等问题。夯实党建工作基础。深化“两单两函两考”工作法，硬化党组织书记党建述职评议制度，全面压实党建责任制。构建“一策两制三评双纪实”机制，大力推进基层党组织标准化建设。打造“行走的党支部”，设立“红心小屋”，探索在自然村建立党支部，不断提升基层党组织在乡村振兴中的组织力。实施“红绿金”乡土人才培育工程，建立县镇村三级“开放式”党校，抓实软弱涣散村党组织集中整顿，全力推进抓党建促脱贫进程。在全市率先开展村级后备干部选拔工作，集中公选183名村级扶贫干部、448名村（居）后备干部及386名村（居）储备人才，为明年村（居）“两委”换届打下坚实基础。坚持党管干部原则，突出政治标准，树立一线导向，创新“三评三晒三听”考察公示法，大力选拔敢拼敢闯、善谋善为、实绩突出的干部，全年共调整配备干部13批次273人。推动作风建设深入。突出问题导向，开展“一桌餐”、公款购买消费白酒、一把手五不直接分管、环保督察问题问责等专项行动，坚决打击村霸和宗族恶势力，严肃查处扶贫领域腐败问题和不正之风，着力解决不作为、乱作为问题。今年以来，共查处违反中央八项规定精神问题26个，给予党政纪处分39个，对7起典型问题点名道姓通报曝光。保持高压反腐态势。坚持零容忍惩治腐败，全年共立案370件，给予党政纪处分382人，其中科级干部11人，移送司法机关15人。强化监督执纪问责，成立县委巡察办和巡察组，分别对县卫计委、县交通局等7家单位进行两轮巡察，共发现问题89个，移交有关线索9条。全面推进派驻和监察体制改革，设置派驻（出）纪检组20个，实现党政机关、人民团体全覆盖，顺利完成县监察委组建人员转隶工作。县委常委会高度重视自身建设，认真贯彻落实民主集中制，注重同县几套班子的协调配合，充分发挥民主党派和群团组织的作用，统揽全局、协调各方的核心作用进一步加强。

各位委员、同志们，回首今年，县委常委会从全局着眼，从关键入手，从难点突破，全县经济发展在下行压力较大情况下，实现逆势上扬。这得益于上级党委、政府的正确领导和大力支持；得益于全县上下紧盯目标不放松、攻坚克难抓落实的信心决心；更得益于县四套班子精诚团结、步调一致、凝心聚力、共谋发展的良好氛围。尤其是在座的各位同志，承受了比过去更大的压力，付出了比过去更多的辛劳!在此，我代表县委常委会，向大家表示衷心的感谢和崇高的敬意!

三、找准自身差距正视不足，科学拟定争先进位目标

（一）正确研判形势

分析明年形势，我县发展中仍面临许多困难和挑战。一是新旧动能接续乏力。经济总量不大和产业层次不高并存，土地、资金、人才等要素制约突出，科技创新的驱动力不强，在新一轮激烈的区域竞争中动能优势不明显。二是城乡建设任重道远。城乡发展轮廓不清、南部片区开发强度不够，特别是主城区市县一体化不快、融合度不高，在全市首位度明显不足；“半城市化”问题还没有彻底解决，城中村改造、烂尾楼处置的任务还很艰巨，城乡环境“脏乱差”等基础设施短板突出。三是民生改善任务繁重。刚性需求持续快速增长，教育、医疗、养老等公共服务的覆盖面、均衡性、优质率都还不高，社会治理还有不少薄弱环节。四是干事激情仍显不足。有的干部思想观念陈旧，对外来新生事物缺乏开放包容态度；工作中不敢担当，干一阵歇一阵，缺乏闯劲韧劲；作风效能问题依然存在，权力运行还需规范，营商环境亟待加力。对这些问题，我们必须高度重视，在今后工作中认真加以解决。

（二）科学定位目标

当前，世界多极化、经济全球化、社会信息化、文化多样化深入发展，我国经济发展新常态的特征更加明显，经济长期向好的基本面没有改变。中央推进“一带一路”建设、长江经济带发展、京津冀协调发展三大战略，实施供给侧改革和“三去一降一补”；省委、省政府主动适应经济发展新常态，大力支持皖北地区加快发展、实施调转促行动计划；市委、市政府全力实施中国碳谷·绿金淮北战略，全国文明城市获评，快速通道运行，高铁联络线通车在即，浍河通航等项目加快实施，为我县厚积薄发、奋勇前行提供了机遇，濉溪的发展优势日益凸显，发展潜能加速释放，内生动力持续增强，争先进位之路不断明晰。

基于以上认识，县委对明年工作的总体要求是：全面贯彻落实党的十九大精神，以马克思列宁主义、毛泽东思想、邓小平理论、“三个代表”重要思想、科学发展观、习近平新时代中国特色社会主义思想为指导，统筹推进“五位一体”总体布局、协调推进“四个全面”战略布局，坚持发展第一要务不动摇，大力实施“五大发展行动”，深入贯彻中国碳谷·绿金淮北战略，高效推进“双实活动”，为加快新时代“四个濉溪”建设、确保实现在全省争先进位目标奠定坚实基础。

2018年经济社会发展主要目标是：生产总值增长8%以上；规模工业增加值增长11%以上；财政收入增长10%以上；固定资产投资增长12%以上；社会消费品零售总额增长11%以

上；城镇和农村常住居民人均可支配收入分别增长8.5%、9%；城镇登记失业率、人口自然增长率和节能减排等指标控制在省、市规定的范围以内。

围绕上述目标，结合濉溪实际，必须把握好以下要求：

——坚决做强产业发展最大支撑。坚持工业强县不动摇，加快发展战略性新兴产业，改造提升传统优势产业，大力发展现代服务业，做大经济体量，优化经济结构，确保主要经济指标在全省位次明显前移、贡献份额明显增加。

——全力驱动改革开放最大引擎。全面完成中央及省市委确定的改革任务，重要领域和关键环节改革取得实质性进展，体制机制更加完善。深度融入徐宿淮经济圈，重点推进对外合作，全面提升开放型经济水平。

——牢牢抓住城镇建设最大推手。不断加快新型城镇化，持续优化城乡发展格局，大幅提升城市建设品质内涵。加强环境保护与治理力度，主要污染物排放、综合能耗达到省控目标，美丽乡村建设深入推进，农村环境明显改善。

——充分释放民生民计最大红利。居民收入与经济发展同步增长，基本公共服务体系更加健全，社会保障体系更加完善，城乡就业更加充分，平安濉溪建设深入推进，坚决打赢脱贫攻坚战。

——全面筑牢从严治党最大保障。进一步强化管党治党责任，提升各级领导班子能力和水平，切实加强干部队伍建设，持续增强党组织创造力凝聚力战斗力，党的制度建设更加完善，反腐倡廉惩防体系更加健全。

四、勇于开拓创新强势推进，跨步提升“四个濉溪”建设

2018年是全面贯彻落实十九大精神的开局之年，是实施“十三五”规划承上启下的关键一年。全县上下必须突出重点领域、抓住关键环节、找准突破路径，积极谋划全局，在皖北振兴中奋勇竞进、争创一流，为加快新时代“四个濉溪”建设提供有力支撑。

（一）经济争先，综合实力再上新台阶

要牢牢把握经济发展新常态这个大逻辑，坚持以实体经济为基础，以转型升级为突破口，加快传统产业高端化、优势产业集群化、新兴产业规模化。

推动实体经济做大做强。以供给侧结构性改革为重要抓手，突出做好顶层设计，持续完善产业政策，不断扩大有效和中高端供给，为经济社会平稳持续健康发展增添动力和活力。要围绕调结构推进去产能，改造落后工艺，着力实施“腾笼换鸟”，多措并举盘活土地和厂房资源，逐步实现“僵尸企业”市场出清。完善地方金融服务体系，规范各类金融活动，持续扩大政银担、税融通、续贷过桥资金规模，让资本市场更好更稳定的服务实体经济，支持优秀企业做大做强。要围绕提效益推进降成本，强化政策落实，优化发展环境，推动实体经济健康发展。

力促产业结构优化升级。坚持“工业强县”主战略不动摇，抢抓“中国制造2025”机遇，紧扣铝基新材料、装备制造等主导产业，努力做大总量，提升质量和产业层次，培育千亿产业集群。加快战略性新兴产业发展，抢占新能源、新材料、节能环保、电子信息四大新兴产业“战略制高点”。加快提升现代农业，重点推进百善现代农业综合示范区争创国家农业可持续发展试验示范区和国家现代农业产业园，引导产业规模集聚，推动农村一二三产融合发展。大力发展现代服务业尤其是生产性服务业，重点发展现代物流、文化旅游、现代商贸、大健康等产业，力争建成2个省级服务业集聚区，不断提高服务业比重和质量。

扭住重点项目挂挡提速。要拿出更多精力、花费更大气力，做好项目谋划、争取、实施和管理工作，全力以赴加快推进重点项目建设进度。要深入分析新常态下中央及省、市委支持的新业态，找准优势资源与产业政策、发展需求与扶持导向的结合点，重点围绕省五大发展行动计划、我县重点工程和主导产业研究谋划项目，力争全年论证储备各类重点项目50项以上。严格落实容缺预审、全程代办等制度，开通重点项目绿色通道，一切围绕项目转，一切盯着项目干，努力做到落地项目快开工、开工项目快投产、投产项目快见效。要加强“四督四保”督查考核，健全完善目标责任机制、台账管理机制、动态管控机制、运行调度机制和督查考核机制，进一步强化项目带动意识，充分发挥好投资对稳增长、调结构、惠民生的关键作用。

（二）改革当先，创新发展谋求新突破

改革开放是我们党在新的历史时期最鲜明的旗帜，是实现“两个一百年”奋斗目标和伟大复兴中国梦的基石。我们必须要坚持深化改革，扩大对外招引，向改革要动力,以创新促发展。

深化改革优化要素供给。要紧紧抓住并用好深化改革这个“关键一招”，让各种要素有效集聚、各方市场充分利用、各类主体竞相发展。在承接落实好中央和省市委部署任务的同时，刀刃向内、破字当头，积极探索、注重实效。要继续深化行政体制改革，推进权责清单优化升级，进一步精简行政审批事项。深化商事制度改革，加快实施“五证合一、一照一码”，构建“亲”“清”新型政商关系。深化金融改革创新，拓宽中小微企业融资渠道，加强政府融资平台建设，降低企业和政府融资成本，积极防控金融风险。深化农村综合改革，重点抓好资源变资产、资金变股金、农民变股东的“三变”改革，着力在深化农村集体产权制度改革、构建新型农业经营体系、健全农业支持保护制度、创新和完善乡村治理机制等方面走在前列。

扩大开放加强招商引资。着力强化招商引资核心地位，继续重点围绕铝基新材料、高端装备制造、农产品精深加工“2+1”主导产业及电子信息、节能环保、现代服务业等产业，根据供需“上下游”的产业链条关系，紧盯长三角、珠三角等重点区域以及央企、国企、上市公司和知名民企，积极走出去，主动引进来，努力形成招商工作新常态。在符合省市政策法规前提下，积极制定实施更加符合县情、更具竞争力的招商政策，在招引龙头项目中赢得先机和主动。完善招商引资考核办法，加强工作督查，不断壮大驻广东、上海等专业招商队伍，充分发挥专业招商人员作用。大力推进以商招商、节会招商、委托招商、“互联网+招商”、人才资源招商等新型方式，有针对性地做好产业延链补链，形成倍增效应。

创新体制提升平台建设。深入实施创新驱动发展战略，激活各类创新要素和资源，努力建设一批研发中心，培育一批创新型企业，转化一批科技成果，研发一批创新产品。把产业园区建设作为新型工业化的主要平台，集聚全县资源，推进濉溪经济开发区、濉芜产业园和各镇园区整合优化，积极创建国家级开发区，为全县经济发展增添新动力。完善双创政策体系，大力实施小老板培育工程，重点抓好青年创业、农民工返乡创业、大学生村官创业“三支创业队伍”。加强中小企业服务体系建设，加快中小企业创业园、农民工创业园、大学生创业园等建设，支持发展众创、众包、众筹，激活创业主体，鼓励干部干事业、百姓创家业、能人创企业。

（三）环境居先，城乡统筹厚植新优势

统筹城乡发展是新型城镇化的题中要义，是增强县域综合竞争力的关键举措。必须坚持城乡统筹、县镇一体，强化区域联动，努力走出生活富裕、生态良好的绿色发展之路。

丰富品质城镇内涵。深入开展国家新型城镇化试点，在深化户籍制度改革、农村宅基地制度改革、促进城乡公共服务均等化等方面积极探索，充分释放新型城镇化的内需潜力，保障农业转移人口进得来、留得下、有保障、能发展。大力提升城镇规划水平和建设水平，建立信息平台，积极推进“多规合一”。重点实施老城区改造、旧城区提升、河西区拓展等基础设施配套工程，完善服务居住功能。加快南部次中心建设，坚持高标准规划，实现综合功能、生态绿化、建设品质、文化内涵和服务水平等“五大提升”，打造一座泗许高速沿线绿色新型城镇，辐射和带动县域南部地区经济社会全面发展。深耕细作柳孜大运河遗址文化传承和利用，推进临涣古城保护与复兴，打造濉溪文化名片。深入开展全国文明县城等“三城同创”和环境整治行动，提升城乡文明程度，确保城乡面貌全域改观。

推进美丽村镇建设。大力实施乡村振兴战略，积极争取城镇基础设施、生态修复、环境整治等方面的项目资金，主攻有基础和特色优势产业，建设完整产业生态圈，打造培育2~3个特色小镇品牌。强化镇驻地扩容提升，加大治脏、治乱整治力度，加强基础设施建设和公共服务配套，提升小城镇建设管理水平。要突出风貌保护，着力从优化环境、移风易俗等基础入手，完成25个中心村建设，推动乡村面貌整体跃升。加快推进农村饮水、道路、污水和垃圾处理等基础设施建设；注重产业发展，把乡村建设与发展旅游结合起来，培育一批旅游特色村、专业户，让群众得到更多实惠。

提升生态建设水平。严守资源消耗上限、环境质量底线、生态保护红线，实行最严格的环境保护制度，构建完善的政府、企业、公众共治环境治理体系，全面推进各类污染物综合防治和环境治理，不断改善城乡环境质量。严把环保准入关，逐步建立覆盖所有固定污染源的企业排放许可制，落实企业环境风险隐患整治和防控主体责任。打好大气、水、土壤污染防治三大战役，解决好影响人民群众健康的突出环境问题。全面加强水资源综合利用，建设节水型社会。实施全民节能行动计划，优先发展公共交通，鼓励自行车等绿色出行，推动全社会形成绿色消费自觉和勤俭节约风尚。实行生态环境保护党政同责、一岗双责，完善生态文明绩效评价考核和责任追究制度。

（四）民生优先，成果共享释放新红利

民生无小事，枝叶总关情。要着力推进以脱贫攻坚和民生改善为重点的社会建设，顺应人民群众对美好生活的向往，多谋民生之利，多办民生之事，多解民生之忧，持续增进人民群众获得感。

加快推进脱贫攻坚。要把脱贫攻坚作为头等大事和第一民生工程，全面贯彻落实精准扶贫精准脱贫基本方略，坚持抓精细保精准，进一步增强党政推动力、市场拉动力、群众原动力，做到帮扶措施全覆盖、监测评估全覆盖、防范返贫全覆盖、责任落实全覆盖。按照“两不愁、三保障”的脱贫目标，健全和落实精准到村到户的扶贫工作机制，集中资源，集中力量，大力推进产业扶贫、就业扶贫、金融扶贫等“九大扶贫工程”，绝不让一个贫困村、一个贫困群众掉队。建立健全扶贫核查、评估、退出和问责等机制，严把脱贫质量进度关，做到脱贫真实、退出有序，坚决完成脱贫攻坚任务，努力创造经得起实践、历史和群众检验的业绩。

着力增进民生福祉。要继续深入实施民生工程，持续加大民生投入，提高资金使用效率，集中做好普惠性、基础性、兜底性民生工作，着力解决好人民群众最关心最直接最现实的利益问题。坚持把教育放在优先发展的战略地位，不断优化调整教育结构和布局，实施教育振兴工程，培育一流名校和优质教育资源。大力推进健康濉溪建设，加强基层医疗卫生基础设施和服务网络建设，强化医疗、医保、医药“三医联动”，力争在分级诊疗制度、全民医保制度、药品供应保障制度建设上取得更大突破，提高群众就医满意度。加强计划生育服务管理，进一步落实好全面两孩政策，促进人口长期均衡发展。保障妇女儿童合法权益，积极应对人口老龄化。发展残疾人事业，努力实现“人人享有康复服务”目标。完善就业促进政策，坚持以创业带动就业，加大对重点群体和困难人员就业帮扶力度，实现零就业家庭动态“清零”。持续增加城乡居民收入，完善最低工资增长机制，多渠道增加居民收入，逐步缩小城乡收入差距。

不断创新社会治理。要坚持完善党委领导、政府主导、社会协同、公众参与、法治保障的体制机制，提高社会治理水平，维护社会和谐稳定。健全落实社会治安综合治理领导责任制，深入推进平安濉溪建设，创新社会治安防控体系，深化执法规范化建设，依法防范和惩治违法犯罪活动，严肃查办恶性案件和多发性案件，打击电信网络新型犯罪，保持对违法犯罪活动高压态势，不断提升群众安全感和满意度。推进县、镇、村三级综治维稳信访中心（站）建设，加强社会稳定风险防控，推进信访法治化建设，落实重大事项社会稳定风险评估机制，有效预防和及时排查化解矛盾纠纷。完善安全生产管理体制机制，加强食品药品安全监管，健全突发公共事件应急管理机制，完善自然灾害监测预警应急体系，提高综合防灾救灾减灾能力，确保人民群众安居乐业、社会大局安定有序。

（五）党建领先，从严治党锻造新引擎

履行新使命，实现新目标，关键在党。我们必须要把全县各级党组织和党员干部队伍建设好，着力加强党的政治建设、思想建设、组织建设、作风建设和纪律建设，为全面建成小康社会提供坚强政治保证和组织保证。

聚焦铸魂补钙，筑牢团结奋斗的思想根基。坚持不懈用习近平新时代中国特色社会主义思想武装头脑、指导实践、推动工作，进一步坚定“四个自信”。不断改进和创新学习方式，发挥各级党委（党组）中心组的示范引领作用，推动“两学一做”学习教育常态化制度化。严格落实意识形态工作责任制，强化舆论引导，加大外宣力度，守好各类宣传思想阵地，在重大政治原则问题上旗帜鲜明，敢于发声、善于发声，弘扬主旋律，传播正能量。加大干部教育培训力度，强化理论武装，切实增强“四个意识”，真正做到在党言党、在党护党、在党为党。创新群众工作体制机制和方式方法，推动工、青、妇等群团组织增强政治性、先进性、群众性，发挥联系群众的桥梁纽带作用，组织动员人民群众坚定不移跟党走。

聚焦队伍建设，锻造务实创新的中坚力量。强化党委的领导把关作用，抓住“关键少数”，严把选人的政治关、作风关、能力关、廉政关，坚决防止干部“带病提名”“带病提拔”。要健全完善县管领导班子和领导干部年度考核办法，注重不同类型、不同年龄段领导干部的选拔培养。拓宽基层干部上升通道，完善县直、各镇（园区）不同行业单位之间的干部交流工作，加强优秀年轻干部、女干部、少数民族干部、党外干部培养选拔，积极选派干部挂职锻炼,注重干部在基层一线的经历和实际工作中的表现，特别是关键岗位、艰苦环境的扎实历练。进一步完善鼓励干部干事创业的激励和容错纠错机制，制定“为官不为”干部问责办法，加大懒政怠政问题整治力度，让想干事的有机会、能干事的有舞台、干成事的有地位、不干事的让位子、乱干事的受惩戒。

聚焦固本强基，打造坚强有力的战斗堡垒。围绕“抓基层、打基础”这一中心，加大非公经济和社会组织党建工作力度，全面推进农村、企业、社区、机关和学校等基层党组织建设。认真落实基层党建“三个清单”，完善党建工作述职评议考核，培育一批“叫得响”的基层党建示范点。加强对党员特别是流动党员的教育、管理、监督和服务，提高党员素质，增强党性，不断提高党员管理工作科学化水平。强化基层党组织政治功能和服务功能，进一步加大对老党员和困难党员的激励关怀帮扶。扎实做好明年村（社区）两委换届工作，全面整顿软弱涣散基层党组织，推进村（社区）服务型党组织建设，打造服务载体，创建党建品牌，强化整体功能，确保基层党组织有资源、有能力为群众服务。

聚焦正风肃纪，构建风清气正的政治生态。紧紧扭住党风廉政建设主体责任这个“牛鼻子”，层层压紧压实党委主体责任、纪委监督责任和领导干部“一岗双责”。坚持纪在法前、纪严于法，严格贯彻执行《中国共产党廉洁自律准则》《中国共产党纪律处分条例》和《中国共产党问责条例》，加大纪律审查力度，真正把纪律规矩挺起来、立起来、严起来。把握运用好监督执纪“四种形态”，做到抓早抓小、防患未然。深化监察体制改革，大力推动工作磨合、人员融合，构筑规范内部运行、纪法衔接的制度体系，使改革真正实现“1+1>2”的预期成效。加大专项治理力度，积极回应社会和群众关切。以零容忍的态度深入推进反腐败斗争，严格依纪依法查处各类腐败案件，既坚决查处发生在领导机关和领导干部中的腐败问题，又坚决遏制基层不正之风和腐败现象，坚持无禁区、全覆盖，保持惩治腐败的高压态势，以反腐倡廉的实际成效取信于民。

县长赵德志在濉溪县第十七届人民代表大会第二次会议上的讲话（节选）

一、2017年工作回顾

今年以来，我们在中共濉溪县委的坚强领导下，以习近平新时代中国特色社会主义思想为指引，深入学习贯彻党的十九大精神，牢固树立“五大发展理念”，深入开展“一创双加”和“双实”活动，大力推进“五大发展行动计划”，紧紧依靠全县人民，凝心聚力、抢抓机遇，稳中求进、砥砺前行，县域经济呈现出实力增强、结构优化、质量提升的良好态势，民计民生、社会事业、社会治理取得新进步。

一年来，经济实力持续增强。全年，预计实现地区生产总值300亿元，增长9%；规模工业增加值145亿元，增长12%；财政收入33.8亿元，增长12%；固定资产投资314亿元，增长13%；社会消费品零售总额96.2亿元，增长11%。其中：前三季度，地区生产总量居全省县级第7位，有望连续3年保持在全省县级前10强。1~10月，规模工业增加值增速居全省县级第7位；财政收入总量位居全省县级第13位。

一年来，城市形象显著提升。园林绿化、河湖治理深入推进，县城生态文明环境显著提升，“水脉相连、水绿交融、城水共生”的滨水园林之城形象日益彰显，跻身“国家园林县城”。文明创建成效凸显，群众素质显著提升，成功晋级“第二届安徽省文明县”和“第三届安徽省未成年人思想道德建设先进县”。全民科学素质显著提升，获“全国科普示范县”称号。

一年来，双创活力充分迸发。全年预计新增城镇就业1.8万人，城镇登记失业率控制在4%。市场主体蓬勃发展，新增私营企业1350家、个体工商户6750户。“凤还巢之路”典型做法被纳入省政府县域经济发展“十大路径案例”。全国农民工返乡创业试点示范现场会将于明年1月份在我县召开。城乡居民生活水平持续提高，城镇和农村居民人均可支配收入分别达到26510元、11530元，分别增长8.5%、9%。

一年来，两大名片更加靓丽。成功举办“2017年中国铝加工与润滑技术交流研讨会暨濉溪铝产业发展高端论坛”，国内知名专家学者、铝加工企业家等300多人参会，濉溪铝业知名度进一步提升。成功举办首届柳孜大运河文化艺术节，首届运河流域八省市鼓书曲艺展演等系列文化宣传活动精彩纷呈，彰显了我县独特的文化艺术魅力，擦亮了运河文化名片。

一年来，我们重点做了以下工作：

（一）强产业，优结构，转型崛起迈开新步伐

工业经济稳中有进、进中趋优。出台支持科技创新20条、加快新型工业化发展等政策，设立3000万元新型工业化发展专项资金，开展“四送一服”活动，促进工业提质增效。预计，全年新增规模工业企业25家，总数达294家；完成工业投资160亿元，增长10%；技改投资90亿元，增长10%。华中天力等163家产值超亿元企业支撑明显，实现产值575亿元，占全部规模工业产值的85%。新动能加快成长。全年新增战略性新兴企业9家，总数达21家，预计实现产值109亿元，占全部规模工业产值的16%。铝产业集聚态势初步形成，涉铝企业达45家，全年预计实现产值145亿元，增长25%。创新能力持续增强。新认定广博机电等高新技术企业8家，总数达21家，全年预计实现增加值29亿元，增长13%。省级技术中心达12家、工业精品5个。艾瑞库车业、金鸿盛电气荣获“2017年省级两化融合贯标试点企业”。理士电源、口子酒业跻身“2017全省民营企业百强榜”。服务业提速发展、成效明显。出台支持现代服务业发展18条政策，支持商贸、电商等服务业发展。国家电子商务进农村综合示范县稳步推进，中瑞公司跻身全省电子商务50强，县电子商务产业园跻身2017年省级电子商务集聚区、2016-2017安徽省电子商务示范园区。商贸流通体系日趋完善，限上商贸单位增至145家。临涣镇入选第三批“安徽省千年古镇”。韩村小李家红色景区被评为国家3A级旅游景区。柳孜薰衣草庄园开园迎客。乾隆湖景区和老城石板街更新保护等旅游项目加快推进。

（二）抓调度，破难题，项目建设取得新突破

突出铝基产业集聚、棚户区改造等“十大重点工程”，落实“四督四保”、要素保障等工作机制，项目建设扎实推进。230个重点项目，全年预计完成投资180亿元，带动全县固定资产投资增长13%。一批产业项目建成投产，为新动能培育壮大增添了后劲。利丰电器、广博机电二期等铝产业项目加快建设，富厚电气、新品源锂电池等项目竣工试产。易事特等6个光伏项目并网发电，浦发秸秆发电、鸿源煤气发电项目基本建成；中远溪风电场项目破土动工，全县在建新能源装机规模超过60万千瓦。一批棚户区实施块状化改造，改造规模、投资额度创历史新高。全年完成房屋征收面积165万平方米，符夹线以东老城区连片改造面积达1.98平方公里，河西区改造面积1.06平方公里。实施四里庄等棚改项目15个，乾隆湖环境整治等重点项目3个。全年完成棚改投资47亿元，实施开工16711套。一批综合交通工程项目加快建设，城乡交通环境大幅改善。实施并完成农村道路畅通工程373.6公里，南双路、百临路等一批县乡道路建成通车。“一航两港两闸”加快推进。南部次中心规划建设稳步推进。次中心战略规划、起步区控规编制完成，建设方案通过市政府批准，总体城市设计和专项规划加快编制。起步区初步谋划项目23个，估算总投资约36.6亿元。其中，起步区棚改安置房、雁鸣大道项目具备建设条件，即将开工建设。县委党校、科技规划档案馆等项目前期工作正有序推进。一批要素瓶颈得到有效破解。全年报批土地9000亩，保障了南部次中心、河西区城镇化等重点项目用地。争取各类政策性资金超10亿元，为新型城镇化、文化旅游等重点项目提供了资金保障。在全省率先被纳入全国重点采煤沉陷区综合治理工程试点，已获批资金2.016亿元。

（三）重改革，促开放，经济发展彰显新活力

各项改革扎实推进。深入推进“五证合一”等商事制度，启动“多证合一”改革和全程电子化试点，政府权力、责任、涉企收费和公共服务、中介服务清单更加完善。县政务服务中心推行朝九晚五、窗口无权否决等制度，审批事项办理时限从平均5个工作日缩减至2个工作日。金融财税改革深入推进。通过设立产业基金、续贷过桥资金等方式，帮助企业融资78亿元。美信铝业实现并购上市，大自然种猪在新三板挂牌。淮北农商银行濉溪支行开业，银行金融机构达12家。全面落实“营改增”、结构性减税降费等改革政策，累计为企业减轻税费负担 1.2亿元。招财引智成果丰硕。出台招商引资促进政策等4个配套文件，县四套班子领导带头赴上海、广州、深圳等地洽谈招商，与上海大学签署了技术转移战略协议，一批项目签约或落地。预计，全年新引进亿元以上规模项目47个；签约项目49个，涉及投资量176亿元。引进省外资金100亿元，利用外资2.4亿美元。园区发展势头强劲。县开发区配套完善、产业集聚效应突显，争创国家级开发区工作进入培育期，被纳入国家商务部管理考核序列。省铝制品质量监督检验中心争创国家级检验中心工作加快推进。创建国家火炬铝基新材料特色产业基地顺利通过答辩。开发区规模工业企业增至96家。濉芜产业园水电气、安置房等配套设施日趋完善，入驻规模工业企业12家，斯瓦克汽车部件等12个项目加快建设，北工汽车部件、麦能电器等项目试生产。百善食品工业园污水处理厂加快建设，皖雪食品等一批规模工业企业发展壮大。开放水平持续提升。鼓励巨成化工等企业增加出口量，帮助莱博特相框等企业扩大生产。全年，预计完成进出口总额2.5亿美元；新增出口实绩企业7家，总数达36家。理士电源跻身2017全省民营企业进出口百强榜，位列第9位。

（四）强功能，提品位，城乡面貌实现新提升

围绕“三城同创”目标，推进安居、畅通等六大工程，城乡基础设施持续完善，生态文明环境持续优化。城乡规划体系日趋完善。县城绿地系统规划、农村生活污水处理专项规划、供电专项规划等9个专项规划编制完成，“多规合一”的县域空间规划、乡村建设规划加快编制。县开发区和濉芜产业园实现控规全覆盖。百善、南坪等4镇完成总体规划修编。河西区框架全面拉开。岱河西路、百合路等4条道路基本完工，体育馆、图书馆、文化馆、体育场、老年大学、濉溪二中新校区等一批地标项目加快建设，中梁·国宾天下、君悦澜山等商住项目开盘销售，人气商气加速集聚。老旧城区功能不断完善。结合老城棚户区改造，完成5条道路设计，闸河中路贯通、浍河东路改造加快推进。实施县城亮化工程，累计整治背街小巷32条，恒大西门等停车场建成使用。居民住房有效保障。推出农民进城购房奖补政策，促进房地产市场发展。目前，已售地1188亩，成交额13.55亿元；房地产开发面积61.3万平方米；商品房销售面积41.5万平方米，增长24%。恒大名都四期二标、河西棚户区安置房2个项目获省标准化工地称号。生态文明环境持续优化。大力推进秸秆禁烧，深入开展燃煤锅炉、施工扬尘、餐饮油烟治理等八大污染专项治理行动，空气质量明显改善。实施园林绿化提升行动，县城6个出入口、碱河路北游园等一批绿色项目建成使用。开展造林绿化行动。新增造林面积4.1万亩，建设森林长廊示范段20.8公里、生态廊道1.1万亩。创建省级森林城镇1个、森林村庄10个。建立县镇村三级河长制，开展萧濉新河和老濉河整治、濉临沟分段清淤等专项治理，完成老濉河5处排水口截污工作，黑臭水体得到有效治理。

（五）强基础，助三农，农业农村实现新发展

全面落实强农惠农和农业减负政策，农业农村工作平稳较快发展。小麦平均单产500.3公斤，连续5年稳固小麦单产“千斤县”地位。农业发展新动能不断增强。新型农业经营主体蓬勃发展，家庭农场达1073家，其中市级以上示范家庭农场132家；农民专业合作社达782家，其中国家级农民专业合作社3家。农业品牌建设持续推进，新增“三品一标”获证企业7家，其中“临涣酱包瓜”获批国家地理标志保护产品，15个农产品获得绿色食品认证。农业产业化水平持续提升。国内知名农业产业化龙头企业汉世伟集团、牧原集团入驻濉溪，规模以上农产品加工企业达66家。五铺现代农业科普示范区申报国家现代农业生态旅游庄园已通过省级评审。五铺农场与西北农林科技大学合作，建立生态循环农业博士后科研工作站。农村集体产权制度改革试点扎实推进，土地确权登记工作通过省级验收。美丽乡村建设扎实推进。实施美丽中心村建设和自然村环境整治，开展农村垃圾、污水、厕所专项整治，推动农村环境“三大革命”向纵深发展，农村生活垃圾治理通过省级验收，开展孙疃、铁佛、四铺、双堆集4镇驻地建成区整治，村容村貌焕然一新。百善镇黄新庄村跻身“第五届全国文明村镇”。农业基础设施得到新改善。黄桥闸、徐楼闸除险加固、小型水利改造提升等项目扎实推进，连续22年荣获省“江淮杯”奖。完成新一轮农村电网改造升级工程，农村供电基础设施大大改善。

（六）惠民生，促和谐，社会事业取得新进步

脱贫攻坚扎实推进。以“重精准、补短板、促攻坚”专项行动、动态调整和大排查为抓手，全面推行以自然村为单位的“民主评议”，脱贫攻坚“九大工程”深入实施，扶贫工作更加务实、脱贫过程更加扎实、脱贫成效更加真实。全年投入扶贫资金1.37亿元。健康扶贫全面落实，贫困户医疗补偿比例达90%；教育扶贫全面到位，发放教育资助金1235.2万元，资助贫困家庭学生5099人；产业扶贫成效显著，22个贫困村“一村一品”全面达标，到户产业项目覆盖率达97.8%；就业扶贫积极推进，全年开发1715个就业扶贫公共服务岗位，11个创业扶贫星火园基本建成使用；金融扶贫亮点纷呈，全年发放小额扶贫贷款1.5亿元，社保兜底扶贫、社会扶贫等深入推进，为全年7810人脱贫、15个贫困村出列奠定了坚实基础。民生工程深入实施。全年投入民生工程资金19.42亿元，实施31项民生工程，农村危房改造、城市老旧小区整治、农村饮水安全等一批民生工程项目实施完成。居民养老健康体系更加健全。城乡居民基本医疗保险、城乡居民大病保险项目持续推进，各项社会保险覆盖面稳步扩大。提高低保和特困人员供养标准。教育、就业、大病救助等社会救助体系不断完善。社会事业全面进步。“义务教育发展基本均衡县”通过国家评估认定。城区新改建恒大小学等6所学校。引进2家校车服务公司，学生乘车更加安全舒适。高考实现新突破，一批优秀学子被北大、复旦等著名高校录取。科技事业加快发展，新增发明专利申请390件、专利授权173件。全民健身和竞技体育扎实开展，我县被评为“全省创建体育强县示范县”。县级公立医院改革、基层医改、县级医共体、家庭医生签约、分级诊疗等医改政策扎实推进，开展濉溪名医、最美村医评选，看病难、看病贵问题得到有效解决。文化事业繁荣发展。临涣唢呐等5个项目入选安徽省第五批非物质文化遗产名录。我县被评为“安徽曲艺之乡”。人口计生工作取得新成绩。精神文明建设成绩卓越，45人荣登“中国好人榜”，居全省县级第一。国防动员、人防和双拥优抚工作深入开展，民族宗教、外事侨务、统计调查、防震减灾、气象、档案、地方志、老龄、残联、青年、妇女儿童等工作取得新成绩。社会治理能力不断提升。扎实开展“百日除患铸安”等专项行动，安全生产形势持续稳定。推进高清监控系统二期建设，社会治安防控体系日益完善。成功争创“全国平安农机示范县”。非法经营成品油市场专项整治工作通过省市验收。食品药品监管得到加强。综治维稳、矛盾纠纷化解等机制不断完善，社会大局和谐稳定，人民群众安全感持续增强。

各位代表，我们在推进经济社会发展的同时，始终不忘加强自身建设，大力推进“放管服”改革，政府职能加快转变。政府效能明显提升。推进互联网+政务服务，28家单位122项审批事项可在线预约办理，县镇村一体化、智能化服务体系基本建成。主动接受人大和政协监督，全年办理市县人大代表议案建议68件、政协委员提案140件。加强督查问效和执纪问责，强化项目建设、精准扶贫等重点工作督查，保障了政令畅通。法治建设深入推进。“七五”普法活动扎实开展。深化信息公开，加强政民互动，政务公开、政府网站建设工作获省政府通报表扬。政府预决算和“三公”经费全面公开。出台重大事项决策公众参与办法等8项办法，政府依法决策、依法行政、依法管理能力持续提升。权力监管更加有效。重点领域和重大项目审计监督得到加强，截至11月底，审计政府性投资项目833个，审减资金8583万元。完成政府性投资建设工程招投标项目793个，节约资金1.13亿元；政府采购开标项目380个，节约资金0.26亿元。政治生态环境优良。深入开展“两学一做”学习教育和“讲重勇作促”等专题教育。严格落实中央八项规定精神，自觉遵守《准则》《条例》，开展“酒桌办公”、“一桌餐”等专项整治，党员干部作风持续改进。坚持“零容忍”惩治腐败，严肃查处了一批违纪违法案件。

各位代表，过去的一年，我们遇到的困难和压力非比寻常，但取得的成效十分显著，尤其在产业培育、创业就业、脱贫攻坚、文明创建等方面亮点频现。这是县委正确领导的结果，是县人大、县政协监督支持的结果，更是全县人民团结奋斗的结果。在此，我代表县人民政府向全县人民，向人大代表、政协委员，向各民主党派、工商联、无党派人士和人民团体，向各位老领导、老同志，向武警官兵和政法干警，向所有为濉溪发展做出贡献的社会各界人士，表示崇高的敬意和诚挚的感谢！

与此同时，我们也清醒地认识到经济社会发展中还存在不少困难和问题，主要是：主导产业发展层次不高，创新驱动能力不足；农业规模化集约化发展水平偏低，农产品附加值不高；服务业发展滞后，与人民群众多层次、多样化消费需求还有较大差距；县城功能有待增强，城乡协调发展有待加力；教育、文化、医疗等公共服务供给还有不少短板。同时，极少数政府工作人员作风不实、为官不为，一些领域腐败现象和“四风”问题时有发生。对此，我们一定高度重视，采取有效举措，认真加以解决。

二、2018年工作建议

2018年，是深入贯彻党的十九大精神的第一年，是实施“十三五”规划、全面建成小康社会、加快濉溪转型崛起的重要一年，做好全年的工作意义重大。

2018年政府工作的总体要求是：坚持以习近平新时代中国特色社会主义思想为指引，认真学习贯彻党的十九大精神，深入贯彻中国碳谷·绿金淮北战略，扎实开展“双实”活动，大力实施工业强县、创新驱动、质量品牌战略，着力推进“五大发展行动计划”，全面深化供给侧结构性改革，育强产业促转型，推进项目强支撑，精准招商添活力，保护环境优生态，改善民生促和谐，建立现代化经济体系，为加快新时代“四个濉溪”建设、确保实现在全省争先进位目标奠定坚实基础。

2018年，经济社会发展主要预期目标为：地区生产总值增长8%以上；规模工业增加值增长11%以上；固定资产投资增长12%以上；社会消费品零售总额增长11%以上；财政收入增长10％以上；城镇和农村常住居民人均可支配收入分别增长8.5%以上、9%以上；人口自然增长率和节能减排指标控制在省市规定范围内。要重点做好九个方面工作：

（一）聚焦创新驱动、动能转换，在产业转型升级上奋力突破

工业是濉溪经济发展的“脊梁”。坚持质量第一、效益优先，深化供给侧结构性改革，完善支持民企发展政策，提高全要素生产率，支持企业降本增效、创新发展，促进工业经济“强筋壮骨”。

增量+存量强主业、育龙头，壮大产业规模。大力实施“规模企业上规模、小型企业进规模、新上项目促达产”三项工程，推进“四送一服”活动常态化，助力企业降本减负、加快发展。督促斯瓦克汽车部件、利丰电器等新建项目早日投产、纳入统计，北工汽车部件、金鸿盛电气等企业达产达效、成长壮大，双林工贸、口子街酒厂等规下企业增效提质、转为规上企业。鼓励现有企业通过增资扩股、嫁接盘活、技改扩建，实现创新发展。筛选一批主业突出、辐射明显、竞争力强的龙头企业和优质项目，给予重点扶持，培育领军型、标杆型企业。全年新增规模工业企业20家，完成工业投资175亿元，增长10%。推进美信铝业二期、广博机电二期、力普拉斯等技改项目建设，全年完成技改投资100亿元，增长10％。

基地+基金强铝基、促集聚，助力产业转型。围绕打造“铝产业千亿板块”目标，高标准编制铝产业发展规划。借助省铝基战新基地品牌、铝业原料库、4.5亿元产业基金等优势，吸引优质人才、资本、要素、项目向基地集聚，培育、壮大一批涉铝行业，提升铝产业集聚度和发展水平。瞄准铝产业链缺失环节、高端环节推进精准招商，推动产业链向终端延伸、价值链向高端拓展，打造精良铝产业，为促进战略性新兴产业发展、建设制造强县积蓄新动能。全年完成铝产业产值160亿元以上，铝加工企业总数达50家以上，培育年销售10亿元企业2家。

创新+创造提品质、创品牌，推进产业升级。大力实施“高新技术企业培育、园区科技提升、产学研开放创新、知识产权战略”四大工程，着力推进产学研深度融合，加快实现依靠创新驱动的引领型发展，增强建设现代化经济体系的战略支撑。支持美信铝业等4家企业申报高新技术企业。积极争创国家火炬铝基材料特色产业基地。鼓励企业依托优势、特色和支柱产业，增品种、提品质、创品牌，新增省名牌企业3家、安徽工业精品2个。强化商标和名牌培育，推进质量体系建设，争创“安徽省质量强县示范县”。新增注册商标220件，培育驰名商标2件、著名商标7件。

（二）聚焦补足短板、增强支撑，在扩大有效投资上奋力突破

重点项目是扩投资的“牛鼻子”、促转型的“主引擎”、补短板的“助推器”。我们将牢牢抓住，全力推进，加快实施一批优质项目，为经济发展增后劲、添活力。

谋深谋实重点项目。坚持经济工作项目化、项目工作责任化。紧扣基础设施、产业发展、民生保障、生态文明等重点领域，谋划实施浍河经济带、大运河文化产业带、S202、S203经济走廊等“两带一廊”战略举措，重点实施一批全局性、战略性、基础性重点项目。持之以恒推进实施铝基产业集聚、汽车零部件产业培育、新能源产业壮大、南部次中心建设、河西区整体城镇化、棚户区改造、生态文明建设、综合交通网络、文化旅游开发、乡村振兴等“十大重点工程”。年内安排重点项目193个，年度计划投资233.1亿元。

高效推进重点项目。高标准建设南部次中

心，采取PPP+产业导入模式，破解资金、人才、技术难题，趟出社会资本参与产城开发新路子，打造县域经济发展新引擎。全面启动南部次中心起步区基础设施和棚改安置房、县委党校、学校、医院等项目建设。开工建设美信铝业二期高精铝箔和光电隔热智能膜等铝基新材料项目，谋划申报汽摩配零部件重大新兴产业工程，加快光伏、风力、生物质等新能源发电项目建设，推进英科高端医用手套等先进制造业项目建设，构建“三重一创”现代产业新体系。加快河西区文体场馆等标志性工程建成投运，推进以石板街为中心的老城区整体棚改进度。加速S101、S203改建二期、“一航两港两闸”、淮北—蚌埠城际高铁等重大交通项目的谋划建设，构建综合立体交通新优势。推进柳孜运河景区、临涣古镇开发等文化旅游项目建设。加快农田水利建设、乡村医疗教育提升、人居环境整治，促进农村经济振兴发展，推动新型城镇化取得新突破。

全力保障重点项目。深化县领导联系调度、“四督四保”等制度，完善目标责任、台账管理、动态管控、运行调度和督查考核机制，促进重点项目加快建设。聚焦脱贫攻坚、产业转型升级、重大水利工程、交通运输等重点领域，争取中央预算内资金和专项资金、基金，支持项目建设。推广PPP等新型投融资模式，吸引更多社会资本、投资基金广泛参与重点项目建设。确保全年新开工超亿元项目57个，建成30个以上。

（三）聚焦创优环境、增强载体，在招商选资引智上奋力突破

招商引资是濉溪经济发展的“生命线”。继续把招商引资作为经济工作的关键抓手，创新思路，强力招商，提升招商引资针对性、成功率。

锁定重点抓招商、引项目。瞄准长三角、珠三角、京津冀等重点地区，围绕铝基新材料、机械装备制造、农副产品精深加工等主导产业，推进以商招商、专业招商、以会招商、产业招商、园区招商，引进标杆项目和龙头企业，力争在引进全国500强、民企500强、上市企业等方面实现突破。围绕满足企业生产和群众消费需求，加大科技、信息、金融、物流、养老、大型商业综合体、专业化市场等服务业项目招商力度，重点推进中国二冶集团华东地区总部落户濉溪。加强与国内高等院校、科研院所等战略合作，引进一批科技创新、新兴产业项目带头人，建设重点实验室、研发中心、中试基地、科技加速器等研发平台。全年引进省外资金110亿元，利用外资2.45亿美元；完成规模项目固定资产投资58亿元，引进超5亿元项目7个。

精准服务优环境、促落地。完善落实招商项目全程代办、窗口无权否决等制度，简化审批流程，实施容缺承诺机制，争创“全国百佳不动产登记便民利民示范窗口”，打造“全省审批事项最少、办事效率最高、投资环境最优、企业和群众获得感最强”的城市，营造亲商、重商、安商的投资环境。对在谈、意向和签约项目，提供“家政式服务”，力促中科众瑞镍氢动力电池、轻量化车体等项目早签约早落地。

围绕需求建载体、强配套。针对企业具体化、多元化需求，增强园区综合配套和专业服务能力，吸引优质资源、人才、资本向园区集聚。提升县开发区创新能力和产业集聚水平，争创国家级开发区。依托省铝制品质量监督检验中心，推进国家级铝制品检验中心建设。推进县开发区、濉芜产业园10万平米标准化厂房建设，加快县开发区国安能源供热、铝原料库等配套项目建设。在园区规划建设产业服务中心，引进与现有企业配套的上下游产业服务项目。百善食品工业园结合南部次中心建设，加快污水处理等基础设施建设，增强项目承载功能。

（四）聚焦环境优良、宜居宜业，在完善城镇功能上奋力突破

坚持让城市更美丽、让百姓生活更幸福。实施区域协调发展战略，推进新型城镇化建设，增强城镇综合承载能力，加快农业转移人口市民化进程，打造配套完善、生态宜居的新家园。

推进规划提升工程，描绘“美丽城市蓝图”。在县城总体规划指导下，修编老城区、旧城区、河西区控制性详规，完善各类专项规划编制。推动城乡规划、土地利用规划、生态环境保护规划等“多规合一”，形成合理的城镇、农业和生态空间布局。突出创新、协调、绿色、文化等特点，加强城市设计，塑造城市特色风貌，尽快完成南部次中心城市设计和8个专项规划编制。规范规划审批机制，强化“规划即法”意识，严肃查处违反城乡规划行为，维护规划的权威性、科学性、严肃性和一贯性。

推进城市“双修”工程，共筑“生态宜居梦”。实施城市修补、生态修复，增强城市功能，优化生态环境，争创全国文明县城、国家生态园林城市和安徽省卫生县城。加快沱河东路、S202（改为城市道路）等8条道路改造，拓宽改造沱河路老濉河闸，推进智能公交站台、电动汽车分时租赁等项目建设，实施城乡道路客运公交一体化改造。强化供水、供气、污水处理等公共事业管理。践行“绿水青山就是金山银山”理念，实施净空、净水、净土、增绿专项行动。推进工业污染物排放、建筑施工扬尘、秸秆禁烧等综合整治，打赢“蓝天保卫战”。推进萧濉新河、南沱河、怀洪新河、乾隆湖、凤栖湖“三河两湖”生态保护和修复，打造水清、河畅、岸绿、景美佳境。落实最严格的耕地保护制度，加强面源污染防控。推进闸河东路公园等园林景观和S202省道两侧、闸河西路等道路绿化工程建设，提升市场化、精细化管绿护绿水平，构筑城在绿中、绿在城中的园林生态体系，巩固提升国家园林县城创建成果。开展造林绿化攻坚，推进森林城市、森林城镇、森林村庄和森林长廊建设。

推进“两治三改”工程，编织“幸福安居梦”。围绕老城区改造提升、城市空间拓展、园区土地释放、南部次中心建设，高效推进棚户区改造，用3年左右时间，实现老城变新城、旧城换新颜、河西区基本建成、南部次中心框架拉开。加快建设北苑风景、东观御园等老城区棚改项目，完善教育、医疗、商业及水电气等市政设施，让老城人民喝上干净的自来水，享受优质的生活配套服务。加快老旧小区改造，通过道路硬化、排水管道疏通等，让小区“脱胎换骨”。坚持依法、公正、阳光征收，全年完成房屋征收任务131万平方米。推进城市执法体制改革，提升城市法治化、精细化、数字化管理水平，有效治理违法建设和违法用地。

推进特色小镇建设，托起百姓“产业致富梦”。坚持因地制宜，培育特色主导产业，推进镇政府驻地扩容提质，完善基础设施和公共服务体系，加强自然生态和历史文化保护，打造2–3个特色小镇。刘桥镇要依托凤栖湖湿地公园等项目建设，推进自行车运动体育小镇建设。百善镇要依托省级现代农业综合开发示范区载体，发挥柳孜大运河遗址世界文化遗产等优势，推进百善田园综合体试点项目建设。临涣镇要发挥古镇、红色和茶馆等文化资源优势，结合古镇开发项目建设，打造特色小镇。

（五）聚焦支农惠农、富农利农，在振兴乡村经济上奋力突破

农村稳则天下安，农业兴则基础牢。坚持农业农村优先发展，实施乡村振兴战略，培育农村发展新动能，整治提升农村新面貌，打造“村庄美、产业兴、农民富、环境优”的美丽乡村。

做强产业“富农村”。深化农业供给侧结构性改革，构建现代农业产业体系、生产体系、经营体系。做大做强粮食产业。推进4万亩高标准基本农田治理、增粮工程、粮安工程等项目建设，提升农业科技服务水平，优化农机装备结构，建设100万亩专用品牌粮食、50万亩标准化优势种子生产基地，打造国家优势农作物制种基地。提高规模化产业化水平，引进和培育销售收入超亿元农业产业化龙头企业5家。突出项目支撑、科技引领，推进百善现代农业综合示范区争创国家农业可持续发展试验示范区，五铺现代农业科普示范区争创国家级农业科技示范区。大力发展乡村旅游、农村电商等特色经济，让农业更强、农民更富。

深化改革“活农村”。稳定农村土地承包关系并保持长久不变，落实承包土地“三权分置”办法，调动种地农民、务工农民、返乡农民积极性，推进土地适度规模经营，培育新型农业经营主体，实现小农户与现代农业有机衔接。全年新增农民专业合作社示范社30家、示范家庭农场30家、农业产业化联合体10家。深化供销社综合改革，推进“新网工程”建设，完善新型农村现代流通服务网络体系。强化金融支农，扩大农业保险覆盖面。开展“劝耕贷”，推进农村“三权”抵押贷款，推广动产抵押、商标权质押贷款，缓解“三农”融资难题。深化农村集体资产股份制改革，推进资源变资产、资金变股金、农民变股东，保障农民财产权益。统筹推进水利、林业等领域改革，全面激发农业发展活力。

综合治理“美农村”。强化城乡协调发展理念，将城市教育、医疗、文化、体育等优质资源向农村延伸，城镇基础设施、美丽乡村、生态环境整治等资金向乡村倾斜，让城乡居民都能享受到高质量的基本公共服务。继续推进农村环境整治“三大革命”，实施垃圾收集市场化改革，建立生活垃圾分类、收集、处理体系，切实解决农村脏乱差问题。推进农网改造升级、农村道路、农田水利等工程建设，改善农村生产生活条件。健全自治、法治、德治相结合的乡村治理体系，提高乡村治理现代化水平。稳妥推进村委会换届，选优配强村干部，带领百姓致富奔小康。

（六）聚焦消费需求、经济转型，在提升服务业水平上奋力突破

现代服务业是实体经济的重要支撑，也是广大人民群众的美好追求。围绕企业和群众多样化、多层次需求，提速提质发展现代服务业。完善商业规划布局。高标准编制《濉溪商业网点规划》。规划建设主城商业综合体、河西商业综合体、濉芜产业园区商业综合体。围绕农副产品、工业消费品、生产资料和特种商品市场，规划建设商贸物流园区、商贸物流中心、商品配送中心，打造1~2个省级服务业集聚区。提升商贸流通水平。深化流通体制改革，发展智慧物流配送，推进县开发区、濉芜产业园物流中心和物流园等项目及农村物流配送中心建设。促进濉溪大市场、淮海国际商贸城等流通企业做大做强。引进社会资本建设三堤口、三里庄、龙兴桥等菜市场，完善城市公益性市场体系。加强品牌建设，组织一批特色小吃申报“老字号”品牌。打击侵权假冒行为，维护良好市场秩序。加快发展电子商务。加快电子商务平台建设，培育和发展电商主体，壮大电商产业规模，推动一二三产、线上线下深度融合，打造县域经济发展新引擎。推进县电商产业园、濉溪镇新经济产业园、百善物流园、农民工返乡创业园等项目建设，催生更多新业态、新模式、新产业。培育发展文化旅游业。依托“千年运河、千年口子、千年古镇”文化资源，谋划实施一批旅游产业项目，打造精品旅游线路，推进全域旅游发展。开展创“A”创“星”活动，做靓濉溪特色旅游品牌。同时，推进现代金融、科技服务、健康养老、家政服务、社区照料等新兴服务业发展。提升对外贸易水平。全面落实外贸促进政策，推动外向型经济加快发展，重点加大汽摩配、铝制品深加工等产业扶持力度，引导出口企业加快产品升级换代，培育外贸龙头企业。鼓励支持优势产业、成套设备和劳务“走出去”，开辟国际市场，扩大贸易渠道。全年完成进出口总额2.6亿美元。

（七）聚焦改革攻坚、服务实体，在增强发展活力上奋力突破

改革是濉溪发展的强大动力。深入推进重点领域改革，全力破解影响发展的“壁垒”，释放发展活力，增强内生动力，让各类市场主体创业愉快、创新愉快、发展愉快。打造优质高效营商环境。全面推进商事制度改革，深入推进“一照多址、一址多照”“多证合一”，完善落实“先照后证”抄告制度，全面履行“双告知”职责。加快网站平台建设，推进电子营业执照发放和全程电子化登记管理，提升互联网+政务服务能力。全年注册个体工商户3000户、私营企业900家。畅通实体经济“血脉”。鼓励金融机构回归本源，扩大信贷投放，降低融资成本。完善续贷过桥资金管理运行机制，壮大产业基金规模，提高“税融通”服务水平，化解企业融资难题。全年新增贷款20亿元，贷款余额达到236亿元。支持企业直接融资。深化金融改革创新。大力发展普惠金融、科技金融、互联网+金融，支持金融机构优化网点布局，打通金融服务的“最后一公里”。优化金融生态环境，守住不发生系统性金融风险的底线。强化项目建设用地保障。通过工矿废弃地复垦等方式，全年新增建设用地指标5000亩。坚持节约集约用地，通过兼并重组、债务重组、破产清算等方式，有效处置一批“僵尸企业”，盘活存量土地、资本、房产等资源，为园区建设发展腾出更多空间。加强土地供后监管，杜绝批少用多、供而未用、低效利用等问题，提高土地利用效益。发挥财政资金杠杆作用。完善综合治税监控机制，强化大宗税源、主体税种和非税收入征管。全面落实结构性减税和普遍性降费等政策，严格涉企收费目录清单管理，降低企业税费负担。优化支出结构，保障美丽乡村、现代农业、脱贫攻坚等重点领域支出。提升建投集团融资、管理、资本运作和盈利能力与水平。强化人才用工服务保障。实施人才强县战略，深化校企合作，加强高层次和高技能人才队伍建设，建设知识型、技能型、创新型劳动大军和产业工人。激发和保护企业家精神，弘扬劳模和工匠精神，营造劳动光荣的社会风尚和精益求精的敬业风气。引导企业规范用工行为，提高职工福利待遇，稳定劳动者队伍。

（八）聚焦保障民生、增进福祉，在促进和谐稳定上奋力突破

人民对美好生活的向往就是我们的奋斗目标。继续坚持以人民为中心的发展思想，织密扎牢民生保障网，持续增强人民群众幸福感。打赢脱贫“攻坚战”。坚持精准扶贫、精准脱贫，围绕“两不愁、三保障”，继续推进脱贫攻坚“九大工程”，坚决完成年度脱贫任务。注重扶贫同扶志、扶智相结合，注重金融扶贫、健康扶贫、产业扶贫联动，增强贫困户内生动力，做到脱真贫、真脱贫。巩固脱贫成效，对已脱贫户持续跟踪帮扶。切实防范返贫，坚持应帮尽帮、应纳尽纳和动态精准识别，确保小康路上不落一人。促进就业增加收入。实施就业优先战略和积极的就业政策，依托小老板培育工程，提供全方位创业就业服务，让更多外出务工人员、大学生等人员返乡创业就业。全年新增就业1.3万人。积极开发公共服务性岗位，建设20个扶贫驿站，促进就业脱贫。拓宽居民劳动收入和财产性收入渠道，提高两项收入水平。优先发展教育事业。深化教育体制改革，实施教育振兴工程，实现办一流学校的目标，让每个孩子都能享有公平而有质量的教育。实施学前三年提升计划，改扩建一批公办幼儿园。提升义务教育均衡发展水平，争创义务教育优质均衡县。落实高考改革，提升高中教育质量。加强职业教育，办好特殊教育。实施健康濉溪战略。全面落实医疗、医保、医药联动改革，深化推进公立医院改革，完善县级医共体、分级诊疗、现代医院管理、全民医保等制度，推进基层卫生服务能力提升项目建设，让老百姓看得起病、看得好病。倡导健康文明社会方式，预防控制重大疾病和慢性病，创建省级健康促进县。发展残疾人事业，加强残疾康复服务。实施食品安全战略，强化农产品质量安全监管，争创“全国农产品质量安全示范县”。完善计划生育服务管理，促进人口均衡优质发展。促进科技事业发展。实施创新驱动和知识产权战略，争创国家知识产权强县工程试点县。全年新增发明专利申请350件、专利授权30件。倡导创新文化，强化知识产权创造、保护和运用。普及科学知识，提升全民科学文化素质。繁荣发展文化事业。弘扬民族精神和时代精神，加强爱国主义、集体主义、社会主义教育。深入实施公民道德建设工程，加强“四德教育”，激励人们向上向善、孝老爱亲。完善公共文化服务体系，深入实施文化惠民工程，丰富群众性文化生活。加强文物保护利用和文化遗产传承。健全社会保障体系。全面实施全民参保计划，完善城乡居民基本养老保险和医疗保险制度，做好被征地农民养老保险工作。完善社会救助体系，稳步提高城乡低保、农村特困人员供养、医疗救助、临时救助水平和保障标准。健全农村留守儿童和妇女、老年人关爱服务体系。织牢公共安全网。完善领导干部接访下访、部门联合接访责任制，依法处理信访诉求。强化安全生产监管，坚决遏制重特大安全事故发生。积极稳妥推进压煤村庄搬迁。提升防灾减灾能力。深入推进“七五”普法。推进社会治安防控体系建设，依法打击各类违法犯罪活动。深入开展双拥共建，推动军民融合深度发展。加强国防动员和民兵预备役工作，密切军政军民关系。全面发展民族宗教、青年、外事侨务、对台、防空防震、气象、档案、地方志等各项事业。

（九）聚焦简政放权、勤政廉政，在政府自身建设上奋力突破

新时代要有新气象，更要有新作为。我们将继续坚持勤勉尽责、勇于担当，正风肃纪、依法治县，全面强化政府自身建设，努力建设服务政府、法治政府和廉洁政府。

依法行政、规范用权，建设法治政府。牢固树立宪法法律至上、法律面前人人平等的法治理念。全面落实司法体制综合配套改革，严格规范公正文明执法。健全重大事项合法性审查程序，提升依法、科学、民主决策水平。依法接受人大法律监督，自觉接受政协民主监督，认真听取各民主党派、工商联、无党派人士和人民团体的意见。强化国有资产交易、公共资金使用、工程招投标等重点领域和关键环节监管，推进审计监督全覆盖，扎牢制度“笼子”。依法推进政务和信息公开，深入开展全省基层政务公开标准化规范化试点，确保政府权力公开透明、阳光运行。

转变职能、提升效能，建设服务政府。全面推进政务服务中心标准化建设，深入推进互联网+政务服务，打造智慧服务大厅，争创国家级政务服务标准化试点单位。弘扬改革创新精神，进一步解放思想，开拓创新，打造创新型政府。认真贯彻《政府网站发展指引》，全面提升县政府网站管理水平。坚持说实话、谋实事、出实招、求实效，勇于担当，以钉钉子精神做实做细做好各项工作。强化绩效管理、目标考核、行政监察和政务督查，增强政府公信力和执行力，建设人民满意的服务型政府。

守土负责、正风肃纪，建设廉洁政府。严守政治纪律、政治规矩，树牢“四个意识”，推进“两学一做”常态化、制度化。强化党风廉政建设主体责任，严格落实“一岗双责”，自觉执行党内政治生活若干准则、纪律处分条例、党内监督条例、问责条例、廉洁自律准则。不断提高政治站位和政治自觉，严格落实中央八项规定精神，以永远在路上的坚韧锲而不舍抓好作风建设。保持惩治腐败高压态势，严肃查处侵害群众利益的不正之风和腐败问题，营造风清气正的政治生态。

大事记

一月

6日，以国家督学朱丹为组长的国家督导组一行对濉溪县义务教育发展基本均衡县创建工作进行国家认定，市县领导顾文、孙劲飚、王莉莉、周杰、赵德志、刘铁、张红君、赵岩、朱秀芳及市县教育局负责人陪同检查。是月8日，濉溪县达到国家规定的义务教育发展基本均衡县评估认定标准，顺利通过国家级评估认定。

11日，省委常委、常务副省长吴存荣到濉溪县慰问部分困难群众、调研工厂企业。市县领导黄晓武、戴启远、李明、谌伟、朱浩东、李加玉陪同慰问或调研。

13日，县委常委会召开2016年度民主生活会。市委书记黄晓武参会指导。市委常委、县委书记李加玉主持会议并代表县委常委会做对照检查。

17—20日，召开县第十七届人民代表大会第一次会议。县长赵德志代表县人民政府作政府工作报告，常务副县长王申作关于县十六届人大六次会议代表议案办理情况的报告。会议选举产生新一届人大、政府领导机构，李相军当选为县人大常委会主任，赵岩、王成武、陈永乐、李秀侠当选为副主任，赵德志当选为县人民政府县长，王申、胡远文、吴杰、王永涛、张利、任婷当选为副县长。黎文彬当选为县人民法院院长，毛强当选为县人民检察院检察长。

18日，市委常委、县委书记李加玉到濉溪镇闸西社区慰问贫困妇女武赢莉。

同日，市委常委、县委书记李加玉在县委办公室主任周昆陪同下走访慰问特困职工、贫困党员、“中国好人”、民政优抚对象、贫困妇女儿童、残疾人。

20日，淮北市暨濉溪县“汇爱助成长 点亮微心愿”青春扶贫微心愿认领仪式在县实验小学举行。县领导徐虎、王永涛、刘继华等参加仪式。该次活动共征集“微心愿”433个，接受捐赠资金6万多元。

21日，举行县离退休老干部迎春茶话会。县领导李加玉、赵德志、李相军、刘铁、周昆、徐虎出席会议。

23日，县长赵德志率队走访慰问特困党员、困难群众、困难职工和贫困妇女。县领导朱群、张利、葛凤江及相关部门负责人陪同慰问。

同日，举行濉溪县人民政府、大连环嘉集团循环经济产业园项目签约仪式，县长赵德志、副县长吴杰等参加签约仪式。

24日，市委常委、县委书记李加玉在县委办公室主任周昆陪同下走访慰问困难职工。

同日，县政府召开全体会议，县长赵德志，常务副县长王申，副县长胡远文、吴杰、王永涛、张利、任婷等参加会议。

25日，县长赵德志，县政协主席、县纪委书记刘铁，县委办公室主任周昆，县人武部部长孙荣本，副县长吴杰一行到淮北军分区开展走访慰问活动。

同日，县长赵德志率队对全县重点行业领域开展春节期间安全大检查工作，副县长王永涛及政府办、安监局、发改委（物价局）、公安局、交通局、市场局、商务局、濉溪镇、消防大队主要负责人陪同检查。

26日，县领导李加玉、赵德志、李相军、张红君、周昆、王申、吴杰到口子酒业有限公司进行新春慰问。

27日，县长赵德志、县人大常委会主任李相军慰问节日期间坚守岗位的职工，县领导张红君、朱成文、周昆、王申、胡远文、亓峰、张利、任婷等参加慰问。

二月

5日，县长赵德志调研乾隆湖、石板街改造重点工程建设情况。县委常委、常务副县长王申，副县长胡远文，县政府办公室、濉溪镇及相关单位负责人陪同调研。

6日，濉溪县荣获“2016年度全市棚户区改造工作优秀单位”称号。

8日，副省长张曙光在省政府副秘书长赵振华、省商务厅巡视员张丹宁、省住建厅副厅长仲亚平等陪同下赴濉溪调研指导工作。市长戴启远、常务副市长李明、县长赵德志、常务副县长王申等市、县领导陪同调研。

10日，市委常委、县委书记李加玉，县人大常委会主任李相军，副县长吴杰及县商务局、开发区金茂担保公司、濉溪家园铝业负责人访问上海大学，并签署濉溪县政府与上海大学技术转移战略协议。

同日，县长赵德志出席河西区重点项目调度会。

17日，全县招商引资工作会议召开。县领导李加玉、李相军、张红君、朱群、朱成文、周昆、王申、胡远文、亓峰等出席会议。

同日，县纪委十一届二次全会召开。县领导李加玉、李相军、刘铁、张红君、朱群、朱成文、周昆、王申、徐虎、胡远文、亓峰出席会议。

18日，濉溪二中学生黄萌萌被评为全国“最美中学生”。

20—24日，市委书记黄晓武，市委常委、县委书记李加玉会见理士国际董事局主席董李、理士国际赵欢欢、理士国际首席科学家中国工程院院士张九俊、理士国际总顾问汤浅、理士国际前总裁椎名耕一。

21日，县人大常委会召开第二次会议。县人大常委会副主任赵岩、王成武、陈永乐、李秀侠出席会议。县委常委、常务副县长王申，县法院院长黎文彬、县检察院检察长毛强，濉溪镇、百善镇人大主席团主席及部分县人大代表列席会议。会议听取并审议通过县人大常委会2017年工作要点；审议修订《濉溪县人大常委会会议议事规则》等六项规章制度；听取并审议通过县人民政府关于全县重点水利工程建设与管理工作情况的报告、关于《中华人民共和国教育法》实施情况的报告；县人民检察院关于控告申诉工作情况的报告。

23日，濉溪县李锋博、陈广获得安徽省“向上向善好青年”称号。

27日，市领导黄晓武、戴启远等到县调研煤化工工作。

同日，市县领导黄晓武、戴启远、谌伟、朱浩东、李加玉、张家忠、钱界殊；淮北矿业集团董事长王明胜、总经理方良才，淮海实业集团董事长童伯根出席濉溪南部次中心建设及煤化工基地建设指挥部第十二次调度会。

28日，县长赵德志调研县城重点项目建设，县领导王申、徐虎、胡远文、吴杰、任婷及县直有关部门和项目施工单位负责人参加调研活动。

三月

4日，市委常委、县委书记李加玉会见汕头万顺包装材料股份有限公司董事长杜成城一行，县长赵德志，县委常委、常务副县长王申，副县长吴杰参加会见。

6日，县棚户区改造工作会议召开。市委常委、县委书记李加玉出席会议并讲话，县长赵德志主持会议。县领导李相军、刘铁、张红君、周昆、王申、孙荣本、胡远文、亓峰及县人大、县政府、县政协领导班子成员出席会议。

同日，县重点项目现场观摩暨调度会召开。县领导李加玉、李相军、刘铁、周昆、王申、徐虎、胡远文、亓峰等出席会议。

7日，副省长方春明，省政府副秘书长、省扶贫办主任刘永春，省政府副秘书长刘卫东一行到县调研扶贫开发工作。市委书记黄晓武，市委副书记李明，市委常委、副市长孙劲飚，市委常委、县委书记李加玉陪同调研。

同日，省人大常委会原主任、省人大工作研究会名誉会长孟富林率省人大工作研究会调研组到县调研县域经济发展情况。市人大常委会常务副主任方宗泽、市人大工作研究会会长张旭，县人大常委会主任李相军，常务副县长王申等陪同调研。

10—12日，市人大常委会常务副主任方宗泽、县长赵德志等赴酒泉钢铁（集团）有限责任公司考察洽谈合作事宜。市人大常委会秘书长陈朝祥、县人大常委会主任李相军、常务副县长王申、县经济开发区及部分企业负责人陪同考察洽谈。

13日，副市长王莉莉到县调研教育工作。副县长任婷及县政府办、县教育局、县人社局、县财政局、县编办等相关部门负责人陪同调研。

同日，县安委办组织安监、公安、供销、消防等部门在濉芜产业园对收缴的非法烟花爆竹制品进行集中销毁。共销毁非法烟花2700余件，小烟花、摔炮、擦炮850件，爆竹4068挂，条炮117件，价值20余万元。

15日，市长戴启远等到濉芜产业园区调研项目建设，市委常委、县委书记李加玉，县长赵德志，县委常委、濉芜园区管委会主任朱群，副县长吴杰陪同调研。

16日，市长戴启远带队对县党政领导班子和领导干部开展2016年度综合考核。动员会上，市委常委、县委书记李加玉和县长赵德志分别代表县委和县政府领导班子作年度总结报告。

17日，省科技厅副厅长陆秀宗一行到县开展科技创新工作调研。市政府副秘书长王峰、副县长任婷，市县科技部门负责人陪同调研。

同日，副市长钱界殊一行到县调研棚户区改造工作。县长赵德志、副县长胡远文等参加调研。

21日，芜湖市委宣传部部长段玉嘉考察濉芜产业园。市委常委、市委宣传部部长顾文，市委常委、县委书记李加玉，县委常委、县委宣传部部长亓峰陪同考察。

22日，市委常委、县委书记李加玉，县政协主席、纪委书记刘铁，县委常委、常务副县长王申，县委常委、县委办主任周昆到铁佛镇调研旅游开发工作。

同日，市国土局局长曹宏新到县开展环保违法违规项目清理和土地卫片违法用地整改工作专项督查。县长赵德志，副县长胡远文、张利陪同督查。

23日，市督导考核组对县党政领导干部2016年履行教育职责情况进行复查考核。县长赵德志、县委副书记张红君、副县长任婷等参加考核汇报会。

28日，市委常委、县委书记李加玉、县委办公室主任周昆、副县长任婷在濉溪分会场收听收看2017年全国医改工作电视电话会议。

29日，宁夏回族自治区原党委书记黄璜一行赴濉溪参观考察。市委书记黄晓武，市委常委、县委书记李加玉等陪同考察。

同日，市人大常委会常务副主任方宗泽到濉芜产业园视察汽车零部件产业项目开展情况，县长赵德志、县人大常委会主任李相军、副县长吴杰等陪同视察。

同日，2月份“安徽好人榜”评选揭晓，勇闯火海救下邻居夫妻、又返身拎出冒火液化气罐的孙疃镇刘圩村村民刘名利荣登好人榜。

30日，安徽美信与万顺包装材料股份有限公司旗下江苏中基举行资产重组交接仪式，万顺包装材料股份有限公司董事长杜成城、董事长顾问卢长顺，中基包装材料股份有限公司总经理朱洪钧等企业家参加仪式。县长赵德志，常务副县长王申，县人大常委会副主任陈永乐，副县长、县开发区工委第一书记吴杰，县政协副主席李家龙及相关部门负责人出席仪式。

同日，深圳市东部公交有限公司党委书记、董事长张守军，深圳市龙岗区交通运输局副局长，深圳金鑫绿城股份有限公司董事长张枫，深圳市深泰明科技有限公司总经理任明利到濉溪县考察。市长戴启远，市委常委、县委书记李加玉及市政府秘书长宋伟在口子国际酒店会见张守军，县长赵德志，县委常委、县委办主任周昆，副县长吴杰及县政府办、县商务局主要负责人参加会见。

31日，濉溪县2017年十八岁成人宣誓仪式举行。全县5000多名年满18周岁的青年学生代表庄严宣誓，共同庆祝成人。市委常委、县委书记李加玉向学生代表发放成人证书和纪念册。县领导赵德志、李相军、周无事、周昆、徐虎、亓峰、赵岩、任婷、刘继华等出席仪式。

同日，韩村镇小李家红色旅游景区被评定为国家AAA级旅游景区。

四月

5日，全县廉政工作会议召开，县领导赵德志、王申、徐虎、胡远文、吴杰、任婷、王永涛出席会议。

同日，全县违法用地整改、环境违法违规建设项目清理暨文明创建工作推进会召开。县领导李加玉、赵德志、李相军、刘铁、周昆、王申、徐虎、胡远文、亓峰、张利等出席会议。

7日，市人大常委会常务副主任方宗泽在县人大常委会主任李相军陪同下调研中瑞农产品批发市场发展情况。

10日，省扶贫成效复核工作座谈会召开，市委常委、县委书记李加玉出席会议并讲话，副县长王永涛及县直各相关单位、各镇负责人参加会议。

11日，市委常委、县委书记李加玉主持召开县委中心组理论学习会议。县委中心组成员赵德志、李相军、刘铁、周无事、朱群、朱成文、周昆、王申、姜灵、徐虎、孙荣本、胡远文、亓峰、李令新、袁奇策、王永涛、葛凤江、刘传新参加会议。

12日，市人大常委会常务副主任方宗泽赴濉溪调研人大工作开展情况。县人大常委会主任李相军，副主任赵岩、王成武、陈永乐、李秀侠参加座谈会。

13日，市委书记黄晓武，市长戴启远带领全市第一季度招商引资工作观摩调度会与会人员赴濉溪现场观摩。市委常委、县委书记李加玉，县领导赵德志、周昆、吴杰等参加活动。

13—17日，由凤凰卫视《凤凰大视野》栏目专门推出的大型历史文献纪录片《红色经典征战录》摄制组在双堆集烈士陵园、临涣文昌宫、小李家红色博物馆等处进行采访拍摄。

17—18日，在全省机构编制工作会议暨全省机构编制系统先进集体和先进工作者表彰大会上，县机构编制委员会办公室荣获“全省机构编制系统先进集体”称号。

18日，县第十七届人大常委会第三次会议召开。县人大常委会主任李相军，副主任赵岩、王成武、陈永乐、李秀侠出席会议。常务副县长王申，县人民法院院长、县人民检察院检察长，临涣、孙疃两镇人大主席团主席和部分县人大代表列席会议。会议听取县人民政府关于城镇职工医疗保险基金费用运行情况的报告；关于2016年环境状况和环境保护目标完成情况的报告；关于食品安全工作情况的报告；关于公安系统执法规范化建设情况的报告。会议宣读县人大常委会关于开展《中华人民共和国水法》执法检查的决定（草案）。会议还进行有关人事任命事项。

20日，省社科联副主席卜幼凡一行到百善镇柳孜运河遗址开展调研，市社科联主席吴鸿雁，县委常委、县委宣传部部长亓峰及百善镇党委、人大负责人陪同调研。

22日，市委书记黄晓武，市委常委、市委秘书长谌伟，市委常委、市委组织部部长任东一行调研百善镇道口村、桥头村扶贫工作。

23日，市委书记黄晓武督察濉溪县文明创建工作。

24日，省人大常委会副主任花建慧一行到百善镇调研淮北市南部次中心建设工作。市县领导黄晓武、戴启远、方宗泽、谌伟、李加玉、钱界殊、李相军、周昆、王永涛等陪同调研。

25日，省人大常委会产品质量法执法检查组一行到经济开发区的安徽省铝制品质量监督检验中心开展《中华人民共和国产品质量法》和《安徽省实施〈中华人民共和国产品质量法〉若干规定》情况执法检查活动。县长赵德志、县人大常委会李相军、副县长吴杰等陪同检查。

26日，全市首家现代农业发展联合体——濉溪县卓凡现代农业发展联合体在百善镇成立。卓凡现代农业发展联合体由濉溪县卓凡农业科技有限公司倡导，联合淮北市三丰肥业有限公司、濉溪县田丰农机服务合作社、濉溪县金秋谷物种植家庭农场、烈山区巨隆果蔬种植家庭农场等1县3区50多家家庭农场、专业合作社共同发起成立。

五月

5月，县教育局马长智家庭被全国妇联评为“全国最美家庭”。

2日，市委书记黄晓武，市委常委、市委秘书长谌伟，市委常委、市委组织部部长任东，市委常委、县委书记李加玉一行到南坪镇耿庙村、双堆集镇刘楼村调研扶贫工作。

3日，省信访大督查组分别到南坪镇（任某琳案件）、百善镇（李某贺案件）进行重点督查。

4日，中央文明办发布四月份中国好人榜，11年多不离不弃照顾瘫痪丈夫的刘桥镇关帝庙村“好妻子”杜银玲荣登中国好人榜，成为淮北市第131位“中国好人”。

同日，市政协副主席曾凡银赴濉溪调研。县政协主席刘铁，副主席刘继华、朱秀芳、沈志华等陪同调研。

同日，安徽卫视《安徽新闻联播》栏目组赴濉溪采访县实施“五大发展行动计划”情况。市委常委、县委书记李加玉接受采访。县领导周昆、亓峰等参加采访活动。

同日，县扶贫开发领导小组会议召开。县长赵德志、县委副书记周无事及县直有关部门和各镇负责人参加会议。

5日，市委书记黄晓武到县棚户区改造现场观摩调研项目实施情况。市县领导曾凡银、李明、方宗泽、谌伟、李加玉、钱界殊、钱丹婴、张保成、胡远文参加调研。

6日，市委常委、市纪委书记宰学明到双堆集镇罗集村、南坪镇太平村督查扶贫和美丽乡村建设工作。

8—12日，县政协副主席刘继华与市政协食品转型升级调研组到福建、广州等地考察。

9日，刘桥镇妇女第十六次代表大会在刘桥镇政府会议室召开。省妇联副主席龚明珠一行在市妇联主席刘妍梅、县政协主席刘铁的陪同下全程观摩会议。

同日，全县2017年夏季秸秆禁烧和综合利用工作会议召开。市委常委、县委书记李加玉出席会议并讲话，县长赵德志主持会议。县领导李相军、周无事、朱成文、周昆、王申、姜灵、李令新、袁奇策等参加会议。

10日，市委常委、县委书记李加玉到韩村镇、铁佛镇、刘桥镇、县经济开发区督办中央环保督察组交办案件。副县长张利等参加活动。

11日，全县经济运行调度暨项目建设、招商引资工作推进会召开。县领导赵德志、李相军、刘铁、周无事、朱成文、王申、吴杰参加会议。

12日，中国大运河柳孜文化园开园试营业。中国大运河柳孜文化园项目位于百善镇柳孜村泗永公路旁，占地约600亩，总投资约1.6亿元。

13日，市委书记黄晓武督察濉溪县环保问题整改落实情况。市县领导谌伟、朱浩东、李加玉等参加督察。

15日，市委常委、市纪委书记宰学明在市委常委、县委书记李加玉陪同下到四铺镇周陈村调研扶贫及移风易俗工作开展情况。

16日，市军分区司令员何志坚检查指导县人武部工作，市委常委、县委书记、县人武部党委第一书记李加玉，县长赵德志，县委常委、县委办公室主任周昆，县人武部部长孙荣本出席活动。

20日，省人大常委会法工委副主任纪荣荣率调研组到县经济开发区就《安徽省促进战略性新兴产业集聚发展条例（草案）》开展立法调研。县人大常委会副主任陈永乐、副县长刘传新陪同调研。

22日，市委常委、县委书记李加玉接见“全国优秀人民警察”、县公安局刑侦大队大队长叶永军。

23日，濉溪县与山东润峰集团签订战略合作框架协议。市委副书记李明，市委常委、县委书记李加玉，县领导赵德志、王申、吴杰等出席签约仪式。

24日，2017年全县第二季度安全生产工作会议召开，县长赵德志出席会议并讲话，常务副县长王申，副县长袁奇策、张利参加会议。

25日，淮北市第一实验小学与临涣镇湖沟小学“手拉手结对子 心连心共成长”结对帮扶仪式举行。

26日，市委常委、市委组织部部长任东到四铺镇、南坪镇开展调研。

同日，市人大常委会常务副主任方宗泽到百善镇叶刘湖村指导精准扶贫、秸秆禁烧及集体经济“空白村”转化工作。县人大常委会主任李相军陪同指导。

27日，市委常委、县委书记李加玉，县长赵德志，县委常委、县委办主任周昆，县委常委、县委宣传部部长亓峰，到县光荣院（县社会儿童福利中心）开展慰问活动。

六月

1日，市委书记黄晓武到县百善中心小学和百善中心幼儿园，和孩子们一起庆祝“六一”国际儿童节。市县领导曾凡银、谌伟、任东、李加玉及市委办、市县妇联、市县教育局负责人参加慰问活动。

同日，市委常委、市纪委书记宰学明到韩村镇大殷村育蕾学堂，参加由市纪委、市烟草专卖局（公司）共同开展的“关爱留守儿童”爱心助学活动，县委常委、县纪委书记徐虎参加活动。

同日，市政协主席曾凡银，市委常委、市委秘书长谌伟，市委常委、市委组织部部长任东，市委常委、县委书记李加玉一行到百善镇、铁佛镇实地督查午收及秸秆禁烧工作。

2日，县优秀创业青年孙超荣获“全国农村青年致富带头人”称号。

6日，中央纪委党风政风监督室副主任王志文在省纪委党风政风监督室主任郑斌陪同下率调研组赴濉溪，就严肃查处群众身边的不正之风和腐败问题、县乡督办督查及“村霸”问题等工作实地走访、座谈交流。市委常委、市纪委书记宰学明，市委常委、县委书记李加玉，县委常委、县纪委书记徐虎及烈山区有关负责人参加调研。

同日，市人大常委会副主任余敏辉赴濉溪调研“三夏工作”（夏收、夏种、夏管）。县人大常委会副主任李秀侠陪同调研。

7日，副市长张家忠到濉溪二中考点，检查指导考点周边安全保卫工作。县长赵德志，副县长任婷及有关部门负责人参加活动。

8日，省委常委、省纪委书记刘惠到韩村镇调研，市委常委、县委书记李加玉，县委常委、县纪委书记徐虎参加调研。

9日，省人大常委会党组副书记、副主任詹夏来一行在市长戴启远，市人大常委会常务副主任方宗泽，县长赵德志等陪同下，到隋唐大运河遗址博物馆参观考察。

12日，省委督查组赴濉溪督察人才发展体制改革举措落实情况。市委常委、县委书记李加玉，县委常委、县委组织部部长姜灵参加座谈会。

13日，县长赵德志主持召开第十七届县政府第三次常务会议。会议听取县统计局关于2017年部门统计考核办法的汇报，县农林委关于落实脱贫攻坚责任追究暂行办法的汇报。会议对上述议题进行研究，并对有关工作做出安排部署。

14日，省督查组督察县脱贫攻坚工作。省脱贫攻坚督查组组长、合肥市农委总农艺师吴瑞爱，县领导赵德志、周无事、王永涛等出席座谈会。

同日，市委书记黄晓武，市委秘书长谌伟，市委组织部部长任东在市委常委、县委书记李加玉，县委办公室主任周昆陪同下到集体经济“空白村”——刘桥镇孟口村开展调研。

15日，县长赵德志主持召开县城乡规划委员会第31次主任会议。会议讨论研究淮北国安能源有限公司至濉溪经济开发区供热管道路径设计方案，调整河西区国槐路东、沱河西路北地块规划设计条件，调整河西区沱河西路北、百合路西地块控规及规划设计条件，县老年大学规划建筑设计方案等议题。

22日，由县委、县政府主办，县委宣传部承办，县文联具体执行承办的“纪念濉溪县柳孜运河遗址申遗成功三周年书画展”开幕。县长赵德志出席开幕式并致辞，县政协主席刘铁，县委常委、县委宣传部部长亓峰，副县长任婷出席开幕式。

26日，市委书记黄晓武赴濉溪督查、调研农村生活垃圾治理工作。市委秘书长谌伟，市委常委、县委书记李加玉等参加调研。

29日，农业部科教司教授邱凌一行在省、市能源办工作人员陪同下，到县五铺农场生态循环科技示范园调研农村沼气建设及生态农业循环经济发展建设情况。省市农村能源办和县农林委负责人陪同调研。

七月

7月，在"安徽省第三届中小学青年教师教学竞赛"上，百善中心小学教师周琳获小学组一等奖、五沟中心学校教师孟娜获初中组一等奖、濉溪二中教师李静获高中组二等奖。周琳、孟娜被授予"安徽省十佳青年教师"荣誉称号，李静被授予"安徽省优秀青年教师"荣誉称号。

3日，市长戴启远一行督察县城区市属矿建公司家属院整治情况。

4日，濉溪县政府与中国华能集团安徽分公司签约仪式举行。中国华能集团安徽分公司副总经理胡瑛，副县长张利出席签约仪式。

5日，市人大常委会常务副主任方宗泽率队到市人大常委会机关包保联系点——百善镇叶刘湖村调研，市人大常委会秘书长陈朝祥、县人大常委会副主任李秀侠参加活动。

10 日，市委常委、县委书记李加玉，县长赵德志到县重点项目及棚改项目现场调研征收工作。县领导刘铁、周无事、朱成文、周昆、姜灵、徐虎、胡远文、赵岩、王成武、陈永乐、李秀侠、任婷、朱秀芳、李家龙、沈志华参加调研。

12日，省发改委副主任胡再生率省实施五大发展行动计划督查组一行到县经济开发区督查指导工作，市政府副秘书长朱德海、市发改委主任李令安、县长赵德志陪同督查。

同日，在全省体育强省建设动员大会上，濉溪县被命名为"全省创建体育强县示范县"。

13日，省政协主席徐立全在市委书记黄晓武、市政协主席曾凡银陪同下到县开发区调研，县长赵德志、县政协副主席刘继华等陪同调研。

17日，全县2017年上半年招商引资工作调度会召开。县长赵德志、县人大常委会主任李相军、县政协主席刘铁、县委副书记周无事等出席会议。

18日，市委书记黄晓武、市长戴启远率四大班子领导到濉芜产业园观摩招商引资项目，市委常委、县委书记李加玉，县长赵德志，副县长吴杰等陪同观摩。

19日，市委书记黄晓武一行到濉溪开展"行走淮北"督查活动。

同日，市委常委、政法委书记钱界殊率相关部门负责人到百善镇龙桥村调研精准扶贫工作开展情况。

同日，县委组织县四大班子领导干部赴市反腐倡廉警示教育中心接受党性党风党纪教育。

21日，国家文物局副局长宋新潮一行到柳孜运河遗址调研指导文物保护工作。省文物局局长何长风，市县领导孙劲飚、李加玉、余敏辉、李强、周昆、任婷等陪同调研。

27日，市长戴启远到百善镇柳孜村督查调研农村环境"三大革命"。市委常委、副市长孙劲飚，市委常委、县委书记李加玉，市政府秘书长宋伟，县长赵德志等陪同调研。

同日，濉溪县被授予第二届"安徽省文明县"、第三届"安徽省未成年人思想道德建设工作先进县"荣誉称号。临涣镇、韩村镇、百善镇、百善镇黄新庄村、濉溪镇蒙村、双堆集镇芦沟村、五沟镇北湖南村7个村镇荣获第四届"安徽省文明村镇"荣誉称号；濉溪镇闸西社区、濉溪镇北关社区、开发区玉兰路社区3个社区荣获第五届"安徽省文明社区"荣誉称号；濉溪县国税局、濉溪县地税局、濉溪县气象局、濉溪县纪委、濉溪县法院、濉溪县检察院、濉溪县供电公司、濉溪县财政局8家单位荣获第十一届"安徽省文明单位"荣誉称号。

28日，中央文明办发布七月份中国好人榜，县经济开发区杨楼村村民陈凤云荣登中国好人榜，成为县第44位"中国好人"。

八月

1日，安徽新型煤化工合成材料基地建设分指挥部第一次会议召开。市委常委、县委书记李加玉出席会议。县长赵德志、副县长胡远文参加会议，县委副书记孙兴学主持会议。

2日，市委书记黄晓武督察濉溪县重点项目拆迁工作。市县领导谌伟、钱界殊、孙劲飚、赵德志、胡远文等陪同督查。

同日，市人大常委会常务副主任方宗泽带领执法检查组赴濉溪开展《中华人民共和国行政许可法》（以下简称《行政许可法》）执法检查。县人大常委会主任李相军，县委常委、常务副县长王申陪同检查。

7日，市委常委、县委书记李加玉慰问奋战在一线的企业职工和交警。

8日，全县2017年“全民健身日”活动启动仪式举行。县领导李加玉、李相军、徐虎、亓峰、任婷、沈志华出席启动仪式。

9日，省司法厅厅长时侠联赴濉溪调研司法行政工作，副市长王莉莉、县委副书记周无事陪同调研。

9—10日，铜陵市枞阳县政协副主席刘明赴濉溪考察战略新兴产业集聚发展基地创建工作。县政协副主席李家龙等陪同考察。

14日，市委常委、县委书记李加玉主持召开县中心组理论学习会。

17日，市妇联主席刘妍梅对刘桥镇小城村“妇女之家”、留古村“美丽家园行动”项目点建设情况进行督查。

18日，副市长王莉莉到濉溪镇约访贾秀英、吴翠美等信访群众，县委常委、常务副县长王申等陪同。

21日，市委常委、县委书记李加玉看望慰问部分即将跨入高校的贫困家庭大学新生，县委常委、县委办主任周昆等陪同慰问。

同日，县创城工作调度会召开，县领导赵德志、胡远文、刘传新参加会议。

22日，全县计划生育暨医共体建设工作会议召开。县领导赵德志、周无事、徐虎、亓峰、赵岩、任婷、朱秀芳参加会议。

23日，省信访局基础业务规范化督查组督查濉溪县信访案件。

同日，市委副书记、常务副市长李明到韩村镇带案下访调研，县委副书记周无事接待信访群众1批1人次，涉及宅基地纠纷问题。

同日，市人大常委会常务副主任方宗泽带领市及三区人大负责人到百善镇观摩“2121”工程建设推进情况。县人大常委会主任李相军、副主任王成武陪同观摩。

24日，省财政厅综改办调研员胥慰庆到铁佛镇刘楼村、铁佛村调研一事一议项目建设及运维工作开展情况。

25日，举行全县“同心共创文明城 志愿奉献我先行”主题活动月启动仪式，县领导李加玉、赵德志、李相军、周无事、朱成文、周昆、王申、徐虎、胡远文、亓峰、赵岩、王成武、陈永乐、王永涛、刘传新、沈志华等出席启动仪式。

26日，市委常委、县委书记李加玉到五沟镇督查脱贫攻坚工作。县委常委、县委办主任周昆及县农林委、县扶贫办、县民政局、县文明办负责人参加督查。

同日，由县工商联主办，团县委、县教育局、县广电台协办，多家爱心企业承办的2017年“爱心圆梦大学”助学金发放仪式举行。县领导周无事、徐虎、亓峰、王成武、任婷、沈志华，市工商联主席姚勇出席活动。该次公益活动共向112名贫困受助生发放爱心助学金44.8万元。

27日，市县领导黄晓武、戴启远、朱浩东、钱界殊、李加玉、胡百平到韩村镇后马店和小周家、安徽（淮北）新型煤化工合成材料基地调研基地建设情况。

29日，市委常委、市委秘书长谌伟到百善镇带案下访调研，县委常委、县委组织部部长姜灵接待信访群众1批1人次，涉及拆迁纠纷问题。

31日，省政协党组副书记、副主席张学平率调研组赴濉溪就中央和省委关于人民政协工作决策部署贯彻落实情况进行监督性调研。市政协主席曾凡银，市委常委、县委书记李加玉，县政协主席刘铁，县委常委、常务副县长王申等陪同调研并参加汇报座谈会。

九月

1日，县长赵德志督查脱贫攻坚政策落实情况。副县长王永涛及县纪委、教育局、民政局、人社局、农林委、残联等有关部门负责人陪同督查。

同日，第五届安徽省道德模范和第二届安徽省美德少年评选结果揭晓，勇救落水幼童的四铺镇界洪村七旬老人李成杰获“省道德模范”称号。

同日，团县委通过“一卡通”发放2017年秋季“雨露计划”第一批助学金41万元，惠及贫困学子120名，其中本科大一新生50名，中、高职学生70名。

1—2日，市委常委、县委书记李加玉赴北京嘉寓集团考察分布式光伏发电项目。副县长吴杰等陪同考察。

4日，7月份“安徽好人”评选揭晓，百善镇丁楼村村民兰克平因三次下水救四人获评“安徽好人”。

5日，省财政厅党组成员、省纪委驻省财政厅纪检组组长项中胜到县调研指导财政工作。县长赵德志，县委常委、常务副县长王申等陪同调研。

同日，县长赵德志到百善镇调研南部次中心建设推进工作。副县长胡远文、王永涛等参加调研。

6日，县长赵德志到信访工作联系点刘桥镇调研指导信访工作并带案下访。县政府办公室、县法院、县信访局、县国土局及刘桥镇负责人参加接访。

7日，省人大常委会副主任宋卫平在市委常委、县委书记李加玉，县委常委、县委政法委书记朱成文等陪同下检查濉溪镇、刘桥镇综治、信访、维稳等工作。

同日，县长赵德志，县委常委、纪委书记徐虎陪同市委领导开展“行走淮北”活动。

8日，举行县委巡察办揭牌仪式。市委常委、县委书记李加玉，县委常委、县委办主任周昆，县委常委、县委组织部部长姜灵，县委常委、县纪委书记徐虎出席活动仪式。

13日，市委常委、县委书记李加玉一行赴省扶贫办专题汇报濉溪县脱贫攻坚工作。县委副书记周无事及县农林委负责人等陪同。

同日，市人大常委会副主任余敏辉赴濉调研浙商企业生产经营情况。县人大常委会副主任李秀侠陪同调研。

13—14日，国务院安委会第三督查组来县检查指导“百日除患铸安”专项行动开展情况。县长赵德志、副县长张利等陪同督查。

15日，省委副秘书长、省委第二巡察工作督查组组长骆方平一行赴濉溪督察县委巡察工作暨巡视整改情况。市、县领导宰学明、李加玉、周无事、姜灵、徐虎等分别陪同。

16—17日，在省体育旅游产业发展大会上，刘桥镇入选全省体育特色小镇，副县长刘传新代表濉溪县在会上签约。

16—19日，县长赵德志赴汕头万顺股份公司洽谈项目。

19日，国家督学、江西省电子信息工程学校校长杨乐文等督导专家督导检查濉溪县义务教育均衡发展工作。市委常委、县委书记李加玉，县领导李相军、刘铁、周无事、周昆、胡远文、任婷等出席汇报会或陪同检查。

20日，省军区司令员杨征到县淮海战役双堆集烈士陵园开展纪念活动。市委常委、县委书记李加玉，淮北军分区司令员何志坚、政委孙军，县委常委、县委办公室主任周昆等陪同。

同日，省高级人民法院院长张坚带领省司法体制改革督察组赴濉溪督察全县司法体制改革工作。市委书记黄晓武，市委常委、县委书记李加玉，副市长王莉莉，市中级人民法院院长余跃武，市人民检察院检察长唐保银等陪同督察、调研。

同日，举办新编大型古装泗洲戏《柳江口》首场公开演出，县领导李加玉、周昆、徐虎、亓峰、赵岩、王成武、王永涛、沈志华等观看演出。

22日，省纪委副书记、省监察厅厅长樊勇率省纪委第一督察组督察濉溪县纪检体制改革重点工作。市县领导宰学明、李加玉、刘铁、徐虎等陪同督查。

22—24日，市委常委、县委书记李加玉赴山东英科医疗用品有限公司参观考察。县委常委、县委办公室主任周昆，副县长吴杰等考察。

23日，县长赵德志陪同市委领导开展“行走淮北”活动。

同日，驻县市人大代表第二活动小组代表调研刘桥镇美丽乡村建设工作。

27—28日，全省农村能源工作现场会议在县召开。省农委副主任周世其、省农村能源办主任孙刚，省农村能源办总站站长刘军，西北农林科技大学教授、博士后导师邱凌，淮北市副市长胡百平，淮北市农委主任徐从亮，县长赵德志及全省16个市及2个省直管县农委和农村能源办主任110人参加会议。

30日，全市纪念烈士纪念日在淮海战役双堆集烈士陵园举行。市委书记黄晓武，市长戴启远，市委常委、县委书记李加玉等出席活动。

同日，市委常委、县委书记李加玉在市来访接待中心约访来访群众2批5人次，县委常委、县委办公室主任周昆，县人社局、城乡建委、国土局、交通局、信访局、百善镇、临涣镇主要负责人以及县司法局律师参与陪访。

十月

10日，县委副书记、县长赵德志，县委副书记周无事，副县长王永涛调研南部次中心建设工作。

11日，市委常委、市委政法委书记钱界殊到濉溪镇督查信访维稳工作。县委常委、县委政法委书记朱成文，县信访局负责人陪同督查。

同日，团省委书记李红一行到濉溪县刘桥镇开展“走进基层、转变作风、改进工作”调研活动，调研基层团组织建设情况。市委常委、市委组织部部长任东，市委常委、县委书记李加玉，县委常委、县委组织部部长、县委统战部部长姜灵，团市委副书记沈慧星及相关部门负责人陪同调研。

12日，住建部网站就2017年国家生态园林城市、国家园林城市、县城和城镇拟命名名单进行公示，濉溪县被列入“国家园林县城候选县”。

17日，濉溪县举行第四个全国“扶贫日”宣传活动。市委常委、县委书记李加玉，县委副书记、县长赵德志，县人大常委会主任李相军，县政协主席刘铁等四大班子成员出席“10·17”扶贫日宣传活动，并带头捐款。

19日，市委副书记、市长戴启远，市委常委、县委书记李加玉，副市长胡百平一行到濉溪县铁佛、百善等地调研秋收秋种进展情况。

同日，省发改委产业处处长徐志一行到濉溪经济开发区调研铝基高端金属材料产业集聚发展基地项目建设推进工作。市委常委、副市长孙劲飚，县委副书记、县长赵德志，县委副书记周无事，副县长吴杰等陪同调研。

20日，省发改委就业和社会保障处处长焦山斌一行赴濉溪县调研农民工返乡创业工作。县委常委、副县长胡远文，县人社局、县发改委、县开发区等相关单位负责人陪同调研。

23日，县委副书记、县长、县规划委员会主任赵德志主持召开县城乡规划委员会第34次主任会议。县委常委、副县长、县规划委员会副主任胡远文，副县长王永涛、刘传新以及县规划委员会成员单位负责同志参加会议，市政府驻濉溪县城乡规划督察员部治淮列席会议，县人大常委会副主任陈永乐、县政协副主席李家龙应邀参加会议。

24日，省民政厅党组书记、厅长叶露中赴濉溪县调研指导民政工作。市县领导宰学明、李加玉、王莉莉、徐虎、王永涛及市县民政部门负责人陪同调研。

同日，市委常委、市纪委书记宰学明前往双堆集镇、南坪镇、孙疃镇、刘桥镇调研扶贫、禁烧、美丽乡村建设、信访维稳、养老院建设等工作。县委常委、纪委书记徐虎陪同调研。

26日，红星美凯龙集团副总裁李中军一行赴濉溪县参观考察。市委常委、县委书记李加玉，县委副书记、县长赵德志，县委副书记周无事陪同考察。

30日，住房和城乡建设部印发通报，濉溪县被正式命名为“国家园林县城”，系濉溪县在城乡建设领域获取的首个国字号荣誉招牌。

31日，中央文明办发布十月份“中国好人榜”，其中淮北市濉溪县百善镇丁楼村村民兰克平荣登中国好人榜，成为濉溪县第45位“中国好人”。

十一月

1日，市委书记、市人大常委会主任黄晓武，市委常委、市委秘书长、统战部部长谌伟，市委常委、县委书记李加玉，副市长胡百平一行深入濉溪县铁佛镇，走村入户督查精准扶贫工作。

同日，市委书记、市人大常委会主任黄晓武，市委常委、秘书长、统战部部长谌伟，市委常委、市政府党组成员、市委政法委书记钱界殊，市委常委、县委书记李加玉，县委常委、县纪委书记徐虎一行，到百善镇调研淮北南部次中心建设工作进展情况。

2日，市委常委、县委书记李加玉调研县城园林绿化提升工作和环境综合整治工作。县领导赵德志、周昆、胡远文、亓峰及县直相关单位负责人参加调研。

3日，澳大利亚魏基成夫妇“爱心冬衣”发放仪式在刘桥镇举行，市委常委、组织部部长任东，市农委、市外事办、市督查室、市扶贫办负责人及县委副书记周无事等市县领导赴该镇参与发放仪式。

7日，市委书记、市人大常委会主任黄晓武赴濉溪县调研棚户区改造项目，市县领导谌伟、钱界殊、孙劲飚、李加玉、赵德志、周昆、胡远文陪同调研。

10日，省委以电视电话会议形式举行中央宣讲团中共十九大精神宣讲报告会。市委常委、县委书记李加玉，县委副书记、县长赵德志，县人大常委会主任李相军，县政协主席刘铁等县四大班子领导，县直相关部门、各镇（园区）负责人在濉溪县分会场收听收看报告会。

10—11日，省高院副厅级审判员檀梅及办公室党支部党员一行18人到县法院与该院第四支部结对共建。县委副书记周无事、县法院领导班子成员、第四支部全体党员和所有支部书记参加学习共建活动。

11日，全国推开国家监察体制改革试点工作动员部署电视电话会议在太原召开，县委常委、县纪委书记徐虎在淮北市濉溪分会场收听收看。

12—13日，上海现代服务业联合会副会长、中青旅众领上海投资公司首席顾问罗海蛟、上海喆氏智能科技有限公司董事长陈皓、江苏银晶光电科技发展有限公司总顾问李达等一行赴濉溪考察洽谈项目投资事宜。县委副书记、县长赵德志会见罗海蛟一行，县委常委、组织部部长、统战部部长姜灵，副县长吴杰及商务局、开发区、濉芜产业园等相关部门负责人参加会见。

13日，市委常委、副市长朱浩东会见参加2017年中国铝加工与润滑技术交流研讨会暨濉溪铝产业发展高端论坛的嘉宾。市政府副秘书长王峰，县委副书记、县长赵德志，县政协主席刘铁，副县长吴杰以及县政府办、县经济开发区负责人员参加会见。

14日，2017年中国铝加工与润滑技术交流研讨会暨安徽淮北濉溪铝产业发展高端论坛在县经济开发区科创大厦举行。省人大常委会原副主任郭万清，中国有色金属工业协会党委副书记、中国有色金属加工工业协会理事长范顺科，市人大常委会党组书记、常务副主任方宗泽，市委常委、副市长朱浩东，省开发区协会会长吴贻敬，濉溪县委副书记、县长赵德志等出席论坛开幕式。中国有色金属加工工业协会副理事长兼秘书长章吉林主持论坛开幕式。

17日，县脱贫攻坚现场会在临涣镇召开。县委副书记、县长赵德志，县委副书记周无事，副县长王永涛，各镇党政负责人，扶贫站站长，全县22个驻村扶贫工作队队长，县直各成员单位负责人参加会议。

18日，2017“浩丰杯”AMA亚洲国际超级模特大赛安徽赛区选拔赛在县福田辰茂国际大酒店开赛。

19日，市委副书记、市长戴启远，市委常委、濉溪县委书记李加玉，副市长胡百平一行深入濉溪县孙疃镇不打招呼、不设路线走村入户督察精准扶贫工作。市政府办、市监察局、市政府督查室、市农委负责人参加督察，县委副书记、县长赵德志陪同督察。

22日，县委副书记、县长赵德志专题督查城区大气污染防治工作。县委常委、副县长胡远文，县政府办、环保局、公安局、城乡建委等部门负责人参加督查。

23日，安徽尚达信置业有限公司常务副总夏仕新一行赴濉溪考察河西商业房产开发项目。县委副书记、县长赵德志会见夏仕新一行。

25日，市委书记、市人大常委会主任黄晓武率市厅级领导干部，先后赴安徽（淮北）新型煤化工合成材料基地、南部次中心开展大调研活动。市县领导戴启远、李明、方宗泽、谌伟、宰学明、朱浩东、顾文、孙劲飚、任东、李加玉、杨彦颖、王平、李彦秋、钱丹婴、张保成、赵德志、周无事、王永涛参加大调研活动。

同日，市委书记、市人大常委会主任黄晓武率市厅级领导干部前往中共淮海战役总前委驻地旧址——临涣文昌宫，开展革命传统教育，重温入党誓词。市领导戴启远、李明、方宗泽、谌伟、宰学明、朱浩东、顾文、孙劲飚、任东、李加玉等参加教育活动。

27日，淮北市召开基层党建工作推进会。市委书记、市人大常委会主任黄晓武出席会议并讲话。市领导谌伟、宰学明、顾文、任东、李加玉、张保成参加现场观摩活动。

28日，县委副书记、县长赵德志调研扶贫工作并在百善镇召开座谈会，会上安排部署了迎接省脱贫攻坚第三方评估工作。县直有关部门和百善镇、四铺镇、铁佛镇负责人参加座谈会。

29日，县委副书记、县长赵德志会见联合国开发计划署官员张卫东、北京伯肯集团孟恭明一行。县政府办、县商务局等单位主要负责人陪同会见。

30日，省委组织部到韩村镇验收三年行动计划和民生工程工作，县委常委、组织部部长、统战部部长姜灵陪同验收。

十二月

1日，省农发局局长孔少林率省专家组一行对濉溪县2018年田园综合体建设试点项目进行实地考察。市委常委、县委书记李加玉，副市长王莉莉，县委常委、常务副县长王申等陪同考察。

8日，市领导黄晓武、顾文、任东、李加玉一行到刘桥镇实地考察刘桥商贸街、刘桥村前陈庄、永瑞现代农业+光伏基地、周大庄党群服务中心以及在建中的刘桥镇停车场、刘伶公园、陈集棚户区改造工程、采煤沉陷区配套设施工程，调研基层党建、新型城镇化和文明创建工作。

11日，市委常委、县委书记李加玉主持召开县委“五人小组”会议，专题听取十一届县委第二轮巡察情况汇报，研究部署下一步巡察工作。县委副书记、县长赵德志，县委副书记周无事，县委常委、县委组织部部长、统战部部长姜灵，县委常委、县纪委书记徐虎出席会议。

15—18日，县第十七届人民代表大会第二次会议召开。县长赵德志代表县人民政府作政府工作报告，常务副县长王申作县人民政府关于县十七届人大一次会议代表议案办理情况的报告。大会通过县人大常委会、县人民政府、县人民法院、县人民检察院六项工作报告的决议；大会选产生县出席淮北市第十六届人民代表大会代表108名，选举徐虎为县监察委员会主任。

15日，全省工商联民营企业调查点工作推进会召开，县工商联被授予“全国工商联民营企业调查点2016—2017年度先进单位荣誉称号。

19日，市委常委、县委书记、县深化监察体制改革试点工作小组组长李加玉与县委常委、县纪委书记、县监察委员会主任徐虎共同为“濉溪县监察委员会”揭牌，县监察委员会正式挂牌成立。在随后召开县监察委员会转隶组建会议上，市委常委、县委书记、县深化监察体制改革试点工作小组组长李加玉出席会议并讲话。市纪委副书记、市监察局局长王传贺到会指导，县领导赵德志、李相军、刘铁以及县深化国家监察体制改革试点工作小组成员等参加会议。徐虎主持会议并作表态发言。

同日，省妇联副主席李丹云到濉溪县刘桥镇王堰村开展学习宣传中共十九大精神专题调研。

20—23日，市委书记、市人大常委会主任黄晓武就贯彻落实中共十九大精神，在濉溪县双堆集镇芦沟村蹲点走访，与村民同吃同住，共商脱贫之策，共谋乡村振兴发展之路。市委常委、县委书记李加玉，市县有关部门负责人参加走访和座谈活动。

27日，濉溪县“实施二次创业 实现争先进位”十大项目集中开工。市委书记、市人大常委会主任黄晓武，市委常委、市委秘书长、市委统战部长、市政协党组书记谌伟，市委常委、市纪委书记宰学明，市委常委、副市长朱浩东，市委常委、县委书记李加玉，县委副书记、县长赵德志，县委副书记周无事，县委常委、县委办主任周昆，县委常委、常务副县长王申，副县长吴杰，市、县相关部门负责人及相关企业负责人参加开工活动。

同日，省政协社会和法制委员会副主任刘志祥、省综治办专职副主任江良率省综治办调研督导组到刘桥镇进行督导调研。市委常委、政法委书记钱界殊，县委副书记周无事，县委常委、刘桥镇党委书记孙进等陪同调研。

29日，县残疾人联合会第七次代表大会召开。会议听取、审议县残联第六届主席团工作报告；选举产生县残联第七届主席团主席、副主席；选举产生出席淮北市残联第七次代表大会代表；推举出第七届主席团执行理事会理事长、副理事长、各专门协会主席。县委副书记、县长赵德志出席开幕式并讲话，市残疾人联合会党组书记、理事长王雷到会指导并致辞，县委常委、组织部部长、统战部部长姜灵致开幕词。县领导李相军、刘铁、周无事、朱成文、王申、徐虎、亓峰、孙进、王永涛等出席开幕式。会议选举王永涛同志为县残联第七届主席团主席，推举朱航军同志为第七届主席团执行理事会理事长。

31日，中国文化产业学院奖跨年盛典（2018）直播晚会在中国传媒大学4K演播大厅举行。晚会发布九大中国文化产业年度榜单并进行现场颁奖，柳孜运河遗址项目荣获获2017中国大运河文化带特色项目。

是月，在全国县级工商联评比中，濉溪县工商联被全国工商联授予“2017年全国五好县级工商联”称号。濉溪县工商业联合会会员企业淮北顺发食品有限公司荣登2016年度中国主食品加工企业“十强”榜单。

是月，安徽省经信委公布2017年（第四批）省级工业设计中心名单，濉溪县企业安徽理士电源技术有限公司工业设计中心被评为省级企业工业设计中心，实现全县工业设计中心零的突破。

是月，由安徽省委宣传部、省文明办、省工商联、省妇联联合开展的2017年全省非公有制经济组织“最美家庭”评选活动结果揭晓，县工商联推荐的县建材装饰协会会长、悦达建筑装饰公司总经理王崇亮家庭成为全省47户“最美家庭”之一。

县情概览

地理位置

濉溪县位于安徽省北部，北纬33° 17′ ~34° 01′ 东经116° 23′ ~116° 59′ ，东临宿县，南接蒙城县、怀远县，西连涡阳县和河南省的永城市，北靠淮北市区和萧县，是淮北市唯一市辖县。县城濉溪镇，人民政府驻沱河路92号。

地形地貌

地处淮北平原，地势平坦，海拔23.5米至32.4米。以横穿平原中部的古隋堤宿永公路为界，北部为黄泛冲积平原区，南部为古老河湖相沉积平原区。黄泛冲积平原区包括刘桥、濉溪、百善、四铺、铁佛等乡镇，为黄泛沉积物覆盖，属冲积成因的堆积地形。古老河湖相沉积平原区包括双堆集、南坪、孙疃、五沟、临涣、韩村等乡镇，为黄土性古河湖沉积物覆盖，属剥蚀堆积地形。

气　候

濉溪县四季分明，春暖、夏炎、秋爽、冬寒的气候明显。濉溪县年平均气温在14.3℃～15.5℃之间，属于温和气候型。1月平均气温最低，1961—2010年间50年平均气温0.5℃；7月平均气温最高，1961—2010年间50年平均气温27.4℃。年降水量650—1020毫米，雨量较为适中，一般年份能够满足主要栽培的农作物生长发育的需要。4月、5月是冬季风向夏季风转换的过渡时期，南北气流相互交汇，进退不定，锋面带南北移动，气旋活动频繁，天气气候变化无常，时冷时暖、时雨时晴。春季气温上升不稳定，变化大。秋季，除地面常有冷高压盘踞外，高空仍有副热带暖高压维持，大气层结比较稳定，秋高气爽，晴好天气多。

2017年，濉溪县年平均气温15.8℃，与常年相比偏高1.1℃。年极端最高气温39.0℃，出现在7月24日和7月27日；年极端最低气温-8.0℃，出现在12月17日。全年降水量756.3毫米，比常年偏少66.3毫米，降水量中南部偏多，北部偏少。年日照总时数2294.2小时，与常年相比偏少36.3小时。全县全年超过35℃的高温天气共17天，加之期间降水偏少，蒸发偏大，土壤失墒较快，致使部分地区出现旱情。2017年的气候特点：气温略偏高、降水偏少、光照偏少，由于各要素时空分布较正常，对全县工农业生产和人民日常生活未造成严重影响。从总体来说，2017年属中等偏好年成。

气象灾害

【高温、干旱】 2017年5月底至7月，全县出现超过35℃的高温天气共17天，其中共有8天超过了37℃，晴热高温天气致使农田蒸腾蒸散加快，加之期间降水偏少，土壤失墒较快，致使部分地区出现旱情，对农作物的生长造成了一定影响。

【雷雨大风、暴雨】 2017年全年共发布雷雨大风预警信号23次，暴雨预警信号10次。其中7月14日20时至15日20时，全县普降中到大雨，局部暴雨，并伴有雷雨大风等强对流天气。全县降水量在10~60毫米之间。降水时伴有雷雨大风天气，平均风力6~7级，最大风力达9级（24.1米/秒）。

【大雾】 2017年全年共发布大雾预警信号21次，其中4次达到大雾橙色预警等级，局部最小能见度不足50米，造成高速封路，对交通运输造成了一定影响。

【寒潮】 2017年全年出现3次寒潮天气过程，分别出现在2月20日、11月17日和12月15日，最大过程降温达到8℃~10℃。

建置沿革

春秋时期，本行政区属宋国，置铚邑，邑址在今临涣集。战国时期属楚国。秦王政二十六年（前221年）统一中国，设三十六郡，县境分属泗水郡的相县、铚县、蕲县、符离县。泗水郡及相县治所均在相城（今淮北市）。

西汉高祖四年（前203年），改泗水郡为沛郡，相、铚县未变。武帝元狩六年（前117年），封大将居翁为相城侯，沛郡改为侯国。宣帝地节元年（前69年）本地东部属彭城郡，其余属侯国。后侯国又改称沛郡。

三国时期，本地分属魏豫州谯郡的相、铚、竺邑、蕲和符离5个县。

西晋时，沛国治所复迁相城。本地分属豫州沛国之相县、竺邑县、符离县和谯国之铚县、蕲县。南朝宋永初元年（420年），本地属徐州沛郡之相、竺邑、符离和谯郡之铚、蕲五县；梁武帝普通六年（525年）置临涣郡，治铚城，本地分属谯州之临涣郡、蕲城郡。东魏武定五年（547年），析临涣郡置白捙县和涣北县，白捙县治所在今百善集南，涣北县治所在今柳孜集南秦古城村。本地分属沛郡相县、蕲城郡蕲城县、临涣郡白捙县和涣北县。北齐天保元年（550年），复置竹邑县，治所在竹邑城；废临涣郡和涣北县，置临涣县，治铚城。武平三年（572年）本地分属彭城郡承高县、蕲城郡蕲城县、睢南郡竹邑县、符离县，谯郡临涣县、白捙县。

隋开皇三年（583年），竹邑县并入符离县。大业元年（605年），白捙县并入临涣县，本地分属谯郡临涣县和彭城郡蕲县、符离县、萧县。

唐初（618年），本地分属徐州之符离县、蕲县和亳州临涣县。武德四年（621年）析符离县置诸阳县，治所在今赵集山西村。元和四年（809年），析徐州之符离县、蕲县和泗州虹县置宿州，本地分属宿州符离县、蕲县和亳州临涣县。九年临涣县改属宿州，本地分属宿州之符离县、临涣县、蕲县。

北宋熙宁五年（1063年），分属淮南东路宿州之临涣县、符离县、蕲县。南宋时，长淮以北沦为金，本地分属金南京路宿州之符离县、临涣县、蕲县。

元至元二年（1265年），撤临涣、符离、蕲县三县，辖地并入宿州。本地属河南行省归德府宿州。

明、清本地无县建置，属宿州。民国元年（1912年）改宿州为宿县，本地属宿县。

1950年7月1日，析宿县西境成立濉溪县，县城设在濉溪口（县老城），县人民政府工作人员全部家当仅用两辆马车拉完，人称“两辆马车拉来个濉溪县”。县辖濉溪、蔡里、濉西、常山、百善、铁佛、临涣、孙疃、杨柳、五沟和双堆11个区、161个乡镇、715个行政村、2850个自然村。属皖北人民行政公署宿县行政专区公署。1952年4月12日，属安徽省宿县专区。1956年1月12日，属蚌埠专区。1961年4月13日，复属宿县专区。1971年3月29日改专区为地区，属宿县地区。1977年1月12日改属淮北市。

1951年，撤销蔡里区，全县设10个区、151个乡（镇）。

1952年11月，濉溪区改划为烈山区，原濉溪区辖的濉溪镇和任圩、戴圩、方城、张寨、口南5个乡划为城关区。

1953年4月，城关区改称濉溪区，原辖任圩等5个乡划归烈山区管辖。全县辖濉溪、烈山、濉西、百善、常山、铁佛、临涣、孙疃、双堆、杨柳、五沟11个区、187个乡（镇）。

1954年10月，增划岳集、韩村和四铺3个区。岳集区辖原铁佛区的岳集、孟楼、朱庙、浍南、古城、邹楼6个乡，原临涣区的七闸口、焦岗、袁楼3个乡，共9个乡。韩村区辖原临涣区的韩村、陈圩、双沟、祁庙、高皇、尹湖6个乡，原五沟区的童亭、建元、筱湖3个乡，原杨柳区的楼坊、陈楼2个乡，共11个乡。四铺区辖原百善区的龙桥、傅桥、干鱼头、五铺、洪南5个乡，原常山区的双河、四铺、平山、水池、新建、石佛、三铺7个乡，原杨柳区的牛小集、三陈2个乡，共14个乡。

1954年11月，铁佛区的张井乡划属河南省永城市；杨柳区的薛塘乡、曹湖乡和常山区的二铺乡划属宿县。1955年1月，江苏萧县（今安徽萧县）的蒋台乡和王杨、张院、后土型3个自然村划归县龙岱乡；8月，宿县符离区的古东乡和古饶乡分别划归烈山区和常山区。

1955年12月，为适应农业合作化发展的需要，撤销烈山、常山、杨柳、韩村、岳集5个区，增划区级濉溪镇，并把原186个乡（镇）改划为70个乡（镇）。

1958年3月，将濉西区并入濉溪区，铁佛区并入百善区，除濉溪镇外，全县70个乡（镇）合并为39个乡（镇）。

同年8月，为成立人民公社打下基础，除仍设濉溪镇外，将全县39个乡（镇）合并为17个乡（镇）。

同年9月后，以乡、镇为基础建立东风、卧龙、徐楼、百善、岳集、临涣、韩村、海孜、四铺、赵集、南坪、孙疃、五沟、杨柳、陈集15个人民公社，实行政社合一体制。撤销区改制。

1959年7月，将东风人民公社分划为烈山、濉西和濉溪3个人民公社。

1961年1月，境域北端的方城大队和渠沟大队划属濉溪市（今淮北市）。

是年年底，恢复区改制。全县设9个区、1个镇和64个公社。

1965年12月，烈山区的任圩公社及烈山公社的8个大队划属濉溪市。原烈山公社保留的新南、新北、土型3个大队和原宋疃公社的王庄、花庄、宁山、旗杆4个大队合并为新安公社。

1969年3月，第二次撤区，把63个公社调整为濉溪、马桥、蔡里、刘桥、钟楼、铁佛、岳集、百善、徐楼、四铺、赵集、古饶、临涣、海孜、孙疃、杨柳、任集、五沟、韩村、白沙、三和、南坪和双堆23个公社。

1969年4月，撤销濉溪公社，濉溪镇易名为城关镇。

1972年，新划柳孜、城郊、五铺和尤沟4个公社。

1980年12月重新设区，全县设刘桥、马桥、铁佛、百善、四铺、临涣、五沟、孙疃和双堆9个区及城关镇。原23个公社改划为63个公社。

1983年4月，根据政社分设的精神，对人民公社体制进行改革，把63个公社改为63个乡。同时，新置南坪区，新划6个乡，城关镇复称濉溪镇。县辖刘桥、马桥、铁佛、百善、四铺、临涣、五沟、孙疃、双堆、南坪10个区和濉溪镇1个镇，69个乡，617个行政村，2867个自然村。

1986年9月20日，设置临涣、韩村、古饶、南坪、百善、刘桥6个标准镇，县辖马桥、铁佛、四铺、五沟、孙疃、双堆6个区，濉溪、临涣、韩村、古饶、南坪、百善、刘桥7个镇。

1987年1月17日，刘桥、百善、临涣、南坪4个区均实行镇区合并，一个机构、两块牌子。

1992年2月，撤区并乡。由原来的13个区镇、67个乡，撤并为濉溪镇、刘桥镇、徐楼镇、百善镇、临涣镇、祁集镇、韩村镇、铁佛镇、新蔡镇、古饶镇、五沟镇、孙疃镇、任集镇、南坪镇、双堆集镇、钟楼乡、马桥乡、赵集乡、岳集乡、五铺乡、四铺乡、杨柳乡、白沙乡、陈集乡24个镇（乡）。

2004年8月，区划调整。撤销任集镇、白沙乡分别并入南坪镇、五沟镇；马桥乡并入新蔡镇，移交淮北市烈山区；濉溪镇城西管委会的余庄、马楼、朱桥3个自然村划归淮北市相山区；县辖24个乡镇调整为濉溪镇、刘桥镇、百善镇、南坪镇、临涣镇、古饶镇、铁佛镇、徐楼镇、孙疃镇、双堆集镇、五沟镇、祁集镇、韩村镇、钟楼乡、赵集乡、岳集乡、五铺乡、四铺乡、杨柳乡、陈集乡20个镇（乡）；由504个行政村（居）调整为473个村（居）。

2006年3月8日，区划调整。撤销陈集乡、杨柳乡、赵集乡、徐楼镇、岳集乡、五铺乡整建制分别并入双堆集镇、孙疃镇、古饶镇、百善镇、铁佛镇、四铺乡。将祁集镇辖骑路等19个村并入临涣镇，祁集镇郭湾等11个村并入韩村镇；将铁佛镇的杨庄、留古2个村并入刘桥镇；保留濉溪、五沟、南坪3个镇；将古饶镇划归淮北市烈山区，钟楼乡划归淮北市相山区，全县由20个镇乡减为濉溪镇、百善镇、刘桥镇、临涣镇、南坪镇、韩村镇、铁佛镇、五沟镇、孙疃镇、双堆集镇、四铺乡11个镇（乡）。

2007年3月31日，完成村级区划调整。全县11乡镇、415个、行政村（居）调整为239个村（居），新村规模平均4000人。

2012年12月30日，撤销四铺乡，改设四铺镇，县辖濉溪镇、百善镇、刘桥镇、铁佛镇、临涣镇、韩村镇、南坪镇、双堆镇、五沟镇、孙疃镇、四铺镇11个镇。

2017年12月31日，县辖濉溪、百善、刘桥、铁佛、临涣、韩村、南坪、双堆集、五沟、孙疃、四铺11个镇和濉溪经济开发区、濉芜产业园，下设25个社区居委会，213个村民委员会。

2017年年末濉溪县各行政区面积、人口村（居）一览表

镇 别	面积（平方千米）	人口（人）	村（居）委员会	
濉溪镇（含开发区濉芜产业园）	64.43	119235	33	沱河东路、沱河西路、浍河东路、浍河西路、闸河东路、闸河西路、濉河东路、濉河西路、濉河中路、十南街、十北街、烈山南路、烈山北路、南环、北环、二里、东关、南关、北关、大街、淮海南路、郭楼桥、王冲、溪河、五里郢、八里、黄桥、蒙村、杜庙、王冲孜、杨楼、李庄、向阳，其中18个居委会
韩村镇	120.82	70298	15	韩村、光明、淮海、双沟、祁集、马桃园、河涯、和谐、胜利、大殷、大庄、大李、小湖、马店、建元
刘桥镇	84.19	60393	17	刘桥、彭楼、小城、前吕楼、孟口、后吕楼、任圩、干庄、大庄、陈集、丁楼、关帝庙、周口、王堰、火神庙、留古、杨庄
五沟镇	188.76	108254	21	五沟、白沙、白寺、魏庙、藕池、界沟、张圩、南湖南、北湖南、王圩、邵长营、曹坊、孟集、童亭、大陈、石门、国政、土楼、庙前、袁店、肖店
临涣镇	167.38	96680	19	临涣、铚城、沈圩、徐庙、高皇、临南、张楼、湖沟、石集、夹河、梁庙、海孜、沈桥、徐楼、陈口、四里、大高、姚湖、刘油坊
百善镇	253.27	118338	22	百善、茶安、鲁店、青卫、张庄、叶刘湖、柳孜、黄新庄、道口、王司、宋庙、桥头、前营、马乡、丁楼、苇菠、郭屯、徐楼、闫集、龙桥、龙沱、龙北
铁佛镇	223.14	135737	26	铁佛、道口、周圩、店孜、和谐、卧龙、北张楼、刘楼、黄集、赵集、岳集、张黄庄、朱庙、孟楼、油榨、大王、邹楼、梁楼、南张楼、梁庄、朱暗楼、张庄、崔楼、古城、七口、茂铺
南坪镇	225.30	102330	20	南坪、黄沟、钱铺、庙台、任集、老家、大王、任圩、桃花、香山、蒋湖、太平、耿庙、坪西、街西、浍北、路东、半铺、朱口、葛圩
双堆集镇	253.48	107993	23	曹坊、张圩、沈湖、施刘、双堆、吴井、李圩、陈桥、芦沟、大桥、罗集、熊庙、刘楼、魏圩、三和、谢店、高家、祝庙、张集、马沟、陈集、赵元、邹圩
孙疃镇	204.98	108798	22	孙疃、秦口、任李、徐圩、王楼、刘寨、尤沟、四李、六八里、郜桥、郭集、大田、耿圩、王圩、楼坊、刘圩、陈楼、代庙、杨柳、沟西、燕头、炮楼
四铺镇	195.85	90763	20	四铺、三铺、五铺、谢岭、大曹、周陈、洪南、界洪、大郭、新风、侯庙、梁圩、五里铺、新建、道口、张圩、北陈、新庄、八里、湖涯

人口面积

2017年年末，户籍人口111.9万人，比上年增加0.7万人，其中，男性57.7万人，增加0.4万人；女性54.2万人，增加0.3万人。当年，出生人口22391人，死亡人口13862人。全县常住人口104.4万人。

辖区南端从双堆集镇赵元村王小庄至北端刘桥镇任圩村徐庄，南北最大距离95千米。东端四铺镇新庄村大刘家至西端铁佛镇朱暗楼村吴庄，东西最大距离50千米。全县总面积1981.6平方千米，其中陆地面积1918.61平方千米，占96.82%；水域面积62.99平方千米，占3.18%。水域面积中河流面积21.13平方千米，塌陷湖泊、坑塘等面积41.86平方千米。人口密度为565人/平方千米。

河　流

【河流水系】 濉溪县境内河渠纵横，境内萧濉新河、老濉河、王引河、巴河、南沱河、包浍河、澥河、北淝河8条骨干河道均属淮河水系，共建有9座节制闸，总库容约5000万立方米；煤田开采形成大小塌陷水面6处，库容3100万立方米；县内有大沟115条，长约980千米，可蓄水700万立方米。合计总库容约9000万立方米。

河流多系自然坡降平行贯穿，顺其流向，地势西北高东南低。承担境外来水的行洪河道有萧濉新河、王引河、南沱河、包浍河、北淝河5条，经变迁起源于本县的有老濉河、澥河、巴河3条，河道全长222.9千米。

11个镇因开矿采煤，局部地区塌陷成湖泊数十处，是县境内的人为地貌。

萧濉新河亦称新濉河，源出萧县东芦庄，经宿州到江苏省泗洪县入洪泽湖。全长222千米，来水面积2518平方千米。原镜内长39.8千米，来水面积232平方千米。1992年3月渠沟以上河段划入淮北市相山区境内，现境内长34.28千米，来水面积199.9平方千米，境内建有黄桥节制闸控制。

老濉河起源于淮北市渠沟镇阎王河，至县境内黄桥村与新濉河汇合。段长10.5千米，流域面积96.1平方千米，境内建有濉溪闸控制。

南沱河水系含王引河、巴河2条支流，汇入大沟24条。王引河是南沱河支流，原名溪河，发源于砀山县中许庄。全长80千米，境内长43千米，来水面积128平方千米。境内建有仲大庄闸控制，闸上来水面积1192.9平方千米。巴河又名唐河、南股河，是南沱河支流，经河南省永城市赵王庄入县境，上段从洪河头至王郢沟入南沱河徐楼闸上，下段从地下涵至翟桥闸下入王引河。全长13.1千米，来水面积29平方千米。境内建有翟桥闸控制，成为排除内河的河道。

包浍河为天然河道，横穿县境南部，境内自古城至黄沟口长64千米，汇入面积1201平方千米，建有临涣闸、南坪闸控制，临涣以上来水面积2560平方千米，孙疃以上来水面积3186平方千米，南坪闸以上来水面积3472平方千米。浍河水系含包河，汇入大沟65条。

河发源于濉溪县五沟镇潘家西，经宿州市、怀远县入洪泽湖，长80千米，来水面积726平方千米，境内长39.3千米，来水面积249平方千米，建有李大桥闸控制。

北淝河是淮河支流，起源于涡阳县，在四方湖汇入怀洪新河。四方湖以上流域面积1470平方千米，长111.1千米，是濉溪县与怀远、蒙城的共界河道。境内段长6千米，来水面积133.5平方千米。县境内北淝河段在双堆集境内，汇入大沟5条，长34.5千米，控制面积105平方千米。

【水质】 根据古河床发育带的富水性，濉溪县地下水情况可分为三个区，即城郊区、宿永路以北、宿永路以南三个区。

城郊区地下水属古河床发育带强富水区，地下水位多年平均埋深一般在4.5~6.5米。因过量开采已形成200~300平方千米范围的漏斗区，漏斗中心处地下水埋深已达40~50米。

宿永路以北区域，地下水属古河床发育带强富水区，含水层厚度10~20米，岩性为细、粉砂，并以细砂为主，地下水埋深3.0~4.0米。

宿永路以南区域，地下水属古河床发育带强富水区和中等富水区，地下水埋深2.0~3.0米。

水质为重碳酸钙型，钙镁离子偏高，水的硬度较大。全县多年平均供水总量2.6亿立方米。其中地表水供水量1.028亿立方米，地下水供水量1.572亿立方米。

据《淮北市水资源及开发利用调查评价》（省水科院2006年编制）成果：约14.3%的地表水能满足生活饮用水源标准；约75%的地表水能满足工农业及非人体直接接触的娱乐用水、一般景观用水；15.7%的地表水为污染水，不能为人类所使用。采煤沉陷区水质相对较好。

矿产资源

濉溪县矿产资源丰富，是我国重要的能源基地淮北煤田的重要组成部分，已发现矿产53种，其中能源矿产2种，金属矿产28种，非金属矿产21种，水气矿产2种，已查明资源储量的矿种8种，已开发利用的矿种7种，主要为煤，其次是铁。

截至2017年年底，已查明矿产资源储量50.3亿吨，其中煤49.1亿吨，约占98%；铁1.2亿吨，约占2%。保有矿产资源储量45.58亿吨，其中煤44.6亿吨，约占98%，铁9800万吨，约占2%。

2017年度，年产矿石总量1985万吨，其中煤1908万吨，约占96%；铁77万吨，约占4%。从业人员数2.8万余人，工业总产值达101亿元，矿业是全县的支柱产业。

国民经济和社会发展综述

2017年，实现地区生产总值296.8亿元，同比增长9.1%；战略性新兴产值110.2亿元，同比增长19.6%。实现固定资产投资316.4亿元，同比增长13.9%；财政收入33.6亿元，同比增长10.8%。

重点项目建设

全县紧扣“一创双加”（创新思想理念、加强招商引资、加快项目建设）“双实”（实施二次创业，实现争先进位）活动，聚焦“四个濉溪”（实力濉溪、活力濉溪、魅力濉溪、美好濉溪）发展目标，强力推进“十大重点工程”（南部次中心建设工程、棚户区改造工程、铝基产业提升工程、文化旅游开发工程、公共服务惠民工程、生态修复保护工程、电子商务培育工程、交通网络建设工程、新能源产业发展工程、农田水利建设工程），落实供给侧改革，抓项目扩投资稳增长，为确保实现在全省争先进位目标奠定坚实基础。2017年，全县全年安排重点项目230个，总投资716.3亿元，年度计划投资175.8亿元。其中，续建项目51个，计划开工项目125个，储备项目54个。全县重点项目全年完成投资185.1亿元，完成年度计划的105.3%，“十大重点工程”完成投资135.6亿元，完成年度计划的104.9%。省、市重点项目完成投资130.9亿元、125.54亿元，分别完成年度计划的115.6%和120.7%，居全市前列。重点项目整体进展平稳有序，麦能电器、北工汽车部件、中建汽车部件、品源锂电池等一批重大铝基新材料和高端装备制造业项目竣工试产。河西区高压线迁移、黄桥、徐楼闸除险加固工程、铁白路、农网升级改造、机井通电工程、农村饮水安全工程、南双路、南坪船闸及浍河航道等一批公路、水路、电路等基础设施项目竣工通车运营。县医院门诊大楼及120急救中心、棚户区改造、智慧城管、新能源风力发电、文化旅游开发、河西城镇化、南部次中心建设等一批重大项目强力推进实施。

招商引资

全年利用外资23428万美元，完成任务的100.1%。实现固定资产投资64.3亿元，完成目标任务的116.91%，同比增长14%。5亿元以上新增规模项目8个，完成目标任务的160%。

创新招商引资理念。树立大招商理念，统筹推进现有企业培育、扶持发展、经济发展环境优化，全力打造濉溪对外地客商吸引力，促使外地客商主动前来濉溪投资兴业，实现招商引资向吸商引资的转变。

创新招商引资促进政策体系。学习研究国家的宏观经济政策和产业导向，了解其他地区招商引资政策情况，分析本地资源、环境、产业优势，在原有普惠式优惠政策的基础上，出台针对主导产业扶持的全新招商引资政策，不断壮大重点产业、重大项目。谋划设立产业引导基金，选择性地对企业、项目进行投放，从以前财政直接补贴的方式到引入股权投资模式支持企业发展。同时，拓展财政扶持企业项目的范围，对项目企业在制作对外宣传片、员工招聘、岗前培训、高级管理团队和搞技术人才引进等方面给予财政资金扶持，全力助推招商引资和项目建设。

做好招商引资全程立体服务。创新服务方式，对重点招商信息，指定具体承办单位直接对接，对引进的重大招商项目，量身定制“套餐服务”，由联系项目的县领导召集，对拟落地项目的立项、土地、规划、环评及准入等手续明确办理单位、具体负责人和办理时限，全程跟进服务，落实首问负责制、办理承诺制，提高服务招商引资的质量和效率，实现以服务促招商。

创新招商引资方式。加强招商引资网络信息平台建设，充分利用广播电视、报刊杂志等媒体渠道，建设招商引资宣传网站，招商引资微信公众号，推介招商项目，打造濉溪招商名片。强力推进人才资源招商，积极推动引资、引技、引智相结合，重点引进一批科技创新、新兴产业项目带头人，在外人才库，培育当地人才库，带动项目落地。强化专业招商人才队伍建设库，深化专业招商。加强配套产业招商，在园区规划建设产业服务中心，重点引进与现有企业配套的上下游产业项目以及模具、铣床、车床脉冲、线切割、机械维修等加工服务项目，加大现代物流项目引进力度，弥补物流配送行业短板，整体提高产业配套水平。

创新建立招商引资考核督查机制。创新招商引资项目督查考核办法，进一步突破思想惰性，形成强有力的任务倒逼机制。本着既能达到考核目标，又易于操作的原则，科学合理设置考核指标，加大新开工规模项目认定力度、年底进行规模项目固定资产投资审计、促进招商引资再上新台阶。

城市投资建设

【概况】 2017年，县建投集团通过多渠道筹措、融通建设资金及资产运作，管理和组织实施政府性投资项目建设，合理有效地利用国有资产和城镇土地，使其不断增值，加快城市发展速度。至2017年年底，已获批准融资24.65亿元，审批中的融资8.5亿元、1.53亿元。全年完成总投资19.99亿元，同比增长105.24%；完成营业收入3.66亿元，同比增长34.56%；实现利税973.85万元，同比增长383.68%；资产总额达到102.7亿元，同比增长66.29%；净资产达37.4亿元，同比增长46.49%；固定资产投资支出达17.24亿元，同比增长97.25%。

【招商项目】 成品油销售项目。中国石化总公司授权淮北分公司与县城投公司签订合资协议，共同出资在濉溪县注册成立具有法人资质的合资公司。拟投资7亿元，在濉溪县范围内，布点新建加油站项目。主要经营成品油、润滑油，兼营便利店、餐饮、五金电器、汽车维修美容等。2016年12月20日，注册成立中石化濉溪销售公司，注册资金1000万元。正在履行项目用地土地报批手续。

康养小镇项目。县城投公司与中信国安养老产业投资管理有限公司进行意向洽谈，拟投资10亿元，共建濉溪康养小镇新型养老项目。

安徽金鸿盛电气有限公司新增70万套家用空调项目。安徽金鸿盛电气有限公司建设项目共投资68000万元，一期投资45000万元，2017年3月完成验收；二期项目计划投资23000万元，新增年产70万套，合计100万套，建设时间为2017年3月到2018年3月。至2017年年底，进行厂房建设及设备购买，已投资2000多万元。

十七冶、二冶、北京园林古建在濉溪县成立分公司，2017年实现固定资产投资6.53亿元，产生税收751万元，完成招商引资任务15020万元。

【融资工作】 乾隆湖综合治理项目。总投资6.4286亿元，以富兴文化旅游发展有限公司作为项目承接主体，向建行申请贷款4.5亿，于2017年1月16日获批，部分资金已投放使用。

老城石板街保护与更新项目。总投资5.72亿元，以富兴文化旅游发展有限公司作为项目的承接主体，向徽行申请贷款4亿元，于

2017年1月18日获批，部分资金已投放使用。

浍河南坪船闸工程和沱浍河航道临涣至南坪段整治工程项目。总投资9.2亿元，以淮北港航投资有限公司作为项目承接主体，向农行申请项目贷款1.35亿元，于2017年3月27日获批。

棚户区改造项目。2017年烈南等4个地块棚户区改造项目总投资18.7033亿元，向国开行申报贷款14.8亿元，已审批并已投放贷款2亿元。2017年南关二期等三个地块棚户区改造项目总投资9.3亿元，农发行已完成贷款授信，授信金额78500万元。

凤栖湖湿地生态保护（采煤深陷区生态修复）项目。2017年，申报外国银行（法国开发署）贷款13631.4万元，在审批中。

南部次中心融资工作。公司通过前期调研，对全国排名靠前、经验丰富的PPP咨询公司进行筛选对比，综合比较后，咨询公司基本确立，已进场工作。南部次中心社会资本方的初步筛选工作。根据濉溪县对南部次中心融资思路，前期与众多社会资本方进行了第一轮的谈判磋商，截至2017年年底，共有中建一局、中国二冶、中国十七冶等十余家社会资本方到濉溪县对接合作。濉溪县与社会资本方进行深入的接洽会谈，各家社会资本方已按照南部次中心的融资需求和政府对建设、产业导入的要求，在发挥自身优势的基础上，制定了南部次中心的初步实施方案及合作框架协议等材料，社会资本方对比筛选的信息汇总工作已完成。

【重点工程】 河西整体城镇化项目。河西区道路工程。总投资3.6亿元，2017年计划完成投资2.1亿元，岱河西路、百合路、闸河西路、沱河西路邵庄段可作业工作面已完工，12月底完成总投资2.15亿元，占是年计划的102.4%。

濉溪二中新校区项目。总投资4亿元，2017年完成教学楼、宿舍楼、综合楼等主体施工，12月底完成投资2.05亿元，占是年计划的102.5%。

九年制学校项目。总投资0.7亿元，2017年完成总投资0.72亿元，占是年计划的102.8%，教学楼、综合楼、男女宿舍楼所有单体主体施工已完成。

文体中心。总投资2.95亿元，2017年完成总投资1.23亿元，占是年计划的102.5%，正在进行场馆主体施工。

棚户区项目建设。濉溪县南关棚户区安置房项目。总投资5.17亿元，2017年完成总投资2.62亿元，占项目是年计划的100.7%，小区综合竣工验收顺利进行。

濉溪县河西区棚户区安置房项目。总投资2.37亿元，2017年完成总投资1.28亿元，占项目是年投资的102.4%，小区综合竣工验收工作正在进行。

濉溪县淮海南居棚户区安置房项目。总投资1.47亿元，2017年计划完成投资0.7亿元，实际完成总投资0.73亿元，占项目是年总投资的104.3%。单体竣工验收工作正在进行。

北关一期棚户区安置房项目。总投资3亿元，2017年计划完成投资1.5亿元，实际完成总投资1.52亿元，占项目是年总投资的101.3%，单体竣工验收工作已完成。

四里庄棚户区安置房项目。总投资6亿元，2017年计划完成投资2.3亿元，实际完成总投资2.38亿元，占是年项目总投资的103.4%，主体施工至6层。

文化旅游项目建设。石板街保护与更新项目。总投资5.72亿元，截至2017年年底，完成设计规划及石板街的道路、管网和市政设施，3处样板房施工完成。

乾隆湖景区建设项目。总投资6.4286亿元，2017年2月12日乾隆湖湖心岛正式动工，湖心岛、乾隆阁岛填筑基本完成，桃花岛处堤岸基本成型，正在进行桥、廊等基础施工。2017年12月底，完成桥、廊及湖内取土等水下工程施工，完成沿湖道路、节点布置、主要建筑物构筑物施工等。2017年，计划完成投资2.0亿元，实际完成工程造价2.07亿元，占项目是年总投资的1.035%。

凤栖湖项目。总投资为3亿元，施工图设计已完成，准备进行施工招标。

【产业基金公司】 产业基金公司对县域内企业进行实地走访，走访企业五十余家，了解企业情况及需求，通过筛选调查，形成完整的调研报告并报经投资委员会决策，以使基金最大程度地发挥其扶持企业的效果。

2017年，基金公司以股权投资、流动资金、商贸等方式，分别向三家企业投资9000万元，使企业规模得以扩大、产能得以提升，解决了流动资金短缺的问题，提高了企业效益。（杨方圆）

美丽乡村建设

2017年，美丽乡村建设共21个示范点，包含孙疃镇、铁佛镇、双堆集镇、四铺镇4个镇政府驻地建成区，刘桥镇火神庙村、南坪镇太平村、五沟镇张圩村、韩村镇祁集村、临涣镇临南村、孙疃镇大侯集、双堆集镇刘楼村、四铺镇五铺村8个省级中心村，百善镇鲁店村、五沟镇白寺村、曹坊村、孟集村、临涣镇徐楼村、孙疃镇刘寨村、铁佛镇茂铺村、黄集村、双堆集镇吴井村9个市级中心村，共批复实施专项资金工程类、服务类项目213个，安排专项补助资金6068万元。年度完成总计划的75.5%，超额完成省下达的70%工程任务。完成2015年、2016年两个年度6个镇政府驻地和10个省级中心村验收工作，联合督查办、目标办、民生办等累计150余人次下乡实地督查指导工作，开展技术培训两场80多人次，发放宣传资料2000余份。实施民生工程农村危房改造779户，打卡发放补助款1378.4万元。完成两批次1085户“建档立卡”贫困户危房改造，打卡发放专项扶贫补助资金2105.6万元。稳步推进农村垃圾、污水、厕所专项整治“三大革命”，完成《濉溪县农村生活污水治理实施方案》，百善镇污水处理厂主体完成、正在铺设污水管网，临涣、南坪、双堆三镇污水管网已实施，8个省级中心村污水处理设施基本完工。

文明创建工作

2017年，濉溪县以跨入全国县级文明城市为目标，不断提高群众文明素质，推进全域文明进度，在打造新品牌上谋求新发展，在建立新机制上寻求新突破，荣获“第二届安徽省文明县”“第三届安徽省未成年人思想道德建设工作先进县”称号。

【创建全省文明县】 以创建全省文明县为载体，不断提升居民生活质量、文明意识和幸福指数，全面提升城市文明程度和综合竞争力。成立以县委、县政府主要领导分别任政委和总指挥的创城指挥部，下促中统上联，督查调度。树立抓文明创建就是抓经济建设、政治建设、文化建设和社会建设综合性工程的理念，打基础、建机制、保长效，使创建文明县工作始终与全县经济发展相协调，与群众生活水平相适应，与城乡统筹相匹配。针对测评验收的实地考察、部门复核、问卷调查、网上申报四项测评方法，将133项创城指标，32条未成年人指标和25条负面清单，分解到全县11个镇、2个园区和53个责任部门。发出《创建安徽省文明县倡议书》，开展“小手拉大手”活动等，动员全县广大干群共同参与。添置、更换社会主义核心价值观等公益宣传画面1万多平方米。全县始终坚持以发展促创建，抓管理优环境，搭平台提素质，形成一批创建精品和亮点。实施“调转促”和“一创双加”行动，聚焦棚户区改造、道路交通、公共配套等热点问题，加快实施畅通、安居、增绿等五大工程。在全省率先开展移风易俗行动，常态化开展县城环境卫生周末大扫除和文明交通劝导活动，“党委110志愿者服务”入选全省文明创建创新案例。

【争创全国文明城市】 加强顶层设计，扩大创建范围，延伸整治触角，当好创建全国文明城市的生力军，全力以赴抓好创城各项工作落实，助力淮北市夺取“全国文明城市”称号。将创城任务分解到全县54家部门、13个镇（园区）。县城按照市区标准准备，全面部署。对全县文明创建工作人员、分管领导1000余人进行9轮业务培训。成立创城指挥部，党委、政府“一把手”亲自挂帅，县四套班子分工负责，下设八大专项创建组，强化部门联动，构建“大创建”格局。完善包保督查机制，县文明委主任、副主任每周带队督查创建工作不低于2次，先后开展“行走濉溪”、专项督查、联合督查、模拟测评等52次，12个“路段长”领办督办县直75家单位，包保县城三纵九横主次干道，28位县领导每人包保一个社区。引进第三方调查统计公司，全年参与考核5次。县文明办对13个镇园区及各主创部门督查356次，下发整改通知书127份，解决群众投诉28次。全市模拟测评发现问题355个，整改率达100%；自查自纠发现问题650项，整改率达98%。强化创城氛围营造，广泛利用楼宇广告、建筑围挡、隔离护栏、路灯铭牌、电子屏幕等社会载体，添置公益画面近2万平方米。在媒体、网站、微信公众号刊播、转发创建信息1200余篇，发放创城倡议书2.6万份、文明礼仪知识读本0.6万份、宣传手提袋1万余个、手机贴1万余张、宣传抽纸0.4万盒，在微信朋友圈推送公益宣传15万人次。

【城乡环境整治】 推行建管并重，增强创建工作群众获得感。夯实公共基础设施。推进全县水系整治，完善交通路网，启动智能交通管理平台二期工程和智慧城管系统，规范夜市经营，结合棚户区改造，不断加大城中村、老旧小区等弱点、难点领域的管理力度。2017年，投资62.175亿元改造棚户区12396套、老旧小区1个、背街小巷9条。推进乾隆湖、凤西湖、石板街等活水靓城改造工程，完成东关等县城6个出入口改造，县城及周边绿化面积新增10万平方米，提升30万平方米。提升城市管理水平。投入整治经费1260万元，启动智能交通管理平台二期工程和智慧城管系统，以西流河、刘专铁路线、孟山路、相山路、东关等县城周边为重点，开展市容市貌、交通秩序、市场规范、河道治理、污水处理五大行动，加强县城的绿化、美化、净化、亮化、硬化。迁移三堤口夜市，整治淮海路、沱河路街景，300套中国结长年装点县城喜庆氛围，主干道沿街近50处建筑物夜间轮廓灯开启。消除基层死角盲点。从2月底开始，下发方案，安排专项整治资金1300万元，以非法石料厂整治为突破口，对全县环境卫生开展专项整治，消除城乡接合部、矿镇接合部、铁路沿线、职能交叉等处环境卫生死角盲区1300余处，清理陈年垃圾1000余吨，不断提升人居环境。美化乡村生活环境。2017年县、镇二级财政共投入近8千万元，延伸“三线四边”（公路、铁路、河流湖泊沿线，城区、市际、景区、厂矿周边）区域综合整治，推动“三治三增三提升”（治脏、治乱、治违，增强功能、增加绿量、增进文明，提升规划水平、提升建设水平、提升管理水平）和农村“三大革命”，开展规范市场、城乡改厕、畜禽养殖污染防治、河道治理、生活污水处理五大行动，城乡共建、全域文明，成为群众共识。

【思想道德建设】 通过典型示范、实践养成、以文化人三个途径，突出价值引领，加强思想理论教育、道德养成教育和未成年人思想道德教育，提高全民思想道德素质。深化核心价值观宣传教育。命名表彰第三届濉溪县道德模范、2017年“中国好人”和十佳新乡贤，“濉溪好人”馆建设完成深化方案设计，评选“文明家庭”190户，“十星级文明户”1000家。全县累计推荐身边好人线索20万余条，推荐经验在全省推广。1人当选“第五届全省道德模范”，全县共45人荣登“中国好人榜”，在全省61个县（市）中，总数位居第一。加强未成年人思想道德建设。整治校园周边环境，发挥文昌宫、小李家等红色爱国主义教育基地优势，用好现有的31所乡村学校少年宫，26名志愿者参与县未成年人心理健康教育辅导站“治未病”工作，评选首届文明校园16家，全县5万余名中小学生参与“小手拉大手，共创文明城”活动。组织志愿服务工作。围绕“三关爱”、邻里守望等内容，全年组织由县委、县政府主要领导参加的各类规模志愿服务活动近200次。响应“四个100”（组织100名武警战士、公安干警、机关干部、大学生共同参与文明创建）、“四个1000”（组织1000名退休老干部、青年志愿者、“红领巾”和社区工作人员参与文明创建）志愿服务活动，组织城乡接合部、主次干道包保志愿者1360名。百善镇叶书运、刘桥镇徐钦文荣获“全省优秀志愿服务典型”称号，闸西社区时代广场被命名为“安徽省四星级社区志愿服务广场”。全县网上注册志愿者人数达6万余人，总服务时长达15万多小时。

【推动移风易俗】 在全省率先开展移风易俗行动，2017年，全县近1500个家庭取消大操大办计划。典型带动、文艺发动、部门联动等做法先后被《安徽日报》一版、人民网、文明风等多家媒体报道，得到省文明办的肯定，并给予30万元资金支持。用地方文艺节目宣传引导。在全县发出倡议书8000余份，分发宣传折页近1万份，增设移风易俗公益宣传画面5000多平方米；在《安徽日报》、濉溪文明网、文明濉溪等媒体、网站、微信公众号上刊播、转发移风易俗稿件230余篇。由县文明办牵头，组织县戏剧家协会编排泗州戏《要彩礼》《抓阄》《顺达小店》，大鼓《报母恩》，小品《拆墙》等以移风易俗为主题的文艺节目，在全县巡演50余场。培育打造典型示范村。培育蒙村、王堰村等18个村为全县移风易俗行动示范村，覆盖全县11个镇。从营造宣传氛围、健全群团组织、完善规章制度、打造“一村一品”（在一定区域范围内，以村为基本单位，按照国内外市场需求，充分发挥本地资源优势，通过大力推进规模化、标准化、品牌化和市场化建设，使一个村拥有一个市场潜力大、区域特色明显、附加值高的主导产品和产业）、提升村容镇貌五个方面完善打造，发挥示范带动作用。建立完善213个行政村的村民议事会，组建红白理事会168个。经过3个多月的试点，于5月16日召开全县移风易俗行动现场交流大会，将好的成效做法向全县各村镇推广。县直各部门联袂联动推进。纪检、组织、宣传、民政、公安、文化、司法、教育等单位，在齐抓共管、宣传发动、健全机构、完善制度等方面出台具体举措，加强综合治理，推行文明新风，突出党员带头，强化纪律约束，合力推动移风易俗活动深入开展。惩治低俗文艺演出、封建迷信活动，加大对不履行家庭责任义务行为的惩治，广泛开展文明家庭、好媳妇、好婆婆等评选活动，丰富村民业余文化生活。8月份全县开展“倡导谢师新风·抵制升学宴席”活动。

【基层创建活动】 打牢基层群众创建基础。深入开展“我们的节日”主题活动，在春节、元宵节、清明节、端午节、七夕节、中秋节、重阳节等传统节日，运用群众喜闻乐见的方式，开展形式多样的民俗活动和送温暖献爱心活动。提升行业优质服务档次，从规范服务程序、标准、承诺、言行四个方面，由县总工会牵头，督促22家窗口单位强化服务意识、质量意识和创新意识。活跃群众性创建，将文明单位创建活动向民营企业延伸。引导文明单位履行社会责任，发挥职能优势，开展帮扶贫困乡村工作。评选表彰第十届濉溪县文明单位45家、第二届文明村镇7个、第二届文明社区2个、十星级文明户1000户、文明诚信经营示范户100家。县委办等49家单位被评为“第十五届市级文明单位”，县地税局等8家单位被授予第十一届“安徽省文明单位”荣誉称号；临涣镇、韩村镇、百善镇、百善镇黄新庄村、濉溪镇蒙村、双堆集镇芦沟村、五沟镇北湖南村被授予第四届“安徽省文明村镇”称号；濉溪镇闸西社区、濉溪镇北关社区、开发区玉兰路社区被授予第五届“安徽省文明社区”称号。马长智、罗大山2户家庭荣获“全国最美家庭”称号。通过升级进位，增加文明村、镇、单位、社区、文明户、经营户六处活力点，使基层创建成为全县文明创建工作中最活跃的细胞。

农业 水利

种植业

【农村经济稳步增长】 2017年，全县主要粮食作物面积25万公顷，粮食总产164.2万吨。其中夏粮小麦12.67万公顷，平均亩产528.8千克，总产100.5万吨；玉米8.33万公顷，平均亩产450千克，总产56.3万吨；大豆4万公顷，平均亩产122.5千克，总产7.4万吨。建立省级小麦、玉米绿色增产模式攻关示范片（村、场）6个，实施面积8.2万亩，包含2个示范片、2个示范村、2个示范家庭农场。实施小麦绿色高产高效创建项目，在五铺农场建立1个占地面积88.2亩的高标准技术攻关区，在全县11个镇建立25个小麦绿色高产高效核心示范区，各区均有新型农业经营主体参与，面积均在1000亩以上，总计2.9万亩，辐射带动20万亩。主要农作物病虫草害防治面积75.07万公顷次，统防统治面积12.7万公顷，绿色防控面积12.5万公顷。加大小麦赤霉病防治力度，大面积使用、飞机统一施药，抓住施药最佳时期，提高防效，飞防面积64万亩、128万亩次。测土配方施肥面积23.7万公顷次，其中小麦12万公顷、玉米8万公顷、大豆3.7万公顷。

【创新经营体制机制】 2017年，全县共有各类新型农业生产经营主体3514个，其中农业龙头企业300个、农民专业合作社842家、种粮大户229户、家庭农场2143家。年内新增68家农民专业合作社，培育市级农民专业合作社10家；新增482家家庭农场，培育市级家庭农场23家、省级家庭农场6家。各类新型农业经营主体流转土地面积58.8万亩，比2016年新增4.6万亩，土地流转面积占全县家庭承包土地面积的31%，涉及132个行政村、99900户农户。探索出合作经营、租赁经营、土地托管等较为成熟的土地规模经营模式。

林业

【造林绿化】 2017年，全县共完成创建国家森林城市造林面积4.1万亩，建设森林长廊示范段21.38千米，四旁植树156.71万株，义务植树178.6万株，分别完成任务的102.5%、160.8%、116.1%、125.6%。同时创建森林城镇1个、森林村庄10个，完成林业育苗2056亩和森林抚育面积22500亩。林业总产值突破5.0273亿元，其中，第一产业实现产值4.0862亿元、第二产业实现产值0.9169 亿元；第三产业实现产值0.0242亿元。

【案件办理】 2017年，共办理林业行政案件33起、林业刑事案件1起，刑事拘留1人。

【林政管理】 2017年，全县共办理林木采伐许可证58 件，实际采伐林木10166.3立方米；办理木材运输证548份、运输木竹1.3万立方米，办理林权证3件1098.3亩。

【林业有害生物防治】 2017年，林业有害生物“四率”管理目标：成灾率5.10‰，无公害防治率86%，测报准确率86.87%，种苗产地检疫率96%。目标完成情况：全县有林地面积47.6万亩，其中林业有害生物发生监测面积38.14万亩。成灾率：2017年濉溪县主要林业有害生物发生面积406260亩，其中轻度发生403580亩、中度发生1940亩、重度发生740亩；病害发生30840亩，虫害发生375420亩，成灾率1.94‰。无公害防治率：全年林业有害生物防治面积402210亩，飞机防治33万亩（主要为美国白蛾发生预防），人工防治天牛0.2万亩，无公害防治率91.8%。测报准确率：林业有害生物预测发生2.62万亩，实际发生面积2.3万亩，测报准确率87.8%。种苗产地检疫率：全县实际育苗面积9870亩（含林苗两用林造林面积），包括国有苗圃，林业育苗大户，实际实施产地检疫面积9710亩，种苗产地检疫率98.4%。

全县共开展产地检疫32次，发放产地检疫证16份，共抽检林业苗木500万株批次、花卉100万株（盆）批次。全县无检疫对象苗圃16个，面积2650亩。

畜牧业

【畜牧产业发展】 2017年，新建、改建和扩建规模养殖场34家，全县大牲畜饲养量1.42万头，生猪饲养量85.68万头，家禽饲养量1826.88万羽，羊饲养量68万只。肉类总产量6.1万吨，禽蛋产量2.6万吨，实现畜牧业总产值10.64亿元，农民牧业收入1505元。

至2017年年底，全县共有规模养殖场859家，畜禽规模养殖比例提高到82%。建立国家级示范场3个，省级示范场5个，市级示范场30个。

【重大动物疫病防控工作】 2017年，坚持“预防为主、防治结合”的原则，落实免疫、监测、检疫、消毒、病死畜禽无害化处理等综合防控措施，规模养殖场应免率、建档率、挂标率、免疫卡发放率、抗体水平合格率均达到100%。全年没有发生牲畜口蹄疫、高致病性禽流感等重大动物疫情。

【动物卫生监督工作】 2017年，加强对规模养殖场、饲料生产企业、兽药饲料经营企业、畜禽屠宰加工企业和生猪定点屠宰场及农贸市场等场所的监管。严格各类检疫，规范出具检疫票据。认真做好病死动物和病害动物产品无害化处理工作。积极开展“瘦肉精”检测，检测结果全部为阴性。未发生畜产品安全事故。

【畜牧兽医新技术推广】 2017年，举办各类培训班32期，累计培训人员2650人次，技术咨询5600人次，发放各类技术资料2.2万份。宣传培训工作覆盖畜牧业生产全过程。

【屠宰加工情况】 2017年，全县肉鸡屠宰加工企业3家，屠宰家禽1600万羽，生猪屠宰加工企业1家，屠宰生猪26万头，加工熟食0.72万吨。

【饲料生产情况】 2017年，全县有饲料加工企业13家，预混料生产能力24万吨，全价饲料及浓缩料生产能力120万吨。

水产业

2017年，全县水产养殖面积2741公顷，养殖产量11825吨。发展池塘健康养殖和循环流水养殖，推广福瑞鲤、锦鲤、长丰鲢等优良品种，提升标准化养殖水平。

加大渔业投入品监管和养殖环节监管。做好以船为家渔民上岸后的转产就业和社会保障工作，抓好渔业安全生产管理，全年未发生重大渔业安全生产责任事故。

（张军）

农业机械化

【概况】 2017年，全县农机总投入1.55亿元，农机总动力214万千瓦（不包括农用运输机械动力），比2016年增加6.9万千瓦，农业机械原值27.4亿元，净值15.1亿元，拖拉机拥有量达到9.4万台。大中型农业机械发展迅速，年末达到15442台，比2016年增加400台，小型拖拉机基本已经退出；农机具28.7万部，其中大中型农机具32286部，比2016年增加1000部；农机配套比1：3.05；联合收割机达8579台，比2016年净增385台，其中玉米收获机达到1755台，比2016年增加185台；综合农业机械化水平达到90%；农机对农业生产的贡献率达到25%以上。2017年，县农机局被评为“全省农机系统劳动竞赛农机推进工程综合考评先进单位”“农机购置补贴绩效考核优秀单位”。

【农机化项目建设】 “平安农机”示范县创建项目。濉溪县“平安农机”示范创建项目总投入21万元，用于推进完善镇、村、组三级监理网络建设，开展“平安农机”宣传教育，强化农机安全执法检查，加强农机监理装备建设。通过项目实施，改善濉溪县农机安全生产环境，降低事故率。

濉溪县综合农事服务中心建设。濉溪县综合农事服务中心建设项目总投资40万元。5月5日，县农机局组织召开濉溪县综合农事服务中心建设项目专家评审论证会。项目评审专家组对申报承担项目建设的4个农机合作社进行实地考察，然后对照标准，逐项打分，经过论证，确定百善支农、濉溪荣丰两家农机服务专业合作社为项目建设单位。两家农机合作社，对照项目建设标准，逐步落实、完善，年底全面完成各项任务。

农机购置补贴政策实施。2017年，省分配濉溪县中央补贴资金3933.98万元，到11月底全面完成。共补贴各类机具1641台，直接受益农户（合作社）1266户。为促进秸秆综合利用和现代农业发展，濉溪县财政安排资金6000万元，对2017年1月1日至5月25日期间购买的捡拾压捆机进行叠加补贴，每台打捆机还可以办理县财政贴息贷款2万元，共补贴各种型号打捆机械1223台；对22个贫困村和50个集体经济空白村安排机械配置补贴资金940万元，用于脱贫攻坚。

参与实施濉溪县2017年秸秆综合利用提升工程。通过调研，结合濉溪县农业生产情况，制定《濉溪县2017年秸秆综合利用提升工程——秸秆机械化还田技术方案》《濉溪县2017年秸秆综合利用提升工程——“三夏”“三秋”农机适用技术培训实施方案》，并认真组织实施。配合县农林委，在五铺农场、百善镇建立2个2000亩以上示范片，开展不同秸秆还田强度对比试验，研究秸秆还田环境下病虫草害发生规律。

创建主要农作物全程机械化示范县。召开全县主要农作物耕整、播种、收获、田间管理、烘干、秸秆处理六环节作业现场演示会；发挥农机购置补贴资金调控导向作用，鼓励农民购置大功率、高性能、复式作业机具；大力推广深松深耕整地作业、秸秆综合利用、高效植保、粮食烘干等先进农机新技术；引导农机合作社、农机大户改变传统耕作方式，形成适宜现代化农业种植技术模式，全县主要农作物生产全程机械化建设稳步推进。12月26日，濉溪县被农业部办公厅确定为“全国第二批率先基本实现主要农作物全程机械化示范县”。

农机深松（深耕）作业补助。2017年濉溪县安排农机深松补贴25万亩，深耕整地作业9万亩。由于受到连续阴雨天气影响，濉溪县深松（深耕）整地作业受阻，全县共完成深松作业13.5万亩，深耕作业7.8万亩。

【平安农机建设】 2017年，县农机部门围绕“保平安，促发展”主题，以创建平安农机示范镇、示范村、示范户为载体，下沉工作重心，前移工作方式，强化农机安全基层基础，示范县创建工作扎实推进。到年底，创建平安农机示范镇5个、示范村28个、示范农机合作社2个、示范户448户。10月20日，省农机局对2016—2017年拟定国家级平安农机示范县名单进行公示，濉溪县榜上有名。2018年1月3日，濉溪县被农业部、国家安监总局命名为“全国平安农机示范县”。严格落实农机安全生产责任制，通过开展经常性的安全生产监督检查以及农机安全生产月、农机“铸安”行动、农机“打非治违”、变型拖拉机专项整治等活动，突出抓好重要农时、节假日和各类农机服务组织的安全生产监管，确保农机生产顺利、安全、高效进行。至是年年底，拖拉机、联合收割机入户750余台，新办驾驶证（拖拉机、联合收割机）550人，年检拖拉机、联合收割机7500多台，变拖专项整治共查处无牌无证12起，逾期未年检15起，纠正违章102起，全县农机三率水平达90%以上。

【新机具、新技术推广应用】 2017年，县农机局借助“农机服务组织、农机购置补贴、技术培训、项目建设”四个平台，大力推广先进、高效、节能的农机新机具、新技术，做实做活农机推广工作。全年召开现场会、演示会、展示会、观摩会等30余场次，推广先进适用农机化新技术10项、新机具2600台。

【农机教育培训】 县农机部门把农机培训与新技术推广、农艺融合、农民需求、农村经济发展相结合，全面提高农机培训水平。2017年共培训各类机手6000余人，特别是“三夏”“三秋”期间举办各类农机人员培训班近40期，为“三夏”秸秆禁烧及综合利用工作提供农机人才保障。

【农机社会化服务体系建设】 通过政策推动、典型带动、服务促动、产业拉动，濉溪县农机合作社快速发展。截至2017年年底，全县农机合作社发展到74家，年内新增29家。

【农机午、秋会战】 2017年“三夏”机械化生产，县农机部门开展好各项农机化服务工作，科学组织调度机械，全力抢收抢种，完成各项工作任务。濉溪县三夏生产“收耕种”同步进行，5月29日至6月20日，“三夏”生产全面告捷。其中机械收获211.87万亩，机收率达100%；完成机械化秸秆还田99.5万亩，秸秆离田110.4万亩，秸秆收储42.3万吨；完成夏种面积211.87万亩，其中机播玉米158.86万亩，机播大豆46.27万亩，机播率均为100%。“三夏”期间，全县投入机械10.5万余台（套），其中小麦联合收割机7000余台（含引进200余台）、各类拖拉机9.1万台、运输机械1.4万台、播种机6万台、打捆机1400余台、秸秆还田机3200台。

2017年，三秋农机化生产从9月25日开始，较往年提前5天。进入9月下旬，阴雨连绵，濉溪县秋收、秋种受阻。为克服阴雨天气对农机化生产造成的不利影响，县农机部门科学调配农机，加强科技服务，加强组织协调，到10月底，三秋农机化生产各项工作全面结束，全县共完成玉米收获161.46万亩，大豆收获42.26万亩，机收率平均90%以上，耕整地面积213万亩，深松整地13.5万亩，深耕7.8万亩，小麦播种210万亩，投入各类机械9.5万台（套）。

【农机具发展】 2017年，县农机局结合农机宣传月、农机科技下乡、安全生产大检查，召开座谈会、产品展示会、演示会、产品推介会10余次，散发宣传资料2万余册。国家农机购置补贴逐年加大，地方财政农机补贴累加补贴，全县大中型农机具继续以较快速度发展，联合收割机新增385台（其中玉米收割机185台），联合收割机保有量8579台，大中型拖拉机15442台，增长近400台，大中型农具32286部。特别是秸秆打捆机械在地方财政累加补贴带动下增长迅猛，2017年净增1200台，年末达到1428台。全县小麦机收率100%，小麦的生产机械化带动了玉米、大豆等作物生产的机械化，农机向农业生产的各个领域推进，全县大豆、玉米机收率分别达到95%、90%，农作物秸秆综合利用率90%以上。

【农机市场专项整治】 为净化农机市场，午、秋两季联合县市场监督、农业执法部门对全县农机市场进行专项检查，依法惩治坑农害农的违法行为，进一步规范农机经营市场秩序，提高经营户安全生产意识。全县维修供应网点持证率和从业人员上岗持证率95%以上。

（彭甫）

农村能源建设

【沼气】 6月29日，农业部沼气产品及设备质量监督检验测试中心调研员陈子爱、助理调研员罗涛、西北农林科技大学教授邱凌，在省农村能源办主任孙刚、省农村能源总站科长张中伟陪同下调研五铺农场。

9月28日，全省农村能源现场会在濉溪召开。西北农林科技大学教授邱凌、省农委副主任周世其、省农村能源办主任孙刚、省农村能源办总站站长刘军，副市长胡百平，县委副书记、县长赵德志，全省16个市及2个省直管县农委分管副主任和农村能源办主任等参加会议。与会人员实地参观五铺农场沼气站的建设管养和综合利用，观摩五铺农场“猪—沼—果”“猪—沼—鱼”“猪—沼—藕”“猪—沼—粮”和沼气的农户集中使用情况。与会领导为西北农林科技大学在五铺农场设立的博士后工作站举行揭牌仪式。

【农作物秸秆综合利用】 在南坪镇朱口村投资2800万元，新建年处理秸秆3000吨、发酵罐为3000立方米、贮气装置为2000立方米的大中型沼气站，新上700千瓦沼气发电机组，为150户农户提供沼气服务。2017年12月底，完成总工程量的80%，计划2018年6月竣工。

在五沟镇北湖南村、铁佛镇和谐村、临涣镇临南村新建三处秸秆固化成型燃料生产点，总投资681万元，每个固化点年消纳秸秆3000吨以上，2017年12月全部竣工。

在五沟镇、铁佛镇、临涣镇推广户用生物质气化炉。三个镇各选一个美丽乡村建设点，每个点推广100户，共300户，无偿提供每户300公斤固化成型燃料，总投资38.805万元。

【太阳能利用】 为进一步改善农民的生活环境，促进农村能源节约利用，在全县18个村安装6.5米高、30瓦高亮度LED太阳能路灯 900盏。

水 利

【概况】 濉溪县水务局抓好中小河流治理、农村饮水安全、小型农水项目县、节水灌溉、大中型水闸除险加固、水土保持等项目的储备工作，全面加快水利基础设施建设。坚持防汛、抗旱两手抓，全年无大旱、大汛发生。2017年，荣获全省农田水利“江淮杯”三等奖、“县民生工程建设先进单位”、“县安全生产先进单位”、“濉溪县城市人口计划生育属地化管理考核优秀单位”、“县人大议案建议和政协提案办理先进单位”等荣誉称号。

【水利民生工程】 小型水利改造提升工程。2017年，新建、维修小型水闸20座，扩挖塘坝11口，整治沟河128条段，新打、维修机井3097眼，改造末级渠系7万亩，分别占省下达任务的117%、100%、191%、160%、259%；其他面上小型水利工程1396处。完成总投资8774.5万元，其中整合涉水项目资金6798.6万元、农水专项资金1975.9万元。农村饮水安全巩固提升工程。2017年度，农村饮水安全巩固提升工程总投资2352万元，涉及13座水厂，其中新建7座水厂、巩固提升和管网延伸6座水厂，新打水源井11眼，铺设供水管网309千米，新增受益人口28671人，解决12个贫困村881户1989名贫困人口的饮水安全问题。工程于2017年5月全面开工建设，10月全面完工。

【万元GDP用水量】 濉溪县2017年度万元GDP用水量控制指标93.07立方（98.38×94.6%），同比降低5.4%，完成控制指标标与降幅的目标任务，2017年全县GDP为277.4亿元（按2015年不变价计算），用水总量2.5639亿立方米（低于2.7870亿立方米的总控制目标），万元GDP用水量92.43立方米，同比下降6.05%。

【河长制】 按照省、市河长制工作要求，制定《濉溪县全面推行河长制工作方案》，明确县委、县政府主要负责人员为总河长，县政府常务副县长为副总河长，其他副县长为县级河长的责任分工。对萧濉新河、王引河、老濉河、南沱河、包浍河、乾隆湖等9个河湖分别确定县级河长，明确责任单位。同时，11个镇和2个园区根据辖区实际，对镇（园区）、村分级分段设立河长，建立纵向到底的县、镇、村三级河长制体系建设，形成主要领导亲自抓、分管领导具体抓、责任部门细化落实的工作格局，确保全县所有沟、河、湖、塘的水域安全有人管、防汛措施有保障。

【大中型水闸除险加固】 该项目总投资6615万元，涉及黄桥闸、徐楼闸2座中型河道节制闸。其中黄桥闸除险加固工程，总投资2515万元，建设内容为拆除老闸，在原址新建6孔、孔宽10米的新闸，并加宽交通桥梁，2016年10月开工建设，2017年底完成主体工程建设任务。徐楼闸除险加固工程，概算总投资4100万元，建设内容为拆除老闸，按照闸桥分离的原则，在老闸下游200米处新建8孔、孔宽10米的新闸。2017年1月开工建设，2017年年底完成主体工程。

【水行政执法】 严格水政执法。大力开展整治河道乱挖、乱建、取土、采砂等各类水事违法行为，加大水事领域的专项整治力度，对县域内的水事违法行为进行监督检查，维护正常的水事秩序。积极查处浍河、沱河、北淝河等河道采砂违法行为，2017年惩治河道非法采砂22次，共依法查扣、拆除、摧毁非法采砂船只13艘。查处其他水事违法案件19起，其中上级交办件4起，立案9起，共处罚金15万元。

严格涉水审批。涉水行政审批项目纳入县政府政务服务中心水务局窗口办理，优化审批流程、提高审批效率、文明热情服务，按时办结，2017年办理行政许可审批27件。

【水资源管理】 启动濉溪县县域节水型社会创建工作。编制完成《濉溪县节水型社会达标建设实施方案》并报县政府批准实施。全县40家公共机构被命名为“节水型单位”，非农业取水监控能力建设工作取得较大进展。

国控2期非农业取用水量数据采集及分析评价技术服务项目施工方案组织落实。全县对年取水量20万立方米以上的18家取水户，安装远程监控点69个。

入河排污口整改工作按整改方案如期完成。按照整改方案“一口一策”的要求，对全县41个排污口完成登记备案和审批工作。

全年累计征收水资源费351万元，水保费29万元。水功能区水质连续多年达标。2017年，全县被列入国家级考核的3个水功能区及市级考核的6个水功能区，水质连续多年达到考核要求。

工业 园区建设

工 业

【工业经济管理】 推进园区建设。按照经济园区化、园区产业化、产业聚集化要求，明晰产业定位，集中安排同源、同类、关联度高的项目，引导园区向专业化、规模化方向发展，建设一批市场影响力大、产业配套能力和创新活力强的特色产业基地，形成濉溪县产业竞争新优势，实现“2+1”园区由总量提升向总量扩张、质量提升转变。县经济开发区重点发展铝基新材料、装备制造、汽车零部件等产业，推进扩区增容提质，通过战略性新兴产业集聚发展基地专家组验收，正在创建国家级开发区。濉芜产业园加快基础设施建设，积极开展招商、产业、经贸、人才等方面合作，高起点发展高端装备制造、新能源、新材料等战略性新兴产业，完善共建共享及利益协调机制，打造南北产业协作示范基地。百善食品工业经济园提升规划建设水平，做精做专农产品深加工、物流和特色食品产业，打造皖北绿色食品工业基地。2017年，园区共实现工业总产值509亿元，占全部工业的84%。

优化主导产业。出台《濉溪县关于加快推进新型工业化发展的意见》，明确创新驱动、项目带动、差异竞争和总体推进的发展原则，设立3000万元促进新型工业化发展专项资金，鼓励企业做大做强，推动产业结构升级转型，促进县工业经济在新常态下实现中高速发展，产业结构向中高端迈进。围绕铝基新材料、装备制造业、食品加工业等“2+1”主导产业发展势头日益凸显，产业集聚逐步形成，升级矿产采选、纺织服装等传统产业智能制造和绿色发展水平明显提升，促进传统动能焕发生机。

做强龙头企业。利用有限的资源扶持优势骨干企业，在投资、财政、土地、城建、环保、人才引进等方面给予优惠政策，加快培育一批主业突出、具有规模经济和核心竞争力、能发挥支撑和拉动作用的龙头企业。紧紧围绕“工业强县”总体战略，以提高企业核心竞争力为重点，重点支持华中天力、美信铝业等铝基企业，三本车业、恒兴汽车配件等汽车部件企业，弘昌新材料、宇鑫新材料等新材料企业，鸿盛电气、广博机电等家电企业，巨成化工、鸿源煤化等煤化工和精细化工企业，口子酒业、神华肉制品等食品加工企业，界沟煤矿、徐楼矿业等矿产采选企业。

培育新兴产业。明确积极发展太阳能光伏、生物质能发电、锂电池产业园和新能源汽车关键零部件制造等产业，培育发展碳材料、有高性能纤维复合材料、新型建筑材料等产业，着力发展以节能机电设备、建筑节能为主的节能设备，以水处理、固体废弃物处理利用等资源综合利用装备。并对符合省最新发布的《工业四基发展目录》中关键基础材料、核心基础零部件（元器件）、先进基础工艺、产业技术基础等“四基”领域项目、《工业企业技术改造升级投资指南》、经省认定的首台（套）重大技术装备等给予一定奖励。

创新发展要素。加大低效闲置用地清理力度，出台《濉溪县“僵尸企业”清理处置工作方案》，对全县符合“僵尸企业”口径的对象进行多次全面排摸，建立“僵尸企业”档案信息库和年度“僵尸企业”处置名单，针对不同类型采取不同措施，全县清理处置“僵尸企业”22家，盘活土地1800余亩，为项目落地腾出空间。鼓励企业建设立体厂房，推进土地集约高效利用。实施能源替换工程，加快新能源项目建设，有效淘汰落后产能，转换28万吨标煤的能源指标用于招商引资大项目建设。

优化发展环境。开展以送新发展理念、送支持政策、送创新项目、送生产要素和服务实体经济为内容的“四送一服”活动，梳理企业反映问题177类，交由21家部门给予办理和答复，企业满意率达98%。帮助企业争取政策资金支持，争取制造强省建设专项资金2635万元、市产业发展专项资金412万元，分别占全市的44.6%和48.9%。引导金融机构加大支持实体经济力度，用好产业发展基金，发挥“4321”（由融资担保公司、信用担保集团、当地政府，按照4:3:2:1的比例承担风险责任）担保模式和续贷过桥资金作用，支持优质企业上市（挂牌），缓解企业融资难题。

【工业经济平稳发展】 2017年，新增规模以上工业企业25家，总数达294家；实现工业总产值606亿元，同比增长17.5%，比上年提高7.7个百分点；实现工业增加值135.6亿元，同比增长12.6%，比上年提高2个百分点，高于全省平均水平3.6个百分点，工业总量和增速分别位居全省县级第12位、第7位。重点产业增长较快。全县31个工业行业大类中有25个行业同比增长，12个行业增幅超20%。六大主导产业实现工业增加值123.8亿元，占全县规模工业的91.3%，增长22.6%，高于全县工业平均增速10个百分点。“2+1”重点产业装备制造、农产品加工、铝基材料分别实现工业增加值31.1亿元、33亿元、14.6亿元，同比分别增长18.3%、20.3%、23.5%。新增和重点企业拉动明显。新增的25家规模企业实现工业总产值27.8亿元，对工业增长贡献率达30.8%，拉动全县工业增长5.4个百分点。2017年，全县产值超亿元企业141家，比上年同期新增4家；亿元企业实现产值533.7亿元，同比增长20%，高于全县规模工业产值增速1.5个百分点；35家重点企业实现产值258.7亿元，占规模工业总产值的42.7%，同比增长32%。企业利润显著提升。全县规模以上工业企业实现主营业务收入559.5亿元、税金18.8亿元、利润33.9亿元，分别增长18.1%、20.6%和21.9%，增幅分别比上年同期提高11.7、15.9和13.9个百分点。战略性新兴产业发展提速。2017年战略性新兴产业实现产值120.7亿元，同比增长18.6%，高新技术产业实现增加值27.8亿元，同比增长19.3%，分别高于全县平均增速1.5和2.1个百分点。2017年共有国家级高新技术企业21家、省级技术中心14家、两化融合示范企业6家，拥有中国驰名商标3个、安徽省著名商标34个。

濉溪经济开发区

【概况】 濉溪经济开发区成立于1993年，1998年批准成为省级开发区。至2017年年底，已入驻企业230余家，其中规模企业95家，国家级高新技术企业16家，财政总收入完成4.88亿元。先后荣获“中国中小企业创新服务先进单位”“浙商最具投资价值开发区”“全国首批创建生态文明典范园区”“中国百佳科学发展示范园区”“省装备制造产业化示范基地”“省创新型园区”“省铝基高端金属材料战略性新兴产业集聚发展基地”“省投资环境十佳开发区”“省知识产权示范园区”等称号。

【工业经济】 2017年，全社会固定资产投资完成72.9亿元，同比增长29.9%。战略性新兴产业产值104.3亿元，同比增长15%。

社会消费品零售总额1.23亿元，增速17.7%，培育限额以上商贸企业2家，总数达到14家。外贸进出口达到2.66亿美元，同比增长34.3%；新增进出口实绩企业3家，完成目标任务的100%。

新增规模工业企业7户，总数达到96户；规模工业增加值75.6亿元，同比增长14.7%，完成目标任务的100.8%；规模工业营业收入300亿元（核减后为272亿元），同比增长18.6%。固定资产投资累计完成72.9亿元，同比增长29.9%。其中工业固定资产投资完成69.6亿元，同比增长35.7%；工业技术改造投资完成43亿元，同比增长56.4%。

【招商引资】 实际完成固定资产投资21亿元，完成目标任务的116.7%；实际完成省外资金40.3亿元，完成目标任务的101%；引进外资1.1亿美元，完成目标任务的110%；引进1亿元以上落地项目11个，分别是淮北超利汽车部件有限公司、淮北巨光汽车部件有限公司、淮北合拓汽车部件有限公司、淮北晓欣环保科技有限公司、安徽新品源电池科技有限公司、淮北斯瓦克汽车部件有限公司、淮北赛博机械有限公司、广博机电二期项目、安徽益君生物科技有限责任公司、淮北洁利活性炭有限公司、安徽信缘坊包装有限公司。

【产业基地培育】 培育形成三大主导产业，即以华中天力、美信铝业、富士特铝业等为代表的（铝基）新材料产业，以广博机电、矿山机器、高罗装备为代表的机电装备制造产业和以鸿源煤化、巨成化工为代表的精细化工产业。

尤其是铝基新材料产业，濉溪经济开发区内有近30家铝加工业，在建铝加工项目10余个，具备年加工各类铝材约70万吨的能力。2017年，开发区铝基新材料产业实现产值155亿元，同比增长16.5%。成立安徽省铝制品质量监督检验中心，举行铝产业招商发展论坛，被列入全省铝基高端金属材料战略性新兴产业集聚发展基地。力争用3~5年时间，把濉溪打造成中国知名的铝基材料高新技术产业基地，使濉溪县拥有40家以上铝材加工企业，具有年加工类铝材100万~150万吨，实现产值300亿~500亿元的产业规模，打造成中国知名的铝基新材料高新技术产业基地，最终实现濉溪铝产业千亿板块的目标。

【科技创新】 引导企业走自主知识产权、自主品牌、自主创新之路，构建以企业为主体、市场为导向、产学研相结合的技术创新体系，全区高新技术企业总数达到16家。全年各类专利申请量310个，其中发明专利申请150个，成功申报“铝基专业商标品牌基地”。园区共申请注册铝基高端金属材料类商标105件，拥有中国驰名商标1件、安徽省著名商标10件。

安徽理士电源技术有限公司的专利“一种酸液循环装置”获得第五届安徽省专利优秀奖，力普拉斯电源有限公司荣获“国家知识产权优势企业考核优秀单位”称号。

2017年，园区内安徽宝博合成革有限公司、淮北银丰铝业有限公司、安徽理士电源技术有限公司、淮北高罗输送装备有限公司4家企业获得安徽省“创新型省份建设专项资金”，合计金额100.7万元，其中前3家获购置研发仪器设备补助，高罗输送装备公司获高新技术企业培育奖励；安徽理士电源技术有限公司、宇鑫新材料、中能矿机和华中天力4家企业申报淮北市重大科技专项；淮北正洋生物科技有限公司、安徽广博机电制造有限公司、淮北顶大调味品有限公司、淮北高罗输送装备有限公司4家企业被确定为2017—2018年县科技计划拟立项项目。

【盘活资产】 成立“僵尸企业”清理工作办公室，对园区34家约2300亩低效闲置用地进行彻底摸排，实施分批盘活。通过政府收储等方式有效盘活顺通玻璃、正德生物、久一矿机、亿德金属、协力重工等低效闲置用地570余亩，实现较好的经济和社会效益。通过股权转让等方式对三本车业、相驰车业等产出率低、经济效益不明显或部分土地厂房闲置的企业予以盘活，提供给新入驻项目，提高土地利用价值。

【企业帮扶】 对区内95家规模企业继续实施包保责任制，积极主动为企业解决生产经营中的土地、资金、创新、市场等方面存在的困难和问题，促进企业做大做强。健全项目推进机制，落实领导联系、督查通报、考核奖惩等制度。大力宣传国家、省、市、县扶持企业发展的各项政策措施，充分利用县政府设立的4.5亿元战略性新兴产业发展基金使用相关政策，发挥扶企惠企政策的最大效应。为入驻企业提供一站式全程代办服务，实行“一企一策”，加大政策扶持力度，提高政务服务水平，优化企业发展环境，促进企业做大做强，健康持续快速发展。

【基础配套设施】 开发区金属表面处理中心、污水处理厂、华润燃气、科创大厦、医院、学校、银行、商超、星级酒店等项目已投入使用，形成工业企业与服务配套企业良性互动、协调发展的良好格局。

规范和加强区内10余个小区物业行业管理，进一步提高居民小区管理水平。提升一期，加大中心沟治理工作力度，实施玉兰路等主干道路沥青罩面提升工程。完善二期，加快推进安置小区燃气管道铺设；合理布局区内交通信号设施和公交站点设施。拓展三期，完善三期道路绿化亮化美化工程。全面提升开发区形象和承载能力，拓展开发区新的发展空间。

【基层党建】 开发区已单独组建非公企业党组织50个，联合组建党组织7个，共有党员768名（组织关系在开发区的党员有208名）。其中，有3家企业单独组建非公企业党组织被省委组织部，先后授予省级“双强六好”单位称号，濉溪经济开发区被省商务厅授予“全省开发区非公党建工作先进单位”称号。

建载体，进一步提升组织活力。引导非公企业党组织把开展党的活动与企业的生产经营相结合，促进企业发展壮大。举行季度“星级党员服务标兵”“星级员工”评选、开展党员“三亮”（亮标准、亮身份、亮承诺）活动、举行劳动技能大赛，每年运动会、春节联欢晚会、每月生日晚会等活动，发挥党员示范带头作用，全面提升员工的综合素质。制定年度服务计划，践行党员服务承诺，成立志愿服务队，开展帮扶救助“送温暖”活动，给困难职工排忧解难，前往敬老院、孤儿院、特校开展慰问志愿服务，增强党员的认同感和归属感。深入开展主题实践活动。组织党员开展“党员示范岗”“我为企业添光彩”“我为企业发展献一策”等活动，进一步发挥党员的带动作用，引领非公企业职工向党组织看齐、争当企业发展排头兵、领跑员。倡导企业把党建工作与企业文化建设有机结合起来，带领群团组织发挥作用，开展各种文化活动，为企业和社会发展增添动力。开发区指导企业党组织围绕企业发展，结合中共党员需要，创新企业党建工作方式和发挥党组织和党员作用的载体，引导企业党员开展“三比三评”（比技能、比作风、比业绩，领导点评、党员互评、群众评议）等活动，为企业发展注入活力。

濉芜产业园

【概况】 濉溪芜湖现代产业园区（以下简称园区）是省委、省政府为加强南北共建、统筹区域协调发展建设的七个合作共建园区之一，由濉溪县与芜湖县合作共建，享受省级开发区各项政策。2012年8月8日，安徽省人民政府正式批复设立，园区为濉溪县委、县政府派出机构，园区设立党工委和管委会，党工委第一书记由濉溪县委书记担任，管委会下设2办7局，即党政办、招标办、社会事务局、企业发展促进局、财政局、规划建设国土局、招商一局、招商二局、招商三局，人员分别从两县选派。

园区把汽车、摩托车零部件、新能源、新材料产业作为主导产业，围绕汽摩配产业延链补链开展招商，在新能源新材料上主攻锂电池产业。围绕产城融合需要，大力发展现代物流、金融、咨询、电子商务等为生产服务及大市场、店铺等为生活服务的现代服务业。发挥园区与县经济开发区相邻的优势，以省级铝基新材料高新技术产业基地为依托，围绕铝制品生产和加工开展铝产业招商，初步形成产业特色明显，主导产业突出，高新技术产业与现代服务业协调发展的产业格局。

【园区建设】 截至2017年年底，完成濉芜现代产业园启动区控制性详细规划和濉芜现代产业园二期控制性详细规划共计14.8平方千米的规划编制，并报县政府审批，指导园区建设。建成区4.03平方千米范围内16千米的道路建成通车，建成区雨水、污水、燃气、供电、弱电等基础配套设施建成投入使用。建筑面积22万平方米的濉芜星城安居工程投入使用，建筑面积19.88万平方米的濉芜星城安居工程二期（仲小庄片区棚户区改造）项目全面开工建设，濉芜星城安居工程配套小学项目开工建设。筹划濉芜现代产业园商贸基础设施PPP项目，建设内容包括19千米道路及10万平方米标准化厂房建设。

【经济发展】 截至2017年年底，园区累计完成固定资产投资100亿元、产值25亿元、财政收入2.4亿元、入驻项目35个、培育规上企业11家。其中，2017年完成全社会固定资产投资41.6亿元，同比增长12.4%，其中工业固投完成35.3亿元，同比增长7%；工业总产值完成11.3亿元，同比增长41.2%；工业增加值完成2.5亿元，同比增长36%；财政收入3636.8万元，同比增长12%；招商引资取得新突破，新签约亿元以上项目16个（其中10亿元以上项目

1个），协议总投资62.94亿元；落地5个，新增规上工业企业2家，外贸进出口210万美元，新增城镇就业人口870人，发明专利授权量22件。

刘桥工业集中区

【概况】 刘桥工业集中区坐落在全国文明村镇——刘桥镇境内，西与河南省永城市接壤，毗邻淮北市区、濉溪县城和省级濉溪经济开发区，承东启西，区位优越，交通便利。集中区于2006年3月经县政府同意成立，规划建设面积625万平方米，结合镇域工业经济发展现状，集中区主导产业定位为精细化工、新型建材和铝基材料产业。集中区成立以来，有效促进全镇工业企业集约用地、集聚发展，实现全镇工业由分散型、粗放型向集中型、环保型发展，推动全镇经济转型，实现创新发展。

【园区建设】 刘桥工业集中区规划面积约9600亩，其中建设用地6500亩，塌陷回填地900亩，水面2200亩。按照“统一规划、分期开发、滚动式发展”的总体原则开发建设，一期开发3500亩，二期开发3000亩。集中区已完成三纵四横道路建设7.8千米；集中区内1万伏供电线路已经架设完成，新源热电6千伏直供电已投入使用，能够满足企业用电需求。3.5万伏供电专线架设工作在筹备中；集中区内供水工程和蒸汽管道已建设完成并投入使用；污水管网已布设全区，接管濉溪县开发区污水处理厂进行深度处理。二期供电、绿化、亮化工程逐步配套，在进行规划设计，以提高对规模以上企业承载能力。

【产业发展】 刘桥工业集中区按照县发展规划，定位为精细化工、新型建材和铝材产业。已有16家规模以上企业入驻工业集中区，初步形成三大主导产业，即以奥瑞化工为代表的精细化工产业、以恒坤铝业为代表的铝基材料产业、以天桥建材为代表的新型建材产业。截至2017年年底，集中区内企业累计完成固定资产投资6.8亿元。

【集中区优势】 集中区东距京福高速15千米，北距连霍高速17千米，距县城5千米，北靠省道濉永公路，东依101省道，贯穿省级濉溪经济开发区至刘桥工业集中区的白杨路，将把刘桥工业集中区与濉溪经济开发区融为一体。

集中区内有可直接挂牌的建设用土地2000多亩，整块水面约3000亩。同时，除大网供电外，还有镇内新源热电的平价直供电和平价直供汽。

韩村镇工业园

【园区概况】 韩村镇工业园区位于韩村镇北4公里、淮六路两旁，2012年建成。园区总规划面积4600亩，投入800多万元建设和完善园区的道路、水、电、绿化、通讯等基础设施，达到“五通一体”。在园区建设中，对园区的土地、基础设施、企业、机构职能等进行全面规范整合，由韩村镇工业园区管理办公室全面接管，做到对外招商统一政策发布、项目入园统一主体签约、项目落户统一产业布局、项目用地统一口子供给。2017年，工业园区总产值4.5亿元，增加值1.2亿元。

【产业结构情况】 园区初步形成矿产机械、食品加工、建材等几大支柱产业。主要企业有淮北祈康食品有限责任公司、淮北裕氏隆工贸有限责任公司、兴海玛钢厂、兴海面粉厂、兴海矿山机电设备大修厂、安徽金雨屏防水材料有限公司、濉溪县绿安生物饲料有限公司。

商贸

商贸流通

消费市场持续活跃。全县商贸流通业呈现持续、快速、健康发展的良好态势，消费市场持续活跃。2017年，实现社会消费品零售总额96.8亿元，同比增长11.8%。新增限额以上商贸流通企业13家。

积极开展促销活动。组织3月18日物资交流大会、“五一”节快乐购、夏季电动车广场促销等活动，累计销售额突破3亿元。

加强成品油市场供应工作。在“午收”“秋收”期间，密切关注成品油市场动态及反应，加强市场监测分析，加强部门协调，积极与中石化、中石油及社会加油站点联系协调，做好全县成品油市场供应保障工作。

深入开展商贸领域安全生产工作。按照省、市、县安全生产等文件要求，积极配合有关部门定期、不定期对加油站点、商场、超市、人员密集场所进行安全生产检查，确保商务领域安全生产无事故。

进一步提升市场运行监测工作。加大市场运行与调节力度，发布生活必需品、重要生产资料等监测信息170多篇，被国家商务部等商务主管部门采用90篇。

逐步完善市场监管公共服务体系建设。组织开展惩治侵犯知识产权和制售假冒伪劣专项活动，检查重点区域68个（次）、各类市场56个（次）、各类企业497个、经营户1231户。

【电子商务】 编制《濉溪县电子商务十三五发展规划》，出台《濉溪县加快电子商务发展的实施意见》《濉溪县促进电子商务产业集聚发展的扶持政策》，每年列入财政预算1000万元，专项支持电子商务产业发展。

电商项目建设快速推进。建成2000平方米县级电子商务公共服务中心、濉溪县电子商务运营中心、300平方米线上线下体验馆、600平方米农创空间、农村物流快递配送中心3个，光纤、农村道路、村级电商服务站已实现全覆盖。

电子商务交易额实现新突破。全县电子商务交易额实现4.2亿元，同比增长41%。其中：日用消费品2.01亿元，增长36%；家电数码1.03亿元，增长37%；农资农具230万元，增长77%。洋葱、土豆、大蒜、白酒等农产品7810万元，增长52%。

电商平台体系快速发展。全县建成京东特色濉溪馆、邮乐农品濉溪馆、苏宁易购濉溪馆、淘实惠濉溪馆、老虎商城等电商平台19个。电商主体规模快速壮大。全县电商微商主体4万个，其中电商企业94家，限额以上电商企业5家，全年新注册电商企业29家。

电商扶贫初见成效。18个贫困村电商知识普及应用培训全覆盖，举办贫困户精品培训班2期，培训111人，直接带动贫困户开设网店创业脱贫34户，劳务输出脱贫6户。

【外贸进出口】 全县累计实现进出口总额2.77亿美元，完成目标任务的115.7%，同比增长14%，进出口总量位居全市第一。新增进出口实绩企业7家，完成目标任务的140%。

加强外贸政策扶持，为企业做好服务。根据《濉溪县促进外贸发展奖励办法》，对理士电源、巨成化工等重点企业出口增量、外贸上台阶等项目进行补贴奖励，兑现县级外贸促进资金116.68万元；帮助安徽伊索工贸、福尔足袜业等企业申报市级外贸促进资金139.18万元，均已落实兑现。同时对理士电源、莱博特相框等进驻园区的老企业，采取土地优惠及免月租租赁厂房等政策，促其加快发展，提高外贸总量。

加强调查研究，督促企业做好进出口业务。对县内有进出口实绩的企业进行包保服务，落实到人，建立月报制；侧重挖掘有进出口潜力的企业，宣传进出口优惠政策，鼓励有条件的企业开展国际贸易，累计进出口额超100万美元以上企业19家，累计进出口额超500万美元以上企业6家，累计进出口额超1000万美元以上企业4家。出口实绩企业36家。新增实绩企业7家。

加大培育外贸经营主体力度，壮大对外贸易队伍。全面掌握县开发区及各镇工业园区内入驻企业情况，对有实力、有潜力、有意愿的企业，主动上门宣传政策，帮助企业办理进出口备案登记。在调查摸排的基础上，建立健全《外贸进出口企业信息库》，进行归类整理，根据不同企业的自身情况，制定相应的孵化工作计划，一企一策。组织企业参加海关、商检及各商业银行举办的培训学习，增强企业用活用好政策的能力。

加大对有订单、有效益的外贸企业特别是中小企业的金融支持。为降低外贸企业出口风险，减轻中小外贸企业资金负担，积极宣传出口信用保险优惠政策。安徽华中天力、安徽伊索工贸等外贸企业办理出口信用保险业务。

粮 食

【概况】 2017年，全县粮食系统以深化国有粮食企业改革、推进法治粮食建设为重点，以加快实施“粮安工程”建设为抓手，加快转变粮食经济发展方式，加快推进粮食流通能力现代化，在转型升级中夯实粮食产业持续发展基础。

2017年，全县共收购粮食50万吨。其中，国有粮食购销企业托市收购21万吨；实现经济利润2500多万元。县粮食局连续九年被省粮食局、财政厅授予“全省粮食购销企业综合经济效益先进单位”称号，同时荣获“全省粮食产业化工作先进单位”“全省粮食流通监督检查工作先进单位”“全市粮食系统目标考核先进单位”“全市粮食系统安全生产先进单位”等荣誉称号。

【仓储建设】 2017年，新建3个仓储项目，分别是濉溪县粮油贸易公司韩村海孜粮站新建仓库项目、濉溪县双堆中心粮站三和分站新建仓库项目、百善储备库新建仓库项目，共计4万吨标准仓，其中濉溪县粮油贸易公司韩村、海孜粮站新建仓库项目为中央预算内资金补助项目，争取中央财政资金300万元，竣工并投入2017年夏粮收购。各站点在项目实施的过程中，严抓质量、安全、工期三个环节，在项目建设中，做到零发案、零过失、零追究。

【安全生产】 成立由局长任组长、分管局长为副组长的濉溪县粮食行业安全生产领导小组，全面完成省粮食局部署的“查治守保促”“大快严”等系列专项治理活动。建立健全各项安全生产制度，落实安全责任制。健全所属企业安全领导组织、制度及应急预案，规范管理储粮药剂管理和储粮熏蒸作业，抓好安全储粮、科学储粮和仓库维修改造，扎实开展安全隐患排查治理，注重应用机械通风、环流薰蒸、双低储粮等技术。加强行业食品安全宣传、监管，积极宣传国家粮油质量标准，做好各类政策性粮食质量管理。不定期联合县消防大队对辖区各类粮食仓储、加工企业开展火灾隐患排查整治实地演练行动，实现全年安全生产无事故。

【粮食产业化】 2017年，大力开展粮油专业合作组织、城市连锁店、农村服务社活动，发展城市连锁店65家、农村服务社138家，基本实现城乡全覆盖。年初，将粮油加工业工业产值、粮油订单目标任务分解到全县18家骨干粮油加工企业。全年实现入统粮油加工总产值40亿元，与上年持平，完成全年目标任务的133%，获得2016年度全省产业化先进奖。实现粮食订单面积70万亩，订单收购量35万吨。引导龙头企业参与土地流转，建立优质粮生产基地。强化品牌建设，“鲁王”“孙猴”“淮鲁”等先后获评省市名牌、绿色食品、知名著名商标。开展主食产业化、精深加工、食品安全、放心粮油工程专题调研，大力推进“放心粮油”和“中国好粮油”工程建设。

【粮企改革】 着眼于实现国有粮食购销企业从数量优势向质量优势转变，对原有的7个国有独立核算企业进行改革重组，成立4个有区域优势和资产规模优势的国有粮企，转变发展方式，改善经营环境，提升全县国有粮企主渠道作用。开展跨区域、多元化粮食经营，鼓励企业积极走出去，县百善粮食储备库在完成当年托市粮收购任务的基础上，常年与甘肃、云南开展跨区商品粮经营，2017年的商品粮经营量分别达到2万吨和5000吨，并保持全年盈利。在土地变性确权方面，县粮食局积极与县政府及相关单位协调，争取在年底有所突破。混合所有制经营方面，局濉溪县谷安粮食收储有限责任公司与民营企业濉溪县祈康面粉有限公司合作经营，国有企业占有57.5%股份，民企占有42.5%股份，经过5年的运作发展，取得较好的收益。局粮贸公司钟楼粮站、张集粮站、龙桥粮站、王堰粮站也采取与民企合资共建粮仓多元化经营模式，共建成近5万吨粮仓，缓解县北部地区农民售粮难问题，取得经济效益和社会效益双丰收。

【行业服务】 大力推进效能建设向细节延伸，完善首问负责制、办文办事限时制、责任追究制和年度考评激励机制。建立健全政府信息公开制度，实行政府信息公开工作季度考核，公开政府信息36条。细化粮食流通服务措施，创新服务方式，优化服务流程，提升服务水平。

供销

【供销体制改革】 1月13日，濉溪县人民政府办公室印发《关于印发濉溪县供销合作社综合改革实施方案的通知》。9月21日至22日，濉溪县供销合作社联合社召开第二次代表大会。来自县供销社机关、基层社、直属公司、行业协会、专业合作社的53名代表参加会议。大会听取并通过县供销联社《牢记宗旨迎接挑战全面提升全力推进供销合作社创新发展》工作报告，审议并通过《濉溪县供销合作社联合社章程》。大会选举产生濉溪县供销合作社联合社第二届理事会理事31名，理事会常务理事10名，理事会副主任2名，理事会主任1名；监事会监事11名，监事会副主任1名，监事会主任1名。任明杰当选为理事会主任，李云臣、张惠强当选为理事会副主任；耿德文当选为监事会主任，董鑫当选为监事会副主任。

【发展电子商务】 2017年，县供销社积极利用自身优势，整合相关资源，在原县供销社烟花爆竹仓库旧址，与安徽淮北华岳食品有限公司联合成立淮北纵横电子商务有限公司，着力打造线上休闲食品及特色农产品、农资销售等综合电商体，在县经济开发区实施纵横电子商务产业园项目，使之成为县级供销合作社发展电子商务的重要抓手和依托。公司建设淘宝网“特色中国·淮北（濉溪馆）”，负责与供销社电子商务平台或其他电商平台进行对接，挖掘和组织本地特色产品，尤其是特色农产品，上线交易，并根据供销社电商平台或其他电商平台的统一要求，负责产品线下包装、物流配送、售后服务等方面工作。开发实施农资网络平台，为农资生产企业和农资流通企业、农民打造平台，解决长期制约农村电子商务发展的“最后一公里”配送问题。2017年，网上交易额突破5000万元，带动200人就业，带动300多商户共同致富。

县供销社与江苏苏州供销通网络科技有限公司和淮北市新供销电子商务有限公司合作，成立濉溪供销通电子商务有限公司，公司致力于农村电子商务行业，打造集信息流、资金流、物流、商业流于一体的综合城乡网络服务平台，业务范围涉及到城乡消费品、农资流通、金融信贷、农村土地流转、人力资源等。该公司与县商务局合作，开展农产品上行项目，该项目可实现利润220万元；与农委、乡镇合作，开展农作物飞防项目，已落实土地面积1万亩，积极开展农业社会化服务；与濉溪县最大农产品批发市场——中瑞农产品批发市场合作，打造濉溪县农村特色产品品牌培育和质量保障体系建设项目——智慧市场项目，项目年产值可达1500万元。

（李绍锋）

个私协会

2017年，濉溪县个体私营企业协会开展走访慰问会员活动，共走访个私会员100余户，慰问困难个私会员28户，并送上慰问金1万元。开展“光彩之星”和“文明诚信经营户”创建活动，濉溪县香舍黎饭店、淮北市顺达商贸有限公司被安徽省工商局、个民企业协会评为“文明诚信经营户”；23家个体私营企业被淮北市工商局、个私企业协会评为“光彩之星”，5户私营企业被淮北市工商局、市个私企业协会评为“个转企”示范户。开展“双拥”创建活动，与县武装部签订军民共建协议，推进“双拥”共建工作；同年2月，被县双拥领导小组评为“双拥工作优秀单位”。

2017年7月，濉溪县个私企业协会党总支和七个基层个私协分会党支部进行换届选举，重新调配党总支（支部）领导班子，任命县个私协会党总支书记1名。“七一”前夕，组织基层分会支部党员29名，赴双堆烈士陵园红色教育基地，开展“缅怀革命烈士，弘扬优良传统”的主题活动，凭吊祭奠革命烈士，重温入党誓词。全年举办入党积极分子培训班1期，培养入党积极分子25名、发展党员3名、转正党员4名。

商贸企业

【安徽快乐真棒（集团）商贸有限公司】 原名淮北市新惠康商贸有限公司，成立于2000年10月，是一家以零售业为主营业态的股份制集团企业，已跻身省连锁行业十强（第三位），是安徽省流通及农业产业化双龙头企业。公司已发展成为以零售业为龙头，以现代物流为支撑，以现代农业和食品工业为两翼的大型集团企业。公司共有门店30家，总营业面积8万平方米，2017年销售额达14亿元，年上缴税费2800万元，拥有占地50亩的现代化物流配送中心和占地100亩的现代化大型食品加工厂，自有绿色无公害蔬菜种植基地1000亩，公司现有员工2500多人，位居淮北市零售业的首位。

安徽快乐真棒集团自有的无公害蔬菜基地所生产的绿色果蔬直接在社区门店销售，为广大市民提供新鲜、优质、廉价的生鲜产品；大型现代化食品加工厂所生产的糕点、蛋糕等食品保证不添加防腐剂、添加剂，严格按照《中华人民共和国食品安全法》（以下简称《食品安全法》）进行生产，保障消费者的身心健康。安徽快乐真棒集团热心致力于慈善超市、助学支教、扶贫济困、助残助孤、赈灾救难等公益事业，共向社会捐赠资金及物资累计逾1000万元。

公司先后获得“省级农业产业化龙头企业”“省级重点商贸流通企业”“省级市场运行监测先进单位”“应急商品储备单位”“价格诚信优秀单位”“百城万店无假货示范单位”“优秀非公有制企业”等荣誉称号。

【香舍黎饭店】 香舍黎饭店是一家按照三星级标准管理的宾馆，坐落在安徽省淮北市濉溪县淮海南路99号，2002年开业，建筑总面积10000多平方米；设有豪华数码客房89套，可免费上网、打电话，同时拥有风格各异的大小包间30个和一个可容纳600人就餐的宴会大厅，饭店内Wi-Fi已全覆盖，院内有免费的停车场。

【淮北龙升商贸有限责任公司】 公司成立于2006年，注册资金1000万元，地址在濉溪县百善镇工业园区。该公司是一家被商务部门列为重点监测的大型超市连锁企业，拥有直营门店8家，经营面积30050平方米；直营农家店65家，经营面积7535平方米。门店分布在双堆镇、南坪镇、孙町镇、铁佛镇、临涣镇、百善镇等乡镇，年销售额达2.4亿元，在职员工385人。

2007年5月，淮北龙升商贸有限责任公司在濉溪县南部乡镇市场，首开“开架自选、平价销售”食品、服装百货、生鲜商品的商超零售模式，提出让老百姓“花钱少一点、实惠多一点”的经营理念，将商品价格比当地商品零售价格平均下降10%左右，为广大百姓提供平价的食品、百货、服装、生鲜等商品和专业的服务。

至2017年年底，淮北龙升商贸有限责任公司所经营的商品单品种数量已达1.3万余个。建成集办公、住宿、仓储、物流配送为一体的，占地面积13300平方米的物流配送中心，仓储面积达3600平方米，拥有专业配送车辆6台和必需的大型装卸设备。

公司多次被授予市、县“消费者信得过单位”“诚信单位”“守重企业”等荣誉称号。

【安徽顺达商贸集团】 集团成立于2007年8月8日，员工1000余人，其中大、中专员工占80%以上。集团拥有淮北市顺达商贸有限公司、淮北顺达房地产开发有限公司、濉溪县顺达小额贷款股份有限公司、淮北市大明混凝土有限公司、徐州市福润德酒业有限公司、宿州市永盛新型建材有限公司、宿州顺达种猪养殖有限公司、安徽大自然种猪育种有限公司、安徽厚望食品有限公司、深圳市永顺达投资发展有限公司、淮北市永青石料厂等11家子公司。

集团先后被授予“全国市场诚信商贸联盟企业”“安徽省守合同重信用单位”“淮北市企业30强”“安徽省诚信企业”“淮北民营企业排序二十强”“安徽省百强企业”“淮北市民营企业十强”等多项荣誉称号。

顺达集团积极承担社会责任，2002年以来，先后捐资600余万元用于希望工程、敬老院、修路建校和扶贫救贫、援助灾区等慈善事业，资助216名特困生走入重点大学，帮助410名贫困失学儿童重返校园。

【淮北科尔能源有限责任公司】 公司位于淮北市濉溪县开发区金桂路1号，成立于2008年7月，注册资本200万元，在职职工90余人，技术人员20余人。主要经营煤炭、矿石、五金机电等。公司有3个年储存优质煤在25万吨以上的大型储煤场，2个位于淮北市主要煤炭生产基地烈山附近，占地面积60余亩，1个在河南洛阳市区占地面积40余亩，3个储煤场周围都有几个储煤丰富的大型煤矿，具有优越的采购煤炭的条件。

经营的煤炭主要供应给淮北和洛阳地区周围的电厂，与大唐淮北发电厂年签订合同10万元，可实现收入4600多万元。与安徽百路物流有限公司签订合同10万吨，可实现收入4700万元，与大唐洛阳首阳山发电厂签订合同20万吨，可实现收入7000万元，另外还与合肥发电厂及安徽华电宿州发电有限公司等多家签订常年供货合同，形成了良好的供销关系。

【淮海国际商贸城】 淮海国际商贸城是淮北地区首个具有明确主题概念的大型专业市场，由浙江百事得集团旗下淮北腾达置业有限公司打造，属县重点招商引资项目。项目占地面积123408平方米，总建筑面积近20万平方米，其中市场部分约为13万平方米，住宅部分约为6.2万平方米，并配建1万平方米以上物流、仓储建筑，项目总投资5亿元。

项目规划分为钢材、木材、管材型材、陶瓷卫浴、五金电料、门业、木地板等近20个业态专区，吸引上百家国内知名建材品牌厂商进驻，市场设立销售展示中心，将逐步形成淮北乃至皖北地区综合性市场的主要集散地，形成超大型、规范化的专业市场。市场由专业的商业运营公司管理运营，商贸城内还成立濉溪惠商运输有限公司，负责整个市场的物流配送工作。钢材市场打造为一个巨大的钢材交易平台，拥有仓储配套区、行政办公区、商业资源区、产品展示区，是集钢材交易、物流、加工、生活配套于一体的钢材物流集散中心，带动濉溪建材商贸业的发展。

【濉溪县欣诚五交化有限公司】 公司成立于1989年1月6日，原名濉溪县新城五交化批发部，2007年3月29日改名为濉溪县欣诚五交化有限公司。企业注册资金1000万元，固定资产1200万元，是以五金、交电、化工产品及建材等为主的多元化经营企业。共有职工70多人，管理人员15人，场地总面积14756.76平方米，经营销售面积6900平方米，是皖北矿务局、淮北矿务局定点销售单位。公司先后获得市、县级纳税“先进单位”“消费者信得过单位”“重合同守信用单位”“诚信单位”“文明单位”等称号。

【濉溪县中瑞农副产品有限责任公司】 公司成立于2004年，下辖农产品批发市场和物流配送中心。公司占地面积160亩，总资产1.2亿元。主营瓜果、蔬菜、粮油、水产、干鲜五大类农产品的批发交易和农产品物流配送。市场建有交易门面590间1.5万平方米；加工、配送、物流仓库5处0.5万平方米；冷库3处0.6万平方米，商业楼7栋3.5万平方米；交易大棚19个2.8万平方米，总建筑面积8.9万平方米。市场的基础设施日臻完善，管理服务水平不断提升，辐射带动能力显著增强，冷链物流、电子结算、电子监控、检测检疫、信息采发五大系统基本配套。农产品物流辐射全国22个省市，2017年交易量70万吨，批发交易和物流配送额1.39亿元。

2005年，中瑞市场被商务部列为“万村千乡”试点单位；2006年，被农业部批准为“全国定点市场”；2007年，列入商务部“双百市场工程”示范企业，安徽省第一批认证的“绿色市场”；2008年，被评为省级“农业产业化龙头企业”“安徽省首家标准化A级农批市场”；2010年，再次通过省级“农业产业龙头企业”考评验收；2012年，被省商务厅授予“2011年度全省市场监测工作先进单位特别奖”。

【淮北市三丰肥业有限公司】 公司成立于2009年4月，注册资本1000万元，是一家集农作物种子、掺混肥生产经营于一体的综合性农资企业。公司拥有1万平方米的标准生产车间和库房、国内先进的自动控制系统、自动定量包装设备、种子精选加工机械、检验仪器等。种子专用仓库2000平方米，仓储能力达500万公斤，水泥晒场1万平方米，并配有2部供种及农技服务车。

三丰肥业共有职工120人，其中中高级农业技术职称人员16人，同时聘请大专院校及种子科研部门专家作为技术顾问。在种子生产过程中，严格按照生产、检验各项技术规程操作。对生产基地实行统一管理，保证种子质量，良种发芽率高，整齐度好。2017年生产销售小麦良种500万公斤，销售玉米种子6万公斤。

2017年12月，公司更名为安徽隆跃农业有限公司。

【淮北茂昌粮油贸易有限公司】 公司成立于2008年，注册资金50万元。建设收购仓库3000吨、储藏库5000吨及配套设施。年收购销售大豆3万吨、玉米1万吨、豆粕3万吨。

【安徽巨成精细化工有限公司】 公司成立于2005年1月，座落于濉溪县经济开发区，是濉溪县重点自营进出口高科技化工企业，主要研发、生产、销售有机化学产品、高分子精细化工产品及化工产品技术服务。企业注册资金3637万元，总资产7.6亿元，拥有固定资产2.8亿元，职工480人。公司已形成15000吨/年丙烯酰氧乙基三甲基氯化铵（DAC）、40000吨/年微生物法丙烯酰胺、6万吨聚丙烯酰胺规模。被认定为国家级高新技术企业、科技创新示范企业等。

2017年，实现销售收入8.52亿元，利润2520万元，上缴税金1600万元。全年实现出口总额6098万美元。公司已建立国内外营销网络体系，在上海、广州、北京等城市建立营销网点，与印度、新加坡、泰国、马来西亚、越南等国家建立长期营销体系。

【安徽理士电源技术有限公司】 公司成立于2010年10月，位于濉溪经济技术开发区迎春路1号，是在香港主板上市企业——理士国际（香港）技术有限公司（股票代码：00842.HK）全资子公司，是在国内投资最大、规模最大的区域生产基地，占地404亩，办公、研发及厂房等设施建筑面积22.5万平方米。公司注册资本2.76亿港元，拥有固定资产5.71亿元，总资产17.36亿元。

公司主要研制、开发、制造、销售备用型、起动型、动力型全系列蓄电池及其相关产品。包括AGM阀控式密封铅酸蓄电池，胶体（GEL）阀控式密封铅酸蓄电池，纯铅电池，UPS用高功率系列电池，铁路用蓄电池，启停电池，起动用汽车、船舶用蓄电池，摩托车用铅酸蓄电池，OPzV、OPzS、PzS、Pzv、PzB管式极板铅酸蓄电池，高尔夫球车用铅酸蓄电池，扫地车电池，电动助力车用铅酸蓄电池和超细纤维（AGM）隔板、拉网板栅、冲网板栅等系列产品。起动用铅酸蓄电池的连铸连轧铸带生产线、拉网生产线、包封配组生产线以及COS电池铸焊生产线技术处于国际先进水平。拉网电池、冲网电池生产线技术水平均居全国领先，AGM、EBF系列汽车启停电池生产技术居世界前两位，纯铅电池生产为亚洲第一家制造。2017年，产品出口创汇3768万美元。

交通运输 通信

交 通

【概况】 2017年，全县完成农村道路畅通民生工程373.7千米，投资81757.9万元。其中，交通涉农扶贫工程52千米，总投资3100万元。严格道路交通行业管理，开展城乡道路客运一体化建设，完善客、货运市场监管，提高道路运输行政执法能力和行业服务水平，完成年度各项目标任务，为全县经济转型发展提供交通保障。

【省道建设】 S101合相路二期工程全程10千米，一级路技术标准，已开工建设，完成投资10000万元。

S235濉唐路（沱河—S303段）新建4千米，一级路技术标准，完成投资10000万元。

S237淮六路二期改建工程18千米，一级路技术标准，包括路面及桥梁大修，年底共完成投资36000万元。

【农村道路畅通工程建设】 2017年，全县计划实施农村道路畅通工程373.7千米。其中续建项目98.1千米，新开工项目275.6千米。年底全部完成畅通工程373.7千米，工程建设投资81757.9万元。

【道路养护】 完成S202肖淮路南段路面修复，S203快速通道工程计88万元，对铁白路南段垫铺煤矸石200余立方米，完成对宿涡路、大祁路、茶小路部分沉陷路段的挖补坑槽2500平方米。5月起，实施农村公路“五小工程”建设，完成S305宿阜路、X016宿涡路生命防护工程180万元；S303泗永路、X009濉刘路、X016宿涡路等五小工程建设投资150万元。埋设警示桩2212根，安装标志牌173块、路面标线8500平方米、减速震荡组150组、防撞护栏安装2500米，累计投入资金175万元。

航 运

【南坪船闸及浍河航道整治工程】 县交通局牵头落实征地拆迁安置，对浍河两岸71千米征地红线内赔付群众拆迁补偿款10500万元。河道内阻水障碍物清理完成，总长34.24千米。第一标段（韩村—孙疃）13千米已完成，第二标段（孙疃—南坪）21.24千米尚在进行疏浚施工。浍河水运节点（南坪船闸）工程建设年通航能力5000万吨，船闸长470.5米、宽13米、通航净空7米的跨闸大桥。同时建设南坪、韩村、临涣物流水运节点工程计划总投资28000万元，2017年完成10000万元，主体工程已完工。

道路运输

【客运管理】 按照公交优先、城乡客运一体化发展思路，完善优化城乡客运网络，支持客运公司对农班线4台客车更新，新增座位28座，完成客运企业57条班线复核，发放207台客车油价补贴636.8万元，对新增新能源客车发放运营补助资金40万元、油价补助66.6万元。全县298台客运车辆全部安装北斗兼容车载终端。客运车辆管理不断加强，城乡客运一体化逐步开展，群众的出行环境更加优化。

【货运管理】 抓好道路运输市场的源头管理，不断完善营运车辆台账和各项基础资料，建立道路运输企业质量信誉档案，全年新增货运车辆（含挂车）2495台，对11283台货运车辆（含挂车）的道路运输证进行审验。全县8吨以上营运车辆，北斗兼容车载终端安装率达100%。4月份，对全县99家道路货运企业进行质量信誉全方位考核，1家优秀，89家合格，5家基本合格，4家不合格。

【超限超载治理】 治理车辆超限超载始终坚持“政府领导、部门联动、综合治理、标本兼治”的工作方针，采取源头控、路面管相结合的方式。科技治超力度不断加强。2017年在县境内的主要路段新设三个实时监控过磅点（黄桥监控点、铁佛梁庄监控点、杨柳雁头监控点），对超限超载车辆实施自动抓拍，反馈信息及时查处，精准打击。共查处超限车辆347台，巡查货源单位942家。对超限严重的97台货车吊销营运证，对39家货运企业责令停业整顿，对5家货源单位进行处罚。全年共卸载货物5886吨，罚款397.5万元，路面超限超载车辆低于1%。

邮 政

县邮政公司下辖刘桥、铁佛、百善等13个支局，25个邮政网点，2017年实现收入10398.93万元。服务质量提升卓有成效，在安徽省邮政满意度年度综合评测中得92.85分，位列全省县公司第一位。创建“县镇村”三级物流体系建设项目，年底三级物流体系建设初见成效。县级物流仓配中心及7个镇级投递段道26条实行“私车公助”项目，切实解决农村投递“最后一公里”问题，缩短偏远村庄的邮件投递时限。

截至2017年年底，建成邮乐购站点259个，村民在这些站点可以进行邮件寄递和自提、缴费、网上购物、农产品销售、存取款等业务。电子商务业务快速发展，较上年同期增长186.8%。

电 信

【概况】 2017年，中国电信濉溪分公司从业人员232人，其中合同制71人、派遣制4人、业务外包90人及个体代办67人。2017年，吸收12名入党积极分子，完成团支部支委选举工作。濉溪电信团支部被共青团濉溪县委员会授予2017年度濉溪县“五四红旗团组织”荣誉称号。

公司下设综合管理部、销售部、政企客户部和10个农村营业部、1个城区营业部,全县共有12个自有厅、14个承包厅、117个专营店。至2017年年底，公司主营收入完成1.33亿元，较上年提升13.7%，收入规模在全省64个县公司中排名第3位。

【信息化项目】 濉溪电信建立信息化项目库，成立党员攻坚小组，2017年相继签约了智慧党建二期、警务通、数字城管、教育OA、司法e通、工作宝等信息化项目。

【客户服务】 2017年，濉溪电信投诉及咨询事件6089件，处理及时率99.4%，投诉处理满意率99.02%，装移修服务满意度99.12%。2017年5月，向城区宽带客户推出“当日修、当日装、慢必赔”承诺服务。

移 动

濉溪县移动分公司，主要经营移动话音、数据业务和信息化业务等（宽带、专线、IMS、M2M等），是全业务电信运营商。公司坚持“质量是通信企业的生命线”和“客户为根，服务为本”的理念，不断提升质量，改善服务，客户满意度保持行业领先。至2017年年底，无线网在网运行速率40兆位/秒，宽带覆盖用户255693户。

联 通

濉溪县联通公司是一家集移动业务、固定电话业务、数据业务为一体的通信公司，实行总经理负责制。共有员工67人，下设集客中心、渠道中心、融合业务中心3个中心。

加强服务渠道建设，建有15个自有营业厅，实现所有乡镇全覆盖；拥有100多家社会合作渠道，不断缩小服务半径；推出手机营业厅服务，让客户足不出户即可查询办理业务，进一步方便了客户，提高了服务效率。

不断优化网络质量，确保通信畅通无阻，至2017年年底，濉溪县联通公司共建基站882座，其中2G基站162座，3G基站380座，4G基站340座，全县建设皮线光缆2600公里，基本实现网络全覆盖，网络通信质量不断提升。

城乡建设及管理

市政建设

【城市建设管理】 2017年，实施背街小巷整治工程，改善居民出行条件，组织实施12条街巷整治和口子文化博览园北巷道建设工程。老城区结合棚户区改造，完成沱河东路、北环路、乾隆湖路等五条道路的设计。在具备施工条件的情况下，浍河东路改造工程加快推进。实施城市黑臭水体整治工作，完成老濉河西岸北关小闸、御溪美景西门等四处排水口的截污工作，濉临沟的分段清淤、西流河孟山路西侧的整治工作全部完成。完成河西区高压线迁移工程、城区路灯终端监控及平台系统建设，提高城市管理水平和运行效率，增强城市综合承载力。计划实施“限房价、竞地价”13个棚改项目，总建筑面积约155万平方米，总投资约40亿元。其中，东观御园、合欢家园二期、北环欣居、濉河新时代——东区、西区5个项目开工建设，总建筑面积51.88万平方米，总投资14.33亿元，2017年完成投资2800万元，2018年预计完成投资5.8亿元。

【园林绿化】 2017年，以创建国家园林县城为契机，大力实施城镇园林绿化提升行动，新增绿化面积约50.55万平方米，提升10.2万平方米，新增街头绿地（游园）7处，完成绿道建设12千米，建成碱河路游园、五里郢南延伸段、新濉河大桥两侧3项园林精品示范工程。县城区完成五里郢游园南延伸段、碱河路北游园、濉临沟东岸、新濉河大桥西端、202省道两侧节点，以及公园广场、道路绿化提升等工程，全年县城区共完成回填土5.79万立方米，栽植乔灌木1.36万株、地被10.8万平方米，新增改建绿化面积11.2万平方米，完成绿化投资2300余万元。按照国家园林县城的标准和申报评审办法，完成专题片摄制和文本资料申报，顺利通过国家住建部的考察验收，10月底，濉溪县荣获“国家园林县城”称号。

【建设行业日常监管】 严格执行工程建设法定程序，加强工程质量安全监管，落实建设工程五方主体责任，加大日常检查巡查力度和频次，深入开展安全生产“铸安”行动，实行拉网式检查和不定期巡查，深入开展建筑工地扬尘防治和混凝土搅拌站整治，严格落实建筑工地“六个100%”（工地周边100%围档、物料堆放100%覆盖、出入车辆100%冲洗、施工现场地面100%硬化、拆迁工地100%湿法作业、渣土车辆100%密闭运输）要求。组织拉网式农村建筑工匠、镇村干部安全及施工技能培训，培训1000余人，发放农房施工图集和安全文明施工资料4000余册。

加强燃气市场安全管理。推行“双随机、一公开”监管方式，检查县医院门诊病房大楼等13个工程。恒大名都四期二标、河西棚户区安置房2个项目获省标化工地，恒大名都学校、淮海南居棚户区安置房、河西棚户区安置房、浦发农林生物质发电等8个项目获市标化工地。恒大名都21#楼工程获“相王杯”奖，恒大名都剧场获“黄山杯”奖。启动绿色建筑示范项目建设，大力推广绿色节能建筑，新开工15个项目全部使用保温节能，政府性投资项目全部使用绿色建筑。

【供水及节能减排】 2017年，安装、改造各类供水管线42484米，其中DN100及以上主管道13030米；发展新户5110户，其中总表改分

表355户；实现安全优质供水490万吨。强化便民服务，开通翼支付手机网上缴纳水费，为用户上门免费维修1000余人次。全年水质综合合格率达100%。全年共计处理城市污水883万吨（2.42万吨/天），消减COD1057吨、NH3—H193.2吨，出水水质稳定各项指标均达到或超过国家规定的一级B标准。自筹资金200万元，完成碱河路（淮海路—烈山路）DN400主管道安装（750米）、闸河中路（淮海路—烈山路）DN400主管道安装（500米）、淮海南路—202省道—中医院东水源井DN200主管道安装（1000米），为保障居民用水安全、提高水质水压发挥了积极作用。

供电

【概况】 国网濉溪县供电公司设置7个职能部室，运检、营销、物资3个业务支撑机构，11个供电所和1个集体企业。公司全口径人数1064人，其中全民员工 384人、集体员工192人、农电员工488人。公司管辖35千伏变电站15座，容量402.5兆伏安；县域内220千伏变电站5座，容量1710兆伏安；110千伏变电站9座，容量870兆伏安；容量共计2982.5兆伏安。10千伏公共配变3295台，总容量850.645兆伏安；10千伏专变1932台，容量423.32兆伏安，35千伏线路27条，长度214.87千米，10千伏线路124条，长度2232.12千米，低压线路6786.98千米，营业客户41.53万户，户均容量2.28千伏安/户；供电可靠率99.7480%，综合电压合格率99.811%。

2017年，公司荣获“安徽省第十一届文明单位”称号；全国文明单位、国家电网公司文明单位、全国安康杯竞赛优胜单位通过复查验收；获评省公司安全生产突出贡献单位，连续两年获得国网公司“百佳工程”称号，2项工程获省公司“精品工程”称号，1个台区获省公司“百佳精品台区”称号；微电影《生日》获“中电传媒杯”微电影组二等奖。

【供电用电】 2017年，完成供电量21.76亿千瓦时，同比增长4.68%；售电量完成20.69亿千瓦时，同比增长4.71%；完成内部利润1.27亿元；线损率4.96%，同比下降0.03%；农配网建设任务完成率100%，客户服务规范率完成值99.9%。2017年度，同业对标位于全省第13位，大型县公司第3位。

市容环境卫生

【概况】 2017年，县城管局在编人员187人，其中局机关在编9人。内设办公室、广告管理股、工程渣土管理股、政策法规股、行政许可股、农村清洁工程办公室。下辖环卫所、县城市管理监察大队2个全额拨款事业单位。环卫所在编人员82人，编外人员64人，临时工202人，内设办公室、环卫督查室、设备设施管理室、清扫南队、清扫北队、清运队、公厕管理队。县城市管理监察大队在编人员96人，协管员104人，内设办公室、法制宣传股、督察办公室、城管一中队、城管二中队、城管三中队、机动中队、渣土广告管理中队、市政中队、城市建设监察中队。

【文明创建】 2017年，以淮北争创全国文明城市为目标，加强领导，强化投入，健全机制，努力推进创建工作常态化。成立创建文明城市工作领导小组，下发《县城管局创建全国文明城市工作方案》，明确部门职责，召开创建工作动员会。每周召开一次调度会，传达县创城指挥部工作安排，掌握工作进度，安排布置工作。严格考评奖惩机制，每周班子成员分别带队检查各单位文明创建工作落实进度，对督查中发现的问题，以整改通知书的形式发到各二级机构进行整改落实。创城工作要求的垃圾无害化处理率、公益广告率均超额达标。县城管局被市文明委评为“创建第五届全国文明城市工作先进单位”。

【市容环境卫生】 县城主次干道保洁总面积138.0826万平方米，划分4个环卫作业片区，县环卫所负责对环卫作业责任区进行管理、监督、考核，先后制订完善《濉溪县环境卫生管理督查考核办法》《濉溪县环境卫生管理工作标准》等规章制度，明确责任义务，细化分工，责任到人。不断加大监督考核力度，调整城区保洁密度。根据工作实际，从早5:00至晚8:30，每天两清扫、两保洁，四班制无缝对接，完成每天近180吨生活垃圾的收集运输及无害化处理，县城生活垃圾转运率和无害化处理率持续保持100%。制定科学的洒水降尘实施方案，努力控制道路扬尘，不断提高洒水频率，加大机械化洗扫力度，日洒水降尘面积138万平方米，机械化洗扫面积约108万平方米，有效防止道路扬尘污染，改善县城空气质量。2017年，县环卫所管理的水冲式公厕达56座，每座公厕配备专门保洁工人，24小时免费对市民开放，每天进行冲洗保洁，公厕基本达到无便迹、无烟蒂、无纸屑的标准。对县城3座垃圾中转站进行高标准翻修。不断推进环境卫生工作精细化管理深度，从清扫保洁路面到洗刷油污路面，从及时清除建筑物立面、电线杆、公交站的纸质小广告到清洗垃圾桶、果皮箱，从清理路肩到要求清扫保洁路牙石、树根墙根、电线杆、公交站台，通过精细化管理，为广大市民营造整洁、卫生、有序的工作和生活环境。

【市容秩序管理】 针对“十乱”现象，开展市容大环境集中整治。共规范店外经营6000余起，清理流动摊点300余处，劝离非机动车停放1800余次。取缔落地招牌、灯箱300个；清理“牛皮癣”5200余处。取缔乱挂的衣物274次、灯笼500个。严把占道宣传、户外宣传等审批关，严格控制主要街道的占道宣传、大型户外宣传、促销等行为，坚持规划先行原则，严格执行规划论证审批制度，在不影响交通的前提下，在虎山路时代广场、交警队广场、海通财富广场及世纪辉煌广场设立户外宣传地点。开展露天烧烤餐饮油烟专项整治活动，全县357家餐饮店，具备安装油烟净化设施条件的中型及中型以上餐饮店共188家，按整改要求完成安装油烟净化设施餐饮店76家。城区范围内露天烧烤、碳锅类经营户共计76家，按要求改用新能源并迁入店内经营，其他夜市小吃类摊点共计450余家，有277家合理引导至疏导点内经营。开展“落实门前责任区制度”专项整治行动，签订“门前三包责任书”3470份。顺利完成长期影响百姓生活的市场的搬迁、拆除工作。对南三桥花市、宠物市场及瀰河路骑路菜市场合理疏导、有效安置；拆除三堤口街、溪河东路鸡蛋行的违法建筑85处；合理安置濉溪中医院便民小吃摊点群。

【市政基础设施管理】 2017年，加强市政道路设施建设维护，开展排污主管网集中清淤，共清淤1000余立方米。维修更换检查井盖260套、雨水篦子680套，修补破损路面约22900平方米。

【广告渣土管理】 2017年，加大对县城区范围内不符合户外广告设置规划和严重影响市容环境的各类户外广告的专项整治。以拆除“高炮”为突破口，以点带面，逐步推广。拆除建筑物、构筑物附属广告宣传牌2200块（幅）。规范审批门头广告362个，在县城的主要道路及显著区域设立以提倡文明礼貌为内容的公益广告180块，公益广告设置率达85%。

全年制定全县户外广告设置实施方案，严格标准，优化环境。提升广告基本设置要求，提倡采用新技术、新材料、新工艺制作广告。推行县城户外广告先审批后施工制度，确保标准统一、规范整齐。审批许可户外广告90处，拆除T型、“高炮”17处，拆除大型广告牌55处。集中清理条幅、油漆、油墨、不干胶等牛皮癣小广告1200次，拆除破旧毁损、色渍剥蚀广告牌474块，集中整治门头招牌560余处，面积约4500平方米。

加强对施工工地和渣土运输全程管理，倡导文明施工，建设绿色工地。要求工地门口做到路面硬化，围墙美化（公益广告不少于30%），运输渣土的车辆做到密封、包扎、覆盖，净车出门。推行工地试点设置洗车池，配备专业保洁人员，冲洗渣土车车轮。清扫扬尘路面，确保渣土运输不滴、漏、撒、抛污染路面。

【农村垃圾治理工作】 2017年，共投入资金6023万元，对全县农村生活垃圾进行全覆盖治理。县城管局不定期对乡镇进行检查指导，下发督查通报13期。7月，县城管局通过公开招标，采购大型垃圾压缩式转运车10辆，每镇交付1辆。各镇共投入农村生活垃圾治理经费2740万元。开展农村陈年垃圾集中清理，清理期间全县共出动环卫工人48762人次，出动运输车辆12307车次，共清理生活垃圾27821吨、清理建筑垃圾17509吨、清理废弃秸秆量14372吨、其他杂物5505吨，全县10个镇政府驻地和210个行政村完成全面清理。全县的农村生活垃圾及时转运到淮北市宇能热电公司进行无害化处理。

切实把全县210个行政村村内沟渠、田间地头、房前屋后、道路沿线、村庄边际、桥头、林间、广场、集镇街道等重点部位的陈年垃圾、建筑垃圾、废弃秸秆、沟渠河流水体漂浮物、杂草、草垛等垃圾清理干净，做到全域内无暴露垃圾、无卫生死角。

开展非正规垃圾堆放点整治，对临涣镇高皇村、沈桥村，孙疃镇杨柳村、沟西村、刘油坊村，五沟镇白沙村6处1000立方米以下的非正规垃圾堆放点开展集中整治，生活垃圾全部运输到淮北市宇能环保能源有限公司进行无害化处理，并在原址上覆盖新土，该项整治工作于2017年11月全面完成。非正规垃圾堆放点所在镇全部建立长效管控机制，防止整治后出现反弹，全县投入整治资金317万元，清理非正规垃圾约9400吨。

9月24日，省住建厅对濉溪县陈年垃圾集中清理工作进行验收；10月17日，省住建厅对全县农村生活垃圾治理专项行动进行验收。

【控违拆违监督】 城管局（控违办）认真开展控违拆违督查、暗访等工作。不定期对各责任单位进行督查暗访50次，共督查发现各类违法建设行为170余起，督查发现的问题及时向责任单位发出通报，责令限期整改，并按时上报查处信息。各镇、园区共上报拆除沿街违章构筑物、建筑物56处；查处并拆除违法占用大田地建设37起，专项清理S202线周边违建21处，拆除违章建筑面积共计1.2万平方米。控违办及时向全县通报控违拆违工作开展情况，做到“早发现、早制止、早拆除”，早日实现“零违建”的工作目标。

【环保绿色通行管理】 2017年，在原建成38个站点的基础上，新增加公共自行车站点5个，投放公共自行车数量达1600辆。全县近3万人办理用车卡，平均单次使用38分钟，公共自行车出行受到市民的普遍欢迎。

房地产管理

【住房保障建设】 根据《国务院关于加快棚户区改造工作的意见》和《安徽省人民政府办公厅关于加快棚户区改造工作的通知》文件精神，统筹推进全县棚户区改造工作，全县累计完成改造项目13个，涉及户数2608户，完成房屋征收面积47.9万平米；正在实施项目20个，涉及14083户，正在实施房屋征收面积214.2万平方米。已完成投资68亿元，获得中央财政补助资金7.2亿元，项目基本实现财政收支平衡。2017年度实施棚改项目15个，改造房屋12396套，改造面积164万平方米，总投资62亿元。截至2017年年底，已完成开工13513套，开工率109%。棚改工作在项目规划、制度安排、征收安置等方面取得显著成效，濉溪县棚改投资体量居全省县级第一。

“十三五”期间，濉溪县棚改工作计划投资227亿元。计划实施棚户区改造项目76个，改造户数49090户，征收房屋面积792万平方米。改造规模较大的符夹线以东的老城区为整体连片改造，涉及面积150万平方米，人口3.5万人。

【公共租赁住房管理制度】 为规范公共租赁住房管理，2017年10月1日县政府办公室下发《濉溪县公共租赁住房管理实施细则》，明确全县公共租赁住房管理坚持“政府统一筹建，房源属地化管理，住房管理部门监督指导”的原则。同日县政府办公室下发《濉溪县公共租赁住房租后管理方案的通知》，对濉溪县公共租赁住房租后管理的基本原则、职责分工、物业维护维修管理及后期资金的管理和收取、使用进行明确规定。

【物业管理】 加强对公共部位维修资金的收缴。在维修基金的管理中实行专户储存、专款专用，每一笔的维修基金的使用都要经业主委员会审核。截至2017年年底，共收缴维修专项资金1.48亿元，全年使用维修基金17起，资金51.55万元。

加快推进老旧小区整治改造工作。2017年改造项目1个，建筑面积8000平方米，占地面积5000平方米，涉及住户60余户，计划总投资75万元，对基础设施进行维护维修，升级更新。

【房地产开发管理】 制定出台《濉溪县促进农民进城购房工作实施意见（试行）》，于2017年6月1日正式实施。该意见进一步明确农民、外来人员及城镇居民购房落户、就学、就医、购房补贴等政策，鼓励有条件的农民进城落户，有效地促进全县经济增长和城镇化建设。

商品房预销售情况。2017年共发放预售许可21宗，许可预售面积46.51万平方米，其中住宅4142套43.11万平方米、非住宅414间3.40万平方米。商品房销售面积41.46万平方米，同比增长24%，其中住宅35.92万平方米，同比增长16%；住宅均价4293.33元/平方米，同比增长4%，其中多层均价4344.96元/平方米、同比增长11%，高层均价4260.9元/平方米、同比增长1%；非住宅销售5.54万平方米，同比增长110%，均价8008.44元/平方米，同比增长15%。全年共完成商品网上备案3631件，其中住宅3035件共35.92万平方米；非住宅596件共5.54万平方米，商品房合同备案率100%。

商品房预售资金监管系统与存量房资金托管系统建设。根据《中华人民共和国城市房地产管理法》《城市商品房预售管理办法》及建设部中国人民银行《关于加强房地产经纪管理规范交易资金帐户管理有关问题的通知》等有关文件要求，积极建设濉溪县商品房预售资金监管系统、存量房资金托管系统2个平台。

【遗留问题楼盘处理】 与问题楼盘中苑大厦的开发商北方公司进行30余次的协商，3次与淮北市建投集团沟通，拟融资进行破产和解。指导四季广场项目筹资，补交规费，完善手续启动建设。10多次与合肥建工集团对接，优化建设方案，努力启动建设，解决英伦城邦烂尾问题。通过与企业的沟通交流，及时将信息反馈给上访人，做到每一个信访案件公开、透明，让他们能了解到整个事件的办理过程。中苑大厦进入签约阶段。

【房地产转移抵押备案】 全年共办理各项业务14258件。其中，预售合同备案4230件；转让备案5046件；抵押备案2646件；预抵押备案2336件。

【房屋征收安置】 2017年，濉溪县房屋征收安置办公室完成房屋征收面积165万平方米，符夹线以东老城区连片改造面积达1.98平方千米，河西区改造面积1.08平方千米。全年实施烈南、南关二期、大街居、王堰等棚改项目15个。

财税 金融业

财 政

【财政收支】 2017年，濉溪县财政总收入完成33.58亿元，同比增长11.1%。全县财政支出58.2亿元，同比增长15.3%。

【推动县域经济健康发展】 县财政局充分发挥财政资金支持引导作用，助力产业结构优化和经济发展方式转变。多渠道扶持企业发展，提升全县经济发展潜力。壮大县担保公司规模，2017年县财政配套1302万元，建立民营经济扶持专项资金，用于追加濉溪县金茂担保公司的资本金3906万元，县金茂担保公司的资产资本达到2.55亿元。累计为178户（次）中小企业提供担保5.68亿元，减轻企业融资担保费用800万元。政府债务管理，拓宽融资渠道。充分利用PPP模式，加快推进公共基础设施发展。已经评审入库项目2个，分别是濉溪县乡村医养结合项目，总投资37522万元；濉芜产业园商贸基础设施项目，总投资64480万元。推进续贷过桥资金扶持。积极落实省财政厅关于支持发展中小企业的政策精神，创新设立中小企业续贷过桥资金，依托濉溪金盛投资管理有限公司，投资6800万元用于支持县域企业续贷过桥，缓解中小企业还贷资金压力。累计帮助县域108家企业办理过桥资金164笔，涉及过桥资金7.8亿元，资金周转次数达11次，为企业减少利息负担1000万元以上。创业促就业小额担保贷款的发放和贴息工作。创业小额担保贷款担保基金达到3000万元，审核发放小额担保贷款2030笔，累计发放小额担保贷款1.86亿元，累计支付贷款贴息898.6万元。

【民生工程】 2017年省定33项民生工程全县实际实施31项，投入资金19.42亿元，全面完成目标任务，惠及全县110万名群众。民生工程工作连续多年位居市前列省先进。2017年，濉溪县分配扶贫资金共计18151万元，全年共计支出金额18151万元，支出比例达100%。县财政局持续推进盘活财政存量资金及统筹整合涉农资金各项工作，2017年度，县级共盘活财政存量可统筹使用资金为3232.91万元，安排用于扶贫支出共计1616.5万元，整合其他资金884.5万元，共计整合2501万元，用于扶贫比例超过50%，整合涉农资金5709万元。2017年，县财政扶贫资金投入到县城投公司企业资产收益的财政扶贫资金1683万元。县城投公司将2016年及2017年的资产收益拨付至各镇三资账户，其中2016年87.22万元、2017年29.69万元，各镇资产收益支出完毕。社会保障体系更加完善，居民养老健康体系更加健全。城乡居民基本医疗保险项目、城乡居民大病保险项目持续推进，新型农村合作医疗大病保险覆盖所有乡镇，城乡居民基本养老保险项目养老金发放率达100%；城乡医疗救助项目实现应助尽助。义务教育经费保障机制项目持续推进，免费开放15个公共文化场馆。文化专项补助255.6万元全部拨付到位；各项任务均超额完成。开班创业培训274人次，完成目标任务的137%，培训合格率95.5%，发放补贴资金45.57万元。全年培训新型农民505人，完成目标任务的100%。累计开发公益性岗位441个，现在岗人员329人，完成目标任务的133.63%；累计开发318个见习岗位，完成目标任务的198.75%。建成13个农残快速检测系统，4个食品检测室，全面保障居民食品安全。实施12个棚户区改造项目，实现开工建设11038套，基本建成6776套，改造1个老旧小区，改善群众的居住环境。

【城乡发展协调推进】 2017年，组织实施高标准农田建设项目4个，计划总投资3027万元。产业化贷款贴息项目10个，贴息金额610.4万元，引导银行金融资本3.06亿元投入农业产业化建设。不断加快农业产业化经营步伐，推进现代农业发展。全年全县共批复146个“一事一议”项目，批复资金总额为3190万元：其中财政奖补资金2625万元，村集体投入金额429.3万元，社会捐赠赞助66万元，村民筹资58.2万元，其他资金11.5万元。为保证项目施工顺利，濉溪县财政奖补资金全部拨付到各镇。全县完工项目146个，完工比例达100%。积极筹集2017年度各级美丽乡村建设资金6745.2万元，其中：省级资金995.2万元，市级资金3750万元，县级资金2000万元。加强对乡镇资金监督检查，开展业务培训，保证资金运行安全，使用高效。

【理财能力提升】 建立完善一般公共预算、政府性基金预算、社保基金预算体系，试编三年滚动财政规划和部门财政规划。加快推进预算信息公开，按时全面公开全县138家预算单位预决算和“三公”经费信息，实现预算信息公开全覆盖。科学合理制定债务收支计划，清理、甄别、锁定政府存量债务，实施债务审批制度，严格债务举借程序，防范政府债务风险。加大国库集中支付和公务卡改革力度，县直、镇（园区）国库集中支付和公务卡结算不断推进，并加强国库集中支付动态监控。加大惠农政策宣传力度，加大对“安徽省财政厅惠农补贴查询平台”和“民生360微信查询平台”的宣传力度。认真规范发放工作流程，2017年，全县通过“一卡通”系统打卡发放资金3.79亿元。保障财政资金安全，形成常态化、制度化的工作检查机制。抽派专人对各单位资金余额统计表、银行存款余额对账单以及资产负债表进行审核。树立风险防控意识，有效堵塞管理漏洞，保证财政资金安全、规范、高效运行。严格会计监督。开展扶贫领域突出问题专项整治、预决算公开专项检查等各项工作，完善财政内控制度体系建设。加强对乡镇财政资金监管工作的组织领导，健全资金监管的绩效考评办法，完善信息通达、公开公示、抽查巡查等工作流程，健全镇财政资金包村监管员制度，为开展乡镇财政资金监管工作和提高涉农资金使用效益奠定坚实基础。在学习财政部《政府财务报告编制办法》《政府综合财务报告编制操作指南》（以下简称《指南》）和《政府部门财务报告编制操作指南》等制度的基础上，制定试编工作实施方案，按计划完成工作布置、试编业务和软件操作培训，组织预算单位完成在线集中录入财务报表工作，完成财政总决算、财政专户等数据的录入，并按照《指南》规定要求调整、抵消，最终形成试编报告上报。

国家税务

【荣誉】 2017年，县国税局先后获得“第十一届安徽省文明单位”“2016年度安徽省卫生先进单位”“2016年度淮北市依法行政示范单位”“2016年度目标管理综合考核先进单位”等16项荣誉称号，其中市厅级以上6个，9人被上级表扬表彰。

【税收收入】 面对宏观经济下行压力加大、税制改革带来的政策性减收等因素影响，县国税局坚持“稳中求进、进中求精”的工作总基调，以深化税收改革和优化纳税服务为抓手，凝心聚力，砥砺前行，完成税收收入任务，2017年共组织入库税收收入24亿元，同比增长34.8%，增收6.2亿元。认真落实税收优惠政策，全年办理政策性退税和免抵调合计1.9亿元，其中办理出口退（免）税0.65亿元。

【税收法治】 全面推行税收执法权责清单制度，严格执行国地税统一适用的税收处罚裁量权基准，规范进户执法行为，实行查前告知制度，做好说理式执法文书试点工作，发挥法律顾问和兼职律师作用，参与重大案件审理。积极开展依法行政先进单位创建活动，认真落实合法性审查，确保重大行政决策守住合法性底线。10月，被县委、县政府授予“濉溪县2011—2015年法治宣传教育工作先进集体”称号。12月，被评为“淮北市法治文化建设示范基地”。

【税法宣传】 结合“便民办税春风行动”，为营改增纳税人开辟便捷的办税通道，构建以纳税人需求为导向的分类纳税服务模式，为纳税人提供更加优质高效的个性化服务。召开培训会议，对全县120户营改增一般纳税人和337户制造业一般纳税人进行现场辅导，发放《营改增政策汇编》，大力宣传纳税人普遍关注的试点过渡政策、税收优惠等重点内容。以税收宣传月、法治宣传日为契机，走上街头展开专项辅导，制作条幅数十幅，发放宣传单册2000多份，结合民众实际需求答疑解惑，切实提升民众税收法治意识。

【纳税服务】 深入贯彻国务院“简政放权、放管结合、优化服务”改革要求，大力推进“最多跑一次”改革，方便群众和企业办税，进一步提升办税便利化，实现办税流程“大瘦身”。通过整合双方办税厅资源，国地税金三系统互赋权限，设置统一办税窗口、共同办理涉税业务，真正实现纳税人“进一家门、取一个号、到一个窗、办全部事”的便民模式。联合推行税银联网，打造线下税务局，依托徽商银行自助终端平台为纳税人提供24（小时）×7（天）的全天候自助办税终端服务，在百善、韩村、南坪三个乡镇设立“微税厅”，实现便捷纳税服务全覆盖。4月14日，被中共淮北市委宣传部、淮北市精神文明建设委员会办公室、淮北市总工会、淮北市创建文明行业活动指导委员会办公室联合授予淮北市“文明窗口”称号。

【国地税合作】 在《淮北日报》开辟专栏，宣传国地税合作最新动态及工作进展情况。通过联合税法宣传、联合设立咨询台、联合发放税收宣传资料等形式向纳税人进行广泛宣传，使纳税人尽享便民春风之利；通过建立联席会议制度、联络员制度、实施合作事项评审制度和文件会签制度促进体制改革方案落地生根；通过对双方合作项目逐一进行分解，共同确定把协同办理注销登记、联合大厅办税服务作为合作品牌创建项目，按照“前台一窗受理、后台分别处理、限时办结反馈”的模式，倾力实现“一人一窗一机双系统”办税模式的顺利运转。国地税双方联合开展税收宣传9次；联合开展业务培训4次，涉及纳税人500多人次。

地方税务

【地税收入】 2017年，县地税局累计组织税费收入12.88亿元，同比增长9.7%。其中：税收收入7.44亿元，社保费收入4.5亿元。地方税收入完成县政府预算任务的113%。

【依法治税】 坚持法治引领，税收法治再攀新高。2017年1月，县地税局被国家税务总局授予第一批“全国税务系统法治基地”称号；6月，顺利通过“淮北市依法行政示范单位”复核验收；10月，被评为“濉溪县2011—2015年法治教育工作先进集体”。

【税收服务】 以全省地税系统“业务管理提升年”活动为契机，扎实推进征管改革，全面落实国地税合作规范，细化和完善征管考核指标，征管数据质量和征管水平显著提高；优化纳税服务，促进纳税自觉遵从。以提高纳税人满意度为目的，不断深化“便民办税春风”行动，落实“四送一服”（送新发展理念、送支持政策、送创新项目、送生产要素，服务实体经济），简化办税流程，便捷办税模式，落实减税政策。全年累计减免地方税费1.75亿元。

【荣誉】 2017年，县地税局先后荣获“安徽省第十一届文明单位”、全市地税系统“先进领导班子”和“绩效管理优秀单位”称号；机关档案工作目标管理通过省特级重新认定；县局下辖的韩村分局被安徽省人力资源和社会保障厅、安徽省地方税务局联合表彰为“全省地税系统先进集体”荣誉称号。在全省地税系统“岗位大练兵业务大比武”活动中，1人获“专业骨干”称号、2人获“优胜个人”称号、3人获“岗位能手”称号。

金融管理

【存贷款】 2017年年末，全县银行业金融机构存款余额为427.26亿元，较年初增加53.05亿元，增长14.18%；全县贷款余额为215.41亿元，较年初增加32.4亿元，超额完成全年新增25亿元的任务，增长17.7%；全县银行业金融机构存贷比为50.42%，比年初提高1.51个百分点；增量存贷比为61.07%。

【直接融资】 美信铝业通过并购实现上市，大自然种猪在新三板挂牌，翔凤禽业、牧仕达饲料、溪瑞面粉、一品厨、旭源食品、君诚建筑装饰在安徽股权交易中心（四板）完成挂牌，直接融资实现7亿元。

【招商引资】 完成招商引资项目备案1个，为宝益丰保险销售股份有限公司；招商引资项目淮北农商行濉溪支行6月份开业运营。

【融资担保】 2017年年末，金茂担保公司注册资本金2.35亿元，在保余额5.22亿元，新型政银担业务在保余额3.77亿元。

【金融创新业务】 全县“税融通”贷款余额为3.09亿元；全年累计为75户企业，办理8.08亿元的过桥资金，资金周转率达1420%。

中国银行濉溪支行

【概况】 2017年年末，濉溪支行各项存款余额合计14.38亿元，较上年新增1.13亿元，其中个人储蓄存款余额9.48亿元，较年初新增5990万元；公司存款余额4.78亿元，较年初新增4154万元。2017年年末，濉溪支行各项贷款余额合计13.94亿元，较上年下降1.33亿元，其中公司贷款余额7.15亿元，较年初下降7425万元，个人贷款余额6.79亿元，较年初下降5855万元。

【信贷业务发展】 中国银行濉溪支行遵循合作共赢理念，积极与县域企业进行接洽，了解企业诉求，努力满足其融资需求，解决中小企业融资难、融资贵的问题，支持县域企业快速发展。2017年，共为8户中小企业客户发放贷款，合计金额4280万元。

【棚户区改造】 中国银行濉溪支行县农发行、征迁办等相关部门保持沟通和联系，积极参与棚改资金发放工作。2017年，共发放棚改资金2619万元。同时，为了更好服务拆迁补偿客户，指定专人负责补偿款的发放、客户联系，并为客户提供专属理财服务方案。

【完善金融基础设施】 为解决农村客户支付结算等问题，继续推进城市“一卡通”的应用，通过新型金融IC卡代替原有汽运公司内部交通卡，仍给予客户打折优惠政策。中国银行濉溪支行积极对县域布置的ATM机、商户通、POS机等器具进行改造，改造后的机具均能支持小额闪付、非接支付等新型支付方式，2017年12月1日之后投产的智能POS机新增了支付宝、微信支付等功能，进一步地优化县域市场的用卡环境。

中国建设银行濉溪支行

【概况】 2017年，建设银行在县域有4家网点，员工57人，附行式自助银行4个，离行式自助银行5个，拥有包括自动取款机、存取款一体机、自助服务终端等自助服务设备29台，POS机、“聚合支付”（二维码支付）等遍布城区。经营范围为各类人民币存贷款业务、结算及现金管理服务等，办理票据贴现，委托贷款业务，代理发行债券，经办个人、公司客户金融理财及其他经银行业监督管理委员会批准开展的业务。

【业务发展】 2017年，建设银行濉溪支行抓住县域经济、社会发展的机遇，充分发挥各级行的政策支持作用，全力做好信贷投放。2017年年末，各项存款余额34.59亿元，其中个人存款余额21.46亿元、企业存款余额13.13亿元；各项贷款余额23.78亿元。贷款重点投放本地中小企业、个人住房贷款等，并以利率低、效率快获得企业好评。

【强化管理、防范风险】 坚持“业务发展，合规先行”，强化内控管理，着力加强贷前调查、贷后管理，全年信贷资产质量良好，安全无事故。

中国工商银行濉溪支行

【概况】 2017年，中国工商银行股份有限公司濉溪支行有员工73人，辖属营业网点5个，附行式自助银行5个，智能银行1个，离行式自助银行8个，拥有自动取款机、存取款一体机、转账查询机、网银自助机等自助服务设备41个。

【经营范围】 工商银行濉溪支行经营范围包括：办理人民币存款、贷款、结算业务、办理票据承兑、贴现，代理发行金融债券、代理兑付销售政府债券，代理收付款项，办理外币存款、贷款、汇款、兑换业务，办理资信调查、咨询、见证业务，代理贵金属业务，办理个人信息服务，代理保险、基金、证券、资金存管业务，办理代理信托计划、保管箱、企业、个人财务顾问服务，办理企业年金、银行卡、各类理财、电子银行、住房公积金贷款、资产托管、结售汇业务；经国务院银行业监督管理委员会机构批准的其他业务。

【金融产品】 工商银行濉溪支行主要金融产品有节节高、现金王等存款产品；保本理财、增利、尊利、稳利、结构性理财、法人理财等各种理财产品；商品融资贷款、小微企业贷款、住房按揭贷款、消费贷款、公积金贷款、质押贷款等贷款产品；多款重点基金；寿险、财险等代理保险产品；实物及账户贵金属产品；商友卡、多币种信用卡、交通卡等银行卡产品；存管通、银保通、银校通、扫码取现、e支付、二维码支付等便民服务产品，网上银行、手机银行、工银融e联、工银融e行、融e购等互联网金融产品。

【存贷业务】 2017年，各项存款余额26.85亿元，其中，储蓄存款余额23.84亿元、对公存款余额达3.01亿元；各项贷款余额13.94亿元，其中企业贷款余额11.90亿元、个人贷款余额2.04亿元；累计为25户小微企业发放1.2亿元普惠金融贷款，支持濉溪县重点招商引资企业的项目建设，与英科医疗达成9亿元项目融资合作意向，全年实现业务收入473.89万元。

【文明创建】 2017年，工商银行濉溪支行加强窗口行业文明创建工作，加强客户服务，组织开展“打造客户满意银行”活动，努力提高服务质量和服务效率，提升客户服务体验。开展“金融知识进万家”“金融知识普及月”“反假货币宣传月”反洗钱等活动，维护消费者权益。全力配合濉溪县创城工作，开展各种志愿服务活动，加强服务环境整治，加强柜面服务和厅堂管理，弘扬社会主义核心价值观，被县文明委评为“创城先进单位”。

中国农业银行濉溪支行

农行濉溪县支行共有员工24名，其中中共党员15人。注重发挥党员尤其是青年党员的模范带头作用，成立青年突击队，认真贯彻“抓管理、强服务、创品牌、出亮点”的十二字方针，切实提高金融服务能力和风险控制能力，充分发挥农行促进县域经济发展的主渠道作用，实现业务经营快速有效发展。

濉溪县境内的14个农行营业网点，全部由市分行直接管理，经营模式参照单点支行进行管理。

农行濉溪县支行不断丰富私人财富管理工具，积极实施信贷资产优化和结构转型，全力支持县域重点企业、重点项目建设发展。加大小微企业信贷支持力度，努力做大“农民安家贷”业务，大力推进涉农代理和“惠农通工程”建设，为县域农村地区80%以上的行政村、90%以上的农户提供足不出村、方便快捷的银行账户查询、转账、取现、代缴费等金融服务。积极对接园区及担保公司，抢占个人住房按揭贷款市场，县内主流开发商均与农行建立合作关系，四行个贷市场增量份额占据110%，2017年共计新投放各类对公贷款

46481万元，剔除政府置换贷款及不良资产批量转让的1.62亿元贷款，对公贷款净增30520万元，个贷当年新发放13029万元，较年初净增10049万元。在存款方面各类存款净增3.97亿元，其中对公存款净增3.65亿元，储蓄存款净增3600万元。

风险控制上，农行濉溪县支行成功地将战旗实业一亿元不良贷款进行批量转让，并通过农户贷款的清收及核销，将不良率由年初的7.46%降至不足0.2%。2017年，农行濉溪县支行实现拨备后利润7358万元，人均创利306万元，达到历史新高点。

中国农业发展银行濉溪支行

【概况】 中国农业发展银行濉溪县支行成立于1997年1月14日，经营范围：办理政策性农业贷款，办理业务范围内开户企事业单位的存款；办理开户企事业单位的结算，办理上级行在中国人民银行批准的业务范围内授权的业务；代理保险业务；办理经国务院和中国人民银行批准的其他业务；咨询顾问业务。2017年年底，濉溪县支行共有网点1个，员工21人，内设会计结算部、信贷业务部、办公室。

【业务发展】 2017年，濉溪县支行贷款业务取得新突破，资产规模、盈利能力、负债水平保持稳定，业务实现规范、有效发展。连续两年被县政府评为全县棚户区改造工作优秀单位，获得金融机构支持经济发展突出贡献奖，连续两年被评为“安徽省分行十大贡献行”。

2017年，濉溪县支行大力推进粮棉油贷款、城中村棚户区改造贷款、农村路网贷款等贷款营销工作，以贷引存，促使全行各项工作健康快速发展。全力以赴做好粮棉油购销储业务。立足于“早部署、早安排、早投放、早收购”，坚持在“不打白条”的前提下防控风险，在风险可控的前提下多收粮、收好粮。全年累放产业化龙头企业粮食购销流动资金贷款2800万元，省、县级小麦储备轮换贷款1664万元。承担好棚改阶段性工作任务，把棚改贷款作为业务发展的压舱石，全年投放棚改贷款9亿元。持续推进贫困地区基础设施建设，为濉溪县农村道路畅通工程第一批项目提供融资额度6亿元支持。

截至2017年年底，濉溪县支行各项贷款余额17亿元，增幅43%；各项存款余额16亿元，存款持续保持高位；无不良贷款，资产质量效益处于同业较好水平。

濉溪农商银行

【基本概况】 安徽濉溪农村商业银行股份有限公司（以下简称濉溪农商银行）坚持“服务三农、服务县域经济、服务中小企业”的市场定位，竭力支持县域经济发展，市场份额持续攀升，存贷款规模稳居全县金融机构首位。全行在岗职工510人，内设15个职能部门，下辖52家支行，服务区域覆盖淮北市“一县两区”（濉溪县、相山区、烈山区）。截至2017年年底，濉溪农商银行资产总额150.19亿元，比年初增加19.94亿元，增幅15.31%，其中各项贷款余额78.30亿元，比年初增加8.47亿元，增幅12.13%，负债总额139.11亿元，其中各项存款余额131.00亿元，比年初增加16.07亿元，增幅13.98%。

【普惠金融】 濉溪农商银行不断创新金融产品和服务手段，推进网络金融、大数据等金融科技在普惠金融领域中的应用，持续推进支付方式创新，丰富金融产品体系，加强对实体经济的金融支持力度。依托安徽省联社“金农易贷·福农卡”平台先后推出“薪易贷”“商易贷”“家易贷”“善易贷”“军易贷”系列贷款品种。按照回归本源、专注主业的信贷经营思路，将涉农贷款对象逐步转移到重点支持农村种养殖大户、个体工商户、家庭农场，农业产业化龙头企业等领域，切实解决小微企业“融资难、融资贵”的问题。围绕乡村振兴战略，不断加强农村金融服务环境建设，下沉服务重心，提高农村金融服务的覆盖率，将普惠金融落到实处，为农村、农民提供更优质的“家门口的亲情服务”。在全省率先推出本行银行卡ATM跨行取款全国免费举措，全力打造“免费银行”。截至2017年年底，累计建设“金农信e家”7家，开通自助银行24处，

ATM机129台，金融服务室133处，助农取款点133户，金融服务延伸到乡村、社区，打通金融服务“最后一步路”。

【扶贫工作】 濉溪农商银行把金融支持精准扶贫工作纳入经营管理重点工作，加强与地方各级政府部门的沟通和协调，重点发展“政府+公司+银行+贫困户”的扶贫小额信用贷款间接带动模式，为扶贫小额信贷开通绿色通道，简化贷款的审批流程和权限，用好相关政策，确保扶贫小额信贷的有效增长。截至2017年年底，对符合授信条件的4376户贫困户进行授信，授信总额1.24亿元，已发放扶贫小额信用贷款2286户，贷款余额1.14亿元，比年初增加0.95亿元。

濉溪县邮政储蓄银行

【概况】 中国邮政储蓄银行濉溪县支行共有邮政储蓄银行自营网点6个，员工72人。业务品种形成以负债业务为基础，信贷业务为重点，中间业务为补充的三位一体的发展模式。邮政储蓄银行秉承“服务三农、服务社区、服务小微企业”的宗旨，关注农户、个体工商户和小微企业经营，提供融资服务，促进县域经济发展。2008年成立以来，陆续推出并建立农户小额贷款、商户小额贷款、再就业贴息贷款、个人商务贷款、个人消费贷款、小企业贷款等多元化的信贷产品体系，2017年为响应国家的扶贫政策，推出“惠农易贷”扶贫贷款，积极履行社会责任。

【存贷业务】 2017年，全年实现收入4384余万元，各类存款余额14.3亿元，其中个人储蓄存款余额12.88亿元，公司存款余额1.42亿元。全年各类贷款结余6.45亿元。其中，小额贷款结余1.7亿元（其中扶贫贷款结余1000万元），个人消费贷款结余3.59亿元，小微企业贷款结余1.16亿元。

【“三农”业务发展】 以成立“三农”事业部建设改革为契机，助推农业现代化、新型城镇化发展，支持农业供给侧结构性改革，积极履行社会责任，认真践行普惠金融，助力县域农业经济发展转型升级。

【创新扶贫新模式】 濉溪支行创新扶贫模式，注重从“输血”到“造血”的扶贫，打造“惠农易贷”精准扶贫金融产品，为建档立卡贫困户提供无抵押、无担保、基准利率的模式，支持其经营特色优势产业，增强自我“造血”功能。对于无组织生产能力，自愿入股扶贫带动企业优先采用“户贷企用”扶贫模式。全年发放扶贫贷款1000万元。助力县委县政府小老板培育创业活动，全力支持“大众创业、万众创新”，对创业担保再就业贷款，对产品进行优化升级，提高贷款额度，简化贷款流程，减轻创业再就业人员的负担。

安徽徽商银行濉溪支行

【概况】 徽商银行淮北濉溪支行设有公司银行部、零售银行部和营业室3个部室，下辖1个社区支行和韩村支行、百善支行、刘桥支行、城南支行4个惠农支行。濉溪支行有员工25人，其中，中共党员10人，平均年龄31周岁，大专学历2人，本科学历19人，研究生学历4人。

【存贷业务】 截至2017年年底，濉溪支行日均存款达62.28亿元，较年初增长13.07亿元，各项贷款余额28.8亿元，较年初增长11亿元，各项指标的考核居全行第一，在全县金融机构的贷款投放额位居第一。

【荣誉】 支行自成立以来连续十年被市分行评为“先进单位”，被徽商银行总行评为“十佳支行”、安全徽银“先进集体”。支行先后获得安徽省银行业协会“文明规范服务示范单位”、淮北市总工会“工人先锋号”、淮北市银行业“优秀营业网点”、濉溪县招商引资“优秀服务单位”、濉溪县金融工作评比“一等奖”、濉溪县公开评议“优秀单位”等荣誉称号。

马鞍山农村商业银行濉溪支行

【概况】 马鞍山农商银行濉溪支行成立于2011年12月8日，有在职员工24人，下设市场部、营业部、办公室。秉承“服务中小，立足三农”的理念，优化濉溪金融生态环境。先后获得“2012年度全县金融工作二等奖”“2012年度先进集体”“2012年度全市金融工作特别贡献奖”“2014年度金融机构支持经济发展突出贡献奖”“淮北市银行业金融IC卡与移动金融业务技能大赛一等奖”“淮北市银行业优秀营业网点”“2016年度金融机构支持经济发展特别贡献奖”“2016年度先进基层党组织”“2016年度诚信单位”“淮北市金融机构征信合规管理业务技能大赛优秀组织奖”等荣誉称号。

【企业业务】 吸收公众存款；发放短期、中期和长期贷款；办理国内结算；办理票据承兑和贴现；从事银行卡业务；代理收付款及代理保险业务；提供保险箱业务；经中国银行业监督管理委员会和有关部门批准的其他业务。

【贷款业务】 马商濉溪支行助力小微企业和个人创业，针对个体工商户贷款难，推出“商户贷”产品，额度高、利率低、手续简、放款快、零费用。担保方式灵活，抵押、担保随意选，可用于资金周转、支付租金、商铺装修等，针对个人消费，推出“花吧”消费贷，全年5.5%超低利率，一次授信循环使用。

【业务发展】 2017年年末，存款余额71677万元，贷款48563.57万元，贴现总额24.86万元，不良贷款余额3167.38万元，较年初减少27户下降147.85万元（除核销40万元），其中通过保全、诉讼、执行等法律手段收回本金426.83万元，利息113.11万元，涉及70笔不良贷款。

普惠金额业务基本完成。信用卡完成746户，完成比率124.33%；消费贷完成742户，完成比率106%，基本户完成28户，完成比率107.69%；代发工资户数完成4119人，完成比率114.93%，金额完成11400万元，完成比率109.07%；体验店交易笔数每月超额完成。

安徽濉溪湖商村镇银行

【概况】 濉溪湖商村镇银行是由浙江南浔农村商业银行发起设立的新型农村金融机构，于2014年3月15日正式开业运营，注册资本1亿元。现辖营业部、百善支行、城西支行3个营业网点，近70名员工全部从濉溪本地招录。

【存贷业务】 2017年，濉溪湖商村镇银行各项存款余额56231万元，各项贷款余额33916.6万元，其中涉农贷款余额33131.57万元，占全部贷款的97.7%；小微企业贷款余额30967.01万元，占全部贷款的91.3%。

【助力“三农”】 濉溪湖商村镇银行作为淮北市第一家村镇银行，从成立之初就以“立足濉溪服务三农”为宗旨，坚持让金融服务走入社区、走进农户，为当地小微企业和“三农”发展提供金融服务。针对小微企业、个体工商户、农户前期投入较多、资金需求较大的实际，濉溪湖商村镇银行及时调整信贷政策和涉农贷款投向，把支持“三农”的重点转向家庭农场、农民专业合作社等新型农业生产经营主体。濉溪湖商村镇银行拥有贷款决策审批权，贷款审批时限短，操作方便，与国有商业银行相比，濉溪湖商村镇银行贷款具有“短平快”的特点，贷款发放从收集资料到放款只需3~5个工作日。

综合管理

发展改革管理

制定印发《濉溪县五大发展行动实施方案》，推动产业转型实现新突破，城乡一体实现新格局，生态文明实现新发展，对外开放实现新成就，群众福祉实现新提升。落实推进主体，健全工作保障机制。出台《贯彻实施〈濉溪县五大发展行动实施方案〉重要举措分工方案》，进一步细化任务分解，明确部门责任和主要工作推进主体。同时，围绕县五大发展行动计划实施，出台《濉溪县五大发展行动实施方案工作推进机制》，从加强协调联动、强化督查落实、开展考核评估、严格奖惩问责等方面强化机制保障。

抓好公共资源交易监督管理、社会信用体系建设、中小城市综合改革和新型城镇化、特色小镇、公平竞争性审查等工作，配合做好医疗卫生体制改革工作。推进全流程电子招投标，提高服务水平和效率，实行限时办结制，对资料齐全的于2个工作日内办结，并及时告知招标人。全年完成进场交易项目929个，节约资金1.36亿元，增值资金6.75亿元。有序推进社会信用体系建设工作，2017年上报双公示信息1万多条，信用体系考核位居全市县区第一位。继续推进中小城市综合改革和特色小镇建设工作，组织编制南部次中心可行性研究报告和实施方案，实施方案获得市政府批复，双堆集中心集镇新城纳入市政府重点计划。推动临涣、百善等镇申报省级特色小镇。依托省级铝基新材料基地加快战略性新兴产业发展，2017年全年累计争取"三重一创"等产业类资金2989.06万元。濉溪县被纳入国家首批重点采煤沉陷区综合治理专项支持，系安徽省唯一获批此类支持的项目，2017年获批国家专项资金支持2.016亿元。

人事管理

【考核工作】 2017年，濉溪县应纳入考核的事业单位工作人员12104人，其中事业单位管理人员1340人，事业单位专业技术人员9798人，事业单位工勤人员966人，试用期人员347人。优秀等次1778人，占14.6%；合格等次9882人，占81.6%；不合格等次8人，占0.07%；未定等次378人（其中公开招聘347人，受党纪政纪处分31人），占3.1%；未参加考核人数59人，占0.05%。应纳入考核的机关工勤人员共有195人，优秀等次人数17人，占8.7%；合格等次人数178人，占91.3%。应纳入考核的机关公务员共有2047人，其中班子成员448人，班子优秀等次77人，占3.8%，班子称职等次371人，占18.1%；一般公务员1599人，优秀等次266人，占13%，称职等次1311人，占64%，未定等次20人（其中省公务员考试招录8人，政法专项生2人，受党纪政纪处分10人），占1%，不称职2人，占0.1%。

【公务员及事业单位招聘】 2017年度社招公务员6名、县政府办2017年度社招公务员2名、县安监局2017年度社招公务员1名，共计9名。协助县委组织部，为6名通过换届选举当选副镇长的人员办理调动。为通过濉溪县事业单位考试招考的443人办理聘用手续（其中中小学教师298名、幼儿教师77名、其他事业单位68名）。经第11次县委常委会议研究，同意聘用8名期满大学生村官为事业单位工作人员；按照淮北市人力资源和社会保障局《关于认真落实2015年招募"三支一扶"高校毕业生服务期满考核合格及以上等次人员优惠政策的通知》文件精神，同意聘用8名支教人员为事业单位工作人员。

【工资改革及职工退休保障】 从2017年1月1日起，调整安徽省企业和机关事业单位退休人员基本养老金水平，完成全县机关事业单位7787位退休人员参与退休待遇调整，人均月增资178元。

完成法官、检察官工资制度改革试点实施工作。根据安徽省人力资源和社会保障厅《关于加快推进法官、检察官工资制度改革试点实施工作的通知》文件精神，法官检察官工资制度改革，县法院共有45位法官参加员额套改，人均月增资883元，另有35位司法辅助人员和17位司法行政人员参加绩效工资总量审批；县检察院共有34位检察官参加员额套改，人均月增资922元，另有28位司法辅助人员和6位司法行政人员参加绩效工资总量审批。

行政服务管理

【概况】 县政务服务中心坚持以“便民、高效、廉洁、规范”为服务宗旨，实行“一个窗口受理,一站式审批,一条龙服务”的运行模式，着力创新服务平台，优化行政审批流程，不断提升行政审批效率，创新服务方式，全力提升便民高效政务服务环境。全年共受理各类行政审批服务事项747182件，办结率100%，非税收入16.45亿元。通过窗口满意度测评调查，群众满意度达99.9%。先后获得“淮北市第十五届文明单位”“濉溪县志愿服务优秀集体”“濉溪县目标管理考核良好单位”等荣誉称号。

【窗口管理】 截至2017年年底，县政务服务大厅进驻窗口部门31个，二级机构11个，工作人员310余名，纳入中心管理的项目207项，其中行政审批（许可）事项96项，服务类事项111项。以服务标准化为抓手，进一步加强窗口管理，规范服务行为，提升服务质量，提高服务效能。严格执行考勤制度、请销假制度、窗口负责人值班制度、巡查制度、挂牌上岗制度等各项管理制度，做到日检查、月通报、季考核、年总评。建立和完善激励机制，通过评选“月度文明窗口”“季度流动红旗”“年度共产党员示范岗”等措施激发窗口人员工作热情。

【行政审批】 进一步优化公共服务流程，实施流程再造。采用新的服务标准，重新编制各部门窗口《办事指南》，有效促进审批效率提升，缩短审批时限。行政审批办件平均办结时限为2天，比承诺的5个工作日提前3天。加快推进“互联网＋政务服务”。依托全省统一的政府权力运行平台，开通濉溪县网上办事大厅，22家部门177项审批服务事项实现网上直接办理，提高在线办事能力。

【监督检查】 办件及时输入中心综合业务管理系统，接受监督。对行政审批超时限、违规收费、违反审批程序、违反政务公开规定等违规行为，发出预警信号，督促承办人尽快办理或限时纠正；上岗时间必须挂工作牌，主动接受服务对象的监督；定期巡查，常态化监管，保障审批秩序良好；严格遵循行政审批标准化规范和标准化办事流程,按照新的标准化要求重新编制《办事指南》等；利用电子监控对窗口工作人员上岗、工作作风、工作纪律、服务态度等各方面进行全方位实时监控。

【创新服务】 2017年5月，实施“朝九晚五”工作制度，开展预约服务、延时服务，实现了工作日之外的服务延伸，切实帮助办事群众解决办事难问题。推行“窗口无否决权”服务机制。窗口在受理各项办理事项时，不符合办件标准的，向企业和群众说明情况，指导如何进行办理，保证企业和群众办事件件有结果。推行容缺受理机制，对政府投资和招商引资项目审批实行容缺受理，先行受理，办理相关审批手续，项目承载单位和项目方在承诺期限内补齐相关材料，加快项目落实。

政务招投标管理

【概况】 濉溪县公共资源交易中心的前身是濉溪县招标采购管理局，于2010年7月成立，为县政府直属事业单位，具体负责本县工程招标、政府采购和产权交易等工作。根据

2015年《中共濉溪县委濉溪县人民政府关于濉溪县人民政府职能转变和机构改革方案的实施意见》文件要求，将濉溪县招标采购管理局监管职能划入新设立的县公共资源交易监督管理办公室。机构改革后的濉溪县招标采购管理局更名为濉溪县公共资源交易中心，承担全县公共资源交易的具体工作。下设办公室、业务管理股、建设工程交易股、政府采购股、产权交易股5个股室，原二级机构县招标采购中心撤销，编制收回，人员并入县公共资源交易中心。

濉溪县公共资源交易中心始终在提升公共资源交易工作效能，规范公共资源交易管理秩序，加强公共资源交易信息化，推进公共资源交易诚信建设，强化内部监督等方面求突破，着力打造“公开透明、公平竞争、公正诚信、廉洁高效、利民便民”的阳光交易平台。2017年，先后荣获“安徽省公共资源交易领域先进单位”、安徽省公共资源交易领域“诚实守信优质服务单位”、“安徽省2017年度招标信息公开先进单位”、“淮北市第十五届文明单位”、“濉溪县民生工程优秀服务单位”、“濉溪县棚户区改造工作先进单位”、“濉溪县三八红旗集体”等荣誉称号。

【政府采购】 濉溪县公共资源交易中心遵循“政府主导、管办分离，集中交易、规范运行，部门监管、行政监察”的原则，不断创新进取，优化资源配置，强化服务职能，规范交易行为，全力服务县域经济发展。2017年，共接受采购单位委托实施政府采购项目349次，公开招标129次，询价175次，竞争性谈判14次，单一来源31次，预算金额为3.73亿元，成交金额为3.44亿元，节约金额0.29亿元，节约率为7.67%。

【建设工程招投标】 建设工程项目个数为859个，预算金额为14.98亿元，成交金额为13.79亿元，节约资金1.18亿元，节约率为8.59%。PPP项目1个，预算金额为6.65亿元，成交金额为6.37亿元，节约资金0.28亿元，节约率为4.15%。

【土地交易】 土地交易项目21个，底价金额为4.60亿元，成交金额为11.35亿元，增值金额6.74亿元，溢价率为146%。

【平台建设】 根据《安徽省整合建立统一的公共资源交易平台实施方案》的公共资源交易信息化、标准化及全流程电子化具体要求，县交易中心在与市交易中心、软件开发公司充分沟通协调的基础上，从建立健全制度、规范交易流程、优化软硬件建设入手，认真研究制定方案，优选交易项目，反复测试培训，于6月底前，顺利完成首例全流程电子招投标项目。

2017年，全县大部分项目建设工程项目及政府采购项目已实现全流程电子化，交易全过程从服务、交易、监管三大系统做到网上留痕、可溯可查，对于监管部门有效实施网上备案、监管，投标人节约资源和交易成本，更提高公共资源交易的规范性、高效性和透明度，都起到一定推动作用。这标志着全县公共资源交易平台从依托有形场所正在向电子化为主转变，基本实现了公共资源交易全程电子化、流程规范化、服务标准化、监督智能化。

统计监督管理

【“四上”企业申报】 2017年，全县新增“四上”企业60家，其中工业25家，服务业5家，商业30家。

【统计调查】 严格执行各项统计调查制度，认真组织实施农业、工业、建筑业、批零住餐业、重点服务业等行业以及投资、能源、人口、就业、文化等领域的各项常规统计调查工作。做好1%人口抽样调查和安徽省月度劳动力调查工作；做好“妇儿工作两纲”监测工作；加强基本单位名录库管理，及时对名录库进行维护更新工作。

【统计服务与监督】 研究判断经济运行走势，发挥统计监测、预警、分析、咨询等职能作用，发布《濉溪县2017年国民经济和社会发展统计公报》，编印《统计分析》31期、《数字濉溪——“两会”服务手册》1册，编报统计信息120条。

【统计执法】 依照法定的权限、程序和方式，对公民、法人和其他组织在统计活动中贯彻执行统计法律法规和统计制度的情况进行监督检查。2017年，共检查“四上”企业122家、立案查处2起。

【濉溪县第三次全国农业普查取得阶段性成果】 按时完成农户普查表、规模农业经营户普查表、农业生产经营单位普查表和全县行政村普查表、乡镇普查表的现场数据采集、填报登记、登记质量抽查、异常数据核实、查询、修改、审核验收工作。普查公报发布及资料开发工作有序推进。

城乡调查

【概况】 国家统计局濉溪调查队既是政府统计调查机构，也是统计执法机构，依法独立行使统计调查、统计监督的职权，独立向国家统计局和国家统计局安徽调查总队上报调查结果，并对上报的调查资料的真实性负责。同时，承担地方政府委托的各项统计调查任务。国家统计局濉溪调查队内设办公室、综合股、住户股、农业股4个股室，共有职工15人。2017年，在全省调查系统综合考核中，国家统计局濉溪调查队荣获三等奖。

【调查队伍建设】 调查专业调查员、辅助调查员共计90余人，乡镇辅调员都具备初高中以上学历，初步形成年龄层次梯度合理，以老带新，既充满活力又富有战斗力的调查队伍。

【城乡住户收支与生活状况调查】 2017年，按照《安徽省人民政府办公厅关于做好住户调查样本轮换工作的通知》部署，国家统计局濉溪调查队在全县11个乡镇和经济开发区、濉芜产业园范围内实施新一轮住户调查样本轮换，经过样本框核实、摸底调查、选户、开户、最终落实150户调查户用于2018—2020年住户收支与生活状况调查。

【粮食产量调查】 继续推进对地调查制度，截至2017年年底，对地调查共有20个调查点、60个耕地样本单位区，聘用调查员、辅助调查员达30余人。全县产量调查共有夏粮实测调查、秋粮实测调查、农产品中间消耗调查、秋冬季播种面积调查、主要农产品生产价格调查五个主要调查项目，涵盖小麦、大豆、玉米等主要作物。经调查，2017年濉溪县夏粮（小麦）单产达到500.4公斤/亩。主要农产品生产价格主要调查粮食作物、蔬果、畜禽、苗木等产品的价格，采用联网直报平台，调查及时准确地反映全县农产品价格情况。

【主要畜禽监测调查】 调查涉及全县主要畜禽（猪、牛、羊、禽）存栏、出栏、产品产量及出售价格等情况。调查分三个层次，对生猪年饲养量在5000头以上的大型养殖场户，抽中安徽大自然种猪育种有限公司、安徽益能源养猪育种有限公司、淮北韩建牧业有限责任公司开展联网直报调查；对生猪年饲养量在100~5000头、肉牛饲养量在10~1000头、肉羊饲养量在50~1000头、肉禽饲养量在200~10万只、禽蛋饲养量在200~10万只的中小型养殖场户，抽中八里、王冲、湖沟、高皇、马桃园、光明、赵集、崔楼、路东、双堆等村，对符合标准的饲养场户进行全面调查；对农村畜禽散养户，抽中临涣镇梁庙村、李塘村、高皇村，铁佛镇店孜村、梁庄村民散养户全面调查。

【劳动力监测调查】 2017年，劳动力监测调查抽中城关、南坪、五沟、孙疃、韩村、双堆集等乡镇，每月每调查点调查4户，共40户调查户，样本调查采用2—10—2模式，即一个住户连续2个月接收调查，在接下来的10个月中不接受调查，然后再接受连续2个月的调查，之后退出样本。根据国家统计局的部署，于2018年一季度公布全省城镇调查失业率。

【统计法治建设】 濉溪队继续加强统计执法普法人才队伍建设，2017年9月份，选派3名人参加在巢湖举行的全省统计执法资格培训，全部通过考试，取得统计执法资格。濉溪队制定2017年统计执法工作计划，周密部署对农产量、农作物播种面积、中间消耗、城乡住户、农民工监测、主要畜禽监测、农产品生产价格等专业的双基工作检查，全年检查各专业调查对象100多个，进一步地规范调查人员和调查对象的调查行为，提高调查数据的准确性、及时性、完整性。

审计监督

【概况】 县审计局内设6个股室，下设经济责任审计局、政府投资审计中心两个全额拨款事业单位，行政编制12名，实有人员12人，事业编制35名，实有人员33人。

2017年，共审计项目956个，其中政府性投资建设项目审计920个，查出违纪违规资金1.75亿元，管理不规范资金6.17亿元，发现非金额计量问题19个，归还原渠道资金176万元，应调账处理5774万元，促进整改落实资金430万元，审减政府性投资9206万元，向纪检监察机关移送处理1件，向上级审计机关和县政府提交专项审计调查报告和审计信息22篇，被批示采用6篇。

【财政审计】 自1月开始，分别对县本级2016年度预算执行和其他财政收支情况、地税局税收政策执行和税收征管情况进行审计，对县农林委、县水务局等7个单位预算执行情况进行审计。6月20日，县审计局代表县政府向县人大常委会作审计工作报告。此外，对濉溪镇、南坪镇、临涣镇、五沟镇2016年财政预算执行和决算进行审计。

【国家重大政策措施落实情况跟踪审计】 以推动中央和省重大政策贯彻落实。促进经济平稳运行、健康发展和转型升级为目标，积极围绕“创新、协调、绿色、开放、共享”五大发展理念，对县扶贫办、县发改委、县经信委、县教育局等单位重大政策措施落实情况，县文旅体委等单位文化产业和服务业、重大项目建设，县公安局等单位非户籍人口在城市落户，濉芜产业园等单位基础设施和社会事业等重大政策措施落实情况进行了跟踪审计，并分别向市局提交审计报告。

【经济责任审计】 按照整合资源、一审多报的工作思路，结合预算执行审计，自4月中旬开始，对县农林委主任进行了任中审计，对县市场局、县编办、县档案局、县水务局、县科技局、县广播电视台等单位主要负责人进行离任审计。同时，受县委组织部的委托，对县粮食局、县公共资源交易中心原主要负责人进行离任审计。由市审计局授权，自7月份开始，结合濉溪镇等4个镇预算执行和决算审计，对濉溪镇原镇长，南坪镇原镇长，五沟镇原书记，临涣镇原书记，原镇长5位主要领导干部进行离任审计。在审计过程中，推行审计公示制，履行纪检部门、组织部门、审计机关联合进点程序，实行监督机关、被审计单位和社会的互动监督方法，以寻求更多的案件线索。

【县属公立医院债务甄别审计】 以提供准确、翔实的重要数据为支撑，为深化医疗卫生体制改革提供决策依据，推动公立医院债务化解及管理工作为目标，按照省审计厅的统一部署，3—4月，对县医院、县中医院2个公立医院债务情况进行审计，摸清公立医院存量债务的规模、结构、类别和性质，分析债务形成的原因及偿债能力，提出审计建议。

【政府投资审计】 按照以委托审计为主，加强过程监督，交叉复核相结合的工作思路，强化政府投资审计工作。2017年，共审计政府投资项目920个，其中招标控制价审计206个，结算审计714个，审计资金总额23.21亿元，审减金额9206万元，对46个重大项目进行跟踪审计，有效提高了公共资金的使用效益。在政府投资审计过程中，继续实行一级审核、二级复核、三级审理制度，强化审计过程中的相互监督和制约；采取重大问题集体决策制度，实行“阳光作业”；加强政府投资审计工作廉政风险防控管理，实行廉洁审计，保证政府投资审计工作的独立性和公正性；完善协审项目分配办法，力求项目分配公平、公正；提高送审起点，突出审计重点，着力打造项目精品；加强制度建设，出台《濉溪县政府投资项目跟踪审计实施细则》《濉溪县政府投资项目招标控制价预审和跟踪审计付费办法》，规范中介机构审计行为，增强付费的统一性和透明度，提高审计质量。

【国有企业审计】 以“摸清底数、防范风险、推动发展”，促进政府融资担保监管机制，防范国有资产损失为目标，自5月开始，对县金茂金融担保公司政策执行和担保情况进行审计，指出政策执行与经营环境、内控制度的建立与执行、业务经营与风险控制、会计核算与管理等方面存在的问题，提出了切实可行的意见和建议。

【专项审计调查】 以加强涉农资金科学化、精细化管理，促进涉农资金规范安全推进惠农政策落实为目标，对县民政局、县教育局等单位实施的惠农补贴资金实行“一卡通”专户管理情况进行专项审计调查。

【领导交办事项】 按照县政府安排，对恒瑞电动公交公司资产负债损益情况进行审计；对公务用车平台2016年3—12月成本费用进行审计；对淮水北调工程移民拆迁专项资金进行审计；抽调8人次参与各级纪检监察机关案件查处和巡视工作。

【审计整改与结果公告】 9月，县审计局组成多个督查组对2016年县本级预算执行审计整改情况进行集中检查，重点检查对审计整改的重视情况、发现问题的整改情况、审计建议的采纳情况，审计整改结果向县政府、县人大报告，并纳入年度目标考核。同时，加大审计公告力度，对2个项目审计结果和4个项目的审计整改结果在政务公开网进行公告。

【审计技术创新年】 县审计局按照省、市审计部门安排，围绕金审工程三期建设、整合审计数据资源、推动审计工作数字化和加强基础支撑能力建设四大重点工作，组织实施“审计技术创新年”活动。成立活动领导小组及办公室，制定实施方案，召开动员会，确定局计算机审计中心具体组织实施、各有关部门分别参与的工作格局。加强审计专网系统整合和网络安全建设，确保视频会商和审计专网的畅通；建立健全数据收集与共享机制，加强数据库管理，做好部门数据报送收集工作；以审计管理系统为抓手，推进数字化技术应用，完成档案一体化软件的安装和使用；加强人才队伍建设，积极参加省厅、市局组织的技能培训；积极组织参与“计算机审计与我同行”征文、审计案例征集、大数据研讨活动。

市场监督管理

【概况】 濉溪县市场监督管理局（濉溪县食品药品监督管理局）下辖2个直属事业单位、13个市场监督管理所（食品药品监督管理所），机关内设股室11个，挂靠1个消保委、3个协会；共有在职工作人员235名，离退休人员107名。2017年，县市场监管局被授予“淮北市第十五届文明单位”“2016年度淮北市工商局目标任务考核优秀单位”“2011—2016年濉溪县实施妇女儿童发展纲要先进集体”“全县2016年度民生工程目标管理先进单位”和“濉溪县2016年度安全生产先进集体”称号。

【行政许可】 2017年，县市场监管局按照简政放权、放管结合、优化服务工作要求，持续深化商事制度改革，大力推进“先照后证”“三证合一”“五证合一”“两证整合”和“多证合一”改革，助推大众创业、万众创新，有效激发民间投资和创业活力。出台《濉溪县实施“多证合一”登记制度改革工作方案》,在县域内实现了“三十九证合一”的登记制度改革，使“多证合一”的商事登记改革以最符合濉溪实际、最优化办事流程、最便捷市场主体的改革形式在濉溪县实施。全县新登记各类企业1542户，比上年同期增长34.72%；其中国有集体内资企业67户，私营企业1305户，农民专业合作社170户。新登记个体工商户6811户，比上年同期增长21.23%。办理各类市场主体变更登记3481户，注销登记2408户，名称预先核准登记8340户。截至2017年年底，全县共有各类企业7485家，个体工商户48913家。

【企业监督管理】 2017年，县市场监管局深入贯彻落实《企业信息公示暂行条例》，从培训、宣传、服务和督导等四个方面入手，扎实做好2016年度企业和农民专业合作社年报公示工作。截至6月31日，全县个体工商户年报率99.93%，位居全市第一；内资企业年报率达95.39%，超省平均水平五个百分点；农民专业合作社年报率达98.80%，位居全市第二；年报工作受到市工商局通报表彰。

全面推行“双随机、一公开”监管工作，协调县人民政府下发《关于推行双随机一公示抽查机制规范事中事后监管工作的通知》,县直25家行政执法部门开展“一单两库一细则”制定工作,并将本部门“一单两库”数据全部录入安徽省事中事后监管平台,实现了“双随机一公开”抽查事项全覆盖。联合县人社局、统计局开展“双随机一公开”不定向抽查活动2次，对全县1325户个体工商户、30户农民专业合作社、202户企业和15家药品经营企业、3家专业行业企业进行检查，发现问题企业50家，并通过全国企业信用信息公示系统进行公示。

开展查处取缔无照经营专项整治行动，共检查各类市场主体4215户，补办营业执照689户，立案42件，取缔无照经营33户，向“查无”联席会议其他成员单位抄告无证经营26户，会同有关部门采取联合行动6次。

【食品安全监管】 2017年，县市场监管局先后开展瘦肉精、地沟油、食品添加剂、奶粉及乳制品和节日食品市场、农村食品市场、校园周边食品市场等专项整治行动10余次，检查食品生产企业（含小作坊）173户次，食品销售经营户6900户次，餐饮服务单位1647户次；开展食品安全专项抽检685组，其中生产食品185组、流通领域食品160组、餐饮单位食品100组、食用农产品240组；全年共立案查处各类食品违法案件127起，其中移送公安机关5起。食品安全“四员”监管机制，聘请508名食品安全管理员、宣传员、协管员和信息员,制定出台“四员”工作职责和考核办法，实现食品安全监管网络县、镇（园区）、村三级全覆盖。食品安全风险分级监管工作，全县7350家食品生产经营使用企业（单位）完成了首次风险分级评定，评定完成率为100%。夯实食品安全监管基础，对全县5300多家食品经营户、1100余家各类餐饮服务单位建立了食品经营户监管档案，做到一户一档；按照“六个一”（统一文头、统一印章、统一干部任命、统一执法文书、统一悬挂标识、统一执法服装）要求，推进标准化建设，全系统11个基层单位完成标准化建设,完成率达85%。民生工程实施,在原有5个检验室、2个快检室的基础上，又分别在韩村、临涣、南坪等食药所建立3个检验室，在安徽军民融合食品交易中心建立1个食品快检室,并通过市食药监管局验收。推进“明厨亮灶”工程，全县573家餐饮单位全部实施“明厨亮灶”工程，实现“明厨亮灶”工程全覆盖。食品安全示范店（街）创建活动，全县共创建“农村食品安全示范店”20家、开发区小餐饮示范街1条和食品安全整顿规范示范店100家。

【药品医疗器械监管】 2017年，县市场监管局开展药品医疗器械风险分级评定工作,评定药品经营企业238户、医疗器械经营企业110家、医疗机构48家，完成率100%。加强药械不良反应监测工作，全年上报ADR病例报告1107份、医疗器械不良事件133例，完成上级下达的监测任务。联合县卫计委开展2017年“规范药房（库）”创建评选活动，濉溪县医院等16家乡镇及以上医疗机构、濉溪县东关社区卫生服务站等65家乡镇以下医疗机构符合《安徽省医疗机构“规范药房（库）”创建验收标准》,授予“规范药房（库）”称号。开展药品质量安全专项检查，检查药品经营使用单位212家次，其中药店189家次、诊所23家次，责令改正142家，立案查处43家。

【特种设备安全监察】 2017年，县市场监管局开展特种设备安全隐患排查治理工作，全县现有在用特种设备使用单位369家，特种设备1365台，其中锅炉43台、压力容器217台、电梯487台、起重设备486台、厂（场）内机动车辆132台；另有各类气瓶11.5万只，压力管道13千米；在检验有效期内特种设备共计1293台，检验率94.7%。

狠抓特种设备安全监管，先后开展春季安全生产大检查活动、移动式压力容器专项整治、压力管道排查整治、涉氨装置专项整治、气瓶充装单位专项整治、压力容器安全大检查、百日除患铸安行动等7个专项整治行动，共排查特种设备使用单位225家，其中医院5家、洗浴类企业3家、气瓶充装单位11家、超市商场4家；排查出隐患136条，消除安全隐患120条，限期整改16条。对设备危险性大、使用频率高以及危化冶金行业、电力行业等45家重点单位的126台重点监控设备进行了逐一排查,对排查出的隐患全部整改到位；引入第三方安全服务公司进行特种设备安全隐患排查和整改，按既定计划对首批50家特种设备试点单位开展隐患排查工作。

开展“‘3·15’特种设备安全知识进校园进企业”和“特种设备安全生产月”宣传教育活动，发放宣传资料及画册1800余份，展出特种设备安全知识宣传展板12块，现场解答群众提问100余条。

【经济检查执法】 2017年，县市场监管局开展2017年元旦春节期间打假专项行动,检查批发（集贸）市场15个、经营仓储21个、各类经营主体1060户，整治重点区域13处，联合知名企业打假10次，抽检商品8类40批次，立案查处假冒侵权和销售不合格商品案件162件，查扣假冒侵权口子酒1128瓶、古井202瓶、种子355瓶、牟份原浆1092瓶、醉三秋4瓶、宣酒50瓶、牛栏山60瓶、南德调味料157袋、小食品40袋、奶粉10袋、吊顶龙骨2216根、小电器72台。

开展红盾护农行动，出动执法检查人员855人次、车辆240台次，检查农资经营户1140户次，散发宣传材料3000余份，接受群众农资咨询1485人次，指导经营户完善农资台账102户次，下发《责令整改通知》27份，查处取缔无照和超范围经营16户，抽检农资商品（化肥）184组，立案查处坑农害农案件47起，受理调解涉农消费纠纷12起。

开展治理商业贿赂工作，查处商业贿赂案件2件，实现了执法领域查办重大案件历史性的突破。开展传销“皖剑—2017”行动,出动执法车辆21辆次、检查人员95人次，发放致全县人民的一封信100余份、惩治传销宣传手册200余份，张贴“打传”海报20多处，检查出租屋32间、房屋中介6家，落实群众举报3起，开展督查、暗访5次。

开展创建“无传销县和无传销村（社区）”活动，濉溪县被淮北市打击传销领导小组命名为“无传销县”,这是濉溪县连续三年获得此项称号；全县208个行政村、26个社区被濉溪县打击传销领导小组认定为“无传销村（社区）”。配合县委宣传部、县文旅体委、县公安局、县国土资源局等部门开展打黄扫非、封建迷信用品、问题地图、非法卫星地面接收设施等专项整治工作。全年共查办各类违法案件28件，其中万元以上案件11起。

2017年,全县市场监管系统共办理一般程序行政处罚案件499件，案件执行率达73%以上。

【标准计量监管】 2017年，县市场监管局开展标准化示范单位创建工作，指导安徽元通水处理设备有限公司、安徽天助水泥有限公司申报省级AAA级良好行为示范单位，帮助县政务中心参评“国家级标准化示范单位”。组织企业参与国家标准的制定修订，指导安徽理士电源有限公司的《起停用铅酸蓄电池技术条件》参与国家标准的制修订，并上报至国家标准化管理委员会，待批准发布；指导安徽华中天力铝业有限公司、淮北矿山机械等公司参与国家标准、行业标准的制修订。开展2016年度市县长质量奖评选活动，安徽元通水处理设备有限公司和安徽溪瑞食品有限公司被评为“县长质量奖”，安徽省华中天力铝业有限公司被评为“市长质量奖”。做好名牌产品和地理标志申报工作，安徽元通水处理设备有限公司、安徽昊辰面粉有限公司、濉溪县诺菲亚壁纸新材料有限公司、濉溪县镇丰粮油有限公司4家企业获“安徽省名牌产品”称号；“临涣酱包瓜”国家地理标志保护产品申报成功，实现濉溪县的国家地理标志保护产品零突破。开展省级“质量强县示范县”创建活动，成立专门组织，抽调专人办公，下拨专项经费，推进创建工作全面开展。

【商标监督管理】 2017年，县市场监管局积极推进商标战略实施，全力帮扶企业提升商标品牌含金量和市场竞争力。指导企业申请商标注册，全年指导帮助个体户、企业办理商标注册申请828件，比上年申请量增长49.4%；至2017年底，全县拥有有效注册商标1533件，比上年注册量增长81.67%。做好驰名、著名、知名商标培育推荐工作，培育安徽溪瑞食品有限公司等5家企业申报中国驰名商标，推荐安徽神华肉制品有限公司、安徽牧仕达科技有限公司等8家企业申报2017年度安徽省著名商标企业，指导淮北市顺达商贸有限公司等3家企业进行安徽省著名商标再认定；至2017年年底，全县共有中国驰名商标2件，安徽省著名商标31件，淮北市知名商标31件。深入挖掘品牌商标资源，培育临涣镇申请“濉溪包瓜”地理标志商标，指导百善食品工业园区申报安徽省商标品牌示范基地；同年，百善食品工业园区被评为安徽省农副产品（濉溪县百善）专业商标品牌基地。开展商标专用权质押贷款工作，全年协调指导安徽皖雪食品有限公司、淮北市华强面粉有限公司、濉溪县海梦香食品有限公司、淮北新兴皇苑制衣有限公司和濉溪县香舍黎饭店办理商标质押贷款7件融资1050万元。开展惩治侵犯知识产权和制售假冒伪劣商品专项行动，全年共出动执法人员1068人次，执法车辆126台次，散发宣传材料2000余份，接受经营者咨询近320人（次），检查各类经营户1632户、商品交易市场27个，整治重点区域36处；立案查处侵权和假冒伪劣商品案件142件，其中假冒伪劣商品案件88件、侵犯知识产权案件54件；没收销毁侵权商品7205件、侵权商标标识7500件（套）。

【广告监督管理】 2017年，县市场监管局利用“3·15”消费者保护日、“12·4”法制宣传日等节日，开展《中华人民共和国广告法》（以下简称《广告法》）宣传活动，出动宣传车辆13车次、宣传人员45人次，设立宣传咨询台13个，播放广告法录音带20余次，散发广告宣传材料2000余份，接受消费者咨询达500多人（次）；组织全县55家广告经营单位走上街头宣传《广告法》，设立彩虹门10个，悬挂宣传条幅20条，设置广告宣传牌18块，发放宣传材料2500余份。整治教育招生广告，走访学校、居民小区等公共场所28个，检查各类户外招生广告和印刷品招生广告136条，查处虚假招生广告2条。惩治非法集资资讯广告，检查担保公司、小额贷款公司等经营主体35户，查处违法广告15条。开展虚假违法广告专项整治工作，检查经营场所60个、广告178条，查处违法广告案件8件。加强对媒介发布广告监测，全年共监测电视广告366条，查处违法广告5条。

【合同监督管理】 2017年，县市场监管局加强企业合同信用建设，建立合同帮农服务站6家，评定县级“守合同重信用”企业83家、市级“守合同重信用”企业53家。开展动产抵押和股权质押登记工作，全年共办理动产抵押登记90件，帮助企业融资13亿元；办理股权出质登记21件，为企业融资14.84亿元。11月，淮北市合同帮农现场会暨农村土地流转合同培训会在濉溪县召开，县市场监管局作合同帮农工作经验介绍。

【网络市场监管】 2017年，县市场监管局联合县发改委（物价局）、公安局、商务局、互联网信息办公室、濉溪邮政管理局制定出台《濉溪县2017年网络市场监管专项行动方案》。做好网络市场监管基础性工作，采集微信公众号105家、网络店铺420家、企业门户网站155家，第三方平台3家，团购平台7家、线上经营户1500多户，电子产业园入驻企业60多家；设立12315网络消费维权服务站3家。配合市工商局、质监局、网信办、公安局等执法部门通过“双随机、一公开”检查方式,对全县网络经营企业开展网络市场专项检查。开展网上巡查和实地核查工作，全年网上检查网站、网店55家，实地检查网站、网店经营者5次，责令整改网页2个。

国土资源管理

【土地利用管理】 县国土局严格执行《划拨用地目录》《协议出让国有土地使用权规范》等有关规定，对所供土地严格把关，逐宗审核，确保建设用地供应审批工作规范有序开展。2017年划拨供应各类用地35宗，面积252.8339公顷（3792.51亩）。协议出让用地4宗，面积78.4077公顷（1176.12亩），出让价款26664.5万元。通过进一步强化服务意识，提高办事效率，简化办事程序，公开办事制度，使各项建设用地得到及时供应。坚持以保护资源保障发展为工作重点，加强节约集约用地，服务全县经济社会发展需求。

【耕地保护和土地整治】 落实国土资源部、农业部关于加强保护耕地、划定永久基本农田并实行特殊保护的决策部署，按照“落地块、明责任、设标志、建表册、入图库”的工作要求，开展永久基本农田划定工作。9月，永久基本农田地块划定成果通过省国土厅验收。推进高标准农田建设。4月，安徽省国土资源厅等六部门联合下发《关于下达2017年度高标准农田建设任务的通知》，下达濉溪县2017年高标准农田建设总任务7.98万亩。其中国土部门承担任务4万亩，农业综合开发部门承担任务1.98万亩，发改和农业部门部门承担任务2万亩，所有任务均落实到具体项目，组织项目实施有序推进。

【城乡建设用地增减挂钩】 2017年濉溪县上报26个批次城镇项目，总面积5068亩，已批准21个，批准面积3844亩，使用新增建设用地计划1725.4710亩（含耕地1502.7450亩），解决临涣工业园，濉芜产业园，临涣二电厂、濉溪镇八里、彭庄、苏庄、四里等棚户区，百善镇棚户区、安置房等项目用地指标问题。获得省政府批准S203淮六路二期工程、淮水北调、S202收费站3个市级重点项目，总面积863亩，使用新增建设用地计划200.8815亩（含耕地186.2475亩）。

报增减挂钩复垦面积2260亩，编制8个批次增减挂钩项目，其中4个批次（约1040亩）已经省政府批准，市局已验收3个批次，验收面积837亩，其余已上报市局。申报工矿废弃地复垦面积2320亩，已完工528亩，正在施工1792亩，已上报5个批次，上报面积1245亩。

【压煤村庄搬迁】 截至2017年12月底，全县搬迁入住村庄14个，涉及搬迁人口9000人。县国土局督促协调各相关部门及淮北矿业、皖北煤电集团征迁处，与韩村、临涣、四铺、双堆集等镇签订土地征收补偿协议及人口土地增补协议10份，补偿资金10949.9377万元。开展采煤塌陷区村庄搬迁工程以奖代补项目资金申报工作，向省国土厅、省财政厅申请采煤塌陷区村庄搬迁工程以奖代补第九批次、第十批次项目资金，共申报项目46个，拨付资金1.0564亿元，受益村庄73个，人口44020人。

【矿产资源管理】 濉溪县矿产资源丰富，是全国重要的能源基地淮北煤田的重要组成部分，已发现矿产53种，其中能源矿产2种，金属矿产28种，非金属矿产21种，水气矿产2种，已查明资源储量的矿种8种，已开发利用的矿种7种，主要为煤，其次是铁。

截至2017年年底，已查明矿产资源储量50.3亿吨，其中煤49.1亿吨，约占98%，铁1.2亿吨，约占2%。保有矿产资源储量45.58亿吨，其中煤44.6亿吨，约占98%；铁9800万吨，约占2%。

年产矿石总量1985万吨，其中煤1908万吨，约占96%；铁77万吨，约占4%。从业人员数2.8万余人，工业总产值达101亿元。

【国有土地招拍挂】 严格按《招标拍卖挂牌出让国有土地使用权规范》的要求进行土地招拍挂出让工作。截至2017年12月上旬，共出让土地22宗，面积792584.8平方米（1188.796亩），成交额13.553亿元。其中工业用地12宗，土地面积308264.2平方米（462.4亩），成交额0.4321亿元；商住用地10宗，土地面积484320.6平方米（726.39亩），成交额13.1209亿元。

【土地变更调查】 2017年，全县共下发349个监测图斑，总面积5741.6亩。本年度批准本年度建设（B）占用农用地及未利用地面积183.43公顷，其中建制镇占用127.47公顷、村庄占用13.34公顷、采矿占用0.95公顷、铁路占用0.03公顷、公路占用41.64公顷。2017年度，未批先建（W）占用农用地及未利用地面积8.40公顷，其中建制镇占用1.00公顷、村庄占用4.26公顷、采矿占用3.14公顷。往年批而未建本年实际建设（PJ）的面积为4.16公顷，其中：建制镇建设占用3.14公顷。2017年年初，濉溪县耕地面积为138480.04公顷，年内耕地减少203.24公顷，年内耕地增加202.70公顷，耕地净减0.54公顷，2017年年末，耕地保有量为138479.5公顷，2017年度全县耕地占补基本平衡。

环境监督保护

【概况】 濉溪县环境保护局内设办公室(规财股)、建设项目管理股、农村生态开发管理股、污染控制股（政策法规股）；下辖环境监察大队、环境监测站2个二级机构。按照县委的要求，重新规范机关股室和二级机构，撤销了内部自行增设机构，清理了混编、混岗人员和超职数配备的干部，解聘了临时工，监察大队、环境监测站分别由原来的自收自支、差额拨款事业单位全部转为财政全额拨款事业单位。

【环保督察】 4月30日至6月6日，共接到中央督察组交办的信访件24批次61件（其中，协办2件：淮北矿业集团1件、淮北市水务局1件），属实50件，不属实11件，全部办结。反馈濉溪县突出环境问题8件，办结7件，1件办理中。反馈濉溪县意见问题15件，办结6件，9件办理中。中央环保督察中，濉溪县取缔企业100家，责令整改企业11家，立案处罚8家，罚款金额41.907万元，约谈37人次，问责13人次；省督察组交办的信访案件14批次193件，属实176件，不属实17件，办结156件，20件（涉及8个环境问题）办理中。反馈濉溪县环境意见问题36件，办结14件，22件办理中。省环保督察处罚企业10家，问责6人次。

【秸秆禁烧】 成立领导小组，印发《指导意见》，与各镇（园区）签订秸秆禁烧工作目标责任书。实行工作责任制和责任追究制，认真落实禁烧各项措施，全年实现卫星监控零火点的记录。省第三方绩效评价组认为濉溪县2017年秸秆综合利用提升工程项目管理规范、资金使用合理、政策宣传到位、创新工作内容、群众满意度高，评价为满分。

【污染减排】 2017年确定重点减排项目22个，其中农业源项目9个、生活污水处理项目2个、清洁能源替代项目8个、VOCs治理项目3个。实施排污权许可证制度，年内全县共15家企业申领到排污许可证。2017年，共消减化学氧量排放量415.352吨、氨氮排放量38.056吨、二氧化硫排放量3368.97吨、氮氧化物排放量1589.01吨，四项指标以及VOCs治理项目提前完成治理任务。

【环评审批】 严格把好环境影响评价文件的审批，建设项目环境影响报告表审批127件，建设项目环境影响后评价1件；完成建设项目现状评估报告备案11件，登记表备案278件；出具“三同时”竣工验收批复61件，出具各类审查、初审等文件38件，出具项目环评变更文件17件。接待来人咨询80多人次，来电咨询100多人次。

【环境执法】 全面实施环境保护网格化监管，明确责任领导、责任人员，实行逐级负责制，将工业企业日常环境监察、“双随机”抽查检查与后督察紧密结合，按月制定监察执法计划，确定监察重点，明确监察人员，落实环境监察执法网格化、分类化、流程化、痕迹化、模板化、智能化进一步加大环境违法行为查处力度。严格执行《中华人民共和国环境保护法》（以下简称《环境保护法》）及配套办法等，进一步加大环境违法行为查处力度，组织环保执法“零点”行动56次，严格执行“双随机”抽查制度，抽查一般源企业60家，重点源企业12家，发现问题要求企业立即整改。

实施大气污染防治、水污染防治和水污染等专项行动。按照“全覆盖、明责任、严执法、重实效”要求，全面排查、迅速整改全县范围内环境违法行为。全年累计出动执法人员2600余人，车辆900余台次，对500余家企业和91处饮用水源保护区进行“横向到边、纵向到底”的现场排查，共查出违法企业367家，立案查处190余家，下达《责令改正违法行为决定书》170余份，查封燃煤锅炉19家。加强城乡环境综合整治，对88个违法违规建设项目，采取针对性措施集中整治。

【环境监测】 围绕全县环境保护工作的重点任务，以污染源监督性监测为重点，以常规监测为基础，积极开展各类环境监测工作。全年共完成污染源监测任务60余家（次），减排企业季度监测80家（次）。对8条主要河流共20个监测断面进行枯水期、平水期、丰水期的常规监测，开展每半年一次的集中式生活饮用水源地地下水的监测，完成建设项目环保设施竣工验收监测17家。对55起水污染污染事故进行应急监测，对26起噪声扰民投诉开展噪声监测。

安全生产监督管理

【概况】 县安全生产监督管理局编制31名，其中行政编制11名、行政执法类事业编制20名。共有在编干部28人。内设办公室、矿山股、危化股、职业健康股、综合股、宣教股共6个职能股室，1个安全生产监察执法大队。

【安全生产检查】 矿山方面，以瓦斯治理、水害防治、机电运输等重大灾害风险管控为重点，开展检查151矿次，查出安全隐患495条。危化品方面，突出“两重点一重大”，加强对重点工艺、重要设备设施和重大危险源的监管，开展检查150余次，查处安全隐患690条。在矿山和危化品生产领域里，通过政府购买服务，引进专家技术参与企业安全管理。全年累计聘请2个专业技术机构的20余名专家，排查企业50余次，查出隐患530余条，提供建议与意见500余条，县安监局全部督促落实整改。职业健康方面，开展检查118次，查出隐患417条。城镇燃气方面，开展检查50余次，检查液化气站（点）110余家，查出隐患193条。建筑施工方面，开展检查18次，下发隐患整改通知书172份，查出隐患958条。交通运输方面，检查运输企业1000余家次，水上安全巡航检查43次，查处违规行为156起，吊销车辆营运证65本，责令停业整顿企业19家。特种设备方面，检查使用单位207家，查出安全隐患201条。

【安全生产】 县政府与各镇、园区、有关部门签订安全生产目标责任书，对全年工作进行专题研究和重点部署。调整安委会成员单位，分解落实安全生产各项目标任务，形成安全生产分工负责、层层负责、人人负责的管理格局。县委常委会、县政府常务会议多次听取安全生产工作汇报。各分管县长亲自带队深入企业检查安全生产工作。县委县政府督查室、县安委会办公室开展联合督查3次，督查13个镇（园区）、12个部门，抽查30多家企业，督促整改问题和隐患200多条。县委、县政府加强安全监管队伍建设，2017年通过公开招考，补充安全监管人员4名。

坚持以安全生产大检查为主线，以安全生产专项整治行动为抓手，以高危行业（领域）隐患排查治理为重点，扎实做好安全生产各项工作。2017年，全县共发生生产安全事故12起，死亡12人。其中：道路交通事故7起，死亡7人，同比减少9起17人，分别下降42.9%和58.6%；工矿商贸行业事故5起，死亡5人，同比减少3起3人，均下降37.5%。全县安全生产形势总体保持稳定。

【安全生产打非治违】 把加强事前处罚作为安监执法工作的新方式，以严管重罚倒逼企业落实安全生产主体责任，对界沟煤矿、长安新型建材、徐楼铁矿、东鑫铁矿、理士电源、真金彩钢共6家企业和8名责任人分别进行立案查处，行政处罚9.8万元。消防部门查封威胁公共安全的社会单位44家，责令停产整顿未经允许施工、营业的单位33家，罚款117万元，移送公安部门行政拘留52人。市场监管部门牵头，联合各镇（园区）、公安、安监等开展执法110余次，查封、拆除、取缔违法违规加油站点249个，拆除加油机410余台，查封扣押流动加油车3台，立案12起，采取强制措施6人。

【安全文化示范企业创建】 2017年，濉溪禹溪水利有限公司被评为“安徽省安全文化示范企业”。

【安全生产宣传教育活动】 组织开展“安全生产月”系列活动，开展“全面落实企业安全生产主体责任”主题宣讲、安全生产宣传咨询日、安全事故警示教育、知识竞赛、演讲比赛、安全应急预案演练等活动。安全生产月期间，购买新《安全生产法》读本2000余本，印制《安徽省生产安全事故隐患排查治理办法》《五落实五到位》挂图400余份，免费发放给各镇、园区及各重点企业。通过手机短信平台、手机微信向县委、县政府、县人大、县政协主要领导及县安委会各成员单位领导发送新《安全生产法》十大亮点、安全生产短信，共发送短信、微信3万余条。各项活动面向基层、面向群众，注重与当前安全生产重点工作的结合，促进了全县安全生产形势的稳定，起到了“以月促年”的作用。全年在各类媒体发表文章150余篇。被评为“安徽省安全生产月先进单位”。

中共濉溪县委员会

重要文件

2017年4月24日，印发《关于落实创建国家森林城市推进林业增绿增效行动的实施方案》，文件共分为指导思想、工作目标、工作重点、实施步骤、保障措施五个部分。对创建国家森林城市，推进林业增绿增效提出了总体目标和工作重点，分解任务，确保增绿增效任务落实。

5月10日，印发《贯彻实施<濉溪县五大发展行动实施方案>重要举措分工方案》，明确五大发展行动任务和保障措施，细化任务分解，明确部门责任和各项主要工作的推进主体。同时，出台《濉溪县五大发展行动实施方案工作推进机制》，在加强协调联动、强化督查落实、开展考核评估、严格奖惩问责等方面完善工作机制，确保每项任务、每项工程落到实处。

8月29日，印发《关于开展“双实活动”的实施意见》，贯彻落实省委书记李锦斌来淮调研重要讲话精神及“四转一享”总体工作要求，深入推进五大发展行动计划，深化落实“一创双加”行动，进一步提升全县发展水平，壮大经济实力。2017—2019年，在全县开展“实施二次创业，实现争先进位”活动，动员全县广大干部凝聚共识，提振信心，勇闯新路，转型崛起，助推中国碳谷·绿金淮北战略落地生根，加快实现“四个濉溪”建设目标任务。

12月29日，印发《关于深入贯彻落实党的十九大精神奋力开创“四个濉溪”建设新局面的意见》，要求把学习宣传贯彻中共十九大精神作为当前和今后一个时期的首要政治任务，切实做到学懂弄通做实；坚持以习近平新时代中国特色社会主义思想为指导，坚定维护中共中央集中统一领导；全面对标建设社会主义现代化强国的战略目标，坚定不移决胜全面小康、建设新时代“四个濉溪”；全面贯彻新时代中国特色社会主义事业战略部署，奋力把濉溪发展推向更高水平；纵深推进全面从严治党，不断提升党的建设质量；切实加强组织领导，确保中共十九大精神在濉溪落地生根。

重要会议

12月14日，中共濉溪县第十一届四次全体（扩大）会议召开，会议深入学习宣传贯彻中共十九大和省、市委全会精神，认真总结2017年工作，谋划部署2018年任务，动员全县上下以习近平新时代中国特色社会主义思想为指引，自觉践行“四个意识”，牢固树立“四个自信”，决胜全面建成小康社会，奋力开创新时代“四个濉溪”建设新局面。

纪检监察工作

【落实“两个责任”】 2017年，出台《主体责任痕迹化管理手册》，将记实情况纳入个人考核，作为责任追究的重要依据，防止责任虚化空转。年初，协助县委对各镇、县直单位落实“两个责任”情况进行检查考核，对2家单位实行“一票否决”。组织全县73家单位向县委书面述责述廉，安排6名党委书记和1名纪委书记向县纪委全会述责述廉，现场提问，接受评议。

采取明察暗访与专项检查相结合的方式，围绕落实“两个责任”、中央环保督察、扶贫领域专项整治等进行重点检查，对于措施不力、责任落实不到位的，坚决予以问责，以严格的问责倒逼责任落实。全年共开展专项监督检查25次，检查单位70多个，督促整改问题80余个，综合运用通报批评、诫勉谈话、组织处理、纪律处分等方式，对74名党员干部进行追责问责。

【作风建设】 认真贯彻落实中央八项规定、省委三十条、市委和县委二十条规定精神，坚持问题导向，积极探索建立常态化监督机制，针对濉溪县“四风”方面存在的突出问题，下发《关于深入贯彻落实中央八项规定精神做好清明节期间廉洁自律有关工作的通知》《关于做好端午期间廉洁自律有关工作的通知》《关于2017年中秋国庆期间加强作风建设严格监督执纪问责的通知》等文件，强力开展正风肃纪专项行动。对“一桌餐”、违规操办“升学宴”“谢师宴”、公款吃喝、公车私用等问题进行专项整治，深化“双严查”专项行动，着力解决不作为、乱作为等问题。全年查处违反中央八项规定精神问题29个、问责48人，其中给予党政纪处分46人，对9起典型问题通报曝光。

【纪律审查】 2017年，全县各级纪检监察机关共受理信访举报582件次，处置问题线索1090个，初核650件，立案390件，了结701件，给予党政纪处分416人，其中乡科级干部17人，挽回经济损失298.32万元。深入践行监督执纪“四种形态”，按照惩前毖后、治病救人的方针，惩处极少数，教育挽救大多数，运用第一、第二种形态处理995人次，占处理总人数的90%；运用第三种形态处理50人次，占处理总人数的4%；运用第四种形态处理69人次，占处理总人数的6%。

【巡察工作】 2017年，成立县委巡察办，出台《濉溪县委巡察工作实施办法（试行）》《县委巡察工作规划（2017—2021年）》《县委巡察全覆盖工作方案》等，设立2个巡察组，进行三轮巡察，巡察县卫计委、县交通局等11家单位，向被巡察单位提出问题331个，提出整改措施92项，移交有关问题线索41个。出台《关于开展扶贫领域突出问题专项整治实施方案》，部署开展三轮脱贫攻坚专项巡察，组织财政、民政、农林、审计、扶贫办等部门成立10个巡察组，覆盖全县有扶贫任务的10个镇、50个村，重点查处识别不准、虚报冒领、截留私分、贪污挪用、优亲厚友等问题，走访群众481人次，先后开展个别谈话370人次，向被巡察镇反馈业务类问题300多个。全县共梳理扶贫领域突出问题线索71个，其中查处扶贫领域问题21个，问责22人，给予党政纪处分22人。

【宣传教育】 2017年，打造集手机、书籍、课堂、微电影于一体的立体式“廉政教育套餐”。开设“濉河清风”微信公众号，关注人数2000多人，推送信息500余条；开展“讲重勇作促”专题警示教育，组织67家单位3000多名党员干部，赴市第二看守所、市警示教育基地等接受警示教育；系统整理违纪干部警示录，用身边事教育身边人，编写《濉河清风系列教育读本》之《党规党纪提醒本》《案鉴》2000余册，拍摄廉政警示教育片《以案为鉴就在身边》、微电影《纯净的祝福》，组织各级各部门观看《以案为鉴就在身边》等警示教育片200余场，受教育人数1万余人次；组建“濉河清风”宣讲团，开展“以案释纪”警示教育巡讲20余次；举办喜迎十九大诗歌朗诵会、“清风杯·学习宣传十九大”廉政文艺作品征集活动、十九大知识暨党规党纪知识竞赛、纪委机关领导宣讲中共十九大报告等7场活动。

会同宣传、民政、文明办等部门，开展“推动移风易俗树立文明新风”活动，着力破除铺张浪费、奢侈攀比等陈规陋习。出台《濉溪县党员干部和公职人员操办婚丧喜庆事宜规定》，严格执行个人事项报告制度，严查“大操大办”不正之风。突出示范引领，坚持因地制宜、以点带面、整体推进的原则，全力打造刘桥镇王堰村、濉溪镇蒙村等20个移风易俗示范村，建立完善乡规民约，充分发挥村民议事会、红白理事会、道德评议会、禁毒禁博会等群众自治组织作用，积极引导村民喜事新办、丧事简办，使群众文明素质和农村文明程度显著提升。

【派驻机构改革】 2017年，结合濉溪县实际情况，出台《县纪委派驻（出）纪检组（纪工委）“三定”方案》，按照精简、高效，充分整合、盘活存量的原则，根据工作需要和业务关联性，实行综合派驻和单独派驻相结合，采取“7+13”模式，设置派驻（出）纪检组20个，其中单独派驻7个、综合派驻13个，实现对县级党和政府机关、人民团体等67个单位派驻监督全覆盖。20名新任纪检组长，机关提拔4名，系统外交流提拔4名，系统内交流10名。制定出台县纪委派驻纪检组《监督执纪工作规范》手册，明晰纪检组职能定位，完善规范工作机制。

【监察体制改革】 2017年，按照中央、省、市、县委的要求，启动改革试点工作。制定《濉溪县深化监察体制改革试点方案》《濉溪县监察体制改革推进任务清单》《县监察委员会“三定”工作方案》，按照22%的转隶比例，划转编制18个，划转人员13人，交叉分配到各纪检监察室等案件相关部室。按照“三不增加”的原则，增设两个纪检监察室和一个信息技术室，完成县监察局与检察院反贪、反渎、预防职务犯罪三部门的职能整合，解决反腐败力量分散、职责交叉的问题，增强反腐败工作合力。12月中旬，县人大选举产生监察委员会主任、人大常委会任命监察委员会副主任和委员。12月19日，县监察委员会正式挂牌成立，初步实现对所有行使公权力的公职人员监察全覆盖。

【队伍建设】 2017年，县纪委监察委组织安排78人参加省、市纪委业务培训，选调25名基层纪检监察干部跟班学习，选派47名干部参与市委巡察、上级办案等工作，举办“学习十九大精神 落实全面从严管党治党责任”专题培训班。不断完善内部监督机制，出台《纪检监察干部日常谈心谈话办法》《纪检监察干部“八小时以外”监督管理若干规定》，实行重大事项和节假日外出报告制度、纪检监察干部“家访”制度，全面了解掌握纪检监察干部家庭状况、生活作风、个人交往等情况。全年开展谈心谈话47人、家访35人，对发现的问题及时提醒教育，防微杜渐。

组织工作

【镇人大、政府换届】 全县11个镇选举产生新一届人大、政府班子成员66名（其中女干部13名）。其中，人大主席团主席、副主席平均年龄47.05岁，镇长、副镇长平均年龄40.84岁，人大、政府班子成员平均年龄为42.91岁。1人为中专学历，11人为大专学历，46人为大学学历，8人为研究生学历。

【换届工作宣传和监督】 广泛宣传，营造良好换届环境。通过悬挂标语、电子显示屏、宣传栏等公布换届纪律，给领导干部送发《严肃换届纪律文件选编》28本、“九严禁”提醒卡900余张等，确保换届纪律宣传全覆盖。严格把关，严防干部“带病提拔”。按照中央“凡提四必”的要求，对换届提名人选基本信息进行严格审定，考察对象个人有关事项报告认真查核，纪检监察机关意见及时听取，对线索具体、内容清楚的信访举报严肃查处。全程纪实，规范干部选任程序。对干部动议、民主推荐、考察、讨论决定、任职等主要环节纪实情况重点监督，为干部“带病提拔”倒查工作提供依据。成立换届风气协调组，压实主体责任，加强巡视检查，强化领导，定期调度，确保换届圆满完成。换届期间未发现违反换届纪律的问题，也未收到违反换届纪律问题的信访举报。

【基层党组织规范化建设】 以换届工作为中心，选优配强镇领导班子。换届后，全县镇班子成员平均年龄下降2周岁；90%以上的班子成员来自基层一线，每个镇均有1名“三类人员”（乡镇事业编制人员、优秀村干部、大学生村官）进入党政班子，其中镇事业编制人员4名，大学生村官7名，调动基层干部的工作积极性。每个镇至少配备了1名女干部和1名30周岁左右的年轻干部，班子结构明显优化，干部精神面貌较大提升。开展“开放式”村级党组织活动场所、村干部集中办公专项整治活动，213个村彻底实现“双开放”、全覆盖。开展软弱涣散村党组织集中整顿行动，21个软弱涣散村党组织得到明显转化；探索资产变资源、资源变资金、农民变股东做法，50个集体经济空白村得到初步转化。在全市率先开展村级后备干部公开选拔工作，集中公选701名村级后备干部，实现了全县每个村均有3名以上后备力量的目标。不断深化“行走的党支部”创建活动。创建活动开展以来，全县党员、干部入户访户16.2万余户次，征求意见建议2.6余万条次，调处矛盾纠纷917件，化解信访隐患302件。开展1名农民党员致富能手联系帮扶3户贫困户为内容的“1+3”帮扶活动，帮助3900余贫困户脱贫。“党企联席”实现同频共振，推行党企联席会制度。开展第二批非公企业和社会组织党建指导员考核，选树5名优秀党建指导员，选派92名非公企业和社会组织党建指导员，其中专职党建指导员28名。

【党员远程教育规范化建设】 不断拓宽站点的覆盖范围，继续推进远教广场建设。在原有站点的基础上，2017年新安装14个社区站点，在各镇文化站新安装11个站点，命名挂牌11个学用基地，促进学用成果转化，全县采取合建、专建、独建的方式共建设远教广场34个。探索试点建设“智慧党建”服务平台工作。在刘桥镇试点实施“智慧党建”平台建设，初步开发集党员干部教育管理服务于一体的成熟软件，实现缴纳党费、接转组织关系、发展党员、党员志愿服务等功能，提高了工作效率，方便了群众办事。

【网络宣传工作】 大力提升党建网站管理水平，做好网络宣传工作。濉溪县发稿信息在国家级网络媒体采用44篇，省级网络媒体共采用110篇，淮北先锋网采用2200篇，安徽先锋网手机报采用7篇。共产党员网和安徽先锋网微信、易信党员群众订阅率达35%。全县1144名干部教育在线通过“省计划”学习。典型引路，不断充实《旗帜》栏目。2017年，先后拍摄《行走的党支部》《执着》《老王的一天》《和谐茶室》《北关社区访谈录》《小舞台大天地》等党建专题片，其中《和谐茶室》专题片代表市上报省七月份电教中心主任培训会上观摩样片。

【“两学一做”学习教育活动】 围绕融入日常学习、融入中心工作、融入党员管理，深入推进“两学一做”常态化制度化。涌现出“红心小屋”、“党员连心茶室”、党委书记“微信群”等学习新平台，“行走的党支部”“党员脱贫致富我先行”“党员家庭户挂牌”等作用发挥新平台，以及“全国优秀人民警察”叶永军等学做新典型，有力地助推精准扶贫、秸秆禁烧、项目建设等中心工作开展。人民网、新华网、共产党员网多次报道濉溪县特色做法。

【脱贫攻坚工作】 抓党建促脱贫，起草《关于建立扶贫包保帮扶联系点的通知》，组织部分县直和企事业单位对市直单位包保帮扶之外的93个有贫困户的非贫困村进行包保帮扶。在全县范围内调剂10名年度考核或聘期考核优秀的大学生村官到暂未配备大学生村官的贫困村任职，实现贫困村大学生村官全覆盖。在市选派17个扶贫工作队的基础上，向剩余5个建档立卡的贫困村派驻了由副县级干部担任队长（第一书记）、优秀年轻机关干部担任扶贫专干的扶贫工作队。全县范围内调剂10名大学生村官，实现全县贫困村大学生村官全覆盖。由县委组织部牵头，县扶贫办指导，各镇党委具体实施，通过初核、面试和组织考察等程序，面向社会公开选聘183名非贫困村扶贫专干，8月底前全部到岗到位，切实加强脱贫攻坚一线力量，建好基层扶贫工作队伍。“互促互进”助推脱贫攻坚。

【公开招聘村级扶贫专干和后备干部】 出台《关于加强村级后备干部队伍建设的实施意见》《关于公开招考村级后备干部的通知》《关于公开选聘村级扶贫专干的通知》，在全市率先开展村级后备干部选拔工作，集中公选了183名村级扶贫专干、448名村级后备干部，并按村“两委”副职及委员报酬落实待遇。同时，从长远考虑，建立涵盖386名人员的村级储备人才库，通过定岗锻炼、定期培训、定人帮带、半年一考核的“三定一考”形式强化日常培养和作用发挥。

【庆“七一”系列活动】 组织开展“七个一”系列活动，纪念中国共产党建党96周年。

通过巡回报告会、慰问、党课等多种方式，采取集中学习与分散学习相结合的办法，组织各级党组织开展学习党章专题教育，重温入党誓词，进一步增强党员意识，坚定理想信念。

【村“两委”换届前集中整顿工作】 开展村“两委”换届前集中整顿工作，共摸排出44个换届整顿“二类村”、13个“三类村”，“三类村”均由县级领导联系包保，镇党政主要负责人兼任驻村工作组组长进行整改，并下派县、镇干部到村任党组织书记、第一书记，全力推进集中整治工作。

【选派选聘工作】 严格落实选派选聘日常管理，创新作用发挥新途径。对第六批选派干部发展村级集体经济专项资金进行审核，做好移交手续。对全县42名第六批选派干部进行2016—2017年度考核和任期考核，提出选派干部年度考核优秀等次13名，考核称职等次29名；任期考核优秀等次15名，考核称职等次27名。推荐省级选派干部标兵共计3名。先期选派第七批选派帮扶干部66名，全部任贫困村驻村工作队队长和扶贫专干。对全县30名在岗大学生村官进行年度考核，11名2014年选聘大学生村官进行聘期考核。评定年度考核优秀等次11人，聘期考核优秀等次4人。对全县7名大学生村官（选调生）进行年度考核，评定优秀等次2人。择优招聘2名聘期优秀大学生村官进入县直事业编。

【打造“行走的党支部”】 组织全县2000余名干部、3万余名党员行走在田间地头、村企一线，亮身份、显作用、展形象，组织党员农技人员、党员医务人员、党员法官积极开展“背包式”服务，上门传授技术、指导生产、诊断病情、调解纠纷，2017年全县党员干部入户访户17.2万余户次，征求意见建议3.1万余条次，调处矛盾纠纷973件，化解信访隐患337件。

【非公有制经济和社会组织党建】 全年非公企业和社会组织党组织共发展党员120名，培养入党积极分子362名，储备党务人才193名，对第二批20名专职党建指导员进行年度和任期考核，选派第三批专职党建指导员28名。在上海交通大学、浙江大学举办2期非公企业和社会组织党务工作者和出资人培训班。开展“凝聚非公力量，助推精准扶贫”行动，动员有意愿的非公企业结对帮助贫困村、贫困户。继续开展县级“五抓五送”活动，补助非公企业党组织60个、社会组织党组织15个。切实推进习近平新时代中国特色社会主义思想和中共十九大精神学习入脑入心、落地见效。

【干部队伍建设】 以促进交流为目的，稳步推进县直干部交流调整。针对县直单位班子成员年龄结构老化的现象，部领导分片深入县直各单位对班子成员的年龄层次、文化结构、任职年限、个人意愿等情况，重点掌握工作情况、整体运行状况。配合市委组织部做好法院、检察院领导干部的“三案”管理工作。以提高质量为目标，充分发挥党组织把关作用。全县共调整干部12批253人次（其中平级交流136人、提拔97人、重用20人）。提拔（重用）的干部全部严格落实中央《关于防止干部“带病提拔”的意见》。积极承领省委组织部创新课题，开展“改进考察对象公示和任前公示方式”试点工作，对拟提拔（重用）的正科级领导干部，在考察公示和任前公示的内容、范围和时间进行有效的探索和改进，避免和减少用人失察失误，有效预防干部带病提拔、带病上岗。试点完成对提拔任县委党校副校长人选6例。以多岗位挂职锻炼手段，强化年轻干部储备。为加强年轻干部多岗位锻炼、墩苗练兵，采取“多岗位挂职”的方式，重点抓好后备干部和中长期干部的培养锻炼。2017年以来，从县直部门选拔25名干部挂任镇长助理、信访专员等职务，从镇机关选拔9名干部到市直机关挂职，从全县干部中选拔5名干部任贫困村扶贫队副队长。按照省市委统一部署，在全县范围内开展了领导干部全面自查工作。

【选派选聘工作】 注重年轻干部培养锻炼，依据省、市文件精神，研究制定《濉溪县挂职干部管理办法（试行）》，为进一步加强对挂职干部的管理，推进干部挂职工作科学化、规范化、制度化提供操作依据。选派6名新提拔副科级干部到县信访局挂职信访专员，确保挂职信访专员工作的连续性。联合县委政法委共同制定《濉溪县选派县直政法部门干警挂职锻炼实施办法（暂行）》有关规定，选派4名年轻干警到县委政法委挂职。根据上级要求，先后选派2名年轻干部分别到中央组织部、团省委锻炼。通过各种形式的挂职锻炼，有效地提升年轻干部处理实际问题、应对复杂局面、做群众工作的能力。

【人才工作】 在充分征求全县人才工作联席会议成员单位意见建议的基础上，印发《2017年濉溪县人才工作要点》，为推动全年人才工作目标任务实现奠定基础。为加快集聚高层次企业经营管理技术人才来濉创新创业，印发《濉溪县高层次企业经营管理技术人才扶持细则》。配合省、市组织、人社部门做好2017年选调生、考录公务员的计划申报、报名及资格审查等工作，为县内公务员队伍的发展壮大注入新鲜血液。整理出版第二辑《濉溪籍在外人才名录》，对濉溪籍在外人才进行重新摸排统计，采取多种方式鼓励其中的有志青年回乡创业。印发《濉溪县优秀人才享受政府津贴的实施办法》。2017年，共评选出首批享受政府津贴的优秀人才20名。为有效开发本土人才资源，助力全县经济社会发展和党的建设，印发《濉溪县"红绿金"本土人才带头人培育工程实施方案》，2017年，共挖掘出全县本土红色人才15名、绿色人才30名、金色人才20名，为全县经济社会发展提供了"人才智库"。加强卫生系统和教育系统业务骨干和学科带头人培养，在濉溪中学完成首批"名师工作室"揭牌工作。

【干部教育培训】 围绕县委、县政府工作大局，结合全县干部队伍综合素质能力提升的实际需要，起草出台《2017年全县干部教育培训工作要点》，对全年干部教育培训的重点内容、主要形式、管理指导等方面做出详细规划，组织开展调学调训工作。全年共组织42名县处级领导干部、31名乡科级干部、17名科员级干部和32名新任公务员参加学习贯彻中共十九大精神集中轮训、青年干部培训班等各类调学调训，调训任务圆满完成，调学成果日益凸显。结合全县干部队伍实际情况，多渠道、多层次、多类型开展干部教育培训工作。2017年，联合县委党校先后与上海大学、浙江大学、上海交通大学等国内知名院校及绍兴市委党校等单位合作举办党委书记培训班、青年干部培训班、党建直通车等各类能力素质提升班5期，300余人参加培训。

宣传工作

【意识形态工作】 严格落实中央和省市委落实党管意识形态原则，贯彻落实《党委（党组）意识形态工作责任制实施办法》，成立县委意识形态工作领导小组和县委网络安全和信息化领导小组。把意识形态工作作为党的建设和政权建设的重要内容，列入党建工作要点，纳入目标管理，与经济建设、政治建设、文化建设、社会建设、生态文明建设和党的建设工作紧密结合。开展全县政务微博、微信公众号、互联网信息网站普查登记备案，加强网评员队伍建设，注重网络舆情收集、研判、上报、处置，稳妥处置涉濉敏感和突发舆情。深入开展"扫黄打非"系列专项行动，牢牢把握意识形态工作的领导权主动权。切实加强对各类阵地的管理，做到守土有责、守土负责、守土尽责。

【理论武装】 以建设学习型、服务型、创新型党组织为载体，持续深化对习近平总书记系列重要讲话精神和治国理政新理念新思想新战略的学习。通过领导带头学、专家辅导学、组织集中学、培训提高学、研讨促进学等形式，对中共十八届六中全会精神、习近平总书记系列重要讲话精神和治国理政新理念新思想新战略进行学习。组织开展中共十九大精神的学习宣传，县委常委带头宣讲中共十九大精神，各党委（党组）中心组开展中共十九大精神专题讨论，将中共十九大精神进机关、进校园、进社区、进乡村、进企业。积极创新，打造独具特色的"理论＋艺术"宣讲品牌，临涣镇"连心茶室"获评为全省理论宣讲示范基地。全县各级各类宣讲300余场，累计受众超过4万人次。认真落实《中国共产党党委（党组）理论学习中心组学习规则》，增强党员干部学习的自觉性、主动性。全年县委中心组共开展理论学习20次。《关于开放式党校的调查研究与思考》入选2017年度市委党建办重点管理课题。理论文章《濉溪：凝心聚力讲看齐科学发展见行动》《畅通工程惠民生条条道路助脱贫》在《安徽领导专供》上刊登。

【舆论宣传】 围绕中央和省市县委重大决策部署，唱响好声音，打好主动仗。突出抓好以习近平同志为核心的中共中央治国理政新理念新思想新战略、“两学一做”学习教育和社会主义核心价值观等重大主题宣传。以《砥砺奋进的五年》为专题，精心组织迎接十九大主题宣传报道。推出《濉溪经济实力跻身全省十强》《濉溪财政收入首次突破30亿元》《铝基新材料成功跻身省第二批战略性新兴产业集聚发展基地》等一批重头稿件。深入开展“一创双加”行动宣传，制作“一创双加”解读彩页，组织开展电视访谈活动。围绕五大发展行动、“双实”（实施二次创业、实现争先进位）活动、经济建设、脱贫攻坚、秸秆禁烧、移风易俗、环保督查、安全生产、文明创建等重点工作进行集中宣传。紧扣加快“四个濉溪”建设主线，深挖新闻亮点，进行外宣选题策划。中央电视台、凤凰卫视《凤凰大视野》剧组、人民网、安徽电视台等媒体对全县棚户区改造、畅通工程、电子商务等工作亮点进行深入报道，提高濉溪美誉度。妥善做好各类突发事件的舆情处置，第一时间介入，快速发布信息，化解不良舆情，引导社会舆论，推动问题解决和工作落实。

【精神文明建设】 大力推进“三城同创”活动，2017年濉溪县被评为“全国园林县城”“第二届安徽省文明县”“第三届安徽省未成年人思想道德建设工作先进县”。县供电公司成为濉溪县首家国家级文明单位。启动智能交通管理平台二期工程和智慧城管系统，开展市容市貌、交通秩序、市场规范、河道治理、污水处理五大行动。迁移三堤口夜市，开启主干道沿街近50处建筑物夜间亮化。以非法石料厂整治为突破口，对全县环境卫生开展专项整治。延伸“三线四边”区域综合整治，推动“三治三增三提升”（治脏、治乱、治违，增强功能、增加绿量、增进文明，提升规划水平、提升建设水平、提升管理水平）和农村“三大革命”，乡村生活环境明显改善，城乡共建、全域文明成为群众共识。积极选树好人典型，推进“好人”评选常态化。在全省好人线索推荐工作会上作为全省唯一的的县进行交流发言。持续放大“好人濉溪”品牌效应。濉溪好人馆正在施工。全县“中国好人”达45人，位居全省县级前列。百善镇叶书运荣获全省优秀志愿服务典型，濉溪镇“党委110志愿者服务”入选全省文明创建创新案例。广泛开展社会主义核心价值观宣传，深化拓展“主题季”活动，在传统节日、民俗活动、民间礼仪中开展核心价值观教育。在全省县域率先开展移风易俗行动，打造濉溪镇蒙村、刘桥镇王堰村等18个示范村，编排泗州戏《要彩礼》、大鼓《报母恩》、小品《拆墙》等一批通俗易懂、群众喜爱的文艺作品，在全县公演近50场。典型带动、文艺发动、部门联动等做法先后被《安徽日报》头版、人民网、文明风等多家媒体报道，得到省文明办的肯定。

【文化工作】 濉溪县文体中心场馆建设项目开工建设。公共图书馆、文化馆、综合文化站、博物馆、柳孜运河遗址等公共文化场馆全部免费对外开放。新增5项省级非物质文化遗产。常态化开展电影放映、图书惠民、“我们的中国梦”优秀文化进万家、送戏下乡等系列文化惠民活动。充分利用重大节庆日，开展丰富多彩的群众文化活动。首届柳孜文化艺术节、全县曲艺比赛、移风易俗新风尚文艺演出、庆祝柳孜运河遗址申遗成功三周年文艺晚会、书画展、摄影展等系列活动为广大群众送去文化大餐。创作《柳江口》《沃土藏金》等一批具有地域特色的文化精品。精心打造“红色旅游”项目，建成由红色博物馆、文化广场、总前委指挥旧址等为内容的小李家红色旅游景区，成功举办小李家红色旅游季。临涣镇被评为“安徽省千年古镇”。临涣镇、双堆集镇获“全省特色景观旅游名镇”称号。老城石板街传统文化修缮保护与更新（乾隆湖生态修复）工程启动实施。大运河遗址保护、隋唐柳孜博物院文物保护与开发、临涣古城遗址保护与开发等文化项目入选省“十三五”规划，莱博特相框入选“省民营文化企业100强”。大力开展清源、净网、秋风、护苗专项行动，文化市场不断净化，刘桥镇被评为全国“扫黄打非”基层示范点，全市扫黄打非进基层现场会在刘桥镇召开。

【宣传队伍建设】 坚持党管干部的原则，按照讲政治、管队伍、守纪律的要求，抓班子、带队伍、育人才，构建党委统一领导、党政齐抓共管、宣传部门组织协调、有关部门分工负责的工作机制。扎实开展“两学一做”学习教育和“讲重勇作促”专题警示教育。以学习贯彻习近平新时代中国特色社会主义思想为首要任务，在宣传系统中开展“大走访”“大调研”“大培训”等活动。加强宣传干部队伍建设，举办理论骨干、网评员、通讯员等培训班，提高宣传干部综合素质。工作作风和效率不断转变和提升。积极倡导为民、务实、清廉的优良作风，深化“走转改”，机关效能建设不断提高，树立宣传干部的良好形象。

统战工作

【党的政治引领】 2017年，通过举办党外人士培训班、党派集中学习会，开展宗教政策法规学习月、民族政策法规宣传月，召开民族宗教界人士学习践行社会主义核心价值观座谈会，举办非公经济人士交流会等形式，引导全县统战成员深入学习贯彻中央统战工作《条例》和省委《实施办法》，学习中共十八大和十八届三中、四中、五中以及中共十九大、习近平总书记系列重要讲话精神，制定印发《中共濉溪县委2017年政党协商计划》《濉溪县委、县人大、县政府、县政协党员领导干部与党外代表人士联谊交友制度》。县委常委会听取3次统战工作汇报，研究安排统战工作。

【多党合作】 引导县各民主党派不断提高政治协商和参政议政、民主监督能力。县各民主党派及其成员在1月的县两会上共提交人大代表议案8件、政协提案101件、大会发言10篇。围绕县委县政府中心工作，县各民主党派及其成员在棚户区改造、重大项目建设、脱贫攻坚、教育振兴等方面献计献策，为县委县政府决策提供参考。

【为民服务】 指导各民主党派充分发挥各自优势，开展服务社会活动。民革支部利用教育界人才优势，撰写高考备考文章，开展教育重要课题研究。民进支部开展送医下乡义诊活动，组织会员进行革命传统教育。民建支部助推民营企业发展和小老板培育。民盟支部开展“黄丝带帮教”“农村教育烛光行”“送医进社区”“健康科普”“关爱老兵”等活动。各民主党派中的部分教师致力青少年心理健康和心理咨询，举办专题讲座数十次，就青少年学生学业压力、情感困惑、人际交往、自我探索等问题进行交流解答。

在脱贫攻坚领域，县委统战部协助县委起草印发《关于支持县各民主党派支部开展脱贫攻坚民主监督工作实施方案》，邀请县扶贫办对参与脱贫攻坚民主监督人员进行业务培训。县4个民主党派支部对口监督10个有脱贫攻坚任务镇的22个贫困村。各民主党派支部分别成立由主委或副主委任组长的脱贫攻坚民主监督工作组，对接镇和有关贫困村，查阅资料，进村入户走访，发现问题，形成具有针对性、可行性的意见建议，及时反馈镇村两级，拓宽民主监督的新领域。

【党外干部任用】 落实中央和省市县关于换届工作的要求，与县委组织部等部门通力合作，完成县人大、县政协换届人事安排工作。换届后，安排副县级党外领导干部5人，政府组成部门正职1人、县政协专委会主任1人（正科级）、直属中学校长1人（正科级），行政及事业单位副科级15人，实现濉溪党外干部担任政府职能部门正职、担任人大政协专委会正职、直属学校正职零突破。2017年，县委统战部向组织部门推荐优秀党外干部人选15名，建立一支素质高、能力强、业务精的党外干部阶梯发展队伍。

【民族宗教工作】 开展少数民族脱贫帮困工作，先后培训少数民族群众50多人，慰问20户少数民族困难群众，通过各种扶贫政策帮助18户少数民族贫困群众提高自我发展能力。加强城市少数民族流动人口服务管理，建立常态化走访机制，妥善处置涉及外来少数民族群众的矛盾纠纷2起，帮助4名外来少数民族适龄子女“全程代办”入学手续，帮助3户外来少数民族商户办理经营证照，申报成功1家清真食品企业。

认真做好宗教人才培养，申报按立牧师1人、长老1人，新认定备案基督教教职人员94人，佛教教职人员3人。邀请道德模范进宗教场所宣讲，推动宗教界培育和践行社会主义核心价值观活动有特点、接地气，和谐寺观教堂创建达标率达95%以上。继续推动宗教场所财务监督管理工作，规范会计账薄，建立财务档案。认真开展“五教同力助困脱贫”工作，宗教界捐款2万多元。坚决抵御利用宗教进行的各种渗透，全县宗教领域保持和谐稳定。

【非公经济】 2017年，积极推动“两个健康”政策的实施。加强对县工商联换届工作的指导，做好69名新一届县工商联执委人选的推荐考察和综合评价工作。县工商联第三次被评为全国“五好”县级工商联，指导各基层商协会完善软硬件设施，申报省市级“四好”商会。引导企业大力开展“民企帮村”活动，动员民企积极参与脱贫攻坚，投入资金500多万元，公益捐赠200多万元。依托基层商协会，动员会员企业的40多辆开展“爱心送考”活动。动员企业家捐资45万元，开展“爱心圆梦大学”活动，资助112名贫困大学生。县工商联从自身办公经费中拿出4万元帮扶结对联系村双堆集镇马沟村、临涣镇临南村，为34名残障儿童提供1.7万元资助。指导县建材装饰协会召开规范行业发展大会，开展行业合作经营。由县工商联出资2万元，与安徽胜方律师事务所联合成立工商联会员企业法律服务站，为企业提供法律服务。

【海外统战】 利用县“三胞”联谊会平台，配合做好市“海联会”换届工作，加强与台胞台属、侨胞侨属和濉溪籍海外同胞以及台资企业、侨资企业的联系，走访慰问6户“三胞”亲属，帮助2人办理赴台手续。对全县台胞台属、侨胞侨属重新进行摸底调查，做到底数清、情况明。主动到昆山、上海等地拜访当地台协会、台资企业，与20多家台资企业进行交流洽谈，搭建了信息交流平台。

县直机关工委工作

【概况】 中共濉溪县直属机关工作委员会是濉溪县委的派出机构，领导濉溪县直机关党的工作。现有人员编制8人，其中，行政干部编制5人，行政工勤编制1人，事业编制2人。2017年年底，县直机关工委直属党组织机关党委4个，党总支10个，党支部121个，党员1949人。

【基层党组织标准化建设】 2017年，县直机关工委以党组织标准化建设为主抓手，全力推进机关各项党建工作。统一创建标准，印发《濉溪县县直机关党组织标准化建设实施方案》，出台《关于开展县直机关党员活动室规范化建设的通知》《关于进一步规范“三会一课”制度的通知》《关于进一步规范“党员固定活动日”制度的通知》等规范基层党组织标准化建设规定。并于12月26—28日对工委各直属党组织及其所属基层党组织2017年度标准化建设工作进行了考核验收。有58个党组织达到优秀标准、114个党组织达到合格标准，总体达标率达84%，优秀率达54%。

【入党积极分子培训】 4月20日，举办入党积极分子培训班，66名入党积极分子参加培训。

【规范党员信息】 深入贯彻落实全面从严治党要求，严格党员日常教育管理监督，将每名党员纳入党组织有效管理，根据中、省、市、县统一部署，按照《全国党员管理信息系统（基层版）》的要求，在县直机关扎实开展了党员组织关系集中排查工作。县直机关共有56个基层党组织、1949名党员，达到县直机关党员底子清、信息实，使每名党员都纳入党组织的有效管理。

【庆“七一”系列活动】 6月中下旬，举办庆祝建党96周年暨“机关党建大讲堂”首场报告；开展党章党规知识测试活动，49家单位1900多名党员参与；组织机关支部走进离退休老党员家中进行走访慰问；组织全体党员赴韩村镇小李庄参观学习，重温入党誓词，开展革命传统教育。

【中共十九大精神培训】 为学习贯彻中共十九大精神，进一步加强县直机关党务干部队伍建设，11月5日至11日，县直机关工委举办所属基层党组织书记“十九大精神”培训班，县委常委、组织部长、统战部部长姜灵出席开班仪式并讲话。

【纪工委工作】 县直纪工委全面推进廉政风险防控机制建设，着力抓好“三重一大”、物资采购等关键环节和重点岗位风险防控，制定《县直机关工委全面从严治党主体责任和纪工委监督责任清单》，明确领导班子工作内容15条，书记工作内容12条，班子其他成员8条，纪工委工作内容9条。把党风廉政建设和反腐倡廉工作任务进行分解，制定下发《县直机关2017年纪检工作要点》，层层签订党风廉政建设责任书，把各项工作任务落实到具体单位和责任人。积极配合纪检部门，做好违法违纪党员的处理工作，2017年以来，协助县纪委立案查处党员干部11人。

【武装工作】 按照县人武部的要求，认真落实党管武装工作制度。抓好民兵组织整顿，在市、县两级军事机关进行整组拉动点验中受到市县军事机关好评。依法征兵，严格把关，廉洁征兵，圆满完成年度征兵任务。军事训练，成绩优异，被县人武部评为“2016年度军事训练先进单位”。积极做好民兵预备役工作，“五一”劳动节、国庆节组织30名基干民兵进行战备值班，组织民兵进行义务劳动、文明创建、扶贫帮困、政策法规宣传等活动达300多人次。

【团工委工作】 为缅怀革命先烈，传承“五四”精神，增强机关共青团员的爱国热情和工作激情，5月3日，县直机关团工委组织财政、电信、邮政、政务服务中心的青年团员来到淮海战役总前委旧址——临涣文昌宫和小李庄开展主题团日活动。

信访工作

【信访概况】 全县信访工作以“阳光信访、责任信访、法治信访”建设为抓手，不断深化信访工作制度改革，着重解决群众反映的合理合法诉求，切实规范信访基础业务，强力推进进京访专项治理，信访形势平稳有序。2017年，濉溪县被评为“2016年度淮北市依法治访先进单位”，县信访局被评为“全省信访系统先进集体”“市级文明单位”。

2017年，濉溪县共办理网上信访事项4260件次4647人次，其中来信176件次234人次、来访259件次514人次、网上信访3265件次3339人次、领导信箱560件次560人次，反映问题涉及城乡建设、农村农业、交通运输、其他、民政、劳动和社会保障、环境保护、教育文体、卫生计生、政法、经济管理共11个方面。

【组织领导】 县委、县政府高度重视信访工作，党政主要领导亲自抓、负总责，分管领导具体抓，班子成员共同抓。召开县委常委会、政府常务会、信访联席会，以及信访工作领导小组会议安排部署信访工作。各镇（园区）、各部门始终把信访工作作为送上门来的群众工作高度重视，列入重要议事日程，严格落实主要领导是第一责任人，分管领导是具体责任人，其他领导实行“一岗双责”的信访工作职责，形成主要领导亲力亲为、分管领导坐镇一线、班子成员分兵把口，横向到边、纵向到底的信访工作组织网络，确保辖区内的信访动态及时得到掌握，信访热点难点问题及时得到妥善处理。

【信息化建设】 加大安徽信访信息化综合平台建设，信访工作信息全覆盖，83家单位进入平台办理信访案件。县经济和信息化委员会、县教育局、县人力资源和社会保障局、县环保局、县商务局、县国土资源局、县房地产管理局、县农林委、县法院、县卫生局、县城乡建委共11家信访联席会议成员单位在信访信息系统中登记录入信访事项。将领导信箱数据对接导入信访信息系统，实现数据碰撞和统计。与时俱进，拓宽信访渠道，手机、微信信访纳入信访信息系统。招标建设应用视频信访系统。镇（园区）配备25名、县信访局配备5名信访信息录入人员。

【信访受理】 2017年，全县登记信访事项3693件次，其中来信38件、来访233件次、领导信箱389件次、网上投诉3033件次。信访工作机构及时受理率为99.87%，有权处理信访事项的行政机关及时受理率为98.36%，信访工作机构信访事项处理群众满意率为99.77%，有权处理信访事项的行政机关信访事项处理群众满意率为99.9%，信访事项处理群众参评率为91.63%，信访事项按期办结率为99.97%。

【领导接访】 每月定期在《淮北日报》公示1次县委、县政府负责人员接访时间，做到工作日每天1名县委、县政府负责人接待来访群众，在重大活动期间实行加密接访、有案随接。2017年，县四大家25名领导共接待来访群众211批413人次，其中市委常委、县委书记李加玉接访18批46人次，县委副书记、县长赵德志接访15批21人次，其他县领导共接访178批346人次。

【重大活动】 全县信访总量虽然处于高位态势，但是大部分矛盾隐患被化解在基层、消除在萌芽状态，基本实现“人员不激化、矛盾不上行”，做到“小事不出村（居），大事不出镇（园区），难事不出县”，特别是全国全省两会、北京“一带一路”高峰论坛、徽商大会、中共十八届七中全会、中共十九大，以及元旦、春节、清明节、“五一”劳动节、端午节、中秋节、国庆节等重大活动时期，实行信访信息零报告制度，坚持主动疏导、着力化解、全面包保，确保社会大局和谐稳定。

【专项活动】 全省进京访专项治理“百日攻坚行动”动员部署会召开后，出台《濉溪县进京访专项治理“百日攻坚行动”实施方案》《濉溪县进京上访和非正常访工作治理方案》《濉溪县信访工作专项治理工作方案》，明确要求各镇（园区）党政主要负责人员信访工作第一责任人的责任。建立由县委、县政府相关领导，11个镇和2个园区相关负责人，信访局相关人员为成员的微信联心群。坚持以服务十九大为主线，坚持预防在先、排查在先、化解在先、处置在先的原则，努力把矛盾化解在萌芽。

信访条例宣传活动。每年5月份为全县信访法律法规宣传月，确定集中宣传日，参加宣传的单位达40个，现场接待群众咨询，悬挂宣传横幅，散发宣传资料。各镇（园区）结合自身实际进村、进户、进居、进辖区企业开展信访宣传。在全县综治集中宣传月、“12・4”普法宣传活动，进一步宣传信访法规政策，特别是做好初信初访、诉访分离、依法逐级走访，以及满意度评价的普法宣传工作。

信访积案化解活动。按照省市统一部署，依据“三到位一处理”（诉求合理的解决到位、诉求无理的思想教育到位、生活困难的帮扶救助到位，行为违法的依法处理）的要求，在全县开展化解信访积案专项工程，对近年来发生的进京赴省重点信访事项进行清理化解，逐案落实领导包案化解责任，最大限度减少存量。本着“应录尽录、录全录准”的原则，将存量积案入网建库，实现积案网上交办、状态网上跟踪、案件网上评查。先后化解国家信访局交办信访积案18件，化解省级挂牌重点信访积案35件，自排信访积案114件，化解率均为100%。

【督查督办】 由县委、县政府督查室牵头，县纪委、县委政法委、县信访局配合，组成联合督查组，对重点信访问题进行定期和不定期督查。以刘桥镇、百善镇、五沟镇为试点，创新信访督查督办“两清单一反馈”工作制度，群众信访事项全部落实“问题清单”“查结清单”“反馈清单”，并由包案县领导、镇（园区）党委书记、村（居）党总支书记签字建档。对已经解决的问题及时“销号”，对新发现的问题及时列入清单，形成“发现一个、登记一个，解决一个、反馈一个、‘销号’一个”的滚动管理机制。

【信访救助】 2009年起，县财政每年设立100万元信访专项救助资金，镇（园区）也相应设立专项资金，主要用于救助困难信访群众。2017年，濉溪县利用中央信访救助资金救助11件次，拨付救助资金25万元，并及时录入信访信息系统。

【信访体制机制】 2017年，坚持建立健全零报告和及时报告制度、信访排查机制、重要信访事项交办机制、应急处置机制、责任倒查机制、信访代理机制，党政领导包案制度、特殊时期稳控机制，实行量化考核通报和信访救助制度的基础上，还创新建立领导联系点制度、“两清单一反馈”工作机制、信访专员挂职制度、律师参与信访工作制度四项制度。9月，在全县建立县级党政领导信访工作联系点制度。按照工作要求，市委常委、县委书记李加玉，县委副书记、县长赵德志，县委副书记周无事，县委常委、组织部部长、统战部部长姜灵，县委常委、县纪委书记、县监察委员会主任徐虎等县领导分别到镇村联系点开展走访、调研和带案下访工作。9月，市委常委、县委书记李加玉在五沟镇带案下访，结合全县信访工作形势，提出办理信访事项“两清单一反馈”工作机制，即健全完善“问题清单”、跟踪督办“查结清单”、高效运转“受理反馈”，推出“群众说事、干部理事、集体议事、信访查事”“路线图”，由包案县领导、镇（园区）党委书记、村（居）党总支书记签字建档。2017年，全县建立信访问题台账3300人次，受理群众信访事项1685件次，调处办结1570件次，群众满意率达99.8%。根据《濉溪县信访专员干部管理办法》，建立健全信访专员工作规范、信访专员资格考核制度、信访责任追究等措施。2017年，县委共选派2批11人到县信访局挂职锻炼，形成岗位能里能外、编制能增能减、人员能进能出、干部能上能下的良性机制。进一步发挥律师的专业优势，切实推进信访法治化建设，引导信访人依法信访、理性维权。2017年，律师参与接访211次，接待群众410余人次，解答法律咨询620余人次，协助办理信访案件500余件，参与信访事项协调会100余次，直接参与化解重大矛盾纠纷36起，起到法律咨询、法律教育、规范引导、息诉罢访的综合效应。

【应急处置】 按照县委、县政府要求，及时修订《濉溪县群体性上访事件应急预案》《濉溪县信访局处置群体性上访事件应急预案》，整合公安、综治、维稳、司法、信访及事发地等工作力量，建立联动响应机制，统一调度指挥，分头负责落实，就地妥善处置。先后成功化解23起越级集体上访。

【调查研究】 县信访局充分发挥信访工作“第二研究室”的作用，加强对信访突出问题和社情民意新动向新特点的分析研判，围绕房地产市场疲软、煤矿企业经营困难、非法集资等社会热点问题以及“十三五”规划实施过程中出现的新情况新问题，进行专题调研和分析研判，提出防范风险、改进工作、完善政策的建议，供党委、政府决策参考。2017年以来，结合国家、省市信访理论研究项目，设立3个参考选题方向，内容涉及政治、经济、法律、社会等多个学科。鼓励社会力量参与课题研究，共同探索经济发展新时代下信访工作的规律和特点，为信访事业创新发展提供理论支持。先后撰写《濉溪县探索推进“两清单一反馈”工作机制调研报告》《濉溪县房地产领域影响社会稳定问题调研报告》《“互联网+信访”打造信访工作新高地》3篇调研报告。

【目标管理】 将信访工作列入当年工作要点，纳入年度工作责任目标考核内容和领导干部绩效考核。把进京非访、群体性事件等作为考核重点。进一步健全主要领导负总责、分管领导直接负责、其他领导“一岗双责”的信访工作领导责任体系，形成上下齐心协力、部门协调联动、一级抓一级、层层抓落实、各负其责、齐抓共管的整体合力。量化信访干部目标管理考核，将每个科室和岗位与工作绩效、评先评优、提拨使用挂钩，提升工作效能。2017年，濉溪县群众进京上访得到有效遏制，集体访与上年同期相比批次、人次明显下降，全年未发生因信访问题引发的极端恶性事件和舆论负面炒作。经考核，县委、县政府授予刘桥镇等6家镇（园区），以及县委办、县政府办等10家单位“2016年度全县信访工作责任目标管理优秀单位”称号。

2017年，全县上下认真学习贯彻习近平总书记系列重要讲话，紧紧围绕为中共十九大胜利召开创造安全稳定的社会政治环境这一重大政治任务，实现省委、省政府提出的“三不出、两确保”工作目标，守住市委、市政府提出的“两个确保”基线和“三个不发生”底线，圆满完成党和人民赋予的职责使命，涌现出一大批先进集体和先进个人。为表彰先进，激励斗志，促进工作，县委、县政府决定对县委办、县政府办等28个先进集体，曹光仿等40名先进个人予以通报表彰。

党校工作

【教育培训】 举办党校主体班次10期，培训学员543人。3月与11月，分别在上海交大、浙江绍兴市委党校举办全县党工委书记和县直机关党组织书记党建培训班；5月，委托市委党校举办全县经济工作业务培训班。8—9月，分别在浙江大学、绍兴市委党校举办党建直通车培训班、青年干部培训班、科级干部研修班；11—12月，在濉溪香舍黎饭店举办全县村级干部轮训班2期。12月底，在市委党校举办全县女干部、统战干部培训班2期。

县政府领导重视工作培训工作。政府常务工作会议专题研究党校培训经费，签批培训拨款2次，达90多万元，确保全年各培训班次的正常开展。

【联合办学】 县委党校与县经信委、妇联会及机关工委联合举办业务培训班3期。由县委组织部与党校联合调训，业务部门参与管理，重点学习党的十九大报告和业务技能知识。

【基层宣讲工作】 党校选派5名教员参加县委宣传部中共十九大宣讲团，为县直机关、镇村、学校、企业进行中共十九大精神宣讲，解读习近平新时代中国特色社会主义思想20多场次，听众达2000多人次。

【科研成果】 2017年年初，党校按照市委组织部、市委党校《关于县级党校教学质量评估的实施意见》，制定科研成果管理办法，鼓励教职工积极撰写科研成果。全年专兼职教员撰写调研报告、理论文章公开发表论文3篇，撰写“讲重勇作促”专题心得体会30多篇，参加省委党校《习近平7年知青岁月》学习心得体会评选文章7篇，其中获省党校奖励1篇，通过调研，撰写咨政报告文章7篇，经县委、县政府、县人大领导签批。

【推进新党校建设】 根据市委要求，新党校建设规划设计在淮北市次中心以后，县委常委会多次听取党校工作汇报，研究新党校选址、规划及建设方案。同时县委常委会还专题研究为党校公开选调教员事项。一年来，县委常委专题研究党校工作3次，专题听取新党校建设、教师队伍建设的汇报、配备班子成员工作，积极推进建设步伐。党校新校区土地选址、设计目标初步完成。

【队伍建设】 加强校委领导班子思想、作风、纪律建设。进一步营造科学民主决策的氛围，发挥校委领导班子核心作用。2017年，县委组织部门对校领导班子进行了调整，县委副书记周无事兼任党校校长，李乾任副校长。

加强教职工队伍建设。通过外培内训，组织教学人员参加不同形式的培训学习，提高运用现代化教学手段能力。提高行政后勤人员工作热情、管理水平，做好服务工作。

落实市委组织部、市委党校《关于印发〈淮北市县级党校办学质量评估办法（暂行）〉的通知》文件精神，县委党校委托县人社局面向社会招考2名党校教员，充实了教职工队伍。

党史工作

【资料征编】 2017年，收集、整理、编写并出版《濉溪县新民主主义革命时期党史专题集》（第一辑），近20万字；收集、整理濉溪县2017年度党史大事记条目近千条，10余万字；完成《中国共产党濉溪地方史》（第二卷）一书的第三稿，约30余万字；征集历次党代会资料约20万字，启动《濉溪县历次党代会》一书的编纂工作；撰写《中共濉溪党史志》文章3篇，约2万字。

【宣传教育】 征订《党史纵览》300份。为纪念中国共产党成立96周年、全民族抗战爆发80周年，“七一”期间,组织党员干部开展参观红色教育基地、上党课、播放红色经典影片《冲锋号》等多种形式的党史教育活动；制作《历经磨难走向辉煌》橱窗17块、《伟大的胜利》展板10块、《爱我中华扬我国威》17块；开通濉溪党史网站，开办工作动态、党史人物、革命遗址遗迹、党史成果、大事记等7个栏目，拓宽党史教育领域，扩大党史宣传阵地创新形式；开展党史资源共享与学术交流，与江苏省作家协会在濉溪县联合举办“纪念朱务平烈士长篇纪实文学《生命的荣光》创作座谈会”，回忆朱务平烈士的事迹，为创作人员提供大量朱务平烈士生前的革命经历、英勇事迹、生活细节的翔实史料；协助参与党史教育基地建设，对红色纪念场馆的解说词进行史实把关以及场馆布展把关，为红色爱国主义教育场馆建设建言献策。

档案工作

【档案馆信息化】 加强档案馆数字化建设，制定完善《濉溪县档案馆数字化建设规范》，做好馆内各门类档案的数字化分类工作，夯实基础、分类实施，对一些涉及民生工程的档案先行信息化处理，及时提供利用。以完善县电子文件中心和档案局网站为平台，推进县档案馆数字化建设，加快馆内重要档案数字化进程和成果的利用，实现馆内档案资源的优效配置、开发利用和社会共享。2017年，接收保管县政务平台电子文件3万多条，馆内共录入各门类档案1.5万多条；为社会提供查阅各门类档案4183人次，利用档案4676卷次；接收县委办、县政府办、县国土局、县公共资源交易中心等档案9149卷（件）。

【档案业务监督指导】 贯彻落实省委、省政府《关于加强和改进新形势下档案工作的实施意见》，根据省档案局关于加强机关档案工作目标管理的通知精神，继续推进机关事业单位档案目标管理工作。加强对各单位的档案业务的监督指导，做到档案监督全覆盖，指导服务全方位。2017年，指导五沟镇财政所、孙疃镇财政所、双堆集镇财政所3个单位完成档案管理晋升省一级单位。县地税局档案工作复核继续为省特级单位；县法院档案工作顺利通过晋升省特级考核。指导县委办、濉溪二中完成省、市档案局执法挂牌整改任务。指导县不动产局完成专业业务档案从房管局、国土局到不动产局的顺利转变；指导县国税局、地税局、民政局、发改委、环保局、城建委等31家窗口单位完成业务档案对接，确保县政务服务大厅业务工作流程顺畅，推进机关档案工作的进一步发展。强化对农村土地承包经营权确权登记颁证档案的指导，全县11个镇、211个行政村、229243户的综合类、汇总类、归户类档案25万多卷（件）全部整理归档完毕，并完成查漏补缺工作。2017年，通过安徽省农村土地承包经营权确权领导小组的考评验收。

【档案执法检查】 深入贯彻实施《中华人民共和国档案法》和《安徽省档案条例》，9月1日至30日，对全县60个县直单位及部分二级机构、11个镇的档案工作进行执法检查，全县依法治档工作扎实推进。

【档案干部业务培训】 全面贯彻执行国家档案局2016年新出台的《归档文件整理规范》和《会计档案管理办法》等档案业务规范，4月举办全县档案业务培训班，县直单位和各镇档案管理人员共130多人参加培训，培训班聘请省、市档案信息化和档案业务方面的专家来授课，培训结束进行统一考试。

老干部工作

【概况】 截至2017年年底，全县有离休干部148人，其中，解放战争时期参加革命工作的135人，抗日战争时期参加革命工作的13人；享受县级政治生活待遇的27人，科级及以下的121人。

【政治待遇落实】 坚持和完善老干部阅文、学习、参加重要会议、重大活动，听报告、通报情况，老干部党员参加组织生活等制度。每年两次组织参观考察，丰富老干部精神生活。让老干部们在追思过去的同时及时了解改革开放和本地经济社会发展情况，共享改革发展成果，自觉地支持参与改革，支持在职干部工作。每年两次经济形势通报会，满足老干部政治需求。县主要领导每年两次为老干部做全县经济形势分析报告会议，让老干部及时掌握全县的经济发展状况，做到了解全县经济社会发展、掌握政策、支持发展、以身作则。老干部每年的报刊费300元的标准，统一打入老干部个人账户，按照各自的需要和爱好自行订阅，并为每位离休干部赠送一份《开心老年》。老干部阅览室专门为老干部征订50多种报刊杂志，同时有离休干部的单位也都按要求设立了阅文室和阅览室，确保每位离退休干部和在职干部一样阅读文件，并及时学习和了解党的方针政策。在老干部局老干部活动中心，订了数十种报刊杂志，同时督促原单位按规定为老干部订阅报刊杂志，以满足老干部的阅文制度和学习需求。参加重大节日、重大活动、重要会议。以正式代表或列席代表的身份邀请老干部参加全县党代会、人代会、政协会。全县出台重大政策、召开党风廉政建设报告会、民主推荐处级领导干部会，均邀请部分老干部参加。

【生活待遇提高】 落实离休干部医药费保障机制、离休干部护理费新标准、老干部共享改革发展成果工作。春节期间，为全县离休干部发放生活补贴每人1000元；为无固定收入离休干部遗属发放困难补助每人500元。每年春节向离休干部及实职退休县干每人发放1000元慰问金。及时审批符合条件的离休干部的护理费，按照有关政策规定及时审核报批符合条件的离休干部的护理费，并按时足额予以发放。为老干部建立健全健康档案，及时了解和掌握老干部的健康状况，使老干部做到无病早防、有病早医。

【自身建设】 充分利用党员“三会一课”制度，组织全局党员干部职工认真学习中共十八大五中、六中全会及中共十九大会议精神，认真组织党员干部学习宣传贯彻落实老干部工作方针政策，仔细研读《老干部工作文件选编》，做到熟练掌握老干部工作政策、法规，正确运用政策、法规处理好老干部工作日常事务。

以坚持老干部工作为党的事业增添正能量为价值取向，围绕中心服务大局，紧扣“展示阳光心态、体验美好生活、畅谈发展变化”主题，突出“畅谈发展变化”，将“为党的事业增添正能量活动”融入老干部工作，开展“我看濉溪新变化”“网络宣传员”行动，全面提升老干部工作部门影响力，持续提高党风政风行风社会评价满意度。利用老干部经验优势，发挥“参谋员”作用；利用声望优势，发挥“宣传员”作用；利用时间优势，发挥“辅导员”作用；利用政治优势，发挥“监督员”作用；利用威信优势，发挥“协调员”作用。打好濉河公园开放式党校特色招牌，该做法在全市、全省广泛推广。

濉溪县人民代表大会常务委员会

重要会议

【濉溪县第十七届人民代表大会第一次会议】濉溪县第十七届人民代表大会第一次会议于1月16日至1月20日在县实验小学礼堂召开。会议听取和审议县人大常委会、县人民政府、县人民法院、县人民检察院工作报告，审查和批准关于濉溪县2016年国民经济和社会发展计划执行情况与2017年计划草案的报告，关于濉溪县2016年财政预算执行情况和2017年财政预算草案的报告，审议县人民政府关于县十六届人大六次会议代表议案及建议、批评、意见办理情况的报告。会议选举产生县十七届人大常委会主任、副主任、委员，县人民政府县长、副县长，县人民法院院长、县人民检察院检察长。

县人大常委会班子换届后，平均年龄54周岁，比上届下降3.6岁。46~50周岁1名，占20%；51~55周岁3名，占60%；56周岁以上的1名，占20%。中共党员4名，占80%；非中共党员1名，占20%。大学学历4名，占80%；大专学历1名，占20%。具有高级专业技术职务的1名，占20%。妇女干部2名，占40%；少数民族干部1名，占20%。继续提名的3名，占60%；新提名的2名，占40%。在产生的95名出席淮北市第十六届人民代表大会代表中（不含市提名13名），工人17名，农民32名，干部7名，专业技术人员27名，民主党派及无党派代表人士12名。大中专及以上学历85名，占89.5%；中学（含中专）10名，占10.5%。妇女30名，占31.6%。少数民族3名，占3.2%。党外人士39名，占41.1%。45周岁以下（含45周岁）43名，占45.3%。

【濉溪县第十七届人民代表大会第二次会议】濉溪县第十七届人民代表大会第二次会议于12月15日至18日在县实验小学礼堂召开。会议听取和审议县人大常委会、县人民政府、县人民法院、县人民检察院工作报告，审查和批准关于濉溪县2017年国民经济和社会发展计划执行情况与2018年计划草案的报告，关于濉溪县2017年财政预算执行情况和2018年财政预算草案的报告，审议县人民政府关于县十七届人大一次会议代表议案及建议、批评、意见办理情况的报告。会议选举产生108名濉溪县出席淮北市第十六届人民代表大会代表和县监察委员会主任。

主要工作

【监督工作】 2017年，共召开8次常委会会议、22次主任会议，听取和审议专项工作报告34个，开展专题询问1次，专项调研和视察16次，作出决议、决定40项，对2部法律进行执法检查，发出审议意见书10期共21项。

1月19日，县人大常委会组织人大机关离退休老干部视察濉溪县经济社会发展情况。

6月，县人大常委会组成执法检查组，对濉溪县贯彻实施《中华人民共和国水法》情况进行执法检查。

7月14日，县人大常委会在刘桥镇召开全县镇人大规范化制度化建设工作推进会。

8月18日，县十七届人大常委会第五次会议举行联组会议，对县人民政府大气污染防治工作进行专题询问。16位县人大常委会委员和4位县人大代表，围绕县大气环境质量总体状况、大气主要污染源、秸秆综合利用、城乡垃圾的清除和整治落实等方面问题进行了询问。

县环保局、公安局、城乡建委等12个政府职能部门负责人现场进行回答。

9月6日，县人大常委会主任李相军带领部分常委会组成人员和议案、建议领衔代表参加视察活动，对县十七届人大一次会议代表议案、建议办理情况进行视察。

9月，县人大常委会组成执法检查组，对濉溪县《安徽省全民健身条例》贯彻实施情况开展执法检查。

【决议决定】 2017年，围绕制度建设、计划与财政预决算及审查、执法检查、人事任免等先后通过决议、决定40项。其中召开人代会决定2项，关于开展执法检查的决定2项。

【议案和建议办理】 2017年，县人大常委会把加强议案、建议督办工作作为发挥代表作用、提高代表工作水平的着力点，实行常委会领导领衔督办和相关工委分类督办制度。适时听取县人民政府关于议案和建议办理情况报告，并实地查看议案和重点建议办理情况，增强办理工作实效。对代表们提出的议案和建议当年基本办理完毕，并全部答复代表。

2017年，县十七届人大一次会议期间，代表提出议案3件，建议、批评和意见59件。3件议案为《关于加快推进南部次中心建设的议案》《关于提高园区承载能力、加快推动铝基高端金属材料等战略性新兴产业集聚发展的议案》《关于加快推进文体中心建议的议案》。59件建议中，《关于加强学校卫生管理、促进未成年人健康成长的建议》《关于加强农村饮水安全工程建设的建议》作为重点建议交办。

2017年，县十七届人大二次会议期间，代表提出议案3件，建议、批评和意见55件。3件议案为《关于实施优先发展战略促进濉溪优质教育发展的议案》《关于加快推进城乡环卫一体化的议案》《关于城乡道路公交一体化的议案》。55件建议中，《关于完善百善食品工业园基础设施建设，增强项目承载能力的建议》作为重点建议办理。

【代表活动】 2017年，县人大常委会先后组织开展关于经济发展、招商引资、园区建设、精准扶贫、棚户区改造、环境治理以及各项社会事业的调研、视察、执法检查18次，880余名市、县、镇人大代表参与活动。

县十七届人大常委会第一次会议修订制定《关于加强代表工作充分发挥代表作用的决定》《县人大常委会组成人员联系县人大代表工作的意见》《关于加强和改进人大代表小组建设的意见》等五项涉及代表工作的制度。按照制度的要求，划分成立25个县人大代表活动小组，选配代表小组组长，负责组织代表小组开展活动。2017年，常委会组成人员陆续走访各活动小组代表。常委会按照全市人大代表工作“2121”工程建设要求，总结工作经验，印发《关于规范代表活动室建设的意见》，出台一系列代表活动制度，在11个镇全面推进代表活动室规范化、制度化建设。按照“六有”标准建成市、县、镇三级人大代表共用或单独使用的活动室67个，促进代表工作的创新发展。

【人事任免工作】 2017年，县人大常委会依法任命国家机关工作人员56名，免职13名，接受3名县人大代表辞职，补选县十七届大代表2名。任命县人民法院人民陪审员10名。

濉溪县人民政府

县政府常务会议

【县政府第1次常务会议】 2月15日召开。会议听取了县政府关于2017年度政府重点工作安排及责任分解意见的汇报；听取并原则同意县商务局关于2016年度招商引资考核结果、2017年招商引资攻坚年活动实施意见、2017年招商引资绩效考核办法、濉溪县专业招商队伍建设实施方案和濉溪县委托招商、以商招商及聘请招商顾问暂行办法的汇报；听取县发改委关于濉溪县争取政策性资金工作考核办法(暂行)的汇报；听取并原则同意县房管局关于濉溪县政府购买棚改服务管理办法和2017年度政府购买棚改服务招标实施方案的汇报；听取县财政局关于口子集团纳税奖励情况的汇报。

【县政府第2次常务会议】 2017年4月24日召开。会议听取了县"两非"办关于《2017年度两非案件查处实施方案》和《2017年度两非案件查处考核办法》的汇报，县房管局关于鼓励农民进城购房实施意见的汇报，县安监局关于危险化学品安全综合治理实施方案的汇报，县环保局关于2017年夏季秸秆禁烧和综合利用工作方案的汇报，县农机局关于2017年农业机械购置补贴工作实施方案的汇报，县发改委关于全县重点项目建设、经济运行、招商引资推进会议筹备及有关文件的汇报，县委组织部关于优秀人才享受县政府特殊津贴实施办法的汇报，开发区关于县开发区Ⅱ－2单元部分地块控制性详细规划审批情况的汇报，濉芜产业园关于启动区控制性详细规划审批情况的汇报，县人社局关于发放及补发年终一次性奖金有关情况的汇报，县总工会关于2013—2016年劳动模范（先进工作者）、模范集体评选表彰工作的汇报，县国土局免除新汽运驾校地块土地出让金违约金有关问题的汇报，县征收办关于解决市汽运驾校拆迁遗留问题及三堤口物流园征收补偿问题、关于申请对烈南棚户区改造地块房屋实施征收的汇报，县文旅体委关于《古城汉墓保护规划》编制、临涣城墙考古勘探、地形测绘实行单一来源采购和拨付前期启动工作经费的汇报，县监察局关于有关人员违纪情况的汇报。

【县政府第3次常务会议】 2017年6月13日召开。会议听取县统计局关于2017年部门统计考核办法的汇报，县农林委关于落实脱贫攻坚责任追究暂行办法的汇报。

【县政府第4次常务会议】 2017年8月10日召开。会议听取了县商务局关于招商引资促进政策、加快发展服务业若干政策和招商引资项目引荐人奖励办法的汇报；县发改委关于促进经济平稳健康发展实施意见的汇报；县文旅体委关于加快构建现代公共文化服务体系的实施意见和推进基层综合性文化服务中心建设实施方案的汇报。听取了县卫计委关于进一步加强和完善县域医共体试点工作实施意见、2017年深化医药卫生体制综合改革试点重点工作任务等有关文件的汇报；关于解决基层医疗卫生机构奖励性绩效工资的汇报；关于濉溪名医评选活动实施方案的汇报；关于调整全县村级计生专干工作标准的汇报；关于2016年度人口目标综合考核及全县计生工作会议筹备情况的汇报。

听取了县城管局关于进一步推进控制和查处违法建设工作实施意见的汇报；关于县农村生活垃圾焚烧发电项目建设有关情况的汇报；县经信委关于加快推进新型工业化发展意见和促进新型工业化发展专项资金使用管理暂行办法的汇报；县科技局关于兑现2016年度实施知识产权战略，推进自主创新若干政策和2017年度支持科技创新若干政策的汇报；县金融办关于修订推进企业上市（挂牌）工作意见的汇报；县人社局关于濉溪铝基高端金属材料集聚产业发展基地人才规划的汇报；关于2016年度小老板培育工作总结表彰会议筹备情况的汇报；县教育局关于2017年教师节表彰情况的汇报；县目标办关于2016年度目标管理考核情况的汇报；县环保局关于中央、省环保督察工作落实情况的汇报；县监察局关于对有关人员政纪处理意见的汇报。

【县政府第5次常务会议】 2017年9月8日召开。会议听取县环保局关于党政领导干部生态环境损害责任追究实施办法（试行）和生态环境保护工作职责的汇报；听取县环保局关于环保网格化监督工作实施方案和关于2017年秋季秸秆禁烧和综合利用工作指导意见的汇报；听取县编办关于调整优化权责清单和财政统一发放工资工作的汇报。

【县政府第6次常务会议】 2017年10月16日召开。会议听取县财政局关于解决财政部分退休人员待遇问题的汇报；听取县司法局关于濉溪县法制宣传教育工作暨“七五”普法启动会议有关问题的汇报；听取县征收办关于加快濉溪县房屋征收工作的意见；濉溪县棚户区改造、房屋征收工作风险保证金制度实施意见的汇报；黄桥二期棚户区改造征收安置补偿方案；关于申请对南关二期棚户区改造地块房屋做出征收决定的请示和关于进一步明确濉溪镇八里村花园棚改项目征收补偿安置方案的情况说明；听取县卫计委关于濉溪县镇计划生育干部管理办法和濉溪县村卫生计生专职干部管理办法（试行）的汇报；听取县委组织部关于提高全县村（社区）干部待遇的建议方案的汇报；听取县法院关于淮北市北方房地产开发有限公司破产和解有关情况的汇报。

【县政府第7次常务会议】 2017年11月15日召开。会议听取县商务局关于濉溪县招商引资促进政策（征求意见稿）及招商人员暂行管理办法的汇报；县目标办关于濉溪县2017年目标管理绩效考核办法的汇报；县城乡建委关于濉溪县孟山路两侧地块控制性详细规划的汇报；濉溪经济开发区关于濉溪县僵尸企业清理处置方案的汇报；濉溪金盛投资管理有限公司关于濉溪县支持重点企业提供封闭式流动资金运营流程的汇报；县交通运输局关于城乡客运公交一体化工作实施方案的汇报；县残联关于《濉溪县“十三五”加快残疾人小康进程规划纲要（送审稿）》的汇报；县信访局关于表彰中共十九大期间信访维稳安保先进集体和先进个人的汇报。

【县政府第8次常务会议】 2017年12月10日召开。会议听取了县政府办关于政府工作报告起草情况的汇报；县督查室关于县十七届人大一次会议代表议案建议办理情况的报告；县发改委关于濉溪县2017年国民经济和社会发展计划执行情况和2018年计划草案的汇报；县财政局关于2017年财政预算执行情况与2018年财政预算草案的汇报；县环保局关于冬季大气污染防治工作开展情况的汇报；县统计局关于濉溪县镇域经济发展综合评价考核奖励办法（征求意见稿）的汇报；听取了县文明办关于第三届濉溪县道德模范评选结果和濉溪县文明单位、村镇、社区考评验收报告的汇报；关于2016年度城乡环境卫生综合治理工作表彰方案的汇报；关于濉溪县2018年城乡环境综合治理工作考核办法的汇报。

【县政府第9次常务会议】 2017年12月11日召开。会议听取县环保局关于全县水污染防治工作开展情况的汇报；县城管局关于濉溪县县域农村生活垃圾处理专项规划（2017—2030）编制情况的汇报；县城乡建委关于濉溪县县域农村生活污水处理规划（2017—2030）的汇报；县文旅体委关于进一步深化文化市场综合执法改革实施意见（审议稿）的汇报；双堆集镇关于继续支持双堆集镇加快发展意见的汇报；县民政局关于进一步加强基层民政工作的实施意见的汇报；县人社局关于对县城乡建委予以嘉奖、县公安局叶寒等三人记三等功的汇报；县房管局关于兑现房地产财政奖励契税补贴等政策的汇报。

【县政府第10次常务会议】 2017年12月19日召开。会议听取了县卫计委关于濉溪县医疗卫生服务体系规划的汇报、刘桥镇关于濉溪县刘桥镇总体规划（2017—2030）的汇报、县环保局关于全县饮用水源排查情况的汇报、县安监局关于全县安全生产工作情况的汇报、县扶贫办关于全县扶贫工作的汇报、县消防大队关于国务院办公厅《消防安全责任制实施办法》的解读。

【县政府第11次常务会议】 2017年12月19日召开。会议听取县环保局关于污染减排工作开展情况的汇报。

【县政府第12次常务会议】 2017年12月19日召开。会议听取县环保局关于全县畜禽养殖污染防治工作情况的汇报。

县政府文件

濉政〔2017〕5号《濉溪县人民政府关于2017年重点工作及责任分解的通知》

濉政〔2017〕11号《濉溪县人民政府关于印发濉溪县全民健身实施计划（2016—2020年）的通知》

濉政〔2017〕15号《濉溪县人民政府关于2017年实施33项民生工程的通知》

濉政〔2017〕22号《濉溪县人民政府关于印发濉溪县2017年深入推进简政放权放管结合优化服务改革工作要点的通知》

濉政〔2017〕33号《濉溪县人民政府关于印发濉溪县支持科技创新若干政策的通知》

濉政〔2017〕34号《濉溪县人民政府关于加快推进新型工业化发展的意见》

濉政〔2017〕36号《濉溪县人民政府关于印发濉溪县加快发展现代服务业若干政策的通知》

濉政〔2017〕37号《濉溪县人民政府关于印发“两治三改”三年专项行动实施方案的通知》

濉政〔2017〕40号《濉溪县人民政府关于加强农村留守儿童关爱保护工作的实施意见》

濉政〔2017〕43号《濉溪县人民政府关于加快推进“互联网+政务服务”的实施意见》

濉政〔2017〕44号《濉溪县人民政府关于公布濉溪县县级政府权责清单目录（2017年本）的通知》

濉政〔2017〕47号《濉溪县人民政府关于濉溪县“十三五”加快残疾人小康进程规划纲要的通知》

县政府办公室文件

濉政办〔2017〕2号《濉溪县人民政府办公室关于印发濉溪县电子商务进农村综合示范中央财政专项促进资金使用管理办法的通知》

濉政办〔2017〕3号《濉溪县人民政府办公室关于印发濉溪县政府购买棚改服务管理办法的通知》

濉政办〔2017〕5号《濉溪县人民政府办公室转发安徽省人民政府办公厅关于印发安徽省全面推进政务公开工作实施细则的通知》

濉政办〔2017〕6号《濉溪县人民政府办公室关于印发濉溪县推进电子商务进农村全覆盖工作方案的通知》

濉政办〔2017〕7号《濉溪县人民政府办公室关于印发濉溪县危险化学品安全综合治理实施方案的通知》

濉政办〔2017〕8号《濉溪县人民政府办公室关于印发濉溪县农村公共服务运行维护机制建设示范试点实施方案的通知》

濉政办〔2017〕9号《濉溪县人民政府办公室关于加强安全生产监管执法的实施意见》

濉政办〔2017〕10号《濉溪县人民政府办公室关于印发濉溪县政府性资金投资建设工程招标投标管理补充规定的通知》

濉政办〔2017〕11号《濉溪县人民政府办公室关于印发《濉溪县2017年地质灾害防治方案》的通知》

濉政办〔2017〕12号《濉溪县人民政府办公室转发安徽省人民政府办公厅关于加快推进城市地下管网地理信息系统和安全运行监测系统建设的指导意见的通知》

濉政办〔2017〕13号《濉溪县人民政府办公室关于进一步加强政务信息工作的通知》

濉政办〔2017〕14号《濉溪县人民政府办公室关于深入推进扶贫小额信贷工作的实施意见》

濉政办〔2017〕15号《濉溪县人民政府办公室关于加强和改进行政应诉工作的实施意见》

濉政办〔2017〕16号《濉溪县人民政府办公室关于印发濉溪县2017年深化医药卫生体制综合改革试点重点工作任务的通知》

濉政办〔2017〕19号《濉溪县人民政府办公室关于修订推进企业上市（挂牌）工作意见的通知》

濉政办〔2017〕18号《濉溪县人民政府办公室关于进一步加强和完善县域医共体试点工作的实施意见》

濉政办〔2017〕21号《濉溪县人民政府办公室关于印发濉溪县推进基层综合性文化服务中心建设实施方案的通知》

濉政办〔2017〕20号《濉溪县人民政府办公室转发淮北市人民政府办公室关于印发政府投资建设工程实施阶段全过程造价管理办法的通知》

濉政办〔2017〕23号《濉溪县人民政府办公室关于印发"十三五"濉溪县结核病防治规划的通知》

濉政办〔2017〕24号《濉溪县人民政府办公室关于印发濉溪县遏制与防治艾滋病"十三五"行动计划的通知》

濉政办〔2017〕25号《濉溪县人民政府办公室关于印发濉溪县行政事业单位财政统一发放工资暂行办法的通知》

外事侨务工作

【外事工作】 2017年，选报濉溪县城关镇闸西社区、开发区玉兰路社区作为濉溪县海外领事保护宣传试点，宣传和普及领事保护理念，提高濉溪县公民安全出行的自我保护意识和主动维权意识。规范因公出国（境）申报程序，共办理因公出国（境）2批3人次。

【侨务工作】 2017年，组织濉溪县开发区、商务局以及企业负责人参加"科创委员和海外博士"走进安徽侨梦苑项目对接活动。加强贫困侨眷帮扶工作，全年为6名贫困侨眷发放困难补助金8400元，为2名企业退休老归侨发放退休补贴2400元。

督查工作

2017年，县督查室根据县委全会报告和县政府工作报告，梳理确定10大类23项重点督查工作，以县委、县政府文件印发《2017年督查工作要点》。全年陪同县委、县政府主要领导督查15次，陪同分管领导21次，开展自查31次，形成督查报告63期、督查通报29期、督查专报17期，县委、县政府主要领导批示6件。督查工作始终坚持"不怕得罪人"的原则，不断创新督查方式方法，有效促进各项工作的落实；督促办理县人大议案建议和政协提案201件，答复率和满意率均达到100%；办理人民网网民留言439件，包括省委书记留言47件、省长34件，市委书记留言70件、市长23件，县委书记留言265件，始终坚持"有问必答，有难必帮，件件落实"的原则，有效解决网友反映的热点难点问题；积极参与文明创建，单位创建为县级文明单位。

民族宗教工作

【概况】 全县共有佛教、基督教、天主教三大宗教，有县佛教协会、县基督教三自爱国运动委员会、县基督教协会、县天主教爱国会4个宗教团体，宗教班子成员22人。依法登记的宗教活动场所128个（佛教4个、基督教120个、天主教4人），另有由天主教爱国会代管的天主教小堂口8个。经宗教部门认定备案的专职教职人员125人（佛教5人、基督教117人、天主教3人），信教群众3万多人。

全县共有28个少数民族成份，常住少数民

族人口666人，主要是婚姻、工作等原因入住濉溪。截至2017年年底，外来流动少数民族人员88人，主要是来自青海、甘肃信仰伊斯兰教的回族群众，主要在县城、镇、矿区从事清真拉面馆（25家）经营，人员流动性较大。有少数民族干部4人。

【队伍培训】 全年举办基层民宗干部培训班1次、宗教界财务人员培训班1次、宗教教职人员培训班1次、基督教基层堂点负责人和义工传道员培训班2次，共700余人次参加培训。

【学习贯彻全省宗教工作会议精神】 县民宗局分别举办全县宗教场所负责人培训班、宗教教职人员培训班、镇村民族宗教干部培训班、镇（园区）分管干部培训班等，邀请市宗教局领导和业务科室负责人作专题辅导；召开宗教界人士学习贯彻省宗教工作会议精神座谈会，把全县宗教界人士的思想和行动统一到全省宗教工作会议精神上来。

【宗教人才培养工作】 加强对2名“全省百名教职人员培优对象”的正面引导，定期谈话交流，加强教育引导。2017年，按立牧师1人，长老1人。

【指导宗教团体发挥应有作用】 支持宗教界深入开展宗教思想建设、教风建设和中国化研讨活动，指导县基督教两会举办2期基层堂点负责人和义工传道员培训班、1期夏季培灵会、1期乐理培训班；指导县佛教协会定期举办光明讲堂和讲经交流会；指导县天主教爱国会举办1期全县天主教场所负责人及教职人员培训班。指导各宗教团体、宗教场所加强班子建设和制度建设，引导宗教团体发挥应有作用。

【抵制邪教】 县民宗局配合政法机关开展“家庭拒绝邪教”活动，印制6000多份宣传材料，让群众真正了解邪教的危害，增强对邪教的辨别力，自觉抵制邪教。协助防邪部门做好“全能神”“法轮功”等邪教骨干分子的教育转化工作。

【宗教场所财务监督管理】 以财务监督管理“回头看”工作为抓手，着重加大监督检查力度，认真按照“奉献箱（功德箱）3人3把锁”，“分类开设银行账户，实行代账管理”，“严格执行财务公开制度”等要求，督促各宗教宗教活动场所规范会计账簿，建立财务档案，并在市宗教微信群上传开锁及财务公开视频。组织各镇（园区）和宗教团体对全县宗教场所财务监督管理工作进行全面检查，全县寺观教堂和较大宗教场所，基本做到“3人3锁”“定期公开”，小场所也基本做到收支两本账。

【慈善公益事业】 各宗教团体结合各自实际，深入开展以“助残、助学、助医、助业、助灾”为主要内容的宗教慈善捐助行动。慈善周期间，县天主教爱国会发动临涣堂和濉溪城关堂的教友捐款，共捐款3000余元，2000元用于助学，1000元用于慰问10户孤寡老人和病人。邀请医护人员来堂为30多位教内外朋友进行义诊。县基督教两会和各基督教场所在捐款4000元助学金的基础上，给孤寡老人、老弱病残人员、养老院老人和特困信徒家庭带去教会的关爱，共慰问56人，发放慈善资金及物品折合8000余元。县佛教协会募集5000多元，3000元用于助学，2000余元购买米、面、油和月饼，慰问生活困难家庭20户，树立宗教界的良好形象。

【“和谐寺观教堂”创建活动】 督促全县市级以上“和谐寺观教堂”加强软硬件升级，推动安装视频监控系统，对照《安徽省和谐寺观教堂复查验收标准》，复核县级“和谐寺观教堂”，实行动态管理。

【社会主义核心价值观示范点创建】 按照“四进四有”要求，全县宗教界开展培育和践行社会主义核心价值观示范点创建活动，2017年，全县有6处示范点通过省宗教局验收并授牌表彰。

【宗教领域非法出版物治理检查工作】 2017年，县民宗局进一步整顿和规范全县宗教出版物市场秩序，加强对宗教团体、宗教活动场所的出版物管理，联合县文旅体委对县内4个宗教团体及较大的宗教活动场所进行宗教领域非法出版物实地检查。

【宗教活动】 节目的编排、选拔注重政治性、思想性、艺术性、观赏性的有机结合，充分体现濉溪县宗教界的正能量，节目形式活泼多样，结合各宗教特色、具有一定的原创性。组织全县少数民族代表人士和各宗教团体班子成员，收看深入反映中共十八大以来全面深化改革的伟大成就的专题片——《将改革进行到底》。县民宗局邀请“中国好人”、全国孝老爱亲模范、淮北市第二届道德模范王芳和爱岗敬业模范叶树运分别为6个社会主义核心价值观创建示范点进行宣讲，并组织民族宗教界代表人士以身边模范为榜样，讲好濉溪新故事。

【宗教场所安全】 2017年，为进一步深化人员密集场所冬春季消防安全管理，县民宗局联合县安全生产监督管理局、县消防大队和当地镇（园区）民宗、各宗教团体负责人联合开展宗教活动场所消防安全专项检查。

【提升民族宗教工作法治化水平】 认真落实权力清单制度，公开、固化行政执法环节与步骤，强化依法行政意识。强化政务公开工作，制定县民宗局权力清单、责任清单、公共服务清单、中介服务清单、通过法定途径分类处理信访投诉请求清单，建立行政许可、行政处罚“双公示”，规范行政执法事中事后监管“双随机一公示”机制，推进依法行政各项工作。

【贯彻落实相关民族政策】 认真做好少数民族考生中考加分政策落实工作，认真核对，严格审核，为2名考生出具加分证明。严格按照标准和程序，为2人出具民族成分变更证明。积极宣传《中国公民民族成份登记管理办法》，2017年为1人出具民族成份变更证明。

【加强清真食品监管】 县民宗局认真贯彻省、市民委《关于进一步规范清真食品管理开展自查工作的通知》精神，解决清真食品领域存在的“清真食品不清真”、“清真”概念泛化等方面的问题，加强清真食品领域的监管，促进清真食品行业健康有序发展。在重大节日前，县民宗局联合卫生、市场监管等部门进行清真食品安全监管联合执法检查，重点检查清真食品企业和清真拉面馆证照、环境卫生、从业人员健康、原料采购、加工制作等情况，并开展食品安全相关法律法规宣传教育，引导经营者规范清真食品经营行为，保证清真食品安全，更好地满足少数民族群众在饮食方面的特殊需求。

【少数民族发展资金使用监管】 2017年，通过考察，选择孙疃镇量力家庭农场1个少数民族经济实体进行扶持，拨付县级少数民族发展资金8万元，并对该项目进行审计。

【城市民族工作】 建成并动态管理少数民族常住人口、流动人口、少数民族干部、困难少数民族群众、少数民族企业（清真餐饮业）“五本台账”，全面掌握全县少数民人口分布、民族成分、经济水平等基础信息。建立常态化走访制度，县民宗局、镇（园区）、村（社区）每月定期走访外来少数民族商户，了解经营情况，解决实际困难，及时化解矛盾纠纷。

机构编制工作

【建立县级行政审批类权力事项目录清单】 开展县级行政审批事项的梳理汇总，根据权责清单中涉及行政审批的21个县直部门，依据贯彻落实法律法规立改废释和国务院、省政府取消调整的行政审批事项时间截至2017年5月底的要求，结合审批事项入驻县政务服务中心窗口情况，统计出全县行政审批事项122项，汇总出县级行政审批事项清单，规范填写审批部门、事项名称、子项名称、事实依据等审批事项各要素内容。同时按照业务对口原则，对应省直部门，分类统计行政审批事项数量，确保内容翔实、准确，为扎实推进行政审批事项“三统一”工作提供基础性支撑。

【制定政府权力运行监管细则】 2017年根据权责事项调整变化和权力运行监管工作实际，动态调整完善监管细则，及时转变监管方式，调整完善监管措施，经修订后，完成2113项事中事后监管细则和行政处罚裁量权基准编制工作，实现对政府权力事项运行的全过程标准化监管。

【调整优化县级权责清单】 2017年根据法律法规立改废释、部门职能调整、承接上级权力等情况继续调整权责清单。调整优化后，现保留的权力事项2113项，承接上级下放权力45项；现动态管理278项，增加1项。经政府法制部门合法性审查后，10月25日以县政府名义下发《濉溪县县级政府权责清单目录（2017年本）》。

【规章、规范性文件清理工作】 凡是与“放管服”改革决定不一致的做到应清尽清，全县涉及规范性文件清理单位35家，31家单位“零报告”，县发改委（物价局）、县审计局、县科技局、县卫计委（爱卫办）共清理出已废止规范性文件4件、拟废止规范性文件3件、拟修改规范性文件5件。

【编制审批】 核定濉溪芜湖现代产业园编制3名，调整县教育局所属县新城幼儿园等8个单位编制。核销县电影院、县影剧院、县电影发行放映公司3个单位、42名经费自理编制；调整县建委所属县建筑勘察设计室、县建筑学校、县建设委员会苗圃场编制、县水利医院、县水利工程勘察设计室、县水务局井灌办公室、县水利工程机械化施工队编制。建立县医院、县中医医院编制周转池制度。

【单位核定和调整】 县人民法院增设派出机构道路交通事故法庭；设置濉溪县新城中心学校、濉溪县第一实验学校、濉溪县妇幼保健院、濉溪县采煤沉陷区综合治理领导小组办公室、濉溪县机关事业单位养老保险管理中心；设立中共淮海战役总前委指挥部旧址小李家纪念馆、11个镇和濉溪经济开发区设立为民服务中心。撤销县濉溪经济开发区环境保护管理所，整建制并入县环境监察大队。县环境监测站、县环境监察大队经费渠道由经费自理变更为财政全额拨款。县劳动保障监察大队更名为县劳动保障监察综合执法大队。县职业教育中心（中等职业技术学校）更名为濉溪职业技术学校。

【法、检两院体制改革】 按照《省编办省委政法委省高级人民法院省人民检察院关于开展省以下法院检察院机构编制移交工作的通知》要求，按时完成法检机构编制移交工作，共计移交政法编制208名。

【城市管理综合执法体制改革】 根据《中共安徽省委省人民政府关于深入推进城市执法体制改革改进城市管理工作的实施意见》，按时完成县城市管理执法体制改革机构编制设置，新设县城市管理数字化指挥中心、11个镇和濉溪经济开发区城市管理综合执法办公室。

【监察体制改革】 设置濉溪县监察委员会，县监察局和县人民检察院的相关机构、职能、人员转隶至县监察委员会。县监察委员会与县纪律检查委员会合署办公，实行一套工作机构、两个机关名称。县人民检察院18名编制划转至县纪委（县监委）。核定县监察委员会主任1名（由县纪委书记兼任），副主任2名（由县纪委副书记兼任），委员4名（由县纪委常委兼任2名，专职委员2名）。撤销原县纪委机关、县监察局内设机构党风政风监督室加挂的县政府纠正行业不正之风办公室牌子。县纪委机关、县监委增设内设机构第五纪检监察室、第六纪检监察室、信息技术室，其中第五纪检监察室、第六纪检监察室分别设主任1名、副主任1名，信息技术室设主任1名。县纪委派驻纪检组统一更名为县纪委县监委派驻纪检监察组。

【实名制更新维护工作】 2017年，行政机关入销编共计317人次；事业单位入销编919人次，单位及其在编人员信息维护3858项，所有信息均做到及时更新维护。

【事业单位登记管理】 全县事业单位登记管理全部实现网上办理。2017年全县事业单位年度报告134家，公示134家。变更登记30家32项，设立登记15家，注销登记1家。机关、群众团体新办统一社会信用代码7家，变更登记30家。

电子政务和信息工作

【政务信息工作】 围绕县委、县政府的中心工作及省市县领导关注的热点、难点问题，搜集、整理信息，从大量信息中找出带规律性、普遍性、倾向性的问题，及时编发上报，为领导科学决策提供依据。加强与县委办、宣传、新闻等部门合作，加强与督查调研部门的联系，相互沟通信息，实现信息渠道共享。2017年，共编发、上报信息167条，编发《濉溪政务信息》7期，2017年上报信息采用在全市排位列第1名，在全省位列第16名。

【政府网站建设】 制定网站建设、管理、服务、安全等一系列制度，理顺网站各栏目的运行维护机制，做好网民留言、民意征集、网上调查、在线访谈等互动栏目，充分发挥政策宣传和收集民情民意的作用。扎实开展网站普查工作，抓好自查整改，先后关闭网站11家，为实现网站集群化奠定基础。整合各部门资源，扎实推进“互联网+政务服务”工作，积极介入安徽省政务服务网，为公众提供快捷、方便的网上服务。2017年，信息中心发布信息4224条、图片信息1487条。发挥宣传濉溪、推介濉溪、发布信息、沟通市民的作用。同时，做好市政府网站县区快讯栏目的信息更新，共发布各类信息3734条。2017年，县政府网站被省政府评为“县级优秀网站”，为淮北唯一的全省优秀政府网站。

【电子政务办公网建设】 加强政务网络安全检测，及时排除电子政务办公网出现的故障。强化相关人员的电子政务业务培训，对存在问题的单位现场指导，对有关单位在电子政务建设中存在的问题，提出合理化建议。各单位网上办公意识明显增强，网络办公的水平进一步提高，综合办公平台的应用率显著提升。

【政府信息公开】 继续贯彻落实《中华人民共和国政府信息公开条例》，及时通过县政府网站、政府信息公开网、政务公开栏等平台主动公开政府信息。2017年，全县主动公开政府信息26704条，共收到网上依申请公开24件，纸质版依申请公开16件，全部办结。濉溪县被列为省级基层政务公开标准化规范化试点县,在全省基层政务公开标准化规范化试点工作中期评估中，取得第4名。

【网民留言办理】 做好网友投诉求助事件的交办和反馈工作。扎实推进政民互动，认真做好“市长信箱”“县长信箱”及“中安在线”网友投诉、省政府微信微博转办事项、求助、咨询事项的整理、交办和反馈工作，2017年共办理市长信箱反映问题163件、县长信箱反映问题512件、中安在线反映问题4件，及时整理、及时交办、及时催办、及时反馈，为群众排忧解难。

地方志工作

【《濉溪年鉴》出版发行】 2017年12月，濉溪县人民政府主办、濉溪县地方志编纂委员会承编的《濉溪年鉴（2015—2016）》完成编纂和出版发行工作。年鉴采用类目、分目、条目体结构，全面、完整、科学地记录2015—2016年度濉溪县政治、经济、文化、社会等领域的发展变化，突出记载县委、县政府中心工作和重点工作，在类目的编排上追求科学、完整，条目的设计严谨，编写的内容准确细致，通过规范乡镇的介绍，增加年鉴的知识性和可读性，为县志续修积累资料。

【《濉溪大事记》编纂发行】 2017年，刊发《濉溪大事记》12期，950条，计6.5万字。每期大事记定期于13日前完成编纂任务，县地方办公室及时在政府网站和县地方志办公室局域网上刊发，月月更新，做到和纸质资料的同步发布。

【完成《濉溪县志》的阶段性工作】 2017年4月，举办县志和年鉴编纂人员培训班，全县各级编纂人员共200余人参加培训，《濉溪县志》主编和副主编授课。截至2017年12月底，完成县志的分纂任务，部分单位几易其稿，稿件质量上乘，达到总纂质量要求。

【完成《临涣镇志》的初稿编纂】 中国地方志指导小组办公室主持的中国名镇文化工程旨在把修志工作向基层延伸，留住历史文化记忆和乡愁，临涣镇因其深厚的历史文化底蕴被省地方志办公室推荐参与工程建设。县志办作为承编部门，加强和临涣镇委镇政府的联系，抽调专人负责，设计篇目，开展调研，搜集资料，组织编纂，2017年年底完成镇志的初稿编纂，志稿采用条目体形式，共收录文字23万字，图片200幅。

政协濉溪县委员会

重要会议

【全体会议】 政协濉溪县第十届委员会第一次全体会议于1月15日至1月19日召开，260名委员出席会议，92名社会各界人士列席会议。会议审议通过政协濉溪县第九届委员会常务委员会工作报告和提案工作报告；全体委员列席县十七届人大一次会议，听取和讨论县人民政府工作报告及其他报告；会议共收到40份大会发言材料，并组织大会发言；会议选举刘铁为政协濉溪县第十届委员会主席，刘继华、朱秀芳、李家龙、沈志华、戚华为副主席，郑林为秘书长，丁淑云等为常务委员；会议听取并审议县政协十届一次会议提案审查情况的报告；会议审议通过县政协十届一次会议关于常务委员会工作报告的决议和关于提案审查情况报告的决议。

县政协班子换届后，平均年龄53.83周岁，比上届下降1.97周岁。46周岁至50周岁2名，占33.33%；51周岁至55周岁2名，占33.33%；56周岁以上的2名，占33.33%。中共党员3名，占50%；非中共党员3名，占50%。研究生学历1名，占16.67%；大学学历5名，占83.33%。具有高级专业技术职务的2名，占33.33%。妇女干部3名，占50%。

政协濉溪县第十届委员会第二次会议于12月14日至17日召开。261名委员出席会议，68名社会各界人士列席会议。会议审议通过县政协十届常务委员会工作报告和提案工作报告；全体委员列席县十七届人大二次会议，听取和讨论县人民政府工作报告及其他报告；会议共收到27份大会发言材料，并组织大会发言；会议听取并审议县政协十届二次会议提案审查情况的报告；会议审议通过县政协十届二次会议关于常务委员会工作报告的决议和关于提案审查情况报告的决议。

【常务委员会会议】 县政协第十届委员会常务委员会第一次会议于2月28日召开。会议学习习近平总书记在省部级主要领导干部学习贯彻中共十八届六中全会精神专题研讨班开班式上的讲话；任命各专门委员会主任、驻会副主任；决定政协濉溪县第十届委员会专门委员会人员名单和县政协第十届委员会委员活动组划分方案；协商通过《政协濉溪县委员会关于加强专门委员会工作的意见》和《政协濉溪县委员会关于加强委员活动组工作的意见》；审议通过县政协2017年工作要点。

县政协第十届委员会常务委员会二次会议于6月28日召开。会议学习市委常委、县委书记李加玉在全县经济社会发展务虚会上的讲话；听取县政府关于全县经济运行和招商引资情况的通报和县发改委关于全县产业发展及项目建设情况的通报；审议通过《政协濉溪县委员会委员履职考核办法》《政协濉溪县委员会委员活动组工作考核办法》《政协濉溪县委员会优秀提案评选办法》；听取并讨论关于加强和改进全县城市社区建设的调研报告。

县政协第十届委员会常务委员会第三会议于10月20日召开。会议学习《中共安徽省委办公厅印发〈关于加强和改进人民政协民主监督工作的实施意见〉的通知》；听取县政府关于县政协十届一次会议提案办理情况的通报；听取并讨论县政协调研组关于教育民生工程实施情况的调研报告；审议通过政协濉溪县委员会反映社情民意信息工作办法（草案）；协商决定有关人事事项。

县政协第十届委员会常务委员会第四次会议于12月14日召开。会议学习中共十九大精神；协商通过县政协十届二次会议议程（草案）、日程（草案），秘书长、副秘书长名单（草案），执行主席、常委分组名单（草案），委员编组和召集人名单（草案），十届常委会工作报告、提案工作报告委托报告人名单（草案）；协商通过县政协十届二次会议筹备情况的报告（草案）、县政协十届常委会工作报告（草案）、县政协十届常委会提案工作报告（草案）；听取2017年委员活动组、委员履职考核情况的通报。

【政情通报会】 县政协政情通报会于11月7日召开。会议听取县政府关于全县经济社会发展情况的通报，对县政协十届二次会议提案、大会发言征集工作进行安排布置。

主要工作

【政治协商】 2017年，召开全体会议2次，常委会议5次，主席会议11次，围绕高新技术产业发展、项目建设、精准扶贫、文明县城创建等课题作大会发言，与县委、县政府领导面对面协商。县政协常委会就城市社区建设、教育民生工程实施等工作进行专题协商，提出有针对性的意见建议，促进有关问题的解决。

【民主监督】 2017年，坚持“在参与中支持，在支持中服务，在服务中监督”的原则，切实发挥民主监督作用。积极推荐委员担任纪检监察、法院及政府职能部门的监督员；选派委员参与全县教师招考、项目招标等监督活动，如实反映情况，提出批评和建议，促进有关部门改进作风、提高效能。

【参政议政】 2017年，围绕老城石板街保护开发及乾隆湖生态修复工程、加强和改进全县城市社区建设、全县教育民生工程实施、全县招商引资工作等开展4次专题调研，形成4篇调研报告；围绕农村环境整治“三大革命”、美丽乡村建设、提案办理、交通网络建设、精准扶贫、水利工程建设、镇卫生院服务能力建设、重点项目、科技创新、工业转型升级、优化企业发展环境、民族宗教、民生工程实施等工作，组织开展19次专题视察，撰写12篇视察报告。提出100余条合理化建议。根据县委县政府安排，县政协主席会议成员做好各项中心工作，协调解决工作中出现的困难和问题，提出改进意见。

【提案工作】 十届一次会议共收到提案126件，大会发言转化为提案22件，共计148件。经审查并案后，立案137件，不予立案3件；闭会期间，立案2件，共计139件。其中，党派、团体、委员活动组、专门委员会等集体提案26件，委员联名提案32件。截至11月底，提案已全部答复，办复率100%，已经解决或基本解决的78件，占提案总数的56.1%；正在解决或列入计划逐步解决的61件，占提案总数的43.9%，提案办理工作取得积极成效。

十届二次会议共收到提案163件，大会发言转化为提案18件，共计181件，经审查立案173件。党派团体等集体提案24件，委员联名提案37件。经济建设方面18件，占10.2%；农业、林业、水利、国土、环保等方面20件，占11.3%；教科文卫体等方面62件，占35.0%；城建、交通、文明创建等方面64件，占36.2%；政法、劳动人事、社会保障等方面10件，占5.6%；政协统战及其他方面3件，占1.7%。

人民团体

濉溪县总工会

【概况】 2017年，县总工会围绕上级部门确立的年度目标，持续推进职工思想引领、经济技术创新、和谐劳动关系、“四季如春”、工会凝聚力“五大工程”，团结动员广大职工为打造中国碳谷·绿金淮北、建设“四个濉溪”、为加快濉溪转型崛起做贡献。县总工会荣获全省示范县工会、全市第十五届文明单位、县目标考核先进单位等多项荣誉称号。百善镇工会荣获全省“六好”乡镇工会，安徽华中天力铝业有限公司、安徽昊晨食品有限公司荣获全省非公企业示范工会。

【劳动竞赛】 围绕“当好发展主力军，转型崛起建新功”主题，在全县各条战线积极组织开展各类劳动竞赛和职工技能比武活动。在国税系统，开展“五比五赛”劳动竞赛，促进经费代征工作的深入开展。在供电系统举行2017年“安康杯”配电专业技能比武大赛，达到“以赛促学、以赛促培”，提高职工队伍整体素质的目的。在非公企业，以开展劳模（职工）创新工作室活动为载体，开展“五小发明”活动，推动经济技术创新和劳动竞赛活动向纵深发展。

【创新项目】 以市劳动模范华中天力公司耿鹏为主的创新团队研发的8006铝合金容器箔研发项目被市总工会推荐为全省职工创新成果项目，该项目的实施，节约资金500万元，年创利润1500多万元。

【劳模评选】 在“五一”前夕，召开庆祝“五一”国际劳动节暨劳模表彰大会，表彰23名“劳动模范”，17名“先进工作者”，13个“模范集体”。安徽家园铝业公司获得全省“五一”劳动奖状，安徽奥登服饰公司、淮北顺达商贸公司获全市“五一”劳动奖状、安徽神华公司机电维修班获淮北市“工人先锋号”荣誉称号。结合实际，选树一批劳模示范岗，充分发挥劳模的引领、示范、表率作用。

【民主管理】 积极推进以职代会为基本形式的厂务公开民主管理工作，开展星级职代会创建。班子成员参与企业职代会的督查和现场指导。100人以上非公企业职代会、厂务公开率动态保持在85%以上。

【集体合同】 开展集体协商“春季要约”行动，督促企业、职工双方代表进行要约、复约，按照“六有”程序，开展集体协商、集体合同签订工作。坚持“以点带面，整体推进”的工作思路，选树巨成化工、顺达公司等10家示范点。2017年，企业集体协商建制率达到80.1%，百人以上建会企业建制率达到84.2%。建会企业381家，签订集体合同305份，签订行业集体合同1家，职工290人。

【安全生产】 参加全县安全生产大检查，持续开展“排查安全隐患，助力转型崛起”专项行动，严格按照安全生产“三同时”要求，深入督查相关企业。全年参与事故调查处理3起。贯彻落实《女职工劳动保护特别规定》，加强女职工劳动保护工作，进一步改善女职工劳动生产条件，切实维护女职工特殊权益。县总工会获全市“安康杯”竞赛优秀组织单位。

【“两节”送温暖】 开展困难职工入户走访活动，详细了解家庭情况，健全全国工会帮扶工作管理系统。各级工会组织严格执行申报审批程序，确保送温暖资金及时准确地发到困难职工手中。2017年中秋节、国庆“两节”期间，慰问困难职工623户，发放慰问金623000元。陪同县领导对界沟煤矿、孙疃镇华丰机械设备有限公司两家企业进行慰问，发放慰问金30000元。

【夏季“送清凉”】 对濉溪县鸿源煤化有限公司、安徽美信铝业股份有限公司、巨成化工、华中天力、黄桥闸项目部、交警队、昊晨食品有限公司等15家企业的高温岗位职工进行慰问，送去毛巾、肥皂、花露水、洗发水等防暑物品，折合6万余元。

【精准扶贫】 对结对帮扶村—韩村镇胜利村10户困难群众进行入户调查，详细了解每户家庭情况，制定具体的帮扶措施。开展“访民情、助三夏”夏收夏种、秋收秋种帮扶活动，夏秋两季为每户困难群众送上不低于1000元的现金，帮助他们抢收抢种。对6名困难群众子女每人给予500元的助学救助。在全县范围内组织开展“邻里守望，助力脱贫”志愿服务活动。印制《邻里守望助力脱贫》手册和文化衫，用于开展“五服务”活动。

【文明创建】 组织引导窗口单位开展“三创一树”活动。县总工会成立2个督查组，对供电、供水、燃气、车站、电信、银行等多家“窗口单位”营业网点进行每月1～2次“地毯式”督查。县总工会志愿者定期不定期深入淮海路等路段清理环境卫生、维护交通秩序、发放文明创建手册以及社会主义核心价值观宣传材料。

（赵煜）

共青团濉溪县委员会

【荣誉概况】 2017年，团县委先后荣获“市红旗团委”“市首届慈善先进单位”“市文明单位”等荣誉称号。

【青年创业行动】 2017年，强力推进青年创业小额贷款工作，与县邮储支行、县农商行、县农行、县徽商银行、县湖商银行合作，为26名符合条件的创业青年发放小额贷款贴息资金33.92万元，涉及贷款金额419.5万元。举办青年电子商务培训、创业知识培训、创业故事分享会、种养殖技能培训9期，培训农村青年800余人。举办校企对接会，搭建学生就业桥梁，缓解企业技术人才短缺现象。举办濉溪县首届“淮海壹号杯”创业大赛，最终安徽昊晨食品有限公司等2家公司获得一等奖和1万元奖金。表彰了2015—2016年度15个“青年文明号”、25个“青年岗位能手”。评选出2017年度“双创之星”65名。

【青少年思想道德教育】 2017年举办“转型崛起筑梦青春”——濉溪县纪念“五四”运动98周年暨表彰大会。开展“昂首奋进新时代同心共筑中国梦”中共十九大暨党纪党规知识竞赛、中共十九大精神宣讲、“一学一做”、重温入党入团誓词、主题征文、青年讲堂等多形式爱国主义教育活动。先后开展“魅力濉溪七彩童年”庆“六一”活动、“红领巾心向党”喜迎十九大建队日活动，表彰10名“美留守儿童”、20名“美德少年”。

【青春扶贫】 团县委发动各镇积极宣传“雨露计划”精准扶贫政策，2017年，共计发放精准扶贫助学金253.2万元，资助贫困学子773人次。

【青少年法制宣传和维权工作】 2017年，及时调整预防青少年违法犯罪专项组成员及县未成年人保护委员会成员。先后组织开展“关爱明天普法先行”“江淮普法行”法制宣讲活动、《未成年人保护法》、《预防未成年人犯罪法》法律宣传和暑期青少年防溺水安全自护知识教育。联合县公安局、县交警大队、县消防队等单位走进学校开展安全自护教育、交通规则、消防安全知识讲座、消防演练和应急演练，提高青少年安全自护自救知识。

【青年志愿者行动】 2017年，联合县文明办举办“助转型崛起展青春风采”志愿服务主题启动仪式，并对2016年度志愿服务工作优秀集体、优秀项目、优秀社区和优秀志愿者进行表彰。高考期间，组织40余辆爱心助考志愿服务车，100余名青年志愿者在4个考点设置青年志愿服务台，免费为800余名考生及家长发放水50余箱，文具20余套，接受心理咨询10余例。组织各镇（园区）青年志愿者助力农村环境卫生综合整治工作，开展整治活动。

（李跃楠）

濉溪县妇女联合会

【概况】 县妇联机关内设办公室和发展部2个职能部室，有行政编制5个，实有在编工作人员5名。县政府妇女儿童工作委员会办公室设在县妇联，有事业编制2个，在编工作人员2名。

2017年，县妇联先后被评为“省巾帼文明岗"“省巾帼建功先进集体”“全市妇女工作先进单位”。

【巾帼建功行动】 开展“双学双比”和“巾帼建功”活动，举办各类创业技能、SYB创业理念培训班24期，培训妇女2300余人次。在刘桥镇举办“春风行动送岗下乡”女性专场招聘会，组织64家企业提供机械加工制造、服装加工、手工编织、家政服务等就业岗位3500余个，500名妇女现场达成用工意向。与人社部门联合举办“春风行动”专场招聘会10余场，帮助260余名妇女实现就业。扎实推进妇女小额贴息贷款政策，开展创业扶持政策宣传和妇女创业贷款户回访活动，了解创业妇女的贷款使用情况和需求。培育巾帼创业典型，加强示范引导，评选表彰巾帼创业明星11名、巾帼创业示范基地11个。

【巾帼维权行动】 大力推进“七五”普法宣传教育工作，深入镇村、社区开展“建设法治中国送法到家”“三八”维权月、综治宣传月、安全生产月及江淮普法行等普法教育宣传活动，举办《中华人民共和国反家暴法》、《中华人民共和国妇女权益保障法》、土地确权知识等法律知识培训活动共40余次，培训妇女6000余人次，发放宣传资料30000余份。发挥基层妇女维权工作站的作用，做好信访接待和离婚调解工作，全县妇联系统共接待妇女信访案件2800余件，调解离婚案600余件，为40余名贫困妇女提供法律援助。广泛开展男女平等基本国策和“两纲”知识宣传活动，积极协调解决妇女儿童发展中的重难点问题，推动完成两纲中期评估目标任务。

【“女生课堂”】 2017年，县妇联联合县教育局、县司法局、市蒲公英公益协会在全县11个镇的中心小学举办女童防侵害知识讲座,于5月4日下午，在县七小举办“守护春蕾关爱女童”安全知识巡回讲座活动启动仪式，共发放《女孩你要好好做自己》安全成长手册2000册。

【巾帼文明行动】 举办“感受运动快乐展示巾帼风采”庆“三八”趣味运动会，展示了女干部职工积极向上的精神风貌。举办庆“三八”107周年暨表彰大会，对2016年度的濉溪县“三八”红旗集体、“三八红旗手”、平安家庭等先进集体和先进个人进行表彰。与县委宣传部、县文明办、县广电台联合开展濉溪县“最美家庭角色”评选活动，评选出濉溪县“最美婆婆”“最美媳妇”“最美丈夫”“最美妻子”共191名。积极向上级妇联推荐优秀家庭典型，2017年以来，全县13户家庭获评市“五好家庭”，3户家庭获评省“最美家庭”，1户家庭获评“全国最美家庭”，3位父母获评市“智慧父母”，其中，1户家庭经县妇联推荐被全国文明办评为“中国好人”。加大家庭典型事迹宣传，制作家庭好角色事迹宣传橱窗，印制《濉溪县2017年度“最美家庭角色”“最美留守儿童”故事集》1000册，利用各类宣传活动时机，向广大群众进行宣传，弘扬传统美德，传承和美家风。开展“喜迎十九大巾帼心向党”晒家庭幸福生活活动，征集家庭幸福生活照片100多张，展示妇女群众靓丽风采和积极向上的精神风貌。组织巾帼志愿者队伍开展各类法律宣传、环境保护、关爱孤寡老人、关爱贫困儿童等志愿服务活动10余次，以巾帼志愿行动助力濉溪文明县城创建。

【巾帼关爱行动】 争取上级妇联和社会各界的支持，加大对孤儿、单亲特困家庭及大病妇女儿童的节日慰问和日常救助力度。2017年，共救助贫困妇女儿童485人，发放救助金57.48万元。其中，2017年春节救助贫困妇女儿童247人，提供救助金12.25万元。为85名贫困女大学生争取“春蕾成才”助学金19.88万元；县妇儿工委成员单位“六一”期间结对资助女童90人，送去慰问金4.5万元；配合卫计部门开展“两癌”筛查及宣传活动10余次，为全县6000余名妇女进行“两癌”筛查，为17名贫困两癌母亲争取全国两癌救助金17万元；协调社会各界人士救助、县妇联结对帮扶等共57人，发放救助金4.45万元。关爱留守儿童，开展“百名妇干大走访”活动，号召各镇巾帼志愿者走村入户发放“致少年儿童的一封信”和儿童防溺水知识宣传材料5000余份，加强暑期管理，提高监护人的防范意识，保障儿童暑期安全。举办“书香飘万家阅读伴成长”图书捐赠活动,为百善镇鲁店村留守儿童活动室捐赠价值2000多元的图书，并现场慰问10名贫困儿童。举办“与心相约快乐成长”亲子拓展活动，组织全县最美家庭与单亲家庭结对，17户家庭在龙脊山开展素质拓展活动。组织开展爱心妈妈与留守儿童共度元宵佳节、“鲜花祭英烈传承爱国情”文明祭祀、庆“六一”“最美留守儿童”评选表彰活动、迎元旦“微温暖圆心愿”关爱留守儿童等系列节日活动。

【巾帼脱贫行动】 县妇联多措并举推动妇女脱贫致富，在全县10个镇举办农村贫困妇女家政服务培训班11期，参训贫困妇女近400人次；在临涣镇举办“巾帼脱贫行动”手工编织专场招聘会，来自全县各镇、村有求职意向的建档立卡贫困妇女、下岗女工、返乡女农民工等300余人参加招聘会；实施贫困妇女儿童救助、“春蕾计划”助学、“春蕾成才”助学三项公益关爱项目，为刘桥镇、百善镇、四铺镇、铁佛镇100多名建档立卡贫困妇女购买重大妇科疾病保险，切实增强贫困妇女的健康意识，减少因疾病给家庭生活带来的困难。2017年，县妇联争取扶贫专项资金20万元，其中，为151名女童提供“春蕾计划”助学金6.04万元；为232名贫困妇女提供贫困救助金11.58万元；为3名贫困女大学生提供“春蕾成才”助学金1.2万元；贫困妇女家政服务培训费用1.18万元。结合“两学一做”学习教育，深入开展扶贫户走访调研、午季帮扶、中秋慰问、“扶贫一日行”等活动，妇联干部深入扶贫村20余次，发放帮扶物资价值5000余元。

【美丽家园行动】 引导妇女植树造林、美化庭院，发展林木经济。开展“节俭养德”活动，向全县妇女发出“勤俭节约巾帼先行”的号召，广泛开展节能减排知识宣传、环保手工制作比赛、废品收集献爱心等活动，发放宣传资料7000余份，倡导“勤俭节约低碳环保”生活方式。切实发挥改建后的镇、村妇联组织作用，积极参与全县“美丽乡村建设”、“三城同创”、秸秆禁烧、环境整治等工作，为改善城乡人居环境贡献力量。

【巾帼成才行动】 积极构建学校、家庭、社会紧密协作的教育网络，努力提升全县家庭教育工作水平。从加强队伍建设入手，联合县教育局遴选114名优秀教师组建县家庭教育讲师团。广泛宣传普及家庭教育知识，在县妇联网站上开辟家教专栏、设立家教咨询热线，通过报刊、网站各类媒体、展板广泛宣传优秀家庭事迹，印制《优秀家庭教育案例》宣传册5000余份。丰富活动载体，开展“好爸好妈好家风”宣讲、开放式“周末家长课堂”、留守儿童监护人座谈会，成立“启明星”公益读书会，举办家庭教育公益讲座乡村行、家庭教育咨询和指导等活动30余场，惠及全县9000余名家长。

【干部组织工作】 县妇联积极推动组织部门加大对女干部的选拔任用，女干部的配备比例大幅提升。全县女领导干部29名，其中，四大班子领导中女领导6名，县委常委1名；审计、教育、卫计、人社等县直部门女领导17名，其中女正职12名；镇女领导5名，其中镇长3名，镇人大主席团主席2名。2017年，3名镇妇联主席被提拨为副科级干部，从县妇联内部工作人员中提拔任命1名副主席和1名县妇儿工委办主任。

【妇联组织建设工程】 以建设学习型、创新型、服务型妇联组织为目标，在全县妇联系统深入开展“三严三实”专题教育、“两学一做”学习教育，持续开展“下基层、访妇情、办实事”妇联干部大走访活动、“双严查”活动和“四项整治”工作，强化妇联干部的宗旨意识和廉洁自律意识。加强信息宣传工作力度，印制各类知识宣传手册、“两纲”知识抽纸、省妇女创业扶持项目等宣传资料3万余份，充分利用“濉溪女性”微信平台，广泛宣传妇女儿童工作。2017年，县妇联在各类主流媒体（网站）发表稿件300余篇，其中国家级采用10篇，省级采用80多篇，市级采用100多篇。

【县妇联执委会议】 2月20日，濉溪县妇联十一届三次执委（扩大）会议在县财政局会议召开。县妇联主席丁淑华代表常委会作《推进改革创新 助力转型崛起 引领妇女为加快“四个濉溪”建设贡献巾帼力量》的工作报告。8月10日，县妇联召开十一届四次执委会议。会议选举张雅君为县妇联十一届常委、副主席，苏芹为县妇联十一届常委、兼职副主席。

【妇联组织区域化建设改革】 成立以县委副书记为组长，县委组织部部长为副组长，县直相关单位负责人、镇（园区）分管领导为成员的濉溪县镇（园区）妇联组织区域化建设改革试点工作领导小组。采取“试点先行、以点带面、整体推进”的方式，扎实推进镇（园区）妇联主席职级待遇落实和村级妇代会改建工作。2017年5月，全县13个镇（园区）、213个村全部完成妇联组织区域化建设改革试点工作任务，通过自荐、群众举荐、组织推荐方式增补副主席677名，执委1503名，建立基层网上“妇女之家”13个。

【妇联组织改革】 根据《全国妇联改革方案》《安徽省妇联改革方案》《淮北市妇联改革方案》要求，县妇联组织召开党组会、办公会、镇（园区）妇联主席座谈会等妇联改革专题会议5场次，在广泛征求意见建议的基础上制定《濉溪县妇联改革方案》。

【省妇女创业扶持项目】 实施省妇女创业扶持转移支付资金项目，2017年，成功申报省妇女创业扶持项目点3个，争取项目资金42.16万元。各项目点开展妇女创业培训、维权宣传、贫困户慰问帮扶、“喜迎十九大巾帼心向党”文明家庭创建暨巾帼风采展等活动。

濉溪县科学技术协会

【青少年创新大赛】 组织开展青少年科技创新大赛，成功举办第三届青少年科技创新大赛。受理创新、创意类作品50项，微动漫、微视频31个，少儿科学幻想绘画200幅，科技辅导员展教具61个。4月11日，在濉溪中学举办县长奖颁奖仪式，其中县长奖11名、县长提名奖6名。

【科普信息化】 濉溪县科协2017年新建9个科普e站，分别是杨柳试验站、大豆产业协会、城南社区、闸北社区、刘桥镇、沱河路、芦沟村、百善中心校、濉溪中学。

【学术交流】 参加2017年中科协举办的“中国科协年会”。截至2017年11月，全县科技人员在学术期刊和会议上发表学术论文252篇。

【举荐人才】 经县科协举荐，大豆育种专家纪永民被评为省第三届优秀科技工作者，张群入围全国科普先进工作者，科技兴农协会理事长陈素梅加入民盟，鑫荣谷物协会理事张朝辉取得农艺师资格。

【科普行动】 2017年，县政府奖补濉溪县大豆产业协会、濉溪县科技兴农协会、濉溪县鹏宇果蔬协会、濉溪县鑫福源休闲农业协会、濉溪县鑫荣谷物种植农技协会、濉溪县金梦花卉协会、濉溪县农村专业技术协会联合会7家农技协为科普惠农兴村先进单位；濉溪县种子协会、濉溪县心理学会、南坪新能源科学技术协会3家为创先争优先进单位；赵彬、马玉峰、刘娟、周景春、寿心华、孙建华6位为科普带头人。

濉溪县大运河西瓜协会获中国农技协科普奖，濉溪县春雪果蔬协会、濉溪县大运河西瓜协会、濉溪县鹏宇果蔬协会、濉溪县大豆产业协会和濉溪县科技兴农协会被认定为省级示范农技协（产业聚合领航）。

【基层组织建设】 成立濉溪县青少年科技辅导员协会、双堆集镇农村经济合作组织联合会、濉溪县诚信种植产业协会、濉溪县现代农业发展联合会、韩村镇河涯村农民小麦协会、濉溪县现代农业发展联合会等6家协会。

濉溪县工商业联合会

【单位荣誉】 2017年，濉溪县工商联在连续获得2015年、2016年全国“五好”县级工商联荣誉的基础上，继续对标国家、省“五好”新标准，巩固成果，补齐短板，各项指标全面达到创建全国示范点标准，再次获得全国“五好”县级工商联荣誉。

【招商引资和非公经济发展】 2017年，全县非公企业已近7000家，个体工商户已达60000户，非公经济总量占全县经济总量的80%，非公企业完成税收占全县财政税收的80%，并为90%的城镇待业青年和下岗职工提供了新的就业机会。2017年完成3.2亿元招商引资项目1个，洁力活性炭项目开工投产，受到县委、县政府嘉奖。

【爱心帮扶工作】 积极响应中央统战部、全国工商联号召，组织引导全县非公经济人士投身光彩事业和社会公益活动。2017年，开展“爱心圆梦大学”活动，筹集资金45万元，帮助贫困学习112名。开展关爱残障儿童活动，为34名残障儿童送上1.7万元现金和书包等学习用品，解决他们在学习和生活中的困难。开展“爱心送考”活动、双拥慰问等活动。

【参政议政】 2017年，县工商联积极组织会员开展调研，参政议政，为促进发展建言献策。10余项建议和提案获得县人大立案办理。

【党建工作】 工商联党组班子强化机关党风廉政责任制建设，开展“两学一做”常态化学习教育，投入2万余元，打造标准化党员活动室及党建宣传墙；组织非公会员企业开展党建标准化建设和党建业务培训，建立健全非公企业党建责任制，指导非公企业党组织中开展“六好”活动和在党员中开展“党员志愿者”“党员先锋岗”等活动，发挥党组织在企业中的引领作用；组织党员开展廉政基地现场教育、“讲重勇做促”专题警示教育、“缅怀革命先烈，弘扬革命传统”主题教育、重温入党誓词等活动。

【学教活动】 2017年，先后组织县工商联执委、基层商协会会长等赴人民大学、浙江大学、上海财经大学、北京大学培训四次，开展思想政治、企业发展、金融等方面的培训。通过召开和参加各种会议向非公有制经济人士宣传中国十八大和中共十八届三中、四中、五中、六中全会精神，宣传党和国家关于发展非公有制经济的方针政策，把非公有制经济人士的思想统一到党的精神、政策、路线上来，统一到县委、县政府的部署上来。开展“亲”“清”政商关系活动。通过会议、培训，宣传贯彻全国政协、工商联“亲”“清”政商关系会议精神，树立起非公有制经济人士的良好社会形象。积极引导广大非公有制经济人士，最大限度地调动他们的积极性、主动性和创造性。

法治 军事

政法委及综治

【执法监督】 2017年，共受理涉法涉诉信访案件144件，成功化解省市交办的重点涉法涉诉案件15件，依法处理信访活动中违法犯罪案件10件，其中行拘9人，追究刑事责任1人。组织政法系统开展案件评查50件，发放中央、省级司法救助资金36.7万元，救助涉法涉诉信访案件20件20人。

【法学研究】 2017年8月21日,成立濉溪县第一届法学会，发展会员97名（含登记市法学会会员6名），其中党员90名。依据《章程》选举产生会长1名、常务副会长1名、副会长8名、秘书长1名。县委常委、政法委书记朱成文当选会长。法学会的成立，为全县法学法律工作者参与法学研究，服务濉溪经济和社会发展提供重要平台。同时，在会员相对集中或者办公地点相近的单位成立12个会员联络组，明确联络员及其职责。

【依法治县】 成立县委全面推进依法治县领导小组及其办公室，下设推进党内法规制度、推进科学立法立规、推进依法行政、推进公正司法、推进全民守法5个专项组。明确办公室和各专项组工作规则，同时对全面依法治县工作要点任务进行分解，适时开展依法治县工作督查。年内向市委办备案文件50件，组织专题调研5次。28个行政执法单位建立执法人员名录库，实行案件质量终身责任制和错案责任倒查追究制。组织24人参加的普法讲师团和普法志愿者，持续开展“关爱明天·普法先行”活动。

【见义勇为】 2017年，濉溪县涌现出见义勇为人员9名。刘桥镇王计划、孙疃镇刘名利分别被省委政法委、省见义勇为基金会评为“第十四届安徽移动弘扬正气奖”一等奖、三等奖。王计划、吴彩霞夫妇和兰克平被中央文明办评为“中国好人”，刘名利被省文明办评为“安徽好人”。

【社会治安综合治理】 齐抓共管综合治理和平安建设工作，建立了领导干部实绩档案，县委、县政府主要领导与各镇（园区）、县综治委成员单位主要领导分别签订综治和平安建设目标责任书，成员单位定期深入镇村指导联系点的平安建设工作，综治8个专项组积极主动开展工作；切实加强重点人群的帮扶和严重精神障碍患者的管控；治理非法胎儿性别鉴定、非法终止妊娠工作取得显著成效，年内查处各类案件38起，结案27起，其中大案12起。进一步规范13个专业性、行业性调解组织和14个警民联调室，兑现专职人民调解员工资。在县司法局建立濉溪县社会矛盾化解协调指挥中心，创设“134”（建立一个平台，确保三个到位，推行四项制度）工作机制，全年排查矛盾纠纷3709起，调解3666起，调解成功率达98.84%，在淮北长安网、《安徽法制报》、《治安瞭望》等刊登通讯信息近300篇。群众安全感达97%，同比提高2.84个百分点，位居全省66位，政法机关满意度达95.30%，同比提高4.28个百分点。严格落实重点管理“一票否决权”制及奖惩制度，通报表彰县直28个单位、奖励6个镇、重点管理1个镇。连续9年保持“全省平安县”称号。

【维护稳定】 2017年，共搜集各类信息310

条，有效预警38次，及时化解赴省非正常进京上访等各类影响不稳定现象18起。完成重大事项社会稳定风险评估3件。认真开展影响社会稳定矛盾问题调研，完成课题16个。深入排查可能引发系统性、区域性风险的隐患，分级分类建立清单，落实防范化解责任，纳入3个，化解3个。

【防范和处理邪教】 积极开展“无邪教镇（村居）创建活动”，创新开展反邪教警示教育进开放式党校、进宗教场所，举办相关人员培训班，入户走访相关人员291人，帮扶慰问14人。通过实地走访，组织座谈等方式，完成反邪教主题征文14篇，其中8篇获市防范办奖励。发放反邪教宣传册5万余份，宣传品5000余份，提高干部群众识邪、防邪、拒邪的能力。

【国家安全】 做到人员编制、组织机构、经费保障、工作机制四到位，调整一名副书记兼任国安办主任。组织开展“4·15”国家安全教育日和“11·1”《反间谍法》宣传教育日活动。淮北市国家安全领导小组授予县国安办人民防线工作综合绩效一等奖。

法治政府建设

2017年，县法制办以全面推进依法行政、建设法治政府为目标，重点围绕县委、县政府中心工作，创新依法行政机制，当好政府法律顾问参谋。全年共审查规范性文件10件，按规定报上级政府和同级人大常委会备案。加强对食品药品、环境保护、安全生产、道路交通、公共卫生等关系群众切身利益的重点领域的行政执法监督指导，多次到县市场监督管理局、县卫计委、县城管局等执法部门进行行政执法监督检查，到县城管执法局、县地税局等执法部门开展行政执法授课，重点领域行政执法力度进一步加大。严格实行行政执法人员持证上岗和资格管理制度，未经执法资格考试合格，不得授予执法资格，不得从事执法活动，开展行政执法人员清理工作，全年共有291名行政执法人员换发新的行政执法证件。充分发挥行政复议化解矛盾纠纷的主渠道作用，积极受理行政复议案件，坚持依法及时便民以及和解为主的原则，努力化解行政纠纷矛盾。2017年，共受理行政复议案件8起，其中以和解撤回行政复议申请方式结案2起。做好行政应诉工作。积极配合人民法院的行政审判活动，依法应诉，全年县政府当被告的行政诉讼案件31起，每起行政诉讼案件都进行了认真应诉。充分听取原告诉求，为行政争议提供切实可行的解决方案，尽力化解矛盾。围绕县委、县政府中心工作，加强调查研究，积极当好法律参谋，主动提供服务，2017年法制办直接参与政府涉法事务160余起，如征地拆迁、重大项目建设等，县法制办参与把关，适时地提出法律意见，得到肯定和采纳。

公　安

【概况】 2017年，县公安局紧紧围绕“首要任务万无一失、社会大局持续稳定、改革创新务实深入、公安队伍更加过硬”的工作布局，圆满完成中共十九大安保等各项保卫任务。2017年上半年，濉溪县群众安全感为99%，同比上升6.41%，上升了69个位次，在全省区县中排名第16位；群众对公安工作满意度为95.69%，同比上升1.03%，在全省区县中排名第38位，两个指标综合得分排名全市第一。2017年度，县公安局被省公安厅评为“党的十九大安保工作先进单位”。

【维护稳定】 加强对各类重点人员的管控，未发生“法轮功”“全能神”等邪教组织公开宣教、聚集滋事等非法活动。以“减量降位、平稳有序”为目标，坚持重点突破、统筹推进，扎实开展信访专项行动，着力推动信访问题在法治轨道内解决。开展“迎接十九大忠诚保平安”主题实践活动，圆满完成中共十九大安保工作。强化涉警舆情处置，妥善处置负面涉警舆情，全年没有发生有重大影响的涉警舆情事件。

【刑事侦查工作】 2017年组织开展“守护平安”系列行动、“三打击一整治”等专项行动。共立各类刑事案件2187起，同比下降23.7%，其中八大类案件立案109起，同比下降31%。共破获各类案件1249起，同比上升2.5%。共刑事拘留698人，提请批准逮捕309人，起诉701人。全年3起命案全部破获，另破隐案1起，连续9年现行命案全破。共抓获各类逃犯305人，同比增长17.8%。尤其是抓获了潜逃17年的一名公安部A级逃犯，受到濉溪群众和各级领导一致好评。扎实开展“三打击一整治”集中行动，破获侵财类案件744起，打掉盗窃团伙等近20个，抓获犯罪嫌疑人43人，挽回经济损失物价值300余万元。破获毒品案件7起，抓获涉毒犯罪嫌疑人38名，查处吸毒人员33名，强制戒毒3名，缴获毒品62.8克，铲除罂粟3000余株。共上报涉黑涉恶线索43条，省厅认定17条，刑事拘留涉黑涉恶九类案件犯罪嫌疑人66人，网上追逃涉黑涉恶九类案件逃犯11人，破获九类案件30起。开展以打击风险型经济犯罪为重点的“云端行动”和为期4个月的“打击涉税违法犯罪”专项行动，共破获经济犯罪案件18起，抓获犯罪嫌疑人30人，移送起诉18人，涉案总价值3061万元，挽回经济损失1185万元。刑侦技术稳步推进，技侦工作站、DNA实验室施工建设，全年共录入勘验系统的刑事案件现场1971起，利用技术直接破案176起，在全省“盗抢骗”现场勘验排名位居前列。

【治安管理工作】 强化人口管理，开展全县户口登记管理专项清理整顿工作，共办理无户口人员补录户口650人次，重户口清理315人次，办理出生入户18312人，死亡删除7281人。全年共审核签发第二代居民身份证68476张，办理临时身份证7210张，受理居住证申请60多人次，制作居住证52人次。加强“两实管理”，全县共登记实有房屋311283户，登记出租房屋4322条，非出租房屋306961条；登记实有人口总数1203397人，其中户籍人口1157136人，流动人口26679人，境外人员13人；登记实有单位11858家。摸排登记严重精神障碍患者358人，送医治疗15人。加强民爆、枪支、管制刀具和危险化学物品的安全管理，开展“缉枪治爆”“百日除患铸安”“易制爆危险化学品和寄递物流”等专项行动，共收缴火药枪4支、气枪3支、气枪铅弹457发、雷管503发、战争年代遗留的各类炮弹10枚，收缴爆炸物品成品、半成品近2吨。会同县安监局、县市场局等部门开展“打击非法生产、经营、运输烟花爆竹”专项行动。对涉爆、涉枪、涉危单位进行不定期的安全检查117次，其中深入非煤矿山、煤矿的井下民爆器材库检查42次，放射性物品存放场所11次，枪支使用单位6次，烟花爆竹储存库8次，易制爆单位50次，制作安全检查记录106份，现场查改或限期整改各类涉爆安全隐患38处，下达安全隐患整改通知书19份，排查涉爆涉枪从业人员357余人。加强特种行业管理，通过旅馆业阵地控制抓获逃犯20余人，对6家不按规定落实“四实”（实名、实数、实情、实时）登记的宾馆依法进行治安处罚。加强对全县重点单位进行内部安全检查，下发整改通知书87份。对7家不按规定落实实名登记、收寄验视制度的快递企业网点，通报相关部门进行处理。全年配合环保局办理污染环境案3起；配合食品药品监督管理局办理生产销售不符合安全食品案5起。

【防控体系建设】 以建设“平安濉溪”“智慧濉溪”为目标，全面深入推进全县高清监控系统二期建设。2017年1月县智能交通二期项目完成招投标；5月，县社会治安高清监控系统二期建设前端设备供电接入项目完成招投标；7月县社会治安高清监控大厅拼接大屏及机房设备项目完成招投标。至2017年底县城区1000个监控点，铁佛镇、双堆集镇共360个监控点完成基础施工、线路铺设、立杆架设，濉溪县智能交通项目一期、二期完成全县46个路口高清电子警察，主要道路18个测速卡口，环县城11个大货车闯禁区，5个进出城卡口，城区18个违停抓拍球及交通高清监控平台的建设。其他镇的高清监控系统建设正在推进。全县重点场所已建成视频监控平台1846个，安装探头13604个，覆盖率为81%；全县各行政村已建成视频监控平台146个，安装探头1463个，覆盖率为60%；一村一警建设全部完成派驻驻村民警33名，包村民警180名；一村一辅警建设，派驻辅警213名；村级治安巡逻队已建成18个。不断加大治安巡防力度，特警大队全天候在车站、医院、学校、商场等重点场所和重点路段开展巡逻防控和屯警工作，加强社会面管控，严厉打击各种犯罪。全年共盘查可疑人员600余人，抓获网上逃犯1名，调解各类纠纷及协助处置交通事故280余件，制止并驱散聚众群殴事件20余起，参与处置跳楼事件4起，击毙疯牛疯狗5起，为群众办好事220余件，救助醉酒人员23名。

【交通管理工作】 2017年全县发生一般程序道路交通事故246起，其中亡人事故69起、伤人事故172起、财产损失事故1起，直接经济损失折款441500元。受理简易程序处理事故7602起；简易事故与上年同期相比上升12.42%。全年共查处各类违法行为231714起，同比增长10.02%；其中非现场采集160472起，同比减少11.95%；现场处罚71242起，同比增长85.72%。全年共办理违反交通管理行为行政案件3570起；刑事案件262起，其中交通肇事94起、危险驾驶168起，破案215起，起诉196起。车驾管服务大厅共受理机动车业务26848笔、驾驶人业务18094笔，同比分别增长9%、7%。

【监所管理工作】 2017年深入开展创建安全文明监所活动，制定《巡控民警对监室一日生活制度落实情况考核制度》《濉溪县看守所在押人员一日生活和行为规范》、《濉溪县看守所给监室扣（加）分评判细》、《濉溪县看守所监室内务标准》等制度，每个月进行文明监室评比，在监区内开展禁烟工作。与县医院协商，由县医院3名驻所医生长期固定在看守所值班，对发现患有重大疾病的被监管人员及时治疗，全年及时救治3名突发疾病在押人员。对在押人员半年开展体检，确保及时掌握每名在押人员的身体状况。开展“隐患排查整改、队伍教育整顿”专项活动和“防控风险、强化责任，督导帮扶、全面整改”集中整顿工作，设置了综合岗位和前台接待岗位，招聘5名保洁人员对监区内务进行打扫，杜绝让留所服刑人员从事工勤工作。全年为在押人员开展法律援助159人次，共开展社会开放活动12次，近400人次接受警示教育。

【网络安全管理】 净化网络环境，加强重大节日、敏感时期的互联网信息安全保卫工作，坚持24小时值班巡查，全年发现上报安徽网安监控信息管理系统本省信息69条，上报本地舆情161期。强化互联网安全监管，全年网安大队共组织实地检查网吧1153家次，利用系统网上巡查810家次。对55家次存在违反实名制和安全技术措施的网吧进行处罚。对4家新增网吧开展实地验收并依法发放《网络安全审核意见书》。对全县政府网站进行检查56家次，下发整改通知书或隐患告知书12家次。对县财政局、县农村医疗系统等多家系统进行信息系统安全等级保护检查。继续进行非经营性网站的备案通知工作，目前已备案审核通过网站15家。严打网络违法犯罪活动，全年配合刑侦大队办理各类案件81起，破案32起，其中直接破案12起，抓获犯罪嫌疑人10人，协助找回走失女童2人，提供网上涉枪线索4次53条，为办案单位提供各类线索30余条，开展电子物证勘察18次，勘验检材38件。

【出入境管理工作】 2017年，共受理、审批各类出入境证件申请14020人次，其中护照申请7542人次，往来港澳申请4912人次，往来台湾申请1566人次。将群众办理护照、往来港澳通行证、往来台湾通行证的工作时限统一为10个工作日，实行节假日预约受理、延时受理、急事急办服务新举措，在办公区开辟“老、弱、病、残”优先办理窗口，针对旅行社团组实施团队申请预约制度。自2017年11月启用24小时自助受理、自助签注、互联网申请等便民服务，实现网上预约办证、网上查询办证进度及网上办理港澳再次签注。全年登记备案国家工作人员数据105条，录入法定不准出境人员数据779条。

【规范执法】 2017年，法制部门共审核各类刑事拘留771人，审批行政处罚796人；办理行政复议案件21起，行政诉讼案件20起，刑事复议案件3起；考评刑事卷宗582卷、行政卷宗

850卷。坚持对执法活动进行全流程监督，为基层执法单位配备执法记录仪，所队覆盖率100%，并加强对老旧执法记录仪的换代与更新。落实法制员制度，全县公安机关共配备专兼职法制员56人，配备率达100%。加强协同办案系统的单轨制应用工作，实现执法办案网上运行、执法质量网上考核、执法效果网上评判、执法问题网上纠正。加强执法办案场所的管理和使用工作，除城关所因搬迁重建外，其他13个派出所完成了规范设置工作，制定《濉溪县公安局办案区使用流程》，确保各项规定落到实处。强化执法教育培训，全年共举办各类培训班22期，参训民警达380余人次，先后组织230余名民警旁听法庭庭审。全面推行刑事案件统一接受、统一审核、统一出口制度，扎实推进受、立案制度改革，以韩村所和百善所为试点，设立案件管理室，确定案管员,强化对受、立案环节的管控与监督。

【警务保障工作】 加强装备建设，按照《安徽省公安机关基层一线实战单位最小作战单元警组训练指导手册》的要求，为基层单位建立标准化装备室，购置急救箱、抓捕器、路障、盾牌和救生绳等警用装备，新购置警车20辆。全年发放计算机、打印机、防护装备等778台。为443名辅警统一购买制式服装。中共十九大安保攻坚阶段，进一步加强民警生活保障工作，要求食堂延长就餐时间，合理搭配菜品，确保食品安全和健康营养，同时落实民警理发、双警子女看护、警服清洗、24小时洗浴等战时保障服务。

【党建及党风廉政建设】 把2017年作为“党建工作推进年”，印发《中共濉溪县公安局委员会2017年党建工作要点》，明确“抓党建、带队建、促业务”工作思路和具体举措。研究制定《濉溪县公安局党委中心组学习制度（试行）》，全年局党委中心组共开展集中学习49次，开展“讲政治，我们怎么讲”等专题研讨会6次。推进“两学一做”学习教育常态化制度化，深入开展中共十九大精神学习宣传贯彻工作，开展“五大一新”和“五个一”活动；开展为期6个月的“讲重勇作促”专题教育和为期3个月的专题警示教育。开展战时思想政治工作，中共十九大安保期间战时表彰8个集体19名个人，通报表扬16人。全面落实党委主体责任和纪委监督责任，开展《准则》《条例》学习月活动和为期三个月的“排查廉洁风险、整治突出问题、查究违法违纪、树立清风正气”专项治理工作，强化日常警务督察工作力度，保持惩治腐败的高压态势。

【公安队伍建设】 全年举办9期为期12天的实战训练，培训人数389人。组织县局民警制作微课程5部、开展“最小作战单元”警务技能比武活动。舆论宣传工作持续发力，全年在各级新闻媒体发稿400篇，其中中央级媒体122篇，省级媒体6篇，市级媒体272篇。接受电视台采访45次，其中省级电视台7次，淮北电视台《直播淮北》栏目33次。全年共拍摄50余部原创视频，其中《我是谁》和《辅警的辞职信》两部视频在“首届中国警务视频发展研讨会”上，分别荣获“公益宣传奖”和“最佳创意奖”。“濉溪警方”在全省警务微信周榜第一，“淮北濉溪公安在线”在全省政务微博排名第十，成为淮北市乃至全省具有影响力和知名度的新媒体公众平台，得到市委书记黄晓武的充分肯定。文化育警工作持续深入，举办“不忘初心践行新思想牢记使命护航新时代”学习贯彻十九大精神知识竞赛活动，举办2017年“迎新春·凝警心”文体活动和第三届“卫士杯”篮球、乒乓球、羽毛球比赛等系列文体活动。各项惠警措施持续推行，落实看望慰问、体检、休假等制度，建立谈心谈话工作机制，建立健全民警心理服务和心理干预机制。落实加班补贴、执勤津贴调整工作，制定《濉溪县公安局辅警层级管理及晋升办法》，进一步加强辅警人员教育管理和培训工作。创先争优工作持续推进，坚持示范引领，开展“4+1”岗位争先和“两优一先”评比活动，开展“红旗党支部”和“党员先锋”双争活动和向身边典型叶永军学习活动，相继推出“全国公安机关执法规范化示范所队”韩村派出所，“全省公安机关百优所队”孙疃派出所，“全国优秀人民警察”叶永军、“十大忠诚卫士”一等功获得者周庆九等一批先进集体和个人。

刑侦大队大队长叶永军被评为“全国优秀人民警察”，受到了习近平总书记的亲切接见。

【消防】 濉溪县消防大队为副团级编制，辖濉溪县中队，大队实有53人，大队部现有干部5名，文员9名；濉溪县中队现有干部2名，战士20名，政府专职消防队员17名。大队共有各类车辆8辆。其中，大队部业务车2辆，保障车1辆；濉溪县中队水罐车3辆；泡沫水罐车1辆，多功能抢险救援车1辆。共有各类器材装备2500余件套。

2017年，濉溪县共接警1139起接警出动记录，出动车辆1379辆，出动警力8248人，抢救被困人员108人，疏散被困人员1009人，抢救财产价值1965.7万元。

2017年，濉溪县消防大队开展利民为民服务活动200余次，春节、中秋等重要节日濉溪县消防大队始终坚持走访慰问活动。

检 察

【职务犯罪侦查】 全年共立案侦查职务犯罪案件9件18人，其中涉嫌贪污贿赂犯罪案件8件17人，滥用职权案件1件1人。反贪立案数占全市检察机关近40%，同比上升12.5%。立案侦查贪污案件5件14人，受贿案件2件2人，行贿案件1件1人。案件中县处级干部要案1人，贪污20万元以上大案3件12人，受贿50万元以上大案1件1人。

【预防职务犯罪】 严格按照预防职务犯罪相关工作要求，遵守“一对一”联系制度，坚持“大预防”工作格局，惩防并举、标本兼治。与3家单位召开联席会议，在交通、水务、国税等部门进行19场次职务犯罪预防警示教育活动，开展专题预防、个案预防6次，发出检察建议7份。开展法制宣传和法律服务活动10余次，发放各类宣传资料3000余份。完善行贿犯罪档案查询系统，接受查询1046人次。

【侦查监督】 2017年，共依法批准逮捕各类刑事犯罪案件265件314人。严格把握、准确适用宽严相济的刑事司法政策，对情节较轻的初犯、偶犯、过失犯罪依法作出不批准逮捕决定131件173人。全年监督公安机关应当立案而不立案4件4人，不应当立案而立案5件6人，纠正漏捕4人。

【公诉】 提起公诉569件700人，依法作出不起诉决定10件13人，增强人民群众的安全感。追诉漏罪、漏犯7人次。在刑事审判监督中，对认为量刑不当、适用法律错误等刑事判决，依法提起抗诉3件11人。

【民事行政检察】 共受理民事行政申诉案件4件，审查后发出检察建议3件。对全县通报的环保整改单位全面摸底，深入摸排公益诉讼案件线索29件，开展专项监督活动，扩大公益诉讼制度的社会影响力，增强公益保护效果。对在履行检察职能中发现的行政不作为、乱作为及时发出检察建议19份，督促行政机关依法行政。

【控告申诉检察】 坚持做到“因案而异、因事而异、因人而异”，形成“全过程、多形式”的多元化释法说理模式，增强了释法说理工作的针对性与实效性。2017年，受理各类举报线索41件，受理刑事申诉2件。接待群众来访300余人次，检察长接待36次。

【检所检察】 2017年，与看守所、武警中队召开联席会议8次，开展监管场所安全防范检查26次，向监管机关提出口头纠正意见30余次、发出检察建议15件，确保监管场所安全与稳定。依法监督财产刑执行156人758万元。办理羁押必要性审查案件29件，维护了在押人员的合法权益。监督监管各类社区矫正人员565人，无一人脱管漏管。

【队伍建设】 组织深入学习贯彻习近平总书记系列重要讲话精神，扎实推进“两学一做”常态化制度化，进一步增强“四个意识”。结合工作实际，集中开展“讲重勇作促”系列教育活动10余场次，自我对照剖析，深刻自查自纠。选派干警70余人次到华东政法大学、浙江大学、吉林大学培训学习，不断提高干警办案、办事的综合能力。重视优秀人才的发掘，积极选送业务尖子参加各类业务竞赛，先后有10人在上级检察机关的业务竞赛中获奖。加大检察宣传力度，充分发挥“两微一端”作用，弘扬检察正能量，在市级以上媒体发表稿件350余篇。2017年，县监察院控申接待室连续四届荣获全国检察机关“文明接待室”称号；社区矫正监督检察工作荣获省级“抓特色、创品牌、育典型”活动示范品牌单位；被评为“全省检察机关宣传工作先进单位”。

（王跃）

法院

【概况】 濉溪县人民法院成立于1950年，现有编制122人，在编干警115人，聘用人员90人。内设办公室、政治处、监察室、法警大队4个综合部门和研究室、立案庭（信访庭）、刑事审判庭、民事审判一庭、民事审判二庭、民事审判三庭、行政审判庭、审判监督庭、审管办、执行局、执行指挥中心、交通巡回法共12个业务部门。下辖有濉溪法庭、百善法庭、四铺法庭、双堆法庭、五沟法庭、铁佛法庭、孙疃法庭共7个派出法庭。2017年，共受理各类案件11500件，同比上升3.28%；审（执）结10816件，同比上升3.9%；结案率94.05%，同比上升0.7%。

【刑事审判】 2017年，办理刑事案件633件，同比上升2.34%。审结故意杀人、故意伤害、绑架、抢劫等暴力犯罪案件111件，判处被告人132人；审结案件25件，判处被告人27人；审结危害食品药品安全、拒不支付劳动报酬等犯罪案件6件，判处被告人7人，保障群众“舌尖上的安全”和劳动所得；审结危险驾驶犯罪案件121件，判处被告人121人，保障人民群众出行安全；审结贪污贿赂等职务犯罪案件10件，判处被告人10人。开展认罪认罚试点工作，对犯罪较轻，真诚与被害人和解以及自愿认罪、悔罪的案件，从宽适用非监禁刑249人；根据濉溪县治安状况及地域特点，对“两抢一盗”、寻衅滋事、危险驾驶等犯罪，保持严惩态势，依法从重从快惩处。深入开展刑事案件速裁工作，简化庭审，提高办案效率。

【民商事审判】 办理民商事案件7161件，涉案标的额16.73亿元，分别同比下降4.28%和10.96%。依法审理损害赔偿、道路交通事故、追索劳动报酬等涉民生案件1365件，成功调处徐楼铁矿系列劳动争议案件197起，服务和保障民生；依法审理家事案件1444件，以保障“小家”和谐促进社会和谐；依法审理金融借款、民间借贷纠纷案件1387件，防范金融风险，维护社会稳定；依法审理房地产及建设领域纠纷案件170件，规范市场行为，保护当事人合法权益；依法审理公司内部股权及公司之间债务纠纷案件7件，保障股东及公司的市场主体权益。推行“大民事审判方式改革”，成立建设工程合同、股权纠纷、知识产权、机动车交通事故和劳动争议专业化审判团队，兼顾审判专业化和法官办案数量均衡化。出台《关于审理婚姻家庭案件的会议纪要》，统一婚姻家庭案件审理标准，对是否准予离婚、婚约财产返还比例以及防止借离婚规避债务等问题进行统一规范，遏制彩礼乱象，防止“因婚致贫”。出台《关于发挥审判职能移风易俗依法打击不赡养老人行为的实施方案》，惩治不赡养老人的行为，召开赡养纠纷案件审判白皮书发布会，并联合县文明办，弘扬传统文化，推进移风易俗。

【行政审判】 办理行政诉讼案件248件，行政非诉审查案件106件，同比分别上升38.55%和51.43%。建立由县政府法制办统一接收和送达法律文书、并明确和细化行政负责人出庭应诉的工作机制，行政负责人出庭应诉率达100%，行政争议化解率上升17%，案件上诉率下降15%。建立“行政诉讼微信群”，开展微信送达，发布行政负责人出庭情况，并对生效案件进行点评，分析依法行政中的热点、难点问题，提高行政机关依法行政水平，开创行政审判工作新局面。

【执行工作】 加强执行工作，实现群众诉权。办理执行案件2717件，涉案标的额6.78亿元，同比分别上升54.9%和67.41%。强化执行联动模式，形成多方参与的执行新格局，对失信被执行人形成强大的失信压力。主动与公安机关协调，建立拘留、扣车悬赏执行机制，并引入担保公司为申请执行人悬赏执行提供担保。出台《关于规范网络司法拍卖工作的会议纪要》，被执行财产优先通过网络拍卖变现，充分发挥网络司法拍卖免佣金、变现快、覆盖广的优势。设立“一人一案一账户”，方便当事人及时快捷领取案款，规范涉案款项管理。2017年下半年，展开“烈日狂飙”“秋风落叶”“严冬寒芒”三大行动，共结案756件，纳入失信被执行人名单515人，限制高消费515人，悬赏执行案件5件，拘留93人，判处拒不执行判决、裁定罪7人，《人民法院报》进行专题报道。被省高院授予“全省执行工作先进法院”称号。

【审判管理工作】 根据上级法院审判管理质效考核的文件精神，结合审判执行工作具体情况，准确把握审判管理的工作目标和方向，顺利完成审批管理的各项工作任务。狠抓案件质效，大胆探索，推行纪检、政治处、审管办、审监、信访“五位一体”的审判管理模式，促进案件提质增效，审判质效居于全市基层法院第一。

【审判监督工作】 为适应新形势下审判工作的需要，在内部继续完善审判流程管理制度，实行科学和严密的审判监督机制，使审判程序受到严格监督。收监外执行14件，结案5件，其余9件在鉴定中。

【诉调对接】 针对大量案件涌入法院的状况，在实行繁简分流的基础上，强化多元化解决纠纷机制建设。加强专业行业调解；发挥人民法庭化解矛盾的地理和区位优势，依托“和谐茶室”“驻村调解室”“人大代表联民工作站”等“一庭一品”工程，借助“两代表一委员”、镇村工作人员、人民陪审员、人民调解员和地方“乡贤”的力量，打造化解矛盾纠纷的重要平台，逐步产生品牌效应。其中，依托临涣百年老茶馆设立“和谐茶室”，发现乡贤、培养乡贤、利用乡贤化解矛盾纠纷、融洽党群关系的做法，被评为“安徽法院特色文化项目”，多次被国家、省、市级媒体报道，相关经验做法得到最高人民法院和省高院的肯定和推介。

【涉诉信访】 2017年，共处理各类来信来访109件次。在处理来访中，注重对信访人做疏导、说服工作，采取以案释法、循循善诱的方式，解决纠纷，化解矛盾。推动诉访分离改革，让信访回归法治轨道。

【司法改革】 按照司法体制改革的总体要求，积极稳妥推进司法改革。强化人员分类管理。完成员额制改革，科学组建13个审判团队，院庭长共办理案件6989件（含旧存399件），占全院的60.77%。推动审判机制改革，组织召开由人大、政法委和公、检、法共同参加的改革推进会，在全省法院率先编制《常见犯罪基本证据规范》，制定11类常用罪名证据索引规则。落实侦查人员及鉴定人出庭说明情况、人民警察作为证人出庭作证规定，推动庭审实质化。建立健全“法官专业会议”制度，为法官办理疑难复杂案件提供参考性意见。为解决民事、执行等法律文书送达难问题，出台《法律文书送达规定（试行）》和《法律文书送达实施细则（试行）》，规范直接、留置、公告、电子、外包五大送达方式，缓解送达难，提高审判执行效率。建立健全“法官专业会议”制度，为法官办理疑难复杂案件提供参考性意见。

【综合治理】 积极参与社会治安综合治理和“平安濉溪”“法治濉溪”创建，切实维护社会政治稳定。加大刑事犯罪惩治力度，提高群众安全感和满意度。多元化解矛盾纠纷，促进社会和谐。逐级签订责任书，人人参与社会综治和平安创建。落实责任，及时发现问题，边整边改，确保机关安全和审判工作顺利进行。

【司法为民】 坚持以人民为中心，努力将诉讼服务窗口前移，为群众提供优质、高效、便捷的司法服务。用好单位首创的“户籍信息快速查询机制”，减少当事人的诉累。开展服务“三夏”生产和秋收秋种工作，强化上门立案，加强巡回审判，严厉打击坑农害农等行为，优先办理涉农案件，保障辖区农业生产。依托人民法庭“驻村调解室”平台，进村入户化解矛盾，确保小纠纷不出村。完善“法官工作室”工作流程，注重调解优先和司法确认，延伸司法服务。常态化地开展院长接访和带案下访、回访工作。设立景区纠纷巡回审判点，现场及时解决游客争议。保护困难群体利益，缓、减、免交诉讼费12.36万元，发放司法救助金10万元。

【司法公开】 牢牢坚持司法为民公正司法工作主线，深入推进司法公开。完善“两微一端一网”建设，充分利用微博、微信、官方网站、APP等公开平台，打造多元化司法公开新格局。完善与代表、委员联络机制，每月向人大代表、政协委员、特邀监督员发送手机短信2～4条，及时通报法院工作及重大案件进展，寄发《濉溪审判》4272份。主动接受社会监督，深入推进审判流程、裁判文书、执行信息、庭审直播“四大公开平台”建设，裁判文书上网6245份，向当事人发送审判执行信息11352条，庭审直播1056次；召开新闻发布会19场，开展法院开放日活动25次，以公开促公正立公信。县法院连续多年荣获“全省法院司法新闻宣传工作先进单位”称号。

【队伍建设】 强化业务培训和岗位历练，组织员额法官到高校进行集中培训，召开发改案件点评会，培养法官专业素养，不断提高驾驭庭审、认定事实、适用法律和裁判说理的能力。员额法官人均办案255件，最多办案617件，队伍建设中出现了“马静现象”和“孙鑫模式”，涌现出13个“先进集体”和23名“先进个人”。

【文化建设】 立足濉溪特有的大运河文化、煤文化、红色文化以及法院文化，结合实际，提炼出“团结、奉献、担当、勤廉、创新、卓越”的濉溪法院精神，并以此为引领，提升文化建院品质。通过拓展训练、重走长征路、开展“随手拍”、拍摄MV和微电影、创办《濉溪审判》等方式，以团队意识激励人，以红色精神洗礼人，以生动场景鼓舞人，以文化精神指引人。单位干警自编自演的小品荣获全省法院“两学一做”优秀成果汇报一等奖，一名干警荣获全省法院“做合格司法警察”演讲比赛一等奖。

【基础建设】 筑牢基层基础，提高信息化水平，不断激活和释放法院工作的内生动力。强化外部监督，打造阳光司法，倒逼法院不断提高工作水平。围绕服务执法办案和司法为民目标，不断加大资金投入力度，法院新审判法庭信息化建设坚持高起点、高标准，旧审判法庭信息化建设不等不靠、提档升级。完善移动办公办案平台，突出深化运用，利用云桌面和VPN技术，广大干警在任何时间、任何地点，使用任何一台电脑或移动终端均可办公办案，突破时空局限，提高工作效率。推动电子卷宗同步生成工作，从案件立案时起同步进行电子扫描，并通过“云柜”使卷宗在不同部门之间有效流转，实现电子卷宗和纸质卷宗同步生成，提高电子卷宗档案综合利用率，为“智慧法院”建设打下坚实基础。县法院档案工作晋升“档案目标管理省一级”。

（李欣）

司法行政

【概况】 2017年，县司法局积极开展争创“省级法治文化建设示范点”“省级法律六进示范点”“省级民主法治示范村（社区）”活动，申报7家，获评7家。县防空防震办获评“省级法治文化建设示范点”。县供电公司、县国税局、百善镇柳孜村获评“省级法律六进示范点”。五里郢社区、刘桥镇周口村、临涣镇銍城村获评“省级民主法治示范村（社区）”。2017年5月，王士宏被司法部评为“全国模范人民调解员”，中央电视台社会与法频道《小区大事》栏目专门县司法局拍摄报道临涣镇茶馆调委会“一杯茶”调解工作法，司法部主管《人民调解杂志》也对调委会的工作做法进行专题报道。

【人民调解与矛盾纠纷排查】 规范和加强村（居）人民调解组织建设，加强行业性专业性人民调解组织和“警民联调室”建设。2017年，共排查各类矛盾纠纷1984件，成功调处1981件，调解成功率在99%以上。

【社区矫正和安置帮教】 全年共接收社区服刑人员421人，解矫415人，在管社区服刑人员573人；开展社区影响评估389人，采纳369人，采纳率95%；全年共提请收监2例，收监1人，给予警告处罚55人次，全年共开展“心连心”心理咨询活动10场，为600余人次提供心理咨询服务，开展集中点验4次和集中入矫教育48场次。在册在管社区服刑人员无重大违法案件发生，监管安全态势平稳。2017年4月，县社区矫正中心被省司法厅评为“安徽省先进社区矫正中心”。

【法律援助】 2017年市县下达濉溪县法律援助案件为1060件，实际受理法律援助案件1085件，其中民事案件735件，占全年案件总量的67.74%；刑事案件346件，占全年法院案件总量的53%，县法院刑事案件结案650件，超考核标准18%；行政案件4件，占全年案件总量的0.37%。社会律师年办理法律援助案件672件，占全年目标总量的61.94%；基层法律服务所办理案件318件，占全年目标总量29.31%，超额完成年度任务。2017年度，濉溪县法律援助经费实际收入总计112万元，其中省拨付法律援助经费59万元，县配套法律援助经费53万元。全年濉溪县法律援助经费支出总计112.2581万元。其中发放办案补贴76.065万元，宣传费36.1931万元。

【普法依法治理】 全面总结“六五”普法工作成果，大力表彰“六五”普法先进，高位启动“七五”普法工作。坚持按照“贴近群众。贴近基层、贴近实际”的思路，常态化地组织实施“法律六进”“江淮普法行”等系列主题宣传活动，推动法治宣传教育工作由经常向日常转变；“国土杯”国家工作人员宪法法律知识竞赛、“国税杯”法律知识竞赛等活动已成品牌，社会影响力日渐提升；拓展“互联网+普法”新阵地，充分运用“濉溪普法”微博、微信号，多角度、全方位向受众传递与之生活生产息息相关的法律知识。

【公职律师改革】 积极围绕征地拆迁、棚户区改造、民生工程等领域开展公证服务，全年共办理各类公证3960件，业务收费133.9万元。律师队伍进一步壮大，呈现年轻化、职业化、专业化的职业特点，坚持做强主业和开拓新业相结合，服务能力全面提升，服务领域不断拓宽，在全市乃至全省首开商事调解先河，设立首家商事调解中心，引导全县商事矛盾纠纷处理步入法治化轨道。

【司法行政队伍】 2017年，通过省公务员招考的6名公务员全部上岗，2015年委培的政法干警来单位顶岗实习完毕，6月通过面向全县公开招聘的15名社区矫正专职社会工作者已经上岗，截至2017年年底，全县12个司法所所均工作人员4人以上，其中行政干警不少于3人。副科级所长配备率达50%。全年共为12个司法所更新24台办公电脑，配发24台投影及移动存储设备、照相器材、办公用空调、执法记录仪、社区矫正执法用电瓶车等，共为12个司法所拨付办公经费40余万元，司法所的办公条件大为改善。

军事

【军事训练】 2017年，县人武部机关参加军分区组织的首长机关业务技能训练，突出军队参谋业务的学习；组织民兵应急分队、防化救援分队、工兵分队、公路护路分队、交通运输分队等；组织军事体能、主题演讲、实弹射击小比武小竞赛。2017年5月，组织水上抢险分队在王引河进行为期7天的抗洪抢险演练。

【兵员征集】 开展兵役登记，发放征兵宣传册5000份，印制征兵宣传公告2000余份，向年满17~21周岁适龄青年发短信50000万条。协调县财政下发100多万元大学生士兵补贴。

【民兵整组】 2017年，制定民兵整组工作方案，组织民兵应急分队成建制点验暨紧急出动演练。组织专武干部同步参加军分区集训。组织部分民兵营（连）长和信息员集训，开展民兵组织整顿。完成基干民兵的整组任务，分别接受军分区和省军区抽组点验，位列受检单位的第一方阵。组织应急分队人员参加成建制训练。

【思想政治工作】 2017年，县人武部党委强化理论武装，深入学习国家军委主席习近平系列重要讲话精神和最新指示要求，不断强化“四个意识”。强化践行“党员先进性”和争当新“四有”军人的行动自觉。扎实开展“强军改革”主题教育，开展“改革”大讨论，夯实干部职工履行使命的思想根基。预设好民兵基层党组织，在整组、训练、遂行任务中落实好民兵思想政治教育。在各类新闻媒体刊稿40余篇。9月，结合第17个全民国防教育日组织开展国防宣传活动，发放国防教育宣传单2000份。

【主题教育】 2017年，县人武部参加“党员先进性”主题教育。同步参加军分区集中理论辅导，人人撰写心得体会，开展讨论交流，进一步夯实干部职工履职尽责的思想根基。注重向民兵分队延伸，利用民兵训练时机开展主题演讲比赛。

【党委班子自身建设】 县人武部党委围绕建设奋发有为、团结进取的坚强领导班子，加强党委自身建设能力。确立谋发展精建设思想。以务实求实落实要求，以铸军魂、砺本领、创业绩为牵引，强化理论主导、注重解决问题、有效推进发展的工作思路，高标准谋长远精建设，确保党委在单位建设和军事斗争准备中发挥领导和领航作用。加强民主集中制建设。始终把民主集中制贯彻到议大事、抓大事的全过程，在重大问题上思想统一、步调一致，增强贯彻“十六字”方针的自觉性，保证党委核心领导作用的发挥，促进人武部全面建设，科学发展。

【党管武装军地融合发展】 及时向县委、县政府主要领导汇报重大军事工作和武装工作，做好年度党管武装、政府履行国防动员和后备力量建设责任目标管理绩效考核。县领导带头参加军事活动，“八一”期间到驻军走访慰问。

【后勤战备建设】 依据人武部可能担负的任务修订完善重点完善防卫作战后勤保障1个主案、6个配套计划和非战争军事行动后勤保障1个主案、5个子案。按照资源整合、模块组合的思路协调地方经动办、交战办、卫生局等部门，充实物资保障、油料保障、医疗救护、交通运输4类后勤综合保障队伍。

【后勤保障】 2017年，集中财力物力保障好年度演训任务，完成民兵演训保障，发放误工补贴11.08万元。完成新兵服装发放和5名干部的春秋服装发放与收旧工作，服装适体率达100%。推进现代后勤建设，强化财经管理。投入1万元维修单身干部公寓房，保障年度征兵和演训任务，完成民兵演训保障，发放误工补贴12万元。

【提升遂行多样化军事任务能力】 2017年，修订完善《总体作战方案》《紧急出动与机动方案》《非战争行动方案》等6类22个方案计划，投入1.2万元加强作战值班室信息化建设。调整补充11个镇、开发区、濉芜园区和县直工委专武干部队伍，全县基层武装部部长全部进同级党（工）委，民兵营（连）长全部进村“两委”，应急分队人员（含公路、铁路护线分队）全部编在交通便利、经济效益好的单位，确保能按战备要求出动备战备勤。

【军民融合深度发展】 2017年，武装工作经费纳入财政预算。

人民防空

【人防宣传教育】 县防空防震办开展中学人防知识教育；以党校、各类培训班为载体，进行人防法律法规及防灾减灾相关知识的宣传，增强各类群体的人防意识；以城区居民为重点，多种形式宣传人防知识，利用“3·1”国际民防日、安全生产月宣传、“9·18”防空警报试鸣等时机，在县城主要街道及社区向过往群众和社区居民发放资料，宣传人防法律法规。2017年，共开展各类宣传活动近10次，发放各类宣传资料、宣传袋、宣传围裙近2万份；全年共有15篇稿件被各类报纸杂志刊登，105条信息被省、市、县网站采用。

【人防“结建”逐步规范】 以人防工程建设和行政收费执法为重点，坚持“以建为主，以收促建”的原则，不断完善执法体系，优化执法环境，改进工作方法，加大执法力度。加强与相关部门的协调与配合，在加大人防法律法规宣传力度和加强依法行政上下功夫，做到对人防工程的规范管理，使人防“结建”工作再上新台阶。2017年，行政审批人防工程若干个。截至2017年底，共审批人防“结建”项目若干项。

【基层人防工作站建设】 为进一步促进人防工作全面融入经济社会发展，扎实推进人防工作向基层延伸，挂牌成立了19个基层人防工作站。

【人防指挥通信建设】 定期对分布在县城区的警报设施逐台进行检修维护，对部分警报器进行调整和性能测试，使防空警报设施处于良好的技术状态，确保关键时刻“拉得响”。“9·18”防空警报器试鸣顺利开展，试鸣当天，同省人防办、市防空防震办一起，开展无线图传系统的演练工作，把学校结合“9·18”试鸣进行演练的活动通过无线图传系统向省、市人防办传送信号。2017年，添置前方指挥所系统，为战时和平时的应急指挥提供了坚强的保障；成立濉溪县人民防空指挥部、人防工作领导小组和涉及20个单位300人的人民防空专业队伍，人民防空专业队伍包括抢险抢修、医疗救护、消防、治安、防化、通信、运输及特种防护8个专业队。

武警濉溪中队

【基层建设】 武警濉溪中队担负着濉溪县看守所外围武装警戒及驻地反恐处突、抢险救援等任务。官兵争先创优意识坚定，中队建设内涵底蕴厚实，军政军民关系和谐团结，实现濉溪县看守所固定目标执勤连续30多年无事故，成功处置各类突发事件10余起。

中队党支部先后被评为武警总队“先进基层党组织”、省武警总队“基层建设标兵中队”“基层建设先进中队”“正规化执勤一级单位”等荣誉称号。中队2次荣立集体二等功，多次荣立集体三等功，4人荣立个人二等功，多人荣立个人三等功，1人被评为全军“百名好班长”新闻人物，7人考取军事院校，1人被破格提干，中队建设事迹经验多次被军队、地方媒体宣传表彰。

【拥政爱民】 中队以警民共建活动为主线，开展拥政爱民活动，积极踊跃参加地方经济建设和社会公益活动。2017年，利用节假日开展义务劳动50次。开展“军营开放日”，邀请地方学校学生进军营，零距离体验部队官兵生活，进一步强化全民国防意识，推进国防教育不断深入。与濉溪县铁佛镇黄集村签订定点扶贫协议，积极开展扶贫助困活动，中队官兵主动捐款5000余元，春节前为定点帮扶困难家庭赠送了大米、面粉、食用油等生活物资，给6名贫困儿童每人500元助学金及部分学习用品。

文化 教育 科技

文化体育旅游

【群众文化】 2017年，组织文艺轻骑队伍送文化下乡800余场次，送电影3365场次，送戏253场次，发放农家书屋图书2.08万册。举办全县曲艺比赛、移风易俗新风尚文艺演出、庆祝柳孜运河遗址申遗成功三周年文艺晚会等系列文化活动。全县综合文化站组织开展群众性文化活动150余场，公共电子阅览室、图书室接待群众1.2万人次。新排大型古装泗州戏《柳江口》首次公开演出，社会反响强烈。1人参加全市读书演讲比赛荣获二等奖，并被推荐参加全省电视知识演讲比赛。

2017安徽濉溪首届柳孜大运河文化艺术节开幕式、“柳江放歌濉溪盛情”专场文艺演出、“运河之声鼓乐濉溪”首届运河流域鼓书曲艺展演等系列文化活动陆续登场，濉溪县被授予“安徽省曲艺之乡”称号。县文化馆“文化惠民·艺术培训进基层”服务项目被省文化厅评为全省优秀群众文化志愿辅导项目。

【艺术创作】 2017年，创作歌曲《柳江谣》、淮北大鼓《最美的妈妈》等文艺节目9个。重点创作编排大型古装泗州戏《风云柳江口》。

【非物质文化遗产传承保护】 2017年，加强非物质文化遗产传承人队伍建设，部业龙等8人被公布为市级非物质文化遗产名录项目代表性传承人。11月5日，在省政府公布的第五批省级非物质文化遗产名录中，濉溪县申报的传统音乐《临涣唢呐》、民俗“临涣茶饮习俗”等五项非物质文化遗产全部上榜。召开非物质文化遗产淮北大鼓创作研讨会，对淮北大鼓的唱词创作、人才培养、宣传推广、艺术传承等方面进行深入的交流探讨。

【旅游事业】 2017年，编制完成《柳孜隋唐运河特色旅游小镇概念性（深度）规划》，正在编制《古城汉墓保护规划》。大运河柳孜文化园采取PPP模式合作建设，一期工程项目5月开园试业以来，累计接待游客60万多人次，单日接待游客量最高达到上万人次。二期特色旅游小镇花海景观项目工程正在施工。老城石板街传统文化修缮保护与更新（乾隆湖生态修复）工程已实施，三个样板房已施工完成，设计方案已进行专家评审，正在对总体方案进行深化修改。

1月，百善镇黄新庄村、濉溪镇蒙村被评为省级优秀旅游示范村；建成小李家红色旅游景区并对外开放，3月被评为国家级AAA级旅游景区；11月推荐百善镇道口村和韩村镇淮海村申报全省乡村旅游示范村，双堆集烈士陵园景区、中共淮海战役总前委旧址文昌宫景区、小李家红色旅游景区申报全省红色旅游（经典）景区，不断提升全县镇域旅游影响力。截至2017年年底，全县共有17家旅行社，全县旅游人数达160万人次，旅游人次比2016年度增长30%，旅游总收入比2016年度增长25%。

【民生工程建设】 全县公共文化场馆继续免费开放，农村文化建设专项补助工程实施进展顺利。农村公益电影目标任务2556场，已放映3365场，完成全年的132%；“送戏进万村”目标任务213场，演出253场，完成全年任务的118%，农村体育活动目标任务213场，开展312场，完成全年的146%。农家书屋采购图书

2.08万册，全部发放到位。

【文化市场管理】 以强化文化市场监督为抓手，多措并举，重拳出击，深入开展专项整治行动。以“3·15”宣传活动、“4·26”保护知识产权日、安全生产宣传月为契机，广泛深入地开展文化市场管理法律法规宣传。

2017年，共出动执法人员5600多人次，开展“零点”行动17次，开展“错时”检查65次，检查经营单位4300多家次。立案查处15件，办结案件15件，责令违规经营单位整改12家次，警告20家次，网络系统办案率达100%，未发生一例行政复议及赔偿案件。受理行政审批（延续换证）175件，办结175件，接受群众咨询300多人次，无任何投诉，回访满意率为100%。

【文物保护管理】 2017年，《柳孜运河保护管理规划》《临涣城址城墙保护规划》均已通过省文物局专家评审，并报送国家文物局等待评审；委托中国文化遗产研究院承担《临涣城址修缮方案》编制工作，该工程预算经报国家文物局审核后，争取到国家拨付的临涣城墙一期文物修缮专项经费860万元；为编制《临涣城址修缮方案》，开展临涣城墙的考古调查、地形测绘、地质勘查、三维扫描等前期工作；《古城汉墓保护规划》编制完成地形测绘、资料整理等前期工作，编制单位北建工设计院完成规划初稿；加强遗址博物馆的建设工作，健全管理制度，提升接待讲解水准，对博物馆设施进行全面维修，增设遗址参观木栈道扶手，对周边环境进行整治与宣传氛围布置；整理填报大运河监测平台数据资料；完成国家文物局布署的文物安全大排查工作，整理上报相关资料；对柳孜运河遗址病害进行应急抢险加固，组织国内知名专家来濉溪县参加《柳孜桥梁遗址病害处理方案》专家论证会；完成濉溪老城石板街文物普查资料汇编；开展文物执法工作，对县道白铁路扩建过程中涉嫌破坏文物的行为及时制止，依法处理；完成2018年文物保护项目的申报工作，编制《柳孜运河遗址病害处理方案项目计划书》《古城汉墓安防项目计划书》《古城汉墓修缮方案》；启动5年一次的国家级重点文物保护单位和安徽省文物保护单位申报工作，全县新增3处市级文物保护单位；县政府邀请5位文物界专家召开《濉溪老城石板街及古建筑群保护性修缮工作》专家研讨会。

12月31日，中国文化产业学院奖跨年盛典（2018）直播晚会在中国传媒大学4K演播大厅举行，晚会发布九大中国文化产业年度榜单并进行现场颁奖，柳孜运河遗址称号项目荣获“2017中国大运河文化带特色项目”称号。

中共淮海战役总前委旧址纪念馆先后协助八一电影制片厂、《凤凰大视野》剧组，拍摄纪录片《从胜利走向胜利》、历史专题片《淮海战役旧址访谈录》等，受到拍摄剧组好评。组织各种宣传教育活动，纪念邓小平逝世二十周年图片展、“缅怀先烈勿忘国难”清明节系列活动、全国防灾减灾日宣传活动、国际博物馆日宣传活动、中国旅游日宣传活动等，社会反响强烈。共接待各级领导、社会团体及群众近30万人次。

【体育工作】 2017年，先后举办全县职工长跑比赛、职工棋类比赛、皖北及周边地区青少年乒乓球教学交流赛、青少年跳绳比赛、职业人群健走基地大赛（濉溪赛区）等群众体育活动，坚持月月开展老年门球、健身球、太极拳等群众健身活动。举办体育指导员暨第七套健身秧歌培训班、健身球培训班、广场舞培训班等业余训练。组团参加淮北市第十届运动会暨第四届职工运动会，荣获金牌11枚、银牌7枚、铜牌3枚。3月10日，县政府审议通过《濉溪县全民健身实施计划（2016—2020年）》，并于当日印发。举行2017年“全民健身日”启动仪式，对优秀社会体育指导员和晨晚练点予以授牌。濉溪县被命名为“全省创建体育强县示范县”，刘桥镇入选全省体育特色（自行车运动）小镇。新建社区多功能体育场地1处，新建和更新全县体育场地全民健身路径20套。体育产业稳步发展，全县体育彩票销售额达2570万元。加强体育市场的安全检查。加快县文体中心项目建设，省体育场馆协会对县文体中心项目体育工艺设计进行论证，县建投集团有限公司开工建设。

广播电视

2017年，深入推进广播电视“村村通”工程建设，不断提高广播电视覆盖率。认真监管县广播电视台、网络公司的安全播出，制定监管值班制度，建立应急机制，严格执行24小时值班。在中共十九大召开前，多次深入镇村检查有线电视站安全传输工作，对各站有线电视信号传输、值班制度等情况进行详细检查，确保中共十九大召开等重要时段，全县有线电视信号安全完整传输。对自办节目和广播电视广告进行规范管理，不断净化全县声频荧屏。本着“多措并举，严管重罚”的原则，双拳出击，一手打击非法电视台（点），一手打击非法销售和擅自安装使用卫星广播电视地面接收设施，全县广播电视系统未发生任何安全播出事故。认真开展“老放映员”工龄补助发放中的人员身份和工龄认定准备工作，切实把这项惠民政策落实好。第五批老放映员的工龄补助落实到位，共6人，每月共计发放补助1940元。

文联工作

【协会建设】 年内，21人加入淮北市音乐家协会，8人加入安徽省音乐家协会。县老年书画研究会在原有孙疃镇分会、南坪镇分会、铁佛镇分会的基础上，年初相继成立濉溪镇新城分会、老城分会、双堆集镇分会、百善镇分会、刘桥镇分会5家分会。

【对外文艺交流】 诗词楹联协会应邀参加河南省永城市老年诗词学会成立20周年、永城市诗词学会成立10周年庆祝大会。省老年书画研究会名誉会长朱子健、常务副会长汪书贵一行十人到县老年书画研究会交流；3月31日，县文联派四人赴砀山县参加书画之乡授牌仪式；4月14日，县文联派四人赴宿州市老年书画研究会开展交流活动；4月29日，县文联组织一行九人赴河南固始县学习交流；5月9日，县文联组织一行四人赴河南民权学习交流；5月12日，河南永城市一行九人到濉溪交流；5月19日，淮北相城老年大学、皖北煤电公司到濉溪交流；6月14日，宿州市老年书画研究会一行五人、皖北煤电公司七人到濉溪交流；6月26日至29日在吉林省长春市关东文化园举办“全国八家基地建设经验交流会”，活动由中国老年书画研究会主办，吉林省长春市绿园书画活动基地承办，县文联派5人参加此次经验交流会；7月7日，县文联组织一行五人赴萧县交流；10月19日，县文联组织一行五人赴河南永城市参加联谊活动。11月11日，濉溪县两名作家参加淮北市文化惠民签名售书活动。10月27日，县文联组织人员，参加在固镇县举办的全省文学大讲堂暨全省文学内刊主编联席会。11月30日，县文联组织人员参加安徽作家看明光市活动。

【报刊编印】 上半年，出版《濉溪诗联》报一期。为配合县委、县政府纪念隋唐大运河柳子段申遗三周年，出版《大运河特刊》一期，向群众发送2000多份。编印《濉溪书画创作研究》第三期、《濉溪老年书画》第19期。县音协负责人李俊民编著的《易学通电子琴教学体系》一套四本教材，即《电子琴学习指南》《电子琴考级预备教程》《优秀电子琴曲集》《电子琴初级教程》入选“安徽省2017年农家书屋书库”。作协会员李世剑诗集《涣阳放歌》出版。11月，《濉溪文艺》杂志印制完成，并赠阅各单位。

【送春联进千家万户和文艺进基层活动】 春节前夕，县文联组织县书协10人，到孙疃镇、南坪镇任集村、县水务局等地为群众义务写春联；组织县书协、县老年书画研究会共40多人在县城为群众义务写春联，共计送出春联上万幅。开展书画下乡活动。2017年向濉溪镇王充孜村、东关社区、刘桥镇王堰村、百善镇黄新庄村、孙疃镇刘圩村等捐赠书画作品200余件，服务农村精神文明建设。

【会员培训工作】 2月12日，县文联举办2017年濉溪县新春诗会暨濉溪县文学创作推进会。3月、4月组织美协会员到“淮海战役总前委旧址”小李庄、临涣、大五柳等地写生及送书画下基层活动。7月22日，县书协在县四中会议室举办书法培训班，邀请徐州市书协副主席、培训部主任单晓光及徐州市鼓楼区书协主席、南京印社会员沈鹏授课。县书协70多名会员参加培训。8月16日，县文联举办“濉溪县阅读与文学创作研讨会”。开展诗词讲座八期，参会人员约400余人次，召开理事会四次，周六活动32次。8月27日，县文联举办第一期濉溪县文学创作骨干培训班，共有40多人参加。11月22日，县文联举办“大美濉溪”诗歌散文大赛颁奖暨第二期濉溪县文学创作骨干培训班。继续开展书画培训工作，第一期书画艺术培训班已完成，其中书法班35人，绘画班近40人。2017年喜迎中共十九大胜利召开全国书画邀请展全县有6件作品参展。

【文艺展演】 1月24日，县美协与淮北“聚贤堂”书画院联合举办迎新春书画展。春节期间免费送戏进敬老院，在南坪、双堆、孙疃、五沟、韩村等镇义务演出10多场。3月1日，组织承办淮北市第八届音乐舞蹈大奖濉溪县片区选拔赛，历时2个多月，获得圆满成功。5月27日，开展戏剧进校园活动。5月底，省音乐家协会和合唱指挥协会来濉慰问演出。6月1日，联合县团委、县文化馆、濉溪县星海艺术学校在新世纪广场举办“快乐成长——濉溪县庆祝六一国际儿童节文艺演出”。6月22日，由县委、县政府主办，县委宣传部承办，县文联具体执行的纪念濉溪县柳孜运河遗址申遗成功三周年书画大展在原行政服务中心大厅举办，共展出书画作品200多幅。6月22日，由县政协策划、县委宣传部主办、县文联承办的“魅力濉溪”摄影大赛在县城沱河路县委、县政府宣传栏前举办，共展出作品150幅，多角度展示濉溪秀美的自然风光、淳朴的民俗风情、丰硕的发展成果。6月30日，举办“童心向党——庆七一专场音乐会”，活动由县文联主办，音乐家协会承办，县城各艺术培训机构和学校协办。

7月26日，在濉溪县纪委主办的《弘扬谢师新风抵制升学宴席》签字仪式大型文艺演出中，戏剧家协会表演自创的专题节目《反腐败，树新风》。举办“八一送文化进军营”活动，县音乐家协会组织文艺演出队赴县消防支队慰问演出。县委宣传部、县文联举办首届“大美濉溪”诗歌散文大赛。立足全市，面向全国作家、诗人和文学爱好者征稿。9月26—28日，举办“濉溪县庆国庆、喜迎党的十九大胜利召开摄影展”，共展出摄影作品150幅。10月17日，到孙疃镇巡展，展出作品100幅。由中国老年书画研究会、中共濉溪县委、县政府主办，省老年书画研究会协办，濉溪县书画活动基地具体承办的“喜迎党的十九大胜利召开全国八家基地暨苏鲁豫皖部分市县书画邀请展”，于9月21日–24日在濉溪举办，共展出书画作品440多件。代表参观了世界文化遗产——隋唐大运河柳孜码头遗址及临涣文昌宫淮海战役总前委指挥部旧址，举办八家基地艺术研讨会、才艺展示和笔会，编印《翰墨春秋永乐年华》书画作品集，省老年书画研究会授予濉溪县“老年书画之乡”称号。11月12号，县戏剧家协会副会长刘洪勇创作的大型历史剧《风云柳江口》公演。开展诗词进校园活动，协助口子实验学校、城关初中成立诗词分会，进行“爱国诗词的鉴赏与创作”讲座。由县教育局、县文联联合主办，县诗词楹联学会承办，县作协、县新华书店协办的濉溪县第一届“皖新传媒杯”校园原创诗词大赛，共收到全县各个学校师生作品300余件，评选出老师、中小学生的古、新体诗一、二、三等奖59首。为宣传中共十九大，县文联组织协会创作：音乐快书、群口词、三句半、诗朗诵、淮北大鼓、淮北琴书、小品、小戏曲等形式多样的文艺作品汇集；创作宣传中共十九大、歌颂中共十九大的诗词百余篇。

（李芹）

文艺团体

【濉溪县民间职业泗州戏剧团】 濉溪县民间职业泗州戏剧团共有演职员工32人，每年演出300场，创作演出传统剧目和现代剧目《小花园》《大花园》《小二门》《王华买爹》《鞭打苏凤英》《东回龙》等。剧团投入资金购买既能做舞台又能载人用的“大篷车”为城乡居民演出，在原泗州戏的基础上采用乐谱伴奏辅配器，在传统剧目中加入民族舞蹈，提高泗州戏的观赏性。

【濉溪县艺术团】 濉溪县艺术团于2007年9月27日成立，节目形式多样，包括民乐、军乐、歌曲、舞蹈、戏剧、小品、魔术等。演职员48人，下设业务组、创作组、民乐队、军乐队、演出队、舞蹈队。拥有演出流动舞台大篷车1部，演员接送车1部，办公室、排练场所建筑面积100平方米。有唢呐、笙、二胡、板胡、竹笛、琵琶、扬琴、锣鼓、电子琴、萨克斯、小号、长号等西洋乐器和民族乐器；服装，道具、化妆、布幕、灯光、专业音响、流动字幕等资产50万元。

【濉溪县四铺青年花鼓剧团】 濉溪县四铺青年花鼓剧团于2001年组建，共有演职人员11人，每年演出200场，观众20万人，演出内容包括传统大型古装戏，具有地方特色的泗洲戏、河南豫剧、民间小调，群众喜闻乐见的喜剧、小品、东北二人转、流行歌曲、舞蹈、魔术等剧目。

【濉溪县新时代文化艺术团】 濉溪县新时代文化艺术团成立于2010年8月，演职人员22人，平均年龄45周岁。排有大型古装戏5部，现代戏《三代人》《朝阳沟》《沙家浜》等。剧团自成立以来，为濉溪周边的社区、公园、广场、老年公寓、田间地头义务演出500多场次。

【濉溪县城北梨园情艺术团】 濉溪县城北梨园情艺术团由原濉溪县梆剧团退休演员李小宝个人出资组建成立，共有演职人员20人，其中国家二级演员5人。演员贾玉兰师从豫剧五大名旦之一闫立品，演员孙海涛师从豫东红脸王刘忠河。

剧团于2003年6月组建，长年服务农村、社区，每年为农村演出大型剧目400场。提供唢呐班、花轿、舞狮、光盘制作、彩门等一条龙服务，常年演出大型连台本戏、折子戏、歌舞演唱、豫剧、泗州戏、黄梅戏等。代表剧目有泗州戏《淮北好人》。

教　育

【概况】 全县共有中小学、幼儿园332所，在校学生164219人。共有幼儿园110所（民办62所），在园儿童36227人；小学174所（民办8所），在校学生75309人；初中43所（民办14所），在校学生34934人；普通高中6所（民办2所），在校学生17558人；职业高中1所，在校学生2228人。中小学专任教师9054人。中小学学校教师学历达标率为100%。连续十余年中考质量综合评比居全市第一。

濉溪县拥有一批省内外具有一定影响力的名校，濉溪县职教中心为国家级改革发展示范学校；濉溪中学、濉溪二中、孙疃中学、临涣中学等四所普通高中全部为“省级示范高中”；城关镇中心学校为“全国千所流动人口示范家长学校”；南坪中心学校、孙疃中心学校分别于2009年和2014年被评为“全国教育先进集体”。2012年12月，濉溪县获得全省“两基工作”先进地区荣誉称号，受到省政府表彰。2015年8月，教育部、中国关工委授予县教育局“全国五好小公民主题教育活动先进集体”。

【学前教育】 2017年全县共有幼儿园110所（民办62所），在园儿童36227人。学前三年毛入园率达到91.5%；学前一年毛入园率98%以上。2017年新建项目数2个。截至2017年年底，全县共有市级一类园5所，县级一类园16所，市级优秀民办园5所，普惠性幼儿园80所。参与淮北市教育局组织开展的市一类园、市优秀民办园评选活动，临涣中心园、祁集中心幼儿园评为市一类幼儿园。组织幼儿教师参加淮北市幼儿园数学领域优质课比赛，参加4人，全部获奖。组织参加淮北市幼儿教师同课异构比赛，2人获得语言类一等奖，2人获二等奖，3人获三等奖；组织参加安徽省第三届“娃娃乐”故事会活动，濉溪县第一幼儿园荣获三等奖，濉溪县教育局获优秀组织奖。

【义务教育】 加大教育财政投入，2017年各级教育经费总投入128334万元，其中财政性资金投入110998万元。进行校舍维修改造194所；加大对农村教师关心支持力度，投资672万元新建教师周转宿舍96套；全面改薄累积投资4091万元，29所学校新建校舍及运动场。2017年1月6日，通过义务教育基本均衡县的国家评估认定。

【高中教育】 濉溪县共有普通高中6所，其中4所公办高中均为省示范性普通高中。2017年高考质量有显著提升，高考本科达线总数3355人，本科达线率53%，比2016年增加6.6个百分点，高出全省平均18.6个百分点。其中一本达线1027人（不含艺体），比2016年净增172人，全省文理前100名濉溪县占3名，理科最高670分，位列全省93名、全市第2名，文科最高643分，位列全省23名、全市第2名，空军、海军招飞有2名同学被录取。濉溪中学本科达线率进入全省省级示范高中前列，位居中国一流大学自主招生"重点高中人气排行榜（安徽）"县域类省级示范高中第一方阵。

【职业教育和民办教育】 制定《濉溪县加快发展现代职业教育实施意见》，成立分管县长任组长的领导小组，坚持每年召开两次职业教育联席会议，解决职业教育发展中的突出问题。县域内职业教育和学历教育资源得到了优化，布局调整已形成"一个中心，两个校区"的良好办学格局，办学效益明显提升。全县教育附加费的50%用于职业教育，省"三重"建设项目—汽车运用与维修重点实训基地和淡水养殖重点专业项目已完成，实训综合楼项目已完成。

加大中职招生工作力度，全年招收学生960人，顺利完成上级下达的招生任务并按时完成学生学籍注册工作。加强"双师型"教师队伍建设，改革内部管理机制和学生培养模式，增强服务"三农"能力。2017年，30多名教师在安徽省三优评选、信息化大赛、创新杯说课活动中获奖，在安徽省教育厅和安徽省教育科学研究院联合举办的"职业教育校企合作典型案例征集和主题征文"评选中，报送的10篇作品，获得1个一等奖、2个二等奖、6个三等奖。在安徽省中等职业学校三优评选中，获得省级一等奖5个、二等奖1个、三等奖2个，在全省同类学校中名列前茅。2017年，积极配合濉溪县民生工程培训工作，开展电子商务、建筑、电工、焊工等多种形式的培训，共培训鉴定近2000人，通过率95%以上，圆满完成全年培训鉴定颁证及相关材料的上报归档工作。进一步加强对民办学校的管理与指导，对前两年暂缓年检的民办学校进行检查和整改，效果良好。

【教师队伍建设】 通过继续教育、国培计划、赴外地学校深造等方式，开展全方位、多层次的教育培训。打造"高效课堂""智慧课堂""生命课堂"，提升素质教育水平。2017年暑期，选派530名校干和骨干教师赴北京师大、陕西师大、合肥学院等高校学习培训。加大校长和教师定期交流力度，通过岗位转换，激发广大教师和校长的积极性、创造性。重点引导城区及城区周边学校教师主动到边远、艰苦地区学校执教，推进城乡教育的均衡发展。2017年交流校长和教师154人。2017年招聘中小学教师300名、幼儿教师80名，为职教中心招聘专业教师14名，缓解了学科教师，特别是音、体、美、信息技术、科学等专业教师紧缺问题。为濉溪籍外地教师返乡从教开辟绿色通道，通过"三支一扶"、乡村教师定向培养计划等政策拓宽教师来源。招聘20名"三支一扶"支教教师，完成37名定向培养乡村教师计划。2017年教师节，濉溪县委、县政府表彰优秀教师、优秀班主任、均衡教育先进个人240名。共有名校长、名班主任、名师等工作室15个，工作室成员95人。"名师工作室"的示范、指导和引领作用得到有效发挥。

【教育科研工作】 2017年，调整充实教研员队伍，遴选90名学科教研骨干教师，推进学科教学教研团队建设。加强对首批17个教改实验基地学校（学科）的指导和考核，发挥引领、示范、带动作用。有15位教师参加淮北市学科优质课比赛，12人获一等奖，其余分获二、三等奖；参加省优质课比赛，2人获一等奖、3人获二等奖、1人获三等奖。2017年，全县教师参加各类教学竞赛共获得国家、省、市级奖项180项；在各类论文竞赛中累计获得市级以上奖项139项。

2017年，继续巩固与蒙城、潍坊等教育发达地区的区域交流与校际合作；深化县级"课改学校联盟"及"学校发展协作共同体"工作，实施连片教研和分片教研；县教研室送教下乡，听课评课700余人次。借鉴先进课改经验，选择城关中心学校、百善中心学校、实验小学、孙疃中心小学作为试点单位，开展高效课堂“三级建模”项目改革，促进学校内涵发展。鼓励青年教师参加国家、省、市举办的各类比赛，2017年获国家级奖项25人、省级奖项60人。

【教育信息化建设】 2017年累计投入资金近2000万元。全县所有中小学及教学点均已接入互联网，农村小学互联网接入带宽从10M提速到20M以上，中心学校提速到100M。宽带接入率100%，校园网建成率100%；2700多个班级安装“班班通”，班级多媒体覆盖率100%；8581名教师完成在安徽基础教育资源应用平台上的注册，注册率为100%，124479名学生注册了学生学习空间，注册率为100%；配备学生终端15354台，每百名学生拥有学生终端数为12.46台，生机比为8.03 : 1；配备教师终端7393台，每10名教师拥有终端数为9.82台，师机比为1.02 : 1；共有在线课堂主讲课堂24个，接收课堂60个，平均开课率在100%以上。

2017年，濉溪县师生在教师信息化大赛、微课大赛、中小学生电脑制作、机器人竞赛、“一师一课”等竞赛活动中，共有19人次获国家级奖，426人次获省级奖，1273人次获市级奖。20多个信息技术研究课题获得立项，其中国家级1个，省级2个，市级21个。

新建录播教室12间，机器人实验室4间，为教学点配备计算机630台，为恒大等学校配备班班通设备14套，4所学校试点无线宽带全覆盖，8所学校试点“人人通”工作，16所学校试点智慧校园。

【素质教育】 评选篮球、足球、艺术等特色项目学校，县实验小学、任集中心学校等四所学校被评为“全国校园特色足球学校”。“养成教育”“安全教育”“生命教育”与学校特色文化建设相得益彰，活力四射；艺术展演、高雅艺术进校园、书法名家进校园等活动让学校充满活力。

濉溪县参加的第十二届中国中学生作文大赛（安徽赛区），共有58名学生获奖；参加安徽省娃娃乐讲故事比赛，《金鸡冠的公鸡》获三等奖，县教育局获优秀组织奖；组织参加安徽省第一届校园读书创作活动，濉溪县教师获一等奖2人，小学组学生获一等奖3人，高中组学生获一等奖1人，另有31名师生分别获得二等奖、三等奖和优秀奖，县教育局获优秀组织奖；在淮北市中小学生田径运动会中，南坪中心校获得初中组男子团体总分第一，初中组女子团体总分第二，初中组团体总分第二；濉溪中学获得高中组女子团体总分第一，男子团体总分第三，团体总分第二；濉溪县教育局获得优秀组织奖。参加全市中小学生歌咏比赛，濉溪二中代表队、实验小学代表队分别荣获中学组和小学组一等奖。参加全市中小学生队列队形比赛，濉溪县实验小学获小学组一等奖；新城中心学校获二等奖；铁佛中心学校、百善中心小学获三等奖；在淮北市第十届运动会暨第四届职工运动会上，参加5岁组、7岁组、8岁组比赛获团体第一名。

【教育民生工程】 2017年，共资助学生17120人次，金额2702.46万元。其中大学生助学贷款1926人次，计1519.83万元；中职免学费3316人次，计331.62万元；中职助学金4122人次，金额41.22万元；高中国家助学金6037人次，金额615.85万元；幼儿教育资助1719人次，金额193.94万元。

大力实施教育民生工程，2017年教育经费总投入128334万元，其中财政性资金投入110998万元。新建、改扩建、附设幼儿园2所；进行校舍维修改造194所；加大对农村教师关心支持力度，投资672万元新建教师周转宿舍96套；全面改薄累积投资4091万元，29所学校新建校舍及运动场，为239所学校购置教学设备。基础设施建设全面配套，实验室和图书全部达标，全县所有义务教育阶段的小学与初中的实验设备与仪器全部配置到位，全县所有义务教育阶段学校全部实现标准化。

【平安校园建设】 加强安全教育，落实校园及周边安全管理责任。进一步完善学校安全管理制度和校园安全事故应急救援预案，认真开展各种安全演练，增强安全防范意识。加强与交警、消防、交通、城管等部门的联系，开展全县校园安全大检查大督查活动，督促学校排查安全隐患，认真落实自查自纠责任。投入

440余万元为112所学校更换或新置监控探头。建立完善教育舆情处置和通报制度，完善学校突发事件应急管理机制。加大对学校校车排查整治力度，坚决杜绝证件不全、车况较差、超载超速驾驶现象。引进校车服务公司，向全县学校提供安全舒适、性能可靠的优质校车，使全县需要接送的学生乘上安全车、放心车。

【工会工作】 2017年，围绕全县教育工作重点，积极推进学校民主政治建设，加强维护教工权益，不断加强工会的法制化、民主化、规范化建设，团结教育和动员全县教职工立足岗位建功立业。2人代表淮北市参加全省青年教师教育教学技能竞赛，荣获一等奖，同时荣获安徽省“十佳青年教师”称号。另有多名教职工在各类技能比赛中分别获得市、县级奖励。积极开展“我们的节日”等有益于教职工身心健康的校园文化体育活动。2017年，先后组织举办全县第十届教职工篮球赛、教职工包粽子比赛、教职工摄影比赛等，组织参加市县多种类型的文体活动和专项比赛，取得优异成绩。

【党风廉政建设】 制定并印发《濉溪县教育局2017年党建工作意见》，开展入党积极分子、预备党员培训班，抓好基层党组织班子建设，认真做好党员的发展和教育工作，严格发展工作程序，严把发展党员“入口关”。全年新发展党员11名，转为正式党员8名。建立“两学一做”学习教育常态化制度化机制，着力提高党员队伍的整体素质。加强党风廉政建设，打造廉洁教师队伍。积极组织实施“四个专项整治活动”。严格要求全体党员教师和领导干部自觉遵守廉洁自律有关规定，带头移风易俗。

【宣传工作】 2017年，濉溪教育网为全县教育系统在互联网上发布政务信息和提供服务平台，网站的浏览日访问量大约10万人次。广大通讯员及时报道各类教育新闻和教育信息1万余条，其中被《安徽日报》《新安晚报》《安徽青年报》《淮北日报》《淮北晨刊》等主流媒体采用刊登稿件200余篇，1000多条信息被安徽教育网、中安在线等省级网站刊发，浏览量超过30万人次。另有400余篇稿件被安徽电视台、淮北电视台、濉溪电视台、人民网、淮北新闻网、淮北教育网、濉溪政府网等媒体采用。2017年，濉溪县教育局被省教育厅评为“宣传工作先进单位”，另有20多名通讯员被评为省市级“优秀通讯员”。

直属学校

【濉溪职教中心】 濉溪县职业教育中心创办于1987年，是安徽省首批国家改革与发展示范性中职学校，安徽省首批现代学徒制试点项目建设学校，濉溪县唯一公办中等职业学校。占地总面积182.96亩（校本部90亩），校舍建筑面积67790平方米，在校生2382人，专任教师142人，其中“双师型”教师115人，高级职称50人，省级专业带头人1人，省级教坛之星8人。学校建有数控机械加工中心、多功能汽修实训室、多媒体网络教室、电工电子实训室、焊接实训室、钳工实训室等20个实验、实训教室，仪器设备价值2700万元；建有学生阅览室和图书资料室，藏书6万册。

2017年，学校开设的8个专业中，省级示范专业建设项目3个，省级示范实训基地建设项目3个，省级现代学徒制试点项目1个，省级精品课程2门。新建3个微机房、网络搭建室、电子商务室、录播室，升级改造更新4个微机房，所有班级均实现多媒体教学。

学校执行《教师培养规划方案》,50人次接受国家和省级培训；推动教师与企业专业技术人员双向交流，引进能工巧匠到校担任兼职教师，聘任比例达到20%。2017年，共有25名教师在安徽省三优评选、信息化大赛、创新杯说课活动中获奖。其中国家级二等奖1个、三等奖3个；省级奖项15个，其中一等奖8个、二等奖4个、三等奖3个。省级中职学生技能大赛获奖11人次，其中一等奖1个、二等奖3个、三等奖7个。省级中职学生文明风采大赛获奖13人次，其中一等奖3个、二等奖4个、三等奖6个。

2017年度，安置毕业生830人，通过跟踪调查，各专业就业率保持在98%以上，专业对口率保持在76%以上，就业稳定率在92%以上。2017年度，共培训各类社会人员6470人次，培训合格率达95%。

2017年先后被评为“淮北市平安校园”“淮北市文明校园”“濉溪县教育工作先进单位”“国防教育特色学校”等。

【安徽省濉溪中学】 安徽省濉溪中学创办于1949年，系全省首批示范性普通高中，省级绿色学校，省级文明单位，省级体育传统项目学校，省级艺术教育先进单位，省级现代教育装备先进学校，省级现代教育技术实验学校。

学校办学理念与时俱进，坚持“民主、求实、开放、创新”，着眼学生的全面发展，提升学生的核心素养。管理规范精细，构建“党政为主轴，年级为主线，班级为主体”，家庭、社会共同参与的管理网络，运作趋向扁平化，力争德育讲实效，智育争高效，体育求显效，美育有成效，形成“民主合作，奋进创新”的校风，“平等宽容，和谐互动”的教风，“善思好问，愉悦体验”的学风。20世纪末成立淮北首家中学青年党校，成为思想道德建设的重要阵地。

至2017年年底，学校共有教学班82个，在校学生4700多人，在职在编教职工355人。在职专任教师中，特级教师2名，高级教师130名，硕士研究生15名，市县级学科带头人、教坛新星、骨干教师40余名。国家及省市县各类教学比赛有百余人次获奖。

两项课题分获省第六届、第八届教科研优秀成果评比一等奖，其中“十一五”重点课题《高中语文选修教学策略研究》为获奖年度中皖北地区最高奖项。《信息技术条件下翻转课堂教学模式创新应用》课题研究正在进行，且被授予“全国微课与翻转课堂创新研究实验学校”称号。教师论文获奖及发表数量众多，有十多篇论文被中国人民大学《复印报刊资料》转载或列入“目录索引”。

学校高考成绩显著。2017年高考全省前100名占3名，本科升学率进入全省省级示范高中前列，荣登全国一流大学自主招生人气排行榜（安徽省）县域类省级示范高中第一名。学校被北京大学确定为“江淮县县通”公益计划重点校，被山东大学、中南大学、西北农林科技大学、合肥工业大学等确定为优秀生源基地校。奥赛获奖捷报频传，位居同类学校前列。

学校参与省内外校际交流，与浙江温岭中学、浙江淳安中学、江苏如东高中等长三角名校和皖北地区县中等结成合作联盟，开展多样化互助活动。

【安徽省濉溪县第二中学】 始建于1976年，原名濉溪城关第二中学，位于县城中心。学校占地总面积48557平方米，校舍建筑面积56353平方米，共有高中教学班88个，在校学生5091人，教职员工410人。其中研究生学历23人，高级教师80人，一级教师58人，二级教师210人。

2000年8月，被命名为“淮北市示范性普通高中”；2009年，跨入安徽省示范高中行列。

先后有20人被授予国家、省、市、县优秀教师称号；在省、市教育教学大赛上，30人获奖。涌现出一批在省、市、县有一定知名度的教育教学骨干，其中国家级骨干教师1人，省特级教师1人，省教坛新星、优质课教师6人，市级学科带头人、市骨干教师、市教坛新星、优质课教师30人，县级教坛新星、县教学能手、优质课教师50人。

2017年高考中，应届本科达线人数达645人，实现连续六年增长。在各类评比竞赛中，有21名教师获得奖项或称号。另有38篇教育教学论文、教学设计在国家级、省级以上刊物发表。

占地245亩的河西新校区，硬件设施主题基本完工，数字化校园、校园文化、办公设施等也在规划当中，计划2018年年底投入使用。

【濉溪县孙疃中心学校】 濉溪县孙疃中学创建于1952年7月，始称濉溪第二初级中学。1958年秋增设高中部，改名濉溪县孙疃中学。2000年8月晋升为淮北市示范性高中。2011年，被授予“安徽省示范高级中学”称号。

学校占地面积162余亩（另有农场地120亩，供学生劳动实践使用）；各类建筑设施布局合理，新建的录播室、智慧教室，各种教育教学设施齐备先进；塑胶篮球场，400米塑胶运动场，校园主次道路硬化达标。固定总资产4143万元，其中教学仪器设备资产478万元。图书馆（室）藏书8万册，生均图书22.85册。全年教育经费投入3372万元。

学校共有教职员工205人，其中教辅后勤

人员11人，专职教师186人，高级教师73人，一级教师58人，研究生4人，省市县级教坛新星、教学能手30人，各级优质课教师50人，参加国家级、省级骨干教师培训10人。在校学生3500人，60个教学班。

学校秉承“创优质精品高中，办人民满意学校”的教育理想，以“品德立校，科研兴校，质量强校，文化润校”为理念，落实立德树人根本任务，以人为本，严谨教学，精细管理。

2017年，学校30多人次获得省级以上奖项，先后获得“濉溪县教育工作先进集体”“濉溪县文明单位”“淮北市传统体育项目学校”等称号。县教职工篮球比赛学校勇夺冠军，获得四连冠，学生篮球队代表淮北市参加省赛，夺得全省第二名。

【临涣中学】 始建于1949年，原名宿西中学，1952年改名为濉溪县第四初级中学，1958年更名为濉溪县临涣中学。2008年，学校荣膺为安徽省示范性普通高中，先后荣获“安徽省教育系统先进集体”“淮北市先进基层党组织”“淮北市文明单位”“依法治校先进单位”“淮北市平安校园”“淮北市十佳美好校园”“国家足球特色学校”等称号。

学校占地150亩，建筑面积48000平方米。2014年学校投资50万元改造老食堂为健体馆。2015年6月学校投资280万元改造塑胶体育场。投资240万元开设4个物理实验室、4个化学实验室、1个机器人实验室、3个计算机教室以及其他8个多功能教室。添置图书室、阅览室3个，藏书7万册。

学校共有60个教学班，在校学生3500人；教职员工220人，其中高级教师79人，占教师总数的35.9%。2017年，共计27名教师被评为淮北市骨干教师，约占教师总数的12.3%。

学校教师在核心CN刊物发表文章129篇；112篇论文在省级评选中获奖。181篇论文在市县级论文评选中获奖，辅导学生参赛获国家级奖14人次，省级以上22人次，市级以上236人次。在淮北市第四届骨干教师评选中，9人获得“骨干教师”称号，3人获得淮北市“学科带头人”称号。

【濉溪县实验小学】 学校始创于1949年春，原名人民小学。1954年秋，学校更名为城关第一小学。1962年7月，更名为濉溪县实验小学。1990年1月迁至现址。学校实行集团化办学，一校三区，人、财、物统一调配。占地10万平方米，建筑面积32800平方米，运动场面积28800平方米。图书80500册。计算机464台。互联网接入100M，师生空间开通和利用率达100%，教师学历合格率100%。共有81个教学班，学生5349名，专任教师197名，其中中学高级教师8人，安徽省特级教师2名，淮北市学科带头人6名，淮北市骨干教师15名，淮北市教坛新星16名，淮北市名师工作室成员8名。

学校基础设施建设齐全，共有微机室5间（学生用电脑464台）；能容纳近千人的多功能厅1间、多媒体电教室1间，录播室1间，舞蹈室2口，体育器材室、科学实验室、机器人活动室、军乐室、美术室、版画室、航模室、书法室等功能室共15间，建设开放式读书广场“吮知书苑”以及面积900平方米的图书阅览室。

学校先后被评为全国劳动教育技术先进学校、全国读书育人特色学校、全国足球特色学校，安徽省家教名校、红领巾“手拉手”互助活动先进集体、少先队工作先进集体、电化教育工作先进学校、未成年人思想道德建设示范学校、廉洁文化进校园示范点，少先大队2次被评为全国红旗大队。

【新城中心学校】 始建于1982年，历经“濉溪镇第八小学、城关四中、新城初级中学、新城学校”和“新城中心学校”五个办学阶段。校本部共有教学班69个、教师232名、学生3521名。2015年，被市教育局批准为“淮北市书画实验学校”。

【县第一实验学校】 濉溪县第一实验学校成立于2017年6月，是濉溪县第一所局属九年一贯制公办学校。学校位于县城主城区，交通便利，环境优雅，师资雄厚，是县委县政府、县教育局着力打造的品牌学校。

学校着眼高端整合教育资源，先后与科大讯飞、北京师范大学全国体育联盟建立深入合作关系，借鉴上海、北京、江苏、浙江等地名校的先进办学经验优化学校管理。

学校以“双优”组合建队伍。抽调优秀骨干教师引领学科教学。教师中，获得国家级奖项的9人，获得省级及以上奖项的11人；市级名师首席1人，市级名师3人，县级名师首席1人，市级学科带头人2人，市级骨干教师5人，市县级教坛新星4人。

学校以“人本精神”丰富内涵。学校内涵发展的关键在于教师团队。在教师成长方面，学校实施了强师德、提师能、培名师、建课程的序列化提升模式。

中心学校

【濉溪经济开发区中心学校】 濉溪经济开发区中心学校始建于1949年7月，原名濉溪县城关镇东张集小学，1995年改为濉溪县城关镇溪河小学，2004年成立濉溪经济开发区中心学校，2012年迁至濉溪经济开发区玉兰大道王引河西侧，是开发区内唯一一所九年一贯寄宿制公办学校。学校共有教学楼2栋、学生宿舍楼1栋，1个能容纳500人同时就餐的餐厅。物理实验室、化学实验室、生物实验室、科学实验室，各实验室均有仪器室和准备室。有美术社团活动室、音乐社团活动室、体育器材室、微机室、图书室、阅览室、多媒体教室等。学校共有图书29360册，小学生人均15册，初中生人均28册。学生计算机142台，教师56台，接入互联网宽带50兆，教师网络学习开通率100%。

截至2017年年底，有在校生1638人，教学班26个，其中幼儿教学班3个，小学教学班17个，初中教学班6个。专任教师55人，学历合格率100%，其中研究生学历3人，占教师5.45%，本科学历50人，占教师90.9%。国家级优秀教师1人，市级优秀教师7人，县级优秀教师12人，市县级教坛新星、优质课教师若干人。下辖3所小学，在校学生952人，18个教学班，45名专任教师，学历合格率100%。

【濉溪县城关中心学校】 淮北地区唯一的省级“示范初级中学”。占地面积15600平方米，建筑面积1万平方米，共拥有教学班47个，在校学生2300多人，教职工196人。学校师资力量雄厚，其中国家优秀教师1人，国家优质课教师4人，省级优质课教师9人，学科带头人、教坛新星、骨干教师、优质课教师38人，市级优秀、骨干班主任23人，高级教师72人，心理咨询师2人。学校教育教学装备及设施完善，配有标准化物理实验室、化学实验室、生物实验室、微机室、网络中心、图书室、音乐室、舞蹈房、美术室、航模室、动漫社、书法室、留守儿童活动中心、少年宫、皖北地区唯一的数学实验室、录播室，班班配“班班通”和多媒体。学校先后被评为全国示范家长学校、全国零犯罪示范学校、安徽省示范初级中学、安徽省未成年人思想道德建设示范学校、安徽省廉政文化示范点、安徽省电教设备一类达标学校、安徽省示范家长学校、安徽省电教先进单位、淮北市践行社会主义核心价值观先进学校、淮北市先进学校、淮北市综合治理先进学校、淮北市花园式学校、淮北市平安校园、淮北市教学水平一类达标学校、淮北市文明卫生单位、濉溪县教育教学成果显著进步单位等称号。

【百善中心学校】 始建于1958年，原名百善中学，2004年成立百善中心学校。百善中心学校辖校本部初中1所，中心小学1所，村小9所，教学点3所，幼儿园3所。民办九年一贯制学校1所，小学3所，幼儿园5所。全中心校有中学教学班20个，在校学生1014人；小学教学班146个，在校学生4648人；幼儿园91个班，幼儿3092人。中小学教职工357人，幼儿园教职工142人。

百善中心学校校本部占地81355平方米、建筑面积15181平方米。学校建有教学楼2栋、综合楼1栋、宿舍楼2栋，标准运动场1个、高标准硅PU篮球场4块，实验室、计算机室、美术室、音乐室、机器人教室、青少年宫等功能室10个，图书28650册，教学用计算机151台，教职工104名，其中高级教师18人，一级教师56人。大学本科学历69人，专科学历33人。

2017年，百善中心学校入选教育部国防教育特色学校，被评为淮北市平安校园、淮北市文明校园、“濉溪县2016—2017初中教学质量评估优良学校”。

【濉溪县刘桥中心学校】 濉溪县刘桥中心学校，始建于1959年秋，学校位于濉永公路南侧，濉溪县城西4公里处，原名濉西中学，为完全中学；1978年，高中部迁出，学校更名为刘桥中学；1990年学校再度更名为刘桥初级中学；2004年成立中心校，更现名濉溪县刘桥中心学校。

学校共有37个教学班，在校学生1800人，教师153人、专任教师140人，研究生学历3人，中学高级教师43人，省市县教坛新星、骨干教师、学科带头人40人，省优秀教师3人。全校按照国家一类标准，配备物理、化学、生物实验室、仪器室，标准化音乐室、美术室、多媒体教室、录播室、机器人教室、图书（阅览）室等，图书达到6.9万册，生均图书35册。

学校秉承“让教师幸福、让学生快乐”的办学理念，以“诚信、自信、严格、规范”为校训，努力打造“和谐有序、昂扬向上”的校园文化，逐渐走出一条特色之路。

学校先后获得安徽省家长示范学校、安徽省家教名校、淮北市教育工作先进集体、濉溪县教育教学实验学校、濉溪县教育工作先进单位、平安校园等称号，中考成绩连续多年名列全县前列，已有近百人考入清华、中科大等全国一流大学。

【临涣中心学校】 临涣中心学校下辖南、北校区、沈圩学校（九年一贯制）、湖沟小学、临涣中心小学、銍城小学、高皇小学、张楼小学、石集小学，临涣中心幼儿园及喜洋洋等13所民办幼儿园。在职教职工246 人，在校学生4541人。其中初中1164人；小学3435人；（不含幼儿教育）幼儿教育学生2097人。学校占地面积28660平方米，建筑面积4500平方米。

学校多媒体教室、微机室、实验室、音乐室、美术室、体育器材室、图书室、阅览室、仪器室等设施健全，操场面积9560平方米。有标准篮球场3个，800 米环形跑道1个。图书室藏书29150册，生均图书26.5 册。

在编在岗教职工246人，其中副高级职称16人，中级职称136人，初级职称94人，学历达标率100%。

【濉溪县祁集中心学校】 濉溪县祁集中心学校，原名祁庙小学。学校在1986年更名为小李庄初级中学，1996年更名为祁集镇初级中学，2004年更名为濉溪县祁集中心学校，并沿用至2017年。

学校共有教职员工63人，其中高级教师14人，中学一级教师39人，本科学历达98%，在校学生400人，教学班12个，教学楼2座，综合办公楼1座，实验楼1座，大型食堂1座，另有学生公寓楼、图书馆、标准体育场地。

学校教师先后在国家、省、市、县级刊物上发表论文二十多篇，在各种类别的教学基本功比赛、微课大赛、信息化教学比赛中获奖近三十人次。其中，在“一师一优课一课一名师”晒课活动中，1人获得省级优秀，12人获得市级优秀。在濉溪县第一届“创新”大赛中，3名学生获得“优胜奖”。

2017年，学校被评为“淮北市文明校园”“显著进步学校”“十佳先进集体进步奖”“濉溪县文明学校”等荣誉。

【南坪中心学校】 南坪中心学校（本部）前身是始建于1958年的南坪初级中学，坐落在南坪镇政府所在地。学校占地面积70余亩，共有40个教学班，在校学生2000多名，教职工181人。学校有较完备的教学设施及设备，共有教学楼2栋，综合楼1栋，办公楼1栋，容纳2000多名学生同时就餐的餐厅1座。一类理化实验室各2个，生物、地理实验室各1个。300米沥青跑道一个，3个标准篮球场，20余个标准乒乓球台。校园布局合理，有小桥流水，假山长廊，绿化美化面积6000平方米左右。

学校现有省级优质课教师5人，省级优秀班主任1人，市级骨干教师6人，市级优质课教师17人，县级优质课教师及“教坛新星”称号的70多人次。

学校先后被评为全国青少普法教育零犯罪学校、“少年向上，真善美伴我行”主题教育活动全国先进集体、安徽省示范家长学校，省示范乡镇成人文化技术学校。市教育系统综合治理及安全工作先进集体，市体育传统项目学校，体育工作先进单位，市养成教育优秀学校，市先进基层党组织，市关心下一代工作先进单位。连续3次被评为市文明单位，连续8次被市委，市政府授予教育工作先进集体称号。2009年9月，获全国教育系统先进集体荣誉称号。

【濉溪县任集中心学校】 濉溪县任集中心学校地处濉溪县南坪镇。2007年成立，前身是任集初级中学，始建于1967年，2007年更名为任集中心学校，共有初中1所，小学8所，教学点2个，独立幼儿园5所（公办园2所），共有初中学生1155名，小学生2735名，幼儿生数1800名，专任教师251名。

【濉溪县韩村中心学校】 韩村中心学校（原韩村中学）于1958年冬季创办。共辖小学11所（含民办1所），教学班105个，在校小学生3200名，辖初中3所（含民办1所），教学班28个，在校初中生966人，中小学在编在岗教职工258名。1名教师被评为“淮北百名杰出人物”，17名教师被评为市县“优秀教师”和“先进教育工作者”，21名教师被评为市县教坛新星或优质课教师。2017年韩村中心学校（本部）及所辖韩村中心小学、韩村中心学校高宅小学分别荣获县第十届濉溪县文明单位称号。

【濉溪县海孜中心学校】 始建于1958年，原名海孜中学，2007年9月经县教育局批准成立海孜中心学校。本部占地38600平方米、建筑面积5834平方米。有理、化、生实验室，多媒体、微机室，音、体、美功能室，留守儿童活动室、心理咨询室等共18个。图书15220册，生均27册。共有教学班12个，学生468名，教师48名，其中中学高级教师9名，一级教师18名。大学本科学历43名，专科学历5名。海孜中心学校辖初中1所，九年一贯制学校1所，小学9所，现有初中22个班，在校学生878人；小学52个班，在校学生958人。中小学教师146名（其中初中教师67名、小学教师79名）；中学高级教师19名，一级教师91名，二级教师24名，三级教师12名。研究生学历1名，大学本科学历131名，专科学历12名，中师学历2名。市级骨干教师1名，县级骨干教师3名，县级教学能手5名。学校先后获得“全县教育工作先进单位”“县平安校园”等称号。

【濉溪县铁佛中心学校】 原名“铁佛中学”（时属民办），始建于1951年。1960年8月，建新校铁佛中学（属公办）。1972年春，增设2个高中班。1980年，高中增到4个班，并并入百善中学。2004年，成立濉溪县铁佛中心学校。占地面积30000平方米，建筑面积15000平方米。分教学区、活动区、生活区。辖中小学11所，教职工近300名，在校学生近4000名。校本部设有22个教学班，教职工100名，其中研究生学历3名、本科学历90名、专科学历10名。校园内建有录播室、“班班通”电化教学等现代化教学系统，图书室藏书3万册，阅览室报纸杂志50种，拥有配套的物理、化学、生物标准化实验室和仪器室，配有音乐、美术、体育活动室、标准化多媒体教室、会议室、男女生宿舍楼、餐厅、操场、篮球场、开放式花园、休闲广场、健身广场等，另设有家长学校、少年宫、留守儿童之家、心理辅导室等。

【五沟中心学校】 濉溪县五沟中心学校始建于1958年，地处濉溪县南部。2014年7月完成整体搬迁。新校区占地98亩，毗邻镇政府，与小学、幼儿园三大学区连成一体。

全校下辖1所初中，1所九年一贯制学校，9所完小，4所教学点，1所中心幼儿园，教职工近300人，在校学生6000余人。中心学校校本部开设29个教学班，共有学生1600余人，有住宿学生1100人。全校以“办让人民满意的学校”为宗旨，秉承“诚信立身、自信成事”的校训，以养成教育为抓手，以教师发展为保障，坚持“严、实、活、恒、细”的工作方针，在精细化管理上迈出了坚实的步伐，取得令人瞩目的成绩，赢得了良好的社会口碑。

学校多次荣获淮北市教育工作先进集体、淮北市平安示范校园和淮北市依法治校示范学校、淮北市书法实验学校、全市教育系统“六五”普法工作先进集体、濉溪县教育工作“先进集体”等荣誉称号。

【濉溪县岳集中心学校】 创建于1958年秋，本部占地面积26083平方米，建筑面积13500平方米，拥有教学楼2栋、综合楼1栋，男女生公寓3栋、教师周转宿舍1栋、食堂及就餐设施齐全，学校配设班班通、多媒体教室、理化生实验室、机器人教室、录播室、智慧教室、心理咨询室、音体美教室等。200米环形跑道1组、排球场1方、篮球场2方和校园广播站、校园网。

下辖公办小学15所，教学点1所。九年一贯制学校（民办）1所，在校学生4569名，中心校本部初中生1012名，20个初中教学班。共有教职工269名，本部在编在岗专任教师95名，工勤人员3名。其中省级劳模1名，省市级优质课教师27名，市级骨干教师5名。

先后荣获全国“关爱明天、普法先行”——青少年普法教育活动先进集体、淮北市教育工作先进集体、淮北市教育宣传先进单位、濉溪县先进基层党组织、濉溪县田径项目学校、濉溪县初中质量综合评估先进学校。校刊《银杏树》被评为“淮北市十佳校刊”。

【五铺中心学校】 始建于1968年。本部占地面积36620平方米，现有9个教学班，在校学校325名。专任教师40名，其中市、县级优秀教师、教坛新星24名。

2016年，中心校本部新建运动场面积5800平方米。2017年，有实验室3间，多媒体教室9间，图书（阅览）室图书10200册，新增教师11名，教师学历合格率100%，计算机房1间，共有计算机50台，互联网接入带宽20M。依托“2016国培计划送教下乡活动”，计有97名进行课堂教学展示活动。

【濉溪县白沙中心学校】 成立于2007年9月（前身是濉溪县白沙初级中学，始建于1969年），占地面积30186平方米。下辖1所初中，1所九年一贯制学校，7所完全小学，2个教学点，10所幼儿园，在校学生5500名，教职工225名，其中省级优秀教师2名，市级优秀教师17名，市优秀班主任10名。中心校本部在校学生1386名，教职工84人，教师学历全部合格，其中高级教师13名，一级教师32名。学生食堂、宿舍、实验室、微机室、多媒体教室、图书室配套齐全，班班具有多媒体教学设备，班班设有图书角。

在各级各类教学大赛中，1名教师获国家级奖，5名教师获省级奖,13名教师荣获市级奖，33名教师荣获县级奖。

先后获得“淮北市教育工作先进集体”“市创建平安校园先进单位”“濉溪县教育工作先进集体”称号。

【濉溪县杨柳中心学校】 濉溪县杨柳中心学校创办于1969年，位于濉溪县孙疃镇沟西村。杨柳中心学校创办时名为濉溪县杨柳中学，1992年更名为濉溪县杨柳初级中学，2004年又更名为濉溪县杨柳中心学校。杨柳中心学校现下辖2所九年一贯制学校（其中1所为民办学校），6所完小及附属幼儿园，5所民办幼儿园。杨柳中心学校校本部占地31160平方米，建筑面积9543平方米，共有17个教学班，学生804名，教职工72名，专任教师70名，学校师资力量雄厚，省级优质课教师1人，有市级骨干教师、市县级教坛新星、优质课教师10余人。

学校校园有教学楼1栋，综合楼1栋，实验楼一栋，男、女生公寓楼各1栋，大型餐厅1座；微机室、多媒体教室、图书室、理化生物实验室、音乐教室、美术教室等功能室齐全，教学设备和器材完备，藏书2万余册；学校建有250米沥青环形跑道，2块标准水泥篮球场，体育器材齐全，能满足体育教学需要。

学校先后获得淮北市教育工作先进单位、濉溪县教育工作先进单位、淮北市依法治校先进单位、濉溪县首届文明校园、濉溪县普通初级中学办学水平评估一类学校、县级花园式学校等荣誉称号。2017年，连续第二年被评为全县初中质量综合评估显著进步学校。

【双堆中心学校】 始建于1969年，原名濉溪县双堆集初级中学，2004年更名为濉溪县双堆中心学校。学校占地面积40066.6平方米，共有26个教学班，在校学生1213名，教职工90名，县级以上各类优秀教师、优质课教师38名，高级教师19名，一级教师41名。

学校建有标准环形跑道、篮球场、乒乓球长廊、多媒体教室、理化生实验室、音体美教室、图书室、阅览室、录播室、舞蹈室、棋艺室、航模活动室、心理咨询师等，班班装有“班班通”，教学设施齐全，教学条件优良；学生食堂、公寓楼、洗浴房等生活设施一应俱全，可以满足学生寄宿的需要。学校布局合理，功能区划分清晰，环境优美。

2017年，先后被评为市教育系统“六五”普法工作先进集体、镇先进基础党组织、县教育工作县级单位、县初中教学质量综合评估显著进步学校。学校的航模训练队获淮北市中学生航模比赛团体三等奖。

【濉溪县陈集中心学校】 始建于1968年，原名濉溪县三和初级中学，2012更名为濉溪县陈集中心学校，占地45亩，共有教学班28个，学生1500多名，专职教师100名，工勤人员2名。中青年教师占比84.6%。县级以上各类优秀教师23名，中学高级教师13名，拥有教学楼3幢，餐厅1座，公寓楼3幢，教师周转房1幢。多媒体教室、语音室、录播室、微机室、图书室、阅览室、省级一类理化生实验室。有足球场、篮球场、排球场和300米沥青环形跑道，另外20个乒乓球台。

2017年度，80套教师周转房投入使用，新建的一幢教学楼投入使用，新增绿化面积400平方米。学校被评为淮北市教育系统“六五”普法先进集体，濉溪县教育教学工作先进单位集体，中职招生一等奖。学校成立田径队、足球队、象棋兴趣小组、书法兴趣小组、篮球兴趣小组。新的图书馆、阅览室相继投入使用。

【四铺中心学校】 濉溪县四铺中心学校始建于1959年，占地85亩，辖中小学6所，教学点8个，有独立设置的公办幼儿园1所，公办小学附设幼儿园（班）10个，民办幼儿园3个，学前阶段在校生1304人，在校小学生2000人，初中生685人，在编在职教职工226人。

2016—2017学年度，四铺中心学校新建新庄小学教学楼、五里铺教学楼、大曹小学教学楼、四铺中心小学综合楼各1栋，投入资金100万元，中小学办学条件进一步改善。学校大力加强校园励志文化建设，从严从实实施教学常规管理，强力推进“先学后导，当堂检测”教改实验，教学质量和办学效益显著提升。2017年，学校先后被评为濉溪县教育工作先进单位、淮北市文明校园和综治工作先进单位。

科技工作

【概况】 2017年，县科技局以科技创新工作为重点，深入实施创新驱动发展战略，不断完善科技创新体系，着力培育创新主体，全力提升创新能力，进一步推动科技与经济的紧密结合。先后荣获“县目标考核先进单位”“第十届濉溪县文明单位”等荣誉称号。

【项目工作】 全县共争取市级以上项目21个，共争取各类政策性资金920.8万元。备案安徽宝博合成革有限公司“淮北市PU合成革工程技术研究中心”等4家市级工程技术研究中心。淮北市辉煌伟业农牧有限责任公司“清洁饲养科技特派员工作站”等3家特派员工作站获批省科技特派员工作站。按照《濉溪县实施知识产权战略推进自主创新的若干政策措施》，对2016年度申报的县自主创新政策项目予以兑现，发放专项奖励资金255.48万元。

【高新技术产业】 淮北市华明工业变频设备有限公司、安徽鑫邦生物质资源科技有限公司等8家企业被认为国家级高新技术企业。

【知识产权工作】 2017年，全县申报专利1118件，其中发明专利462件、实用新型专利572件、外观设计专利84件；授权专利282件，其中发明专利50件、实用新型专利172件、外观设计专利60件。

2017年6月，安徽理士电源技术有限公司“一种酸液循环装置”专利获批第五届安徽省专利优秀奖。

气　象

【气象现代化建设】 2017年在境内安装8个六要素自动站（气温、风向、风速、降水、气压、湿度）；5个四要素自动站（气温、风向、风速、降水）和11个单雨量站以及2个自动土壤水分站，实现乡镇全覆盖。对辖区内出现的灾害性天气及降雨实况实时监测，动态掌握气象要素及雨情，为全县的防汛抗旱、抢险救灾工作提供准确、及时、快捷、全面的气象信息。开通气象专用宽带网，能够实时与省、市以及周边市县开展天气会商。

【预报服务】 县气象局不断加强对重大天气过程的监测和预报会商，做到预报准确、气象情报传递及时、服务主动。积极为各级党委、政府提供准确、及时的决策气象信息，为社会提供快捷、全方位的公众气象信息。充分利用广播、电视、报纸、“96121”、手机短信、电子显示屏、大喇叭、微博等多种传播手段以及扩大乡镇信息员队伍，扩大气象信息覆盖面，做好各类气象服务工作。全年共发布《天气情况汇报》《汛期天气专报》《重要天气信息专报》《农用天气预报》《秸秆禁烧服务材料》等各类气象服务材料100余期，发布预警信号共80条，决策手机短信平台发布短信300余条，服务50万余人次。

【人工影响天气工作】 2017年，按照人影规范化建设要求，建成标准化人影作业基地4个，设立作业点6个。在地方武装部门的大力支持下，在全省率先建设人影专业小分队，并获“人影标准化建设示范县”称号。每年组织30余人参加省级人影业务技能培训，全年进行8次人影作业，增雨效果明显，缓解旱情，助力大气污染防治工作。

地震监测

【地震监测预警】 濉溪县人民防空和防震办公室自2015年4月26日合并以来，依靠科技创新，提高监测预报水平。按照“一县一台”要求，投资80余万元用于地震前兆观测台建设。建立高速化、智能化的地震监测中心，保证地震应急数据信息快速传递与处理，实现省—市—县三级联网。继续推进“三网一员”（地震宏观监测网、灾情速报网、科普知识宣传网和防震减灾助理员）体系和县、乡、村三级地震群测群防工作体系，现有9个地震宏观监测点。

【业务知识稳步增强】 加大对宏观检测员业务知识的培训力度，提高识别地震宏观异常的能力。坚持地震监测日报制度，做好地震基础资料的整理、分析、上报工作。完善地震宏观监测工作管理制度，充分发挥其在短临预报、灾情信息报告中的重要作用，促进地震宏观监测工作步入规范化管理轨道。

【增强群众防震减灾意识】 利用“7·28”唐山地震纪念日、“5·12”汶川地震纪念日、“12·4”法制宣传日，组织开展防震减灾知识宣传活动并使之进社区、进学校、进企业、进家庭、进乡村、进机关。推进宏观网点数字化网络建设，加强宏观监测，逐步实现网点工作规范化，网络化、强化群测群防信息员、防震减灾助理员培训工作，组织开展震情灾情速报演练。

卫生 人口计划

卫 生

【卫生综合改革】 2017年，积极推进县域医共体建设。12家卫生院与县医院联合，6家卫生院与县中医院联合，组建2个县域医共体。通过县级医院技术骨干到基层服务，引导患者在基层首诊。严格执行参合患者转诊制度，发挥居民医保基金的调控作用。做好医共体县外定点合作医疗机构遴选工作，与13家县外三级医院签订协议，建立了合作关系。开展家庭医生签约服务试点工作，制定下发《濉溪县家庭医生签约服务工作实施方案（试行）》和《濉溪县家庭医生签约服务考核结算办法》。家庭医生签约覆盖全县18个乡镇卫生院所辖区域，参与签约服务的乡镇卫生院人员201人，在岗乡村医生1031人。

巩固和完善基层医改。开展乡镇卫生院“三评比三促进”和群众满意乡镇卫生院创建活动，提升基层服务能力。南坪、四铺镇卫生院被国家卫计委授予“群众满意乡镇卫生院”称号。创新乡镇卫生院绩效考核方式，完善“月监测、季考核、年总评”考核办法，修订《濉溪县乡镇卫生院绩效考核主要指标及评分细则》，通过严格考核逐步实现乡镇卫生院精细化管理，调动工作积极性。认真做好全县老村医身份与工作年限认定工作，共认定1125人。7月，兑现到龄退出村医生活补助，累计发放补助资金613万元。深入推动药品耗材采购改革。实施公立医院药品带量采购和高值耗材网上集中交易。全年，县医院采购金额7402万元，高值医用耗材1793万元；县中医医院采购金额3132万元，高值耗材采购金额431万元。18家乡镇卫生院共采购药品5059万元。三家配送企业未严格履行《带量成交药品买卖合同》，被取消配送资格。加强重点药品预警和监控，不断推动合理用药工作，推进药品采购“两票制”（药品从药厂卖到一级经销商开一次发票，经销商卖到医院再开一次发票）。实行医疗设备集中招标采购。

【合作医疗】 2017年，县城乡居民合作医疗管理中心更名为县城乡居民医疗保险中心。全县参合人口948679人，参合率98%。人均筹集标准540元，共筹集资金51228.67万元。全年基金支出46843.82万元，补偿受益人1656018人次，参合群众住院实际补偿比60.92%，政策范围内实际补偿比77.78%，门诊实际补偿比54.51%。积极推进大病保险及意外伤害补偿委托商业保险公司经办，全年大病保险补偿2389人，支出1776万元。

【卫生重点项目】 2017年，加快中央基础设施建设项目建设进度，完成45个村卫生室建设项目，组织实施了竣工验收、审计结算等；完成县妇幼保健院住院楼建设项目的申报审批，并督导项目落实。积极申报中心卫生院创建二级医院项目，完成南坪、四铺的申报工作，其中四铺镇卫生院已通过市级审核。加快县医院门诊综合楼建设步伐，该项目总投资1.86亿元，2015年6月10日动工兴建，2016年5月16日封顶，2017年年底进入设备安装阶段，累计完成投资5109万元。

【公共卫生】 2017年，加强人感染H7N9流感防控和落实肠道传染病防控，全年共监测肠道腹泻病1269例。加强艾滋病、结核病等重大疾病防控。做好疟疾等重点地方病防治，顺利通过省级消除疟疾考核评估，规范做好碘缺乏病病情监测，开展氟中毒病情监测。加强慢性非传染性疾病防控。积极开展健康素养66条宣传，倡导全民健康生活方式，巩固慢性病综合防控示范区成果。加强卫生应急和食品风险监测工作，成功处置发生在百善、刘桥镇2起因聚餐引发的食物中毒事件。基本和重大公共卫生项目完成任务。

【妇幼保健】 2017年，认真做好妇幼保健和计划生育服务资源整合工作。实施妇幼健康水平提升工程，农村住院分娩孕产妇补助14209人，免费婚检8250对。抓好重大公共卫生服务项目，农村妇女增补叶酸11458人，任务完成率104.16%。认真开展“两癌”筛查，宫颈癌筛查15000人，乳腺癌检查4000人。做好孕产妇和儿童保健，孕产妇保健覆盖率91.48%，孕产妇系统管理率85.10%；7周岁以下儿童保健管理率90.82%，3周岁以下儿童系统管理率85.97%。

【爱国卫生运动】 2017年，开展环境治理活动，组织开展第二十八个爱国卫生月活动，制定《濉溪县城乡环境卫生整洁行动实施方案（2015—2020）》。开展卫生单位创建活动，推荐4个行政村申报省级卫生村，1个机关单位申报省级卫生单位；4个机关单位申报市级卫生单位，10个行政村申报市级卫生村。市爱卫会对全县申报的市级卫生单位、卫生村进行考评验收。做好卫生县城创建工作，积极开展病媒生物防制。

【卫生监督执法】 强化医疗机构监督，严厉打击非法行医。监督检查各类医疗机构396家（次），立案查处87起，已结案61起，移交公安机关2起，取缔无证行医场所58处，没收非法所得63677元，罚款156300元。着力抓好公共场所卫生监督工作。检查公共场所6000余户次，督促办理健康证782个，监督覆盖率达100%。开展“四小”行业专项整治，检查“四小”行业3300余户次，责令改正102户次，取缔无证经营户10户。加强生活饮用水和职业、放射卫生监督工作。开展传染病防治分类监督检查，做好学校及传染病卫生监督工作。

【中医药工作】 加强县中医院建设与管理，巩固二甲中医院创建成果，开展“以病人为中心、发挥中医药特色提高中医临床疗效”为主题的持续改进活动。积极推进乡镇卫生院和社区卫生服务中医科能力建设，逐步达到规范化标准化要求。积极组织实施中央财政投资90万元的刘桥等6家示范中医馆建设。

【健康脱贫】 开展摸底调查，及时掌握因病致贫返贫户数。认真落实“三保障一兜底”（基本医保保障、大病保险保障、医疗救助保障、财政兜底）综合医保政策。全年补偿贫困人口6139人次，其中，门诊补偿5139人次，慢病补偿124人次，住院补偿876人次。补偿金额367.85万元，其中门诊补偿10.42万元，慢病补偿9.08万元，住院补偿299.08万元，贫困人口大病保险补偿10.84万元，贫困人口医疗救助38.02万元，政府兜底0.41万元。做好贫困人口重点疾病防治工作。切实优化贫困人口医疗服务，开展签约服务28180人，发放“医疗服务证”16314份。

医疗机构

【濉溪县医院】 县医院始建于1950年，占地面积6万平方米，为综合性二级甲等医院。先后被评为全国爱婴医院、全国百姓放心医院、全省卫生系统先进单位，是安徽医科大学、蚌埠医学院、淮北职业技术学院、淮北卫校等医学院校的教学医院。现有病床1450张，28个临床科室，11个医技科室，另设有120急救中心、体检中心。在职职工1100人，其中卫生技术人员900人，高级职称62人，中级职称470人，研究生11人，本科380人，大专以上802人。蚌埠医学院兼职教授4名，淮北名医5名，首届濉溪县优秀专业技术人才1名。拥有2个安徽省重点特色科室（泌尿外科、呼吸内科），1个淮北市重点专科（普外科），3个淮北市特色专科（心血管内科、泌尿外科、呼吸内科）。

医院设备主要有磁共振、数字减影血管造影X线机、螺旋CT、DR、血液透析机、彩色多普勒超声诊断仪、CR成像系统、C型臂X线机、全套内窥镜系统、多功能呼吸机、全自动生化分析仪、数字胃肠机、眼科和外科手术显微镜及全套康复设备等。

病房综合大楼，总面积4.2万平方米，地上23层，地下1层，设床位1000张。内设病房、手术室、血透室、重症监护室（ICU）、体检中心、药房、静脉用药调配中心、输血科等。同时拥有智能楼宇控制系统、计算机网络系统、中心供氧吸引系统、中央空调、多媒体信息查询、消防监控和手术室洁净系统等一流的现代化设施，每个病房建有卫生间，并根据病人需求，设高、中、低档病房。

【濉溪县中医院】 中医院创建于1984年，是一所具有中医特色和中西医诊疗优势的二级甲等中医医院。

医院占地64亩，床位680张。新院一期建筑面积33500平方米，建成并投用，另有在建面积9600平方米、设计床位380张的康复病房综合楼。开设17个临床科室、14个医技科室、15个病区，拥有重症医学科（ICU）、新生儿室和血液透析室。能开展各种腔镜下微创手术、人工关节置换术、断指再植术、显微镜下脑肿瘤摘除术、经皮椎间孔镜技术治疗腰椎间盘突出症的手术微创治疗，体外冲击波碎石术，白内障超声乳化术及各类高难度手术。

共拥有1个安徽省中医药管理局“十二五”重点专科专病建设项目：腰椎间盘突出症；3个市中医重点临床专科：针灸推拿科中医骨伤科和脑病科；3个县级医学重点学科：心病科、中医妇科和眼科。中医中药及中西医综合疗法治疗乳腺病、心脑血管疾病、脊柱四肢疾病、瘫痪疾病、男性病、脑病、肺病、耳鼻咽喉疾病、妇科病、不孕不育、肝病、皮肤病、肛肠病、儿童中医保健等疗效显著。

共有职工586人，其中卫技人员479人，高级卫技人员23人，中级卫技人员158人，安徽省基层优秀名中医1人，淮北市中青年名中医4人，濉溪县名中医10人，硕士研究生9人。

医院新购置西门子核磁共振系统、多排螺旋CT、彩色B超、数字化摄片系统、腹腔镜、关节镜、椎间孔镜、超声乳化治疗仪、手术显微镜、电子胃镜、肠镜、肺功能检测机、C型臂、全自动化分析仪、多功能麻醉机、体外超声碎石机动态心电工作站、三维正脊床、熏蒸、药浴、理疗等先进中医治疗及康复设备。

【濉溪镇社区卫生服务中心】 服务中心成立于2011年4月，位于濉溪县岱河路9号，建筑面积6000平方米，辖区总人口数12.6万人，在岗职工55人，其中中级职称22人。卫生技术人员30人，下设5个村卫生室、21个社区卫生服务站。

【百善镇卫生院】 百善医院是一所集医疗、预防、保健、康复为一体的综合医院，总占地面积25亩，建筑面积6000平方米，位于百善镇百善街。

医院开展农村常见病、多发病及疑难杂症的诊断与治疗。突出中医科特色。现有医护人员88人，其中中级以上技术职称28人，设有内科、外科、妇科、儿科、耳鼻喉科、肛肠科、骨科、中医科、检验科、放射科、麻醉科等科室，床位80张，配有大型医疗设备：美国GE-CT、DR放射机、美国GE彩超、全自动麻醉机、全自动血液分析仪、全自动尿分析仪、全自动生化分析仪、心电监护仪等设备，服务半径15公里，服务人口12万人。

【徐楼分院】 成立于1976年5月，是一所集医疗、预防、保健为一体的乡镇医院，占地面积3300平方米，建筑面积1650平方米，主体楼2栋（门诊楼综合楼、住院楼）。共有职工62人，其中高级职称2人，中级职称10人，各类专业技术人员50人。设有内科、外科、骨科、妇产科、预防接种门诊、五官口腔科、中医推拿按摩科、医技科等15个科室。拥有CR放射机，全自动生化分析仪，美国进口GE彩超，心电工作站，呼吸机、麻醉剂、心电监护仪、综合产床、手术床等30多种设备。服务半径约15千米，服务人口约4.2万人，年业务收入600

万元。

【濉溪县刘桥镇卫生院】 濉溪县刘桥镇卫生院成立于1956年，坐落在濉溪县城西5公里刘桥镇合欢路，是卫生部批准的“一级甲等医院”，“安徽省示范、标准化乡镇卫生院”，“爱婴卫生院”，“市级文明单位”、“平安医院”。共有职工62人，其中管理人员3人、专业技术人员55人，工勤人员4人。占地10000平方米，建有门诊楼、住院楼、预防保健门诊楼、急诊综合楼、职工之家、职工宿舍楼6栋。主要为刘桥镇辖区内约10万人（含矿区人口）提供医疗健康服务。

【临涣镇卫生院】 临涣镇卫生院坐落在202省道（萧淮路）南侧，离县城40公里。卫生院拥有独立的门诊部、住院部、供应室楼、医技楼、公共卫生服务中心，总占地面积13805平方米，总建筑面积6055平方米。有内科、外科、骨科、妇产科、预防接种门诊、五官口腔科、中医推拿按摩科、医技科等15个专业科室。拥有双排螺旋CT机、DR数字放射机，全自动生化分析仪、进口东芝彩超、心电工作站、呼吸机、麻醉机、腹腔镜、心电监护仪、综合产床、手术床等设备。年业务收入1000万元。主要为辖区内8.9万人及涡阳县石弓镇、青疃镇等周边镇居民提供医疗、保健服务。

【南坪镇中心卫生院】 中心卫生院是一所集医疗卫生、预防保健于一体的综合性医院。下辖任集分院,共有职工120人。坐落于南坪镇浍河南岸，占地16500平方米，医疗服务辐射周边的5个乡镇，服务覆盖人口约32万人。拥有独立的住院楼、门诊楼、医技楼、公共卫生服务大楼。大型设备有：东软C2800CT机、德国进口DR摄片机、全自动生化分析仪2台、进口彩超和黑白B超、心电工作站及动态心电仪等，基本能满足农村患者的常见病和急诊急救的医疗诊断治疗。

【韩村镇卫生院】 成立于1956年，坐落于韩村镇振兴街北侧，是一所集医疗、预防、保健为一体的乡镇卫生院。1996年经国家专家组评审为一级甲等、爱婴医院。2006年被濉溪县新型农村合作医疗管理局验收为新农合报销定点医院、医保定点医院。占地面积2021.3平方米，建筑面积840.1平方米，在编职工75人，其中副主任护师2人、中级职称10人、各类专业技术人员63人。设有内科、外科、骨科、妇产科、预防接种门诊、五官科、口腔科、中医推拿按摩科、医技等14个科室，拥有GE彩超、心电工作站、DR放射机，全自动生化分析仪、麻醉机、心电监护仪、综合产床、手术床设备。服务半径15千米，服务人口7万余人。

【铁佛镇卫生院】 成立于1956年，是一所集医疗、预防、保健为一体的综合性“一级甲等”医院，“县级文明单位”、“平安医院”。占地面积6500平方米，建筑面积3000平方米，共有职工68人，其中高级职称2人，中级职称8人，初级职称54人，床位40张。负责镇辖区5万群众的医疗、预防、保健、公共卫生等服务。设有内科、外科、妇科、儿科、中医科、防保站、药剂科、护理科等科室；配备有X光机、DR、B超机、生化分析仪、血细胞计数仪、血流变检测仪、尿液分析仪等检测检验设备。

【五沟镇卫生院】 始建于1954年5月，为国家一级甲等医院。医院占地面积21312万平方米，业务用房8150平方米，固定资产1250万元。共有职工78人，其中本科3人，大专36人，高级职称1人，中级职称22人，医药（护）技师51人。医院设有4个职能科室，1个公共卫生部，门诊部设有12个临床科室；住院部设有内科、外科、妇产科、中医疼痛五官科4个病区，病床98张。

医院拥有CT、彩超、全自动生化分析仪、500maX光机、德国数字X线成像系统（CR）、B超机、12导联心电图工作站、全自动血球计数仪、麻醉机、心电监护仪等大中型医疗设备30余台（件）。

可开展脾切除术、胆囊切除术、胆总管切开取石T管引流术、骨折切开复位内固定术、胃大部切除术、子宫全切术、剖宫产术、前列腺切除术、膀胱结石取出术。内儿科对急、危、重病人的抢救有丰富的临床经验，中医针灸推拿突出中医特色。

【五沟镇卫生院白沙分院】 成立于1955年10月，为“一级甲等卫生院”，是一所集医疗、预防、保健为一体的乡镇分院。2006年，被濉溪县新型农村合作医疗管理局验收为新农合报销定点医院。总占地面积3800平方米，建筑面积约1800平方米，主体楼2栋（门诊楼、医技楼）及住院病房。在编职工39人，其中中级职称2人，各类专业技术人员37人。设有内科、小儿科、外科、骨科、妇产科、预防接种门诊、五官科、医技科等科室。拥有CT机、CR放射机、全自动生化分析仪、彩超、心电工作站、呼吸机、麻醉机、心电监护仪、胎心监护仪、综合产床、多功能手术床等设备。服务半径约10千米，服务人口4.3万人，年业务收入400万元。

【孙疃镇卫生院】 成立于1975年5月，坐落在孙疃镇街西村。是一所集医疗、预防、保健为一体的乡镇级中心卫生院，1996年，获评“一等甲级”“爱婴医院”，2006年被濉溪县新型农村合作医疗管理局验收为新农合报销定点医院、医保定点医院。医院总占地面积约8900平方米，建筑面积3800平方米，主体楼3栋。在编职工63人，其中中级职称19人，各类专业技术人员42人。设有内科、外科、骨科、妇产科、预防接种门诊、五官口腔科、中医推拿按摩科、医技科等15个专业科室。拥有CT机、CR放射机，全自动生化分析仪，美国进口彩超，心电工作站，呼吸机、麻醉剂、心电监护仪、综合产床、手术床等设备。服务半径约15千米，服务人口7.2万人，年业务收入700万元。

【双堆集镇卫生院】 成立于1972年10月，是一所集医疗、预防、保健为一体的综合性卫生院，1990年获评“一等甲级”、“爱婴医院”，2006年被濉溪县新型农村合作医疗管理局验收为新农合报销定点医院、医保定点医院。总占地面积21600平方米，建筑面积约3800平方米，主体楼5栋。在编职工66人，其中中级职称14人，执业医师29人，各类专业技术人员43人。设有内科、外科、骨科、妇产科、预防接种门诊、五官、中医推拿按摩科、医技科等15个专业科室。拥有CR放射机，全自动生化分析仪，彩超，心电工作站，呼吸机、麻醉剂、心电监护仪、综合产床、手术床等设备。服务半径30千米（覆盖辖区陈集、三和、罗集、曹坊、芦沟、任集、南坪镇的部分村及宿州、蒙城和怀远的部分乡镇等），服务总人口25万人，年均业务收入700万元。

【双堆集镇卫生院三和分院】 三和分院是一所集医疗、预防、保健、康复为一体的一级甲等医院。占地面积12000平方米，建筑面积6500平方米。共有职工60人，其中各专业主治医师12名。病床60张，设内、外、妇、儿、泌尿、心脑血管等十多个临床科室和CT、彩超、放射、检验、生化等9个医技科室。连续多年被评为全县卫生系统先进集体、市级文明单位，先后获“市质量管理十佳医院”“树医院形象、创优质服务活动优胜单位”等称号。

【四铺镇卫生院】 四铺镇卫生院是一所省卫生厅批准设立的中心卫生院、一级甲等医院。位于泗永公路南侧，占地16000平方米，建筑用房12409平方米，业务用房4442平方米。共有职工102人，病床120张。其中专业技术人员92名，副主任医师6人，中级职称28人，初级职称60人，本科学历8人，专科学历36人，每年进修学习达5人次。

卫生院设有内科、外科、妇产科、儿科、骨科、肛肠科、中医科、口腔科、眼科、皮肤科、耳鼻咽喉科、理疗科、手术室、麻醉科、B超室、心电图室、检验科、放射科、CT室、预防保健、五铺门诊二部等。拥有进口麦迪逊彩超、美国螺旋CT、500mA-X光机、血球计数仪、血细胞分析仪、血流变、微量元素分析仪、精液分析仪、尿液分析仪、全自动生化分析仪、十二导心电工作站、多参数心电监护仪、多功能麻醉机、婴儿监护仪、胎心监护仪、无影灯、全自动洗胃机、柯达CR、全自动洗片机等多种先进医疗设备。医院管理采用HIS信息管理系统，全部实现管理微机化。

人口计生工作

【人口基本情况】 2017年度，全县共出生男婴9817人，女婴8891人，性别比为110.42（统计报表）。60周岁及以上人口为15.31万人，占总人口的13.41%，其中65周岁及以上人口为11.59万人，占总人口的10.16%。与2016年相比，0—14周岁人口的比重上升0.29个百分点，65周岁及以上人口比重上升0.38个百分点。2016年10月1日至2017年9月30日，全县共出生18708人，死亡人口为3882人，出生率为16.45‰，死亡率为5.9‰，自然增长率为10.55‰。2017统计年度全县出生人口中，二孩出生人数为10600人，比上年增加1285人，占全部出生人口的比重达56.66%，一孩出生数量为6467人，比上年减少845人，一孩占全部出生人口的比重为34.57%，连续两年出现二孩出生数超过一孩。全县新婚人数逐年减少，由2013年的13545对逐年减少到2017年的9819对。

【全面两孩政策】 编印《两孩政策解读》《正确领会全面两孩政策精神，认真做好计划生育工作》等宣传培训资料，分期分批对全县700多名镇、村专干进行培训。及时进行登记、审批，简化办证流程，改进服务态度，提高办事效率和服务质量。2016年10月1日至2017年9月30日，全县共办理生育服务登记15117例，其中办理一孩生育服务登记5417例，二孩生育服务登记9644例，三孩、多孩生育服务登记56例；生育审批521例。

【性别比综合治理】 2017年度，全县综合性别比为102.75（省口径）。加大“两非”案件查处力度。2017年，全县共办理“两非”案件33起，结案22起（大案8起、次要案3起、一般案件11起），33起案件中有刑事案件7起（刑拘3人）、吊销医师执业证书案件10起、吊销医疗机构执业许可证案件5起、一般案件11起，罚款18多万元。开展家庭发展服务中心创建工作。城关镇、百善镇开展家庭发展服务中心试点工作，依托城市生活e站硬件设施，建立完善包括生育支持、幼儿养育、青少年发展、老人赡养、病残日间照料等项目，得到群众的好评。

【完善利益导向机制】 2017年，全县计生特扶135人，发放补助资金66.42万元；手术并发症60人，发放补助资金16.08万元。确认扩面人数3308人，发放奖励金238.176万元；确认奖励扶助人数1658人，发放奖励金166.344万元。落实城乡居民养老保险优待计生家庭政策。独生子女或伤残22人，节育手术并发症42人，独生子女27075人，双女户6493人。共兑现资金123.888万元。落实节育奖励全覆盖1502人，总共兑现奖励金21.38万元。利用人口基金项目为特扶家庭、全面两孩办理综合保险，积极开展计生贫困家庭特殊救助、大学生助学成才、紧急慰藉等活动，全年发放救助金45.4万元。救助困难群体，享受老年护理补贴的22例，其中中度11例、轻度7例、重度4例，兑现8.04万元。实施健康扶贫，全年共补偿贫困人口76957人次，其中，门诊补偿61566人次、大额门诊966人次、慢病补偿4317人次、住院补偿7957人次、门诊单病类（含白内障）2151人次。总基金支出5208.96万元，其中农合支出4145.82万元、贫困人口大病保险348.18万元、贫困人口医疗救助541.54万元、政府兜底118.95万元、“180”补充医保（贫困人口慢性病患者1个年度内门诊医疗费用，经“三保障一兜底”综合医保报销后，剩余合规费用由医保再报销80%）补偿54.46万元。

【健康服务工作】 2017年，免费婚前健康检查服务新婚夫妻8575对，完成年度任务的107.19%，疾病检查率10.28%，其中确认艾滋病抗体阳性女2例、男2例。开展国家免费孕前优生健康检查工作，2017年度，全县孕优任务数10236人，完成11126人，完成任务目标值108.69%。妊娠高风险比率为7%；开展孕期保健服务，2017年开展孕产妇保健服务47898人次，产后访视22256人次，儿童健康体检服务92936人次。开展新生儿疾病筛查，2017年全县新生儿遗传代谢病筛查9757人，筛查率99.57%。新生儿听力筛查10156人，新生儿听力筛查率100%。开展重大公共卫生项目，全年为全县准备怀孕育龄群众发放和补服叶酸11817人，开展宫颈癌初筛16259人、乳腺癌5557人。

【流动人口管理与服务】 全县流出15.1万人，流入1721人。2017年为流入人口建立健康档案1691人，儿童保健和计划免疫102人，孕产妇保健20人，为全县11335名留守儿童均进行健康体检、建立档案。在宁波建立濉溪籍流动人口计生协，发展会员110人。淮北宁波站升级为省级站。通报协查省际省内各类信息16328人次，准确率、及时率均达到99.6%。

【信息化建设】 清理比对，将WIS上报的新婚、怀孕、出生、节育等信息与各类平台人口信息进行清理比对，彻底排查信息误差。入户核查纠错，将全部的误差名单分村打印，交镇、村卫生计生干部进村入户逐个核查。强化信息核对，确保卫计平台间、部门平台间信息准确一致，提高信息化应用水平和统计管理质量。

社会生活

民政工作

【概况】 濉溪县民政系统共有干部职工215人，其中在职135人，退休80人。党委下设9个支部，135名党员。机关内设6股室，其中高配副科级3个：老龄办、安置办、救灾救济办，股级3个：办公室、优抚股、社会福利和社会事务股；二级机构 13个，其中副科级单位4个：基层政权办、社会救助管理中心、地名办、淮海战役双堆集烈士陵园；股级单位8个：殡管所、军休站、救助站、殡仪服务中心、军人接待站、婚姻登记管理中心、光荣院、社会（儿童）福利中心，1个企业即福利公司。

县民政局先后荣获濉溪县第十届文明单位全省民生工程考核优秀等次（残疾人两项补贴工作）、寻亲工作全省第二名、2017年度安徽省“银铃安康行动”先进单位、濉溪县计划生育工作先进单位等荣誉；百善柳孜村被命名为“千年古村”；濉溪镇闸西社区被评为全省第一批城乡社区协商示范社区；韩村镇淮海村被评为“全省防灾减灾示范社区”。

【城乡低保】 开展社保兜底脱贫清理整顿。结合4月低保年审（专项整治）活动，制定《濉溪县社保兜底脱贫清理整顿工作方案》。县民政局成立濉溪县社保兜底脱贫清理整顿核查组，分4个组，每组由局党委成员带队，抽调人员对每个镇（园区）进行不低于30%的村进行抽查。彻底清理农村低保中的不按标施保、“拆护保”“违规保”等问题，实现精准认定，精准救助。不断提高居民最低生活保障标准。城市低保标准由原来的人均每月475元提高到500元，农村低保标准由原来的人均每年3150元提高到4020元，实现“两线合一”（低保标准与扶贫标准统一设定）。2017年全县共有城乡低保对象11367户，22962人，累计发放低保金及各项补贴7539.92万元。

【特困人员供养】 从2017年7月1日起，全县农村特困人员分散供养标准由人均每年2400元提高到不低于4200元，集中供养助标准一类5400元/人/年，二类6000元/人/年，三类农7200元/人/年。2017年全县共有特困人员4904人，全年拨付特困人员救助供养资金1958.36万元。重阳节为供养特困人员的养老机构拨付慰问金3.1万元。

【养老服务业建设】 积极开展养老机构服务质量专项行动，切实解决影响养老院服务质量的突出问题。完成2017年度公办养老机构保单续签工作，全县15所公办养老机构，交付保险费9.13万元。拨付全县社会办养老机构运营补贴45.92万元，社区服务站运营补贴27.9万元。做好“银龄安康行动”，即老年人意外伤害综合保险的投保及理赔工作，全县投保60948人，占老年人口的38%，超额完成省下达的30%任务。累计为1515人次百岁老人每人每月发放400元长寿保健费，共发放60.72万元。1累计为9775名低收入高龄人发放高龄津贴93.14万元，发放养老补贴155.25万元。为22770名高龄老人发放高龄津贴（含补发2016年）716.82万元。

【城乡医疗救助】 城乡医疗救助实行“一站式”即时结算，33家定点医疗机构，共拨付定点医院垫付的医疗救助金376.50万元，直接救助30182人次，累计发放救助金1525.32万元。临时救助964人次，发放救助资金215.7万元。对152名艾滋病患者进行救助，累计发放救助金27.83万元。

【生活无着人员救助】 孤儿实行城乡一体化救助，统一保障标准，每名社会散居孤儿每人每月补助600元，集中供养孤儿每人每月补助1000元。2017年全县符合基本生活费发放条件并签订协议的孤儿207人，累计发放孤儿基本生活费156.7万元。春节普惠制慰问6.57万元。按照“自愿求助、无偿救助”的原则，规范开展流浪乞讨人员救助。全年共救助1484人次，支出146.57万元。利用多种寻亲方式接送返乡79人，最长失的失散23年。

【救灾救济】 起草下发濉溪县《防灾减灾救灾“十三五”规划》修订完成《自然灾害救助应急预案》调整县减灾救灾委员会成员。完成韩村镇马店村全省防灾减灾示范社区申报工作。发放救灾救济资金240万元。

【优抚安置】 推进落实创建双拥模范城各项工作任务，调整充实县双拥工作领导小组，制定下发实施方案，顺利完成省双拥创模考评验收。开展“两节”走访慰问活动，发放慰问物品合计153万元。

【优抚安置保障措施】 全年发放各类定恤定补款3360万元；发放“八一”优待款948.49万元；重点优抚对象医疗救助共救助1765人次，救助金额247万元。及时更新优抚数据信息系统数据，新增优抚对象342人，核减优抚对象223人。入户核查优抚对象2996户，提前完成省厅规定的任务。接收退役士兵414人。发放自主就业金782.93万元。发放待安置期间的2人生活费6000元。发放2016年退役士兵进藏补助金12人，54.56万元。审核发放2016年入伍大学生补助金共计188人，金额116.6万元。完成采集符合安置工作条件的1978—2014年退伍军人基本情况信息。

【社会事务管理】 2017年共办理婚姻登记17483对；办理收养登记1件；合格率100%。积极实施惠民政策，自4月1日起不再向当事人收取婚姻登记费用。

发挥殡葬管理在构建和谐社会中的重要作用，弘扬优秀殡葬文化理念，顺利完成清明祭祀服务和文明倡导工作。强化殡仪服务车辆安全培训，加大殡改整治力度，提高入馆火化率。全年入馆火化遗体4983具，殡葬救助879人，发放救助金47.56万元。

中福在线2017年共销售1091.53万元。成功举办淮北市2017年“慈善暖万家”启动仪式。为370户特困家庭发放500元慈善救助金和价值200元的物资；为40户患重大疾病人员发放3000元救助金。开展慈善助学“一帮一”活动，为40名受助学生共发放受助金4.8万元。

【区划地名界线管理】 完成全国第二次地名普查前期成果上报、全县地名词条摸底和百善镇柳孜村安徽省千年古村申报、淮北蚌埠段濉溪怀远线的行政区域界线联检工作。

2017年，共登记注册社会组织230个，新登记社会组织18家。

【落实残疾人两项补贴】 截至2017年年底，全县有符合困难残疾人生活补贴条件的残疾人6193人。2017年，共申请发放资金434.63万元。符合申领重度残疾人护理补贴条件的残疾人12155人，2017年，拨付重度残疾人护理补贴852.15万元。

【深化城乡社区建设】 认真组织开展以村民小组或自然村为基本单元的村民自治试点工作，确定刘桥镇火神庙村作为以自然村为基本单元开展村民自治试点。做好镇离任村干部汇总、审核工作，对符合离任村干部补助条件的名单进行张榜公布，接受群众监督。2017年，共新增349人。

（姜凯）

社会保障工作

【就业再就业】 2017年，全县城镇新增实名制就业人数19705人，目标任务13000人，完成目标任务的151%；城镇登记失业人数753人，城镇登记失业率一直保持在3.0%之内，完成目标任务；失业再就业人数753人，失业人员再就业率100%；就业援助对象新增就业387人，就业困难人员帮扶就业率100%。

【社会保险体系逐步完善】 截至2017年12月底，濉溪县已启用入库参保登记单位共192家，其中在职人员13487人，退休人员7714人，合计21201人，占全县应参保人数21828人的97%，超额完成淮北市指定的机关事业单位养老保险攻坚目标。全县全年城镇职工基本养老保险、失业保险、基本医疗保险、工伤保险、生育保险、参保人数分别达到6.2万人（其中退休1.5万人）、3.0万人、4.4万人、4.2万人、2.4万人。

【城乡居保养老保险】 社保卡全覆盖。2017年，全县参（续）保缴费人数34.2万人，完成市目标任务的103.3%；为符合享受待遇的14万人累计发放12173.1万元养老金，养老金社会发放率达100%；人均缴费129元，较上年同期提高11%；全县共发放50.7万张社保卡，办理激活使用4.34万张，实现濉溪县城乡居民社保卡的全覆盖。

2017年，村干部缴费基数及时调整，缴费标准为：正职缴费由每年3343元提高至每年3580元，副职干部由每年3143元提高至3380元。其他村“两委”成员由每年2943元提高至每年3180元，缴费比例不变。截至2017年年底，全县共有 1590名村干部参保缴费，符合参保条件的村干部参保率达100%，发放待遇319人，累计发放资金42.87万元。退保24人，退保金额15.23万元。

“老字号”群体代发工作。截至2017年年底，全县“老字号”群体共10069人享受生活补助，其中老村干6372人、民办教师1984人、老公路养护工22人、老放映员57人、老农民技术员27人、老拖拉机手472人、老兽医22人、退出村医1053人。总计发放老字号群体生活补助资金2506.93万元。

养老管理中心工作扎实推进。2017年，共参加调资14641人，人均增加养老金125.45元，调资后人均工资为1938.08元。

【医疗保险工作】 城镇职工医疗保险。2017年，全县职工医疗保险支出14454.33万元，其中统筹基金支出7025.14万元，个人账户支出7429.19万元。

城镇职工工伤、生育保险。2017年，全县享受工伤保险待遇人数合计439人，享受生育保险待遇927人，其中工伤保险支出832万元，生育保险支出468万元。

城镇职工慢性病。2017年7月1号第二十二批慢性病办理共253人，合格195人，部分合格51人，不合格7人。2018年1月1号第二十三批慢性病办理共247人，合格154人，部分合格63人，不合格10人。全年共办理特殊慢性病140人，合格140人。

扶贫工作

【概况】 濉溪县认真贯彻落实中央和省、市关于脱贫攻坚的各项决策部署和习近平总书记精准扶贫、精准脱贫战略思想，重点围绕“重精准、补短板、促攻坚”专项整改行动、扶贫对象动态调整、脱贫攻坚大排查等工作，强化举措，扎实推进，贫困人口“两不愁三保障”（不愁吃、不愁穿，保障其义务教育、基本医疗和住房安全）问题得到有效解决，生活水平明显提升。濉溪县2014年建档立卡贫困户13741户，贫困人口36603人，涉及10个镇，贫困村22个，贫困发生率3.77%。2017年底动态调整后，全县建档立卡贫困户13242户、36267人，截至2017年年底共脱贫11431户、31294人，剩余未脱贫贫困户1811户、4973人，贫困发生率达0.5%。2017年，全县各级财政预算扶贫资金18151万元，其中中央资金1911万元、省级资金852万元、市级资金10687万元、县级资金4701万元。

【产业扶贫】 县农林委紧紧依托濉溪县农业资源优势，着力品牌粮食、健康畜禽、平原经济发展特色种养业，根据省农委特色种养业发展意见、任务和要求，编制《濉溪县2017年特色种养业到户帮扶手册》，进一步明确品牌粮食、健康畜禽等特色种养业扶贫主要内容、补助标准和申报流程，支持全县有条件的贫困户自主发展特色种养业项目。县委县政府投入600万元在有扶贫开发任务的镇建立10个特色种养业扶贫园区，构建园区企业联农带农激励机制，吸纳贫困户创业、就业、入股，分享产业增值收益。投入440万元用于全县22个贫困村发展特色种养业“一村一品”项目，投入462万元购买农机在22个贫困村组建合作经济组织，增加贫困村集体经济和解决贫困户生产困难；为防范金融风险，设立小额信贷风险补偿金，同时为每户贫困户购买小额信贷保险，每户每年标准40元。截至2017年年底，全县发展特色种养业贫困村达标15个，特色种养业贫困户达标2088户，一村一品专业村达标2个，均已完成年初省农委下达的目标任务；2017年濉溪县共投资406.2万元，为200户“三无”贫困户建设光伏电站，现已全部并网发电。先后举办80余期电商知识普及培训班，带动贫困户开设网店、微商100余人；全县产业扶贫项目65个，产业扶贫到村资金3095万元，到户资金4557.2万元，到户项目覆盖率达97.8%。

【教育扶贫】 2017年，濉溪县各级各类国家资助建档立卡学生5288人，发放资金749.729万元。“雨露计划”资助学生600人，发放助学金196.3万元。

【危房改造】 2017年，濉溪县共实施建档立卡贫困户农村危房改造1037户（重建每户补助2万元，修缮补助0.6万元），做到“应改尽改，应改快改”。

【健康脱贫】 濉溪县落实省健康扶贫“351”和“180”政策，实行贫困人口医药费用“一站式”结算，简化报销流程。印发《关于进一步提高濉溪县建档立卡贫困人口医疗保障水平的通知》，降低原政府兜底“351”个人年度自付封顶额，在原“351”政策基础上，贫困人口个人年度自付封顶额分别降至0.1万元、0.3万元、0.5万元；提高原补充医保“180”报销比例。健康脱贫政策宣传到位、服务到位，每户至少张贴三张家庭医生签约服务记录。

【金融扶贫】 濉溪县全面落实省政府关于深入推进扶贫小额信贷工作的实施意见，大力推广带资入股形式，采取户贷企用、分贷统还等模式，帮助贫困户在企业中参股分红，提高扶贫小额贷款政策的覆盖面。2017年前十个月即新增扶贫小额信贷3393户16927.5万元，超额完成全年新增5940万元任务。

【社保兜底脱贫】 将农村居民低保标准提高到4020元/年。对因特殊原因陷入困境的贫困家庭，给予1000～5000元的“急难”救助，共对81户扶贫对象发放17.33万元救助资金。为全县所有建档立卡50至90周岁（含）贫困老人办理“银龄安康”意外伤害保险，截至2017年年底，已为全县15139名老年扶贫对象购买意外保险，支出保费60.56万元。将全县符合低保条件的贫困户全部纳入低保范围。

【就业扶贫】 根据就业扶贫实际，结合农村“三大革命”，开发就业扶贫公共服务岗位，截至2017年年底，就业扶贫公共服务岗位在岗1715人，发放补贴1020.38万元。积极开展技能脱贫培训工作，技能脱贫培训人数共计473人，超额完成技能脱贫民生工程200人任务额度，发放补贴84.42万元。全县共建设创业扶贫星火园11个，吸纳贫困劳动者就业59人。

【基础设施扶贫】 2017年，贫困村道路项目总投入3929.42万元扶贫资金，已全面完成。农村饮水安全巩固提升工程计划新增受益人口2.8671万人；改善受益人口9020人，其中贫困人口2433人，工程投资2352.66万元，年底贫困村将全部实现通水；2017年度小农水改造提升专项资金项目涉及5个贫困村，工程概算投资404.54万元，工程全部完工。

【社会扶贫】 濉溪县坚持社会参与，扎实开展“扶贫日”系列活动，广泛开展扶贫志愿者行动、“巾帼脱贫行动”，调动社会各界参与扶贫的积极性，释放扶贫开发“叠加效应”，营造更加浓厚的社会氛围。全县22个贫困村均有“民企帮村”；爱心圆梦大学活动帮助100余名贫困学生，每人不低于3000元；100例精神残疾人药费补助全部打卡发放。开展青春扶贫进万家行动，针对贫困青少年“一对一”走访慰问。开展“汇爱助成长 点亮微心愿”青春扶贫行动，面向全县困境青少年征集“微心愿”433个，捐赠物资达6万多元。

残疾人工作

【救助和康复】 2017年，市残联分配给全县贫困精神病药费补助项目任务数为1376人，被救助的对象每人每年1000元，实际救助1476人，合计救助金额147.6万元，完成率107%。残疾儿童抢救性康复工作全面完成，72名四类康复训练的残疾儿童已经输送到各定点机构接受康复训练；为12名残疾儿童装配假肢矫形器；为10名残疾儿童适配辅助器具。2017年，濉溪县有康复需求的人为10901人，其中共有6080人获得康复服务，服务率为55.77%。针对残疾人康复服需求的实际情况，对应需求安排辅具用具，如手杖、轮椅、助行器、坐便椅、洗浴椅、床用桌、听书机、盲杖、盲表等1480余件。

【残疾人教育工作】 2017年，县残联会同教育部门深入做好未入学残疾儿童情况统计，制定入学计划；开展学前教育残疾儿童彩票基金资助工作，为11名学前教育残疾儿童每人资助3000元；开展九年义务教育阶段随班就读贫困残疾学生救助工作，为98名残疾儿童提供救助金每人500元；为22名高中（中职）残疾学生提供就学资助金每人1000元；做好贫困家庭残疾大学生资助工作，为13名残疾大学生提供助学资助。深入残疾儿童家庭，劝导残疾儿童入学，向省特教学校推荐优秀残疾学生就学。

【残疾人就业培训工作】 2017年，全县共办证各类残疾人22734人，其中符合就业年龄段12780人，共就业4610人。计划培训残疾人320名，委托市职业技术学院开展职业技术培训和农村实用技术培训，共培训536人，超额完成当年的培训计划。实施“残疾人创业就业三年行动计划”。2017年，全县新扶植贫困残疾人200名，扶植阳光大棚16个，示范户2个，残疾人就业扶贫基地1个。

【残疾人保障服务】 2017年，为400名下肢残疾人发放代步车燃油补贴10.4万元。为20户贫困残疾人家庭实施无障碍改造。

【残疾人扶贫工作】 2017年，全县共有建档立卡贫困残疾人3628名。对326名建档立卡贫困精神残疾对象给予每人1000元的药费补贴，救助资金32.6万元；救助建档立卡贫困残疾学生21名，救助资金1.5万元；建档立卡贫困残疾人发放辅助器具28件；通过家政服务公司为90名建档立卡智力、精神和重度肢体贫困残疾人提供每人1500元的居家护理服务。2017年5月、9月先后组织专家对全县10个镇22个贫困村贫困户开展上门办证服务，共为592名残疾人办理了“残疾人证”。

【组织建设】 全县共有持证残疾人22734人。2017年12月，召开濉溪残疾人第七次代表大会，选举产生主席团成员25名，选举出席淮北市残联第七次代表大会代表60名。

消费者权益维护

【消费维权工作】 2017年，县市场监管局开展儿童用品质量专项整治，检查儿童用品经营主体120户次，下达《责令改正通知书》9户。联合县公安消防大队开展消防产品专项整治，检查生产、经营消防产品企业15户，抽检消防产品10组。开展电动自行车专项整治，检查电动车经营户60户次，查处不合格电动车案件13起，没收不合格电动车30辆，案值3.85万元。开展汽车销售和汽车维修服务行业专项整治，检查汽车销售、汽车维修、美容经营主体118家，指导企业建立健全监管制度23家，规范经营主体资格9家，查处违法案件1起。联合县农机局开展农机市场整治，检查农机销售、维修经营户65户、各类农机及配件40余种，下发责令改正通知书6份，查处取缔无照经营15户，调解维修纠纷2起。开展建筑钢筋市场专项整治，查处销售不合格钢筋案件6件，没收不合格钢筋8.4吨。开展以家用电子电器、儿童用品、服装鞋帽、装饰装修材料和建筑钢筋、交通工具五大类商品为重点的商品质量监测工作，全年共组织流通领域商品质量抽检292组，立案查处销售不合格商品案件79起，查扣不合格电热毯43条、床上用品四件套1套、内衣140套、卫生纸640提、取暖器20台、童装60件（套）、童鞋12双、长裤164条、电线电缆72卷、PVC管110根、液压刹车制动软管11个、羊毛衫7件、电动自行车30辆、太阳镜42副、铝型材3.55吨、钢筋8.4吨、老年手机14部、黄金饰品2件、洗衣粉336袋、水泵5台。认真做好消费者申诉举报工作，全年“12315”“12331”“12365”三部投诉举报热线共接听群众咨询1500人次，受理投诉举报485起，其中12315投诉举报360起、12331投诉举报117起、12365投诉举报8起，调解477起、立案8起，为消费者挽回经济损失80余万元。

【市场监督检验】 2017年，县市场监督检验所开展各项检测检定活动，完成贸易结算类、安全防护类、医疗防护类、环保检测类强制检定计量器具2117台次；检验建材样品80组，食品样品136组，肥料样品3组；审核上报药品不良反应监测1107例，药品不良反应信息133例。根据财政部、国家发展改革委《关于清理规范一批行政事业性收费有关政策的通知》要求，县市场监督检验所从2017年4月1日起停征计量器具强制检定收费,为企业减免费用50万元。

2017年9月，安徽省铝制品质量监督检验中心通过安徽省质量技术监督局资质认定（CMA计量认证），批准检验检测能力范围包括铝及铝合金、铝板带箔、型材、铸件四大类、33种产品、518个参数；标志着安徽省铝制品质量监督检验中心出具的检验数据和检验报告具有法律效力。同年10月，安徽省铝制品质量监督检验中心依法对县域内美信、华中天力、沪源、富士特、宝隽、恒坤等20余家铝制品生产企业开展走访和产品质量监督抽查，抽检铝箔、铝板、铝合金锭、合金铸件等铝基材料样品10余组。

【市场监管稽查】 2017年，县市场监管局市场监管稽查大队开展成品油市场专项整治，出动执法人员1300人次，摸底排查非法加油站点246家，发放整治通告900余份，拆除非法加油站（点）加油机181家，查扣2台非法流动加油车，查封关闭、停止经营非法加油站（点）65家，移送公安机关立案5起，行政拘留5人。全年共完成基本药品抽检任务40批次，不合格2批次；成品油整治抽检42批次，不合格16批次；查办各类违法案件144起，其中药械类案件45起、食品类案件59起、质检类案件11起、工商类案件29起。

【消费者权益保护】 2017年，濉溪县消费者权益保护委员会围绕“网络诚信、消费无忧”年主题，开展一系列活动。下发《濉溪县2017年3·15国际消费者权益日纪念活动实施方案》，召开2017年“3·15”国际消费者权益日纪念活动暨消费维权工作会议。“3·15”活动期间，制作“打假维权”专题片1部，举行3·15新闻发布会1次、消保维权法规培训2期，播放“3·15”公益广告3条；开展“3·15”宣传活动14场次，设立宣传咨询服务点48个，悬挂横幅74条，制作宣传展板42块，印发各类宣传资料3.5万余份，现场展示假冒伪劣商品32种，接待群众咨询2600余人次，受理消费者投诉59件，为消费者义诊120余人次，参与活动群众约3.29万人次；配合县市场监管局开展“12315”“五进”活动4场次、“12315”开放日活动16场次，组织商品质量抽检110组（其中食品60组、药品40组、农资10组），集中销毁价值25万元的各类假冒伪劣商品。开展无障碍设施体验调查活动，组织消费维权志愿者深入到工商银行、建设银行、电信、移动、联通、国家电网、华润燃气公司、自来水公司营业厅、医院门诊部等13个公共服务场所,对无障碍出入口、无障碍扶手、无障碍电梯、无障碍卫生间、盲道、无障碍柜台等进行实地体验、拍照取证、填写问卷，并将调查体验情况上报至省、市消保委。开展消费环境满意度调查活动,采取纸质问卷调查方式进行,共向消费者发放《安徽省消费环境满意度调查活动问卷》120份，全部收回，并将调查结果和情况汇总上报省、市消保委。加强“一会两站”建设，全县已建镇（园区）消协分会13个，设立“12315”举报站和消费者维权联络站共254个，拥有专兼职工作人员511人，基本实现“一会两站”消费维权网络全覆盖。全年“一会两站”共受理调解各类消费纠纷87起，调解金额45万元，为消费者挽回经济损失38万元。

开展“诚信单位”评选活动，濉溪县安冉水利工程有限责任公司被安徽省消保委授予“安徽省诚信单位”荣誉称号，濉溪县中瑞农副产品有限责任公司、安徽溪瑞食品有限公司、中国邮政集团公司安徽省濉溪县分公司”等26家企业被淮北市消保委授予2016年度“淮北市诚信单位”荣誉称号。

乡镇概况

濉溪镇

【政区概况】 名称来历。濉溪镇古称“口子”，“徐口子”，“徐溪口”。后因濉河、溪河在此交会，到清代又改称“濉溪口”。至民国35年（1946年），称“濉溪镇”。

地理位置。位于濉溪县境最北部，北纬33° 55，东经116° 44，海拔为31.7米。东邻烈山区，西北与刘桥镇接壤，南界平山又王引河南岸，北与淮北市相山区毗连，濉溪县人民政府所在地。境内有新老濉河从北向南两条河道，城镇地处夹河套。符（符离集）夹（夹河寨）铁路线穿城而过，纵贯南北，沟通全国，为全镇运输的大动脉。

政区沿革。全镇的政治、经济、军事地位，因离相山较近，自然形成依山傍水，地势险要。早在春秋时代，宋国建都于相城，药国都之辖区。公元前205年夏，“项羽领兵3万至萧（今萧县），晨击汉军，大战彭城（今徐州）、灵璧（古灵璧在今濉溪镇西）东濉水上。大破汉军，多杀士卒，濉水为之不流”，曾为军事要地的古战场。清代咸丰五年（1855年），捻军首领张乐行亲率兵马攻打濉溪，成为捻军活动的中心之地。清朝当局，为镇压捻军，于同治四年（1865年），在濉溪口设立风颍分府（“二府衙门”），衙署职权，高于宿州。

中华民国初期，沿袭清制，行政区划为相乡36集之口东集、口西集、口中集、米市集、黄桥集，相乡驻于镇中。

民国17年（1928年），宿县下设十区，濉溪镇为第四区，区下仍设集。

民国27年（1938年），濉溪镇为日伪宿县第八区，区下设联保，濉河东设口东联保处，濉河要西设口西联保处。在抗日战争游击环境中，中国共产党创建政权，建立濉溪区，区下设乡。在区域内，设置戴圩乡（今东关），口西乡（今老濉河以西），米市乡（今南关和房庄一带）。

民国34年（1945年）9月，地属中共宿西县，濉溪口设置濉溪市（区级）市下设东关、西关、南关、北关、中心5个镇，市政府驻地在前大街张宅。

民国35年（1946年）7月，国民党复置濉溪区，区下设濉溪镇，镇下设六保六十六甲，区署驻地在今后街路南县酒厂处。

民国36年民国36年（民国36年）10月，共产党建立濉溪区，区下设濉溪镇，因游击战争，驻地无固定。

民国37年（1948年）9月，改濉溪区恢复濉溪市，驻地无定址，至年底，市下设东关、西关、南关、北关、中心五镇和1个口南乡。口南乡驻地在房庄，市政府驻地在后街仲家祠堂。

民国38年（1949年）3月，撤销濉溪市，改为濉溪区。5月，濉溪东区合并为濉溪区。8月，五镇合为河东、濉溪两镇、河东镇驻在东关龙王庙，濉溪镇驻在前大街王家祠堂。

1950年年初，两镇合并1个镇，称为濉溪镇，镇下设5街，直属濉溪区。

1952年10月，撤销濉溪区，成立城关区，区下设五乡一镇，濉溪镇驻地在前大街。

1953年4月，撤销城关区，设置濉溪区，区下直设5街，无镇建制。区政府驻地在前大街华康秦。

1956年3月，改濉溪区为濉溪镇，镇下设东升（东关）、火光（西关）、工农（南关）、联盟（北关）4个高级农业合作社，同时成立东关、西关、南关、北关、大街5个居民委员会，取代五街。

1958年9月26日，成立东风人民公社，公社下辖41个农业生产大队，实行政社合一，公社驻地在前大街111号。

1959年7月1日，撤销东风公社设置烈山、濉西、濉溪人民公社。濉溪人民公社仍驻原地。公社下辖东关、西关、黄桥、城西4个农业生产大队和东关、西关、大街3个居民委员会。1962年至1969年8月，4个农业生产大队改为东关、南关、西关、北关、城西、王冲、王庄、马楼、黄桥、房庄10个农业生产大队，街道仍设3个居民委员会。

1969年4月，改濉溪人民公社为城关镇，设东关、西关、南关、北关、城西、房庄、黄桥、侯王8个农业大队，城关镇驻地仍在前大街111号。

1972年8月，从濉溪镇划出城西、房庄、黄桥、侯王4个农业生产大队入城郊公社，镇只辖4个农业生产大队。在原有东关、西关、大街3个居民委员会的街道行政管理区下，又成立了南关、北关2个居民委员会。至1980年1月6日城关镇驻地迁至新城沱河路22号。

1980年8月，由北关大队划出二里、三里、马圩、彭庄4个自然村，新置二里农业生产大队。

1982年12月，原划出的城西、房庄、黄桥、侯王4个农业生产大队属城郊公社，又复属濉溪镇所辖。

1983年8月，成立新城居民委员会。4月，原农业生产大队改为行政村。5月1日，改城关镇为濉溪镇，镇下辖9个行政村、6个居民委员会。

现9个行政村的自然庄村从南至北有侯庄、王庄、殷庄、王冲孜、帝子庙、南刘楼、北刘楼共7个庄村属于侯王行政村。南马楼、吴新庄、黄桥3个庄村属于黄桥行政村。房庄、新庄、东丁楼、西丁楼4个村庄属于房庄行政村。三桥、东余庄2村属于东关行政村（北关、南关2个行政村均属集镇），西余庄属西关行政村。戴庄、仲楼、武店孜、四里庄、小张庄、马楼、刘庄、小朱桥、余庄9个村庄属于城西行政村。二里庄、马圩孜、彭庄等4个庄村属于二里行政村。合计为1个集镇，30个自然庄村遍及全镇。

1992年2月，溪河乡八里、杜庙、花园、赵圩、蒙村、溪河、杨楼、李庄、五里郢9个行政村并入濉溪镇。共有东关、西关、南关、北关、二里、城西、八里、赵圩、杜庙、蒙村、花园、杨楼、五里郢、李庄、侯王、黄桥、王冲孜、溪河、房庄19个行政村；东关、西关、南关、北关、大街、新城、濉河路7个居民委员会。

1998年月，县建立经济开发区拨出溪河、五里郢2个村民委员会。

1998年1月，成立老城管理委员会、城南管理委员会、城北管理委员会。撤销原大街居民委员会、濉河居民委员会、新城居民委员会、东关居民委员会、西关居民委员会、南关居民委员会、北关居民委员会。同时新设22个居民委员会：东关居民委员会、南关居民委员会、大街居民委员会、石南街居民委员会、石北街居民委员会、北关居民委员会、南环路居民委员会、北环路居民委员会、浍河东路居民委员会、浍河西路居民委员会、烈山南路居民委员会、烈山南路居民委员会、沱河西路居民委员会、沱河东路居民委员会、沱河中路居民委员会、溪河居民委员会、闸河东路居民委员会、闸河西路居民委员会、闸河中路居民委员会、濉河东路居民委员会、濉河西路居民委员会、庆相桥居民委员会。

1998年，成立乾隆湖旅游风景区管理委员会。

1999年8月，撤销城西村、北关村、东关村、南关村、西关村。城北管委会辖原城西村，管辖的居民委员会有浍河西路、沱河西路、闸河西路、濉河东路、濉河西路、濉河中路、闸河东路、虎山北路、庆相桥9个居民委员会。城南管委会辖原西关村、南关村、原西关及南关居民委员会，管辖的居民委员会有浍河东路、沱河东路、烈山北路、烈山南路、十南街、十北街、南环路、南关8个居民委员会。老城管委会辖北关村、东关村、原东关及北关居民委员会。管辖的居民委员会有北关、东关、原东关、北关及大街居民委员会。

2003年6月，房庄、八里、二里3个村民委员会改设为淮海南路、郭楼桥、二里居民委员会。

2004年12月，虎山北路、庆相桥两个居民委员会划归相山区三堤口办事处管辖。

2007年3月14日，濉溪镇村级区划调整前为12个农业村：八里村、花园村、杜庙村、赵圩村、蒙村、王冲孜村、杨楼村、李庄村、黄桥村、马楼村、侯王村、房庄村。村级区划调整后为7个农业村：八里村与花园村合并为八里村，蒙村与赵圩村合并为蒙村，黄桥村与马楼村、侯王村合并为黄桥，即八里、杜庙、蒙村、杨楼村、李庄村、王冲孜、黄桥。房庄村设立居委会。

2007年3月，撤销房庄村民委员会，设立房庄居民委员会。

2007年6月，撤销老城、城南、城北和乾隆湖旅游风景区4个管委会。为方便社区工作开展，成立城北、城南、老城3个工作委员会，同时设立中共濉溪镇城北、城南、老城3个工作委员会总支委员会。

2008年2月，撤销房庄居民委员会，就近并入淮海南路居民委员会。

2008年2月，设立王冲居民委员会。

2008年3月，撤销老城工作委员会，原辖东关居委会、北关居委会、大街居委会直接由镇人民政府管理。

2008年4月，县经济开发区扩展拨出杨楼、李庄2个村民委员会。

政区划分。2008年5月至2017年，辖八里、杜庙、蒙村、王冲孜、黄桥5个村民委员会；城北、城南2个工作委员会；东关、南关、北关、二里、大街、淮海南路、王冲、郭楼桥、浍河西路、沱河西路、闸河东路、闸河西路、濉河中路、濉河西路、濉河东路、沱河东路、十南街、十北居、烈山南路、烈山北路、浍河东路、北环路、南环路23个居民委员会。

人口面积。2017年，辖区总人口101474人，其中非农77821人。总人口中，男性51497人，占50.75%；女性49977人，占49.25%；18周岁以下17842人，占17.58%；18～35周岁27393人，占26.99%；35～50周岁27592人，占27.19%，50周岁以上28647人，占28.24%。总人口中以汉族为主，达101381人，占总人口的99.91%，有回族、朝鲜族等少数民族93人。2017年人口出生1522人，死亡389人；人口出生率14.99‰，人口自然增长率11.2‰，政策符合率94.94%。辖区东西最大距离8.25千米，南北高大距离11.5千米，总面积为73.8平方千米，其中陆地70.89平方千米，占95.8%，水域3.11平方千米，占4.2%。

【自然条件】 地形地貌。镇境域无山峦，无丘陵，北高南低，地面平坦，坡度平缓，自西北向东南坡降为万分之一。镇境北界高度为31.7米，南界为29.7米，南北高低相差2米。而铁路东旧城区内东南高、西北低、高低悬殊1米以上。旧城区西有项公堤，向南伸向黄桥，堤西于清代后期屡为黄水冲积，地面又高于堤东。

河流。属古河床边缘中等富水区，境内有人工河老濉河、萧濉新河、王引河3条，大沟6条。

【基础设施】 交通运输。境内有省道202、101等干线，铁路阜夹线，青阜线穿境而过。省道203快速通道、省道101改道，县道濉漆路山建成通车。

给排水。2005年至2009年，八里村、蒙村村、淮海南路居委会（原房庄村）、黄桥村、王冲村、杜庙村6个农业村先后利用县农村饮水安全工程项目建成自来水厂，有深水井9眼及成套净化设备，供水普及率100%。城区由县自来水公司集中供水，供水普及率100%。镇区主要道路两侧铺设排水管道284500米。

供电。境内有五里郢变电所、杜庙变电所、加油站变电所，二里变电所于2013年开工建设，现基本竣工。2017年，共有多条高压线路合并建设使用，保证县城及周边地区的用电要求。

园林绿化。2017年，完成项目造林931.1亩，造林补贴931.1亩，其他造林335.1亩，202线绿色长廊3.8公里，新植四旁植树8.9万株，义务植树12.99万株。目前全镇林地面积达到18234亩，企业、小区及单位林地面积17284.5亩，灌水林地48亩，宜林地901.5亩，绿化覆盖率38.2%，绿地率为35.4%，人均公共绿地7.9平方米。包括生态公益林地1257亩，商品林地16977亩。全镇森林覆盖率21.7%，河流绿化率95%，道路绿化率97%，义务植树尽责率92%，乡土树种占城镇绿化树使用数量的

85%。

街道。镇政府驻地有淮海路、烈山路、沱河路、虎山路、溪河路、濉河路、南环路、北环路、闸河路、浍河路、懈河路、二关路、龙脊山路、溶树路、碱河路街道15条，长40千米，为沥清混凝土路面。有路灯11500盏。

【经济概况】 国民经济综述。2017年实现地区生产总值45亿元，较上年增长12%。财政收入5.06亿元，较上年增长3%。固定资产投资74亿元，较上年增长101%。农民人均纯收入14170元，较上年增长13%。

农业。有耕地面积2.43万亩，人均1.2亩，全部为水浇地，种植业以小麦、大豆、玉米、蔬菜为主。2017年，农业总产值12亿元。粮食作物以小麦、大豆、玉米为主。2017年生产粮食1.83万吨。其中小麦1.25万吨，大豆0.17万吨，玉米0.41万吨。主要经济作物为蔬菜。2017年，果树、苗圃分别3100亩、650亩，主要品种有黄桃、葡萄等。拥有种植业大户29家，其中连片种植百亩以上大户17家。畜牧业以养殖猪、羊、家禽等为主。2017年，生猪饲养量0.78万头，年末存栏0.76万头；羊饲养量0.37万只，年末存栏0.34万只；家禽年饲养量7.63万只，分别较上年减少0.01万头、0.01万头、2.59万只、持平。拥有养殖业大户15家，其中500头以上养殖厂5家，百头以上养羊户1家。

拥有农业机械689辆（台），机械化收割水平达100%。其中大中型拖拉机68台，小型拖拉机207台，小麦收割机34台，玉米收割机16台，旋耕机52台，秸秆还田机38台，植保机13台，大型大豆播种机35台，大型玉米播种机26台，小型大豆播种机138台，小型玉米播种机62台。

工业。2017年，全镇工业主要以纺织服装、机械加工、食品生产、新型建材为主。2017年实现工业生产总值86亿元。拥有工业企业431家，职工9047人；实现工业增加值21.62亿元，较上年同比增长5%。其中规模以上企业淮北顺发食品有限公司、淮北万新时装有限公司、安徽诺菲雅壁纸有限公司等40家，其中年产值5000万元以上企业安徽溪瑞食品有限公司、淮北振丰粮油有限公司、安徽省汉威混凝土有限公司、淮北市德源机电设备有限公司4家，年产值亿元以上的企业有淮北顺发食品有限公司、安徽诺菲雅壁纸有限公司2家。

乾隆湖工业集中区。2007年开工建设，先后完成道路、供水供电、绿化、园区公共服务中心等配套设施建设；共入驻企业40家，年产值近40亿元，成为全县乡镇中发展态势最好的工业集中区之一。

商贸。2017年共有商业网点5353个，职工13510人；其中企业户458家、个体户4895家。2017年社会商品零售总额达35亿元，较上年增长12.5%；拥有中瑞农产品批发等城乡集贸市场5个，年成交额8亿元。

财政金融。2017年，镇财政收入四级预计完成5.06亿元，占全年任务的101%，同比增长3%；中央级和镇级预计完成4.21亿元，占县下达任务的105%，同比增长6%。

【社会发展】 历史文化名人。古代历史文化名人有清咸丰年间一代鬼才，恃才放旷，享有“小李白”之誉的杨益鲁（绰名杨红眼）、有帝王（咸丰）之师丁彦俦、清末明初开明绅士周俊哲。

文物古迹。濉溪老城石板街、七十二步上天梯、三山夹一井、月牙桥、九道弯、城隍庙、关帝庙、天主教堂、基督教堂。

濉溪老城石板街。东起老濉河西岸，西至关帝庙巷南头，全长1公里，街宽5米。街面青石铺砌，光滑如镜。其建筑古朴典雅，呈明清风格，现为县级文物保护单位。

濉溪城。俗称“口子”，春秋战国时期即为汴水入濉之口，金元时，口子又成溪水入濉之口，故称“濉溪口”。明时，本地商人富户多汇于此，为防匪乱，濉溪人于居民区四周挖壕设栏，濉溪城遂具雏形。石板街由清末民初绅士周俊哲倡导用青色瓦子石重铺。该项工程浩大，动用民工千余人，牛车数百辆，石料上万方，历时数月铺成，彻底改变了“晴天尘土飞扬，雨天满街泥泞”的脏污环境。抗战时期，石板街遭日本侵略军焚烧，淮海战役又遇国民党飞机轰炸。解放后，人民政府多次拨款修复石板街，使其恢复往日面貌。10年内乱，再遭劫难，各种神庙、阁楼、牌坊多被破坏，古迹文物洗劫一空，石板街自此失去了往日的繁华。加之20世纪70年代后期，党政机关、学校团体、工商企业陆续迁往新城，石板街日趋萧条。20世纪90年代中期，人民政府方对老城石板街开发保护。

石板街商铺很善经营，大多数是“前店后坊”，沿街挂着各色招牌的杂货商号多达数十家，店内货物堆积，小到针头线脑，大到各色家具，琳琅满目，昼夜营业，再现昔日“口子不集一常市（常事）”之景。

濉溪俗称“口子酒之乡”。民国初年（1912年）已有酒坊七十二座，外乡争来沽酒者络绎不绝。老城饮食餐点，闻名遐迩，最著名者有王家冰糖肘子、张家大盘辣子鸡、王桥麻婆豆腐、丁家壮馍等、特别是“丁家壮馍”堪称一绝，以其“色味纯正，香脆可口”赢得食客称赞。

今之石板街所留胜迹、传说、名人轶事甚多，有七十二步上天梯。老城东首的当典巷，巷口南高北低，由于向南步步登高，站在巷中高处，隔墙北望，可见相山古庙的前大殿门楼。“天梯”尽头有一平台，雕栏护围，可容纳数百人，时人登高览物、演出聚会、节日盛典多在此举行。由于路为土基，行人步履践踏，泥土聚结为梯，恰为七十二级，故而趣称“七十二步上天梯”。

三山夹一井。石板街水巷南端，有一古井被三座山墙夹持，山墙耸峙，水井幽深、形成“三山夹一井”之奇观。由于沿街众多井水苦涩难饮，唯此井水甘甜爽口，有人说此井与“龙泉”为一脉，故居民多饮此水，汲者络绎不绝，致使小巷长年不干，形成水巷。

月牙桥。位于老城南关民主巷东端。此处有一小溪穿街而过，溪上卧有半块青石碾盘，状如月牙，光滑如鉴，趣称“月牙桥”。桥下溪水潺潺，溪边杨柳依依，每月上弦，新月如钩，月牙桥下，浮光波动，地月天桥，相映成趣。

九道弯。为石板街一古巷名称。位于前大街东段北侧。蜿蜒数百米，通向后街北门，巷内弯道有九，故称九道弯。小巷幽深，迂回曲折，沿巷而行，时而如游迷宫，时而豁然开朗，令行人有“山重水复疑无路，柳暗花明又一村”之感。

城隍庙。现为老实验小学旧址。此庙座西朝东，始建于清乾隆年间，光绪年间重建。马鞍门楼，木质双扇大门，门内建南北廊房各5间，正殿内塑高大城隍神像，大殿高10米，宽18米，为歇山双层斗拱，双飞檐，双挑角。大殿两侧设置晨钟暮鼓。香火会为农历正月十五。

关帝庙。位于石板街关帝巷北头。供奉武圣关羽。始建于清顺治年间。传说天台宗创始人隋代智永大师曾梦见关公，关公言及愿做佛教护法神，自此佛教寺院里，常塑有关公神像。此处关帝庙分庙门和正殿两部分。庙前沿街为瓦房三间，中书“关帝庙”，左书“忠纯”，右书“义粹”。大殿高8米，为砖木结构，其上五脊六兽，屋面为歇山挑角式。香火会为农历五月十三日。

天主教堂。清光绪三十年（1904年），天主教传人濉溪口，传道神甫是意大利人乎而东，于武圣街（关帝庙巷）路西当典（今城关一中）设立天主教堂，直属宿县总堂管辖。教堂建筑为欧式风格，房顶竖巨大十字架，曾拥有教堂12间，教徒2万余众。现已重建，迁至乾隆湖东侧。

基督教堂。基督教传人濉溪口始于1911年。牧师为山东徐润斋，由宿县基督教堂资助，于老城前大街中段路南建神堂一座，占地2.5亩，房屋8间，抗日战争期间扩建至28间，教徒达400余人。

乾隆湖公园。乾隆湖风景区位于濉溪县城南端，由塌陷复垦的环湖风景区、老城石板街2块构成，面积约5平方公里。融农业观光、休闲娱乐、商贸购物为一体。由安徽建工学院规划设计，1998年10月濉溪镇人民政府开工兴建。

酒文化。口子酒历史渊源。关于八仙的传说，推究年代，并不久远。而早在公元前697年的春秋时代，宋昭公就曾用口子酒与鲁、陈、卫国君“歃血饮酒，会盟于渠（渠，即今淮北市相山区渠沟镇）”。《诗经·商颂·烈祖》篇中有云：“既载清酤，责我思成。”酤为古代稀薄之酒，说明此地殷商时期不但有酒，而且有了以酒祭祖祈福的习惯。战国末期思想家韩非子曾来此地周游，著有《宋人酤酒》篇：“宋人有酤酒者，升概甚平，遇客甚谨，为酒其美，旗帜高悬，迎风招展，酒香四溢。卖酒者为招徕顾客，热情周到，四方童叟怀钱提壶，往返不绝……”足见当时此地饮酒已很普遍。据古碑记载：“汉建成二十年设沛国于相，颁布“酒榷”，在濉溪口、柳孜专设税官，征收盐酒税。”宋元时期，也在渠沟、濉溪口、柳子设“酒监”，以课酒税。明时，酿酒作坊已有10余家，到了清末民初，已迅速发展到72家，质量也空前提高。民谣说：“团城七十二，居中尽得法。千瓷皆上品，甘美泉水佳。”其时，共有酿酒技师（时称麹领子)近千名，发酵池600余条，年产量达300多万斤，其中比较有名的酒坊有“周协聚”“允成”“福泉”“广益”“南豫泰”“小同聚”等。

濉溪的酿酒业在沧桑战乱中沉浮发展，市场日渐繁华，在其历史长河中，盛名不衰，一些文人墨客，达官巨贾，常汇集于此，或泛舟濉水，饮酒赋诗；或飞扬跋扈，纵吟狂歌，留下不少美妙的诗篇。魏晋时，口子酒浓度有所提高，“竹林七贤”中的嵇康和刘伶，都生于酒乡，酷爱饮酒，常喝得酩酊大醉而后快。刘伶在《酒德颂》中写道：“捧罂承槽，衔杯醇醪，奋髯箕踞，枕曲藉糟，无忧无虑，其乐陶陶。”嵇康在《秋胡行》中有“旨酒盈樽，莫与交欢”的诗句，至今此地有的酒店仍在悬帖“嵇康问道谁家好，刘伶答曰此处高”的对联。传说中的张果老一生好酒，年轻时曾在口子拜师学酿。按张果老等八仙活动年代推究，当在隋唐盛世，口子酿酒作坊或大或小，所酿香醅，质量本就莨莠不齐，也许张果老以仙人之聪明学酿悟出其中奥秘，传授徐家夫妇，酿出美酒，味压群醅，传成神话，也在情理之中。唐代诗人白居易在《春游濉水》诗中也写到了濉溪酒：“秋灯夜写联句诗，春雪朝倾暖寒酒。陴湖缘爱白鸥飞，濉水清怜红鲤肥……”1031年，文学家苏轼在《南乡子·宿州上元》词中写道：“千骑试春游，小雨如酥落便收。能使江东归老客，迟留，白酒无声滑泻油。”词中“白酒”即口子酒，那时濉溪口属宿州地。明万历年间，翰林戴国土曾游濉溪口，夜泊濉水，饮酒赋诗，写下了“牯徕疑楚泽，沽酒读《离骚》”的优美诗篇。相山隐士任柔节曾以“隔壁千家醉，开坛十里香”的诗句赞美口子酒。还有人咏出“名驰冀北三千里，味占江南第一家”的名句。

口子酒新生与发展。口子酒享誉千古，如今更是誉满全球，从早期的全国浓香型白酒评比第一名、中国国际食品博览会优质食品巨星、中国国际食品博览会国际名牌食品、中国国际农业博览会名牌产品到如今的国家原产地保护产品、国家白酒标准样品、中国白酒典型风格奖、国家首批三绿工程畅销品牌。

文化艺术。2013年，建有镇文化站1处，2017年全镇共有村级文化活动中心5处，各类文化专业户20户，各类图书室5个，藏书2余万册，音乐、美术书法、摄影及业余创作队伍达100人。有各文艺演出团体10家，演员350人。

教育。2017年，有幼儿园39所，在园幼儿6339人，专任教师380人；其中，私立幼儿园37所，教师345人。小学11所，在校学生7992人，专任教师390人，小学适龄儿童入学率100%。初中2所，初中在校生4684人，专任教师337人。初中适龄人口入学率、小学升初中升学率、九年义务教育覆盖率均达100%。濉溪县城关中心学校是淮北地区唯一的一所省级“示范初级中学”，是沪科版初中数学教材考古基地。学校占地面积为15600平方米。建筑面积1万余平方米。共拥有教学班45个，在校学生2300多人，教职工191人，学校师资力量雄厚，其中国家优秀教师1人，国家优质课教师4人，省级优质课教师9人，市级名师、教坛新星、骨干教师、优质课教师38人，市级优质、骨干班主任23人，高级教师72人，心理咨询师1人。学校教育教学装备及设施完善，配有物理实验室、化学实验事、生物实验审、微机室、网络中心、图书室、音乐室、舞蹈房、美术审、航模室、动漫社、留守儿童之家、少年宫，目前班班都有多媒体等。学校先后被评为全国“示范家长学校”、安徽省“示范初级中学”、安徽省未成年思想道德建设示范学校、安徽省廉政文化示范点、安徽省电教设备一类达标学校、安徽省“示范家长学校”、安徽省电教先进单位、淮北市“先进学校”、淮北市综合治理先进学校、淮北市“花园式”学校、淮北市“平安校园”、淮北市教学水平一类达标学校、淮北市文明卫生单位等。

2017年，财政预算内教育经费52万元。

医疗卫生。2017年，有镇卫生院1个、村卫生室7个、社区服务站19个；有床位160张，其中村卫生室7个；固定资产总值128万元。专业医护人员146名，其中执业医生78人，注册护士73人，2017年完成诊疗10万人次。

5个农业村村民及23个居委会居民参加新型农村合作医疗64985人，参保率100%，较上年增加2861人，共筹集医保资金9747750元，报销支出医保资金41980899.09元，受益村民124648人。

体育。2017年，有学校体育场11个，有室外篮球架10副，有4 所学校安装健身器材。95%的村居安装健身器材，经常参加体育活动的人员占常住人口50%以上。

广播电视互联网。2017年有线电视用户5万户，入户率60%。

移动公司。1998年，濉溪移动分公司成立，截至2017年底濉溪镇互联网约2.5万户。

联通公司。2000年4月濉溪联通分公司成立，截至2017年年底濉溪镇互联网约1.5万户。

电信公司。1997年10月与邮政局分开，成立电信公司，2001年正式有互联网，截至2017年濉溪镇互联网约2.6万户。

社会保障。2017年城镇最低生活保障户1070户，1703人，月发放金额591360元。农村最低生活保障户数425户，779人，月发放金额472503元。抚恤事业费支出292328.75元。参加新型农村养老保险10687人，续保9672人，参保率90.50%。

居民生活。2017年全镇村民人均纯收入14170元。拥有住房961136平方米，人均48平方米；其中砖混结构楼房7923栋，6991093平方米。集中居住区109个，有楼房970栋，4757931平方米。入住39996户，118551人。居住区环境绿化，垃圾集中清运。设有图书室、体育场、活动室等配套设施。

2017年，拥有汽车14807辆，轿车13787辆，摩托车26987辆，电动车5563辆。

（刘东风、郑万里）

百善镇

【政区概况】 名称来历。南北朝时期东魏武定五年（公元547年），治所今百善百善为临涣郡所辖。设置白掸县，因“白掸”与百善谐音，故“百善”由“白掸”所演变。

地理位置。百善位于北纬33° 44′ ~33° 52′，东经116° 32′ ~116° 44′。地处濉溪县中部，北距县城20千米。东连四铺镇，南邻临涣镇，西接铁佛镇，北靠濉溪镇。百善镇人民政府驻地百善村，程控电话区号0561，邮政编码235151。

政区沿革。梁武帝普通六年（525年）置临涣郡，治铚城，本地属临涣郡.东魏武定五年（547年），析临涣郡置白掸县和涣北县。白掸县治所在今百善集南。大业六年（605年）白掸县并入临涣县。同年开掘隋唐大运河首期工程通济渠。后设柳孜镇（今百善镇）。据《宿州志》记载：柳孜为巨镇，有庙宇99座，井百眼。南宋光宗五年（1194年）黄河泛滥，洪水夺淮入海，通济渠淤塞，柳孜镇由此衰落。清宣统二年（1910年），置镇百善。

民国初年（1912年）后，百善设乡，属宿县管辖，为宿县三镇十二乡之一。

民国19年（1930年），百善乡改宿县第三区。

民国27年（1938年），百善沦陷，日伪设伪第三区即百善区。

1939年6月，中国共产党建立抗日民主政权宿西县，设柳孜区，后又改为百善区，下辖9个乡。

1950年，百善设乡，下辖5个行政村，属长山区管辖。同年7月建立濉溪县。8月15日，设置百善区（排序第五区），下辖12个乡。

1955年12月，区划变动，百善区下辖6个乡、1个镇（百善镇）。

1957年，百善区下辖八乡一镇（百善镇）。1958年8月，撤百善区，成立百善、徐楼2个人民公社。百善公社下辖11个大队，徐楼公社下辖6个大队。1962年1月，恢复百善区建制。1969年4月撤百善区，恢复百善、徐楼2个人民公社。同时两公社均成立“革命委员会”。1972年3月，百善公社划分为百善、柳孜2个公社。1980年12月，百善区下辖8个公社。1983年4月，将百善区西北边界的6个生产大队，分别划归铁佛和刘桥两区，划出人口9669人。1984年，百善区由8个公社改为8个乡政府，乡下设行政村。1992年2月，撤区并乡，将原8个乡合并为百善、徐楼两个镇。2000年，百善镇晋级为副县级省重点中心建制镇。2006年2月8日，百善、徐楼两镇合并，并为百善镇，辖43个行政村。2007年3月，百善镇所辖行政村由43个合并为23个。2013年，李庄行政村和徐楼行政村的翟桥自然村划归濉芜产业园所辖。2017年，百善镇辖22个行政村。

政区划分。2017年辖百善、茶安、鲁店、青卫、张庄、叶刘湖、柳孜、黄新庄、道口、王司、前营、桥头、宋庙、马乡、丁楼、苇菠、郭屯、徐楼、闫集、龙桥、龙沱、龙北22个村民委员会，1个现代化工业园区和百善现代农业综合开发示范区管理委员会。

人口面积。2017年，辖区总人口134957人，其中非农人口6589人，另有流动人口11356人。总人口中，男性人口60185人，占46.29%；女性56155人，占43.19%；18周岁以下的30479人，占23.45%；18~35周岁的39923人，占30.71%；35~60周岁的45009人，占34.62%；60周岁以上的19546人。总人口中以汉族为主，汉族116290人，占总人口的99.96%。有回族、蒙族、苗族、满族、壮族、白族、侗族、瑶族、傣族、彝族、土家族少数民族11个62人。2017年人口出生1741人，死亡427人，人口出生率16.3‰，人口自然增长率11.44‰，政策符合率80.45%。

辖区东西距离25.5千米，南北距离是19.2千米，总面积为253.27平方千米，其中陆地面积249.76平方千米，占98.61%，水域面积3.51平方千米，占1.39%。

【自然条件】 地形地貌。境内全部为平原，地势平坦。中部有古隋堤横贯，致境内中间高、两边低和北高南低之势。百善矿采煤造成塌陷区。塌陷区6751亩，复垦率85%。共有水面4100亩，全部用于水产养殖，养殖品种有鱼、鳖、蟹、泥鳅等。

河流、矿藏。百善镇属中上等富水区，境内有王引河、巴河、沱河3条人工河，为行洪河道。大沟23条，承担镇城排水任务。大沟两侧分布119条中沟。全镇现有小沟1118条，有涵闸23座。涵闸分布为：濉临沟7座，小李沟4座，余楼沟2座，团结沟1座，史家沟2座，张赵沟1座，渔沟1座，凤凰沟1座，丁楼村、黄新庄村塌陷地复垦区内4座。

矿产资源。以煤炭和铁矿石为主。煤炭地质储量5000万吨，可采储量为4900万吨，可采厚度为3~7.3米，生产煤矿有皖北矿业集团百善煤矿。铁矿石地质储量95万吨，可采储量95万吨，含铁量为40%～50%，铁矿体单个最大厚度可达58米。淮北市徐楼矿业有限公司一号井和二号井正在生产。

【基础设施】 交通运输。境内有泗许高速、省道202（肖淮路）、省道203（淮六路）、省道303（泗永路）、县道白铁路、濉戚路等公路干线交汇。濉阜铁路穿境而过，百善煤矿、卧龙煤矿专用铁路线横贯东西。镇直单位运输公司有大型货运车辆50台1500吨位，年货运周转量12万吨。

邮政电信。2017年有邮政局3处，邮政业务总量收入9万元，报纸、杂志累计发行16万份。电信企业1家，服务网点26个。电话交换机总容量2000门，固定电话用户800户，移动用户12780户，互联网用户7287户。全年电信业务收入117万元。

给排水。1997年，建成百善镇自来水厂，有深水井2眼及成套净化水设备，供水普及率94%。2013年，徐楼村辖区内“淮北新兴皇苑自来水有限公司”建成投入运营。有深水井5眼和净化水设备。徐楼片区供水覆盖率100%。镇区主要道路两侧铺设排水管道24460米。2017年，百善镇建成6个自来水厂，供给12个村。打机井100眼，供水覆盖率70%。

供电。1966年3月，濉溪县郝家沟35千伏变电所建成投入运行。1969年10月，徐楼片区开始供电，覆盖率100%。1972年10月1日，百善片区接线供电，覆盖率100%。2017年，全镇供电量计11116959千瓦时。辖区内用电客户数39840户。10千伏及以下配电线路长485.5千米，公用配变台数304台，专用配变台数245台，专用配变总容量65300千伏安，公用配变总容量78500千伏安，高压客户245户。

园林绿化。2017年，全镇有绿化单位82个，绿化总面积13.3万平方米，绿化带总长8.2公里，人均公共绿地9.5平方米，建成区绿化覆盖率达99%，绿地率88%，街道、道路绿化率94%，农村森林覆盖率60%，河流绿化率98%，建成隋堤公园、薰衣草庄园及太阳岛牡丹园。

街道 2017年镇政府驻地有东西主街、南北主街、农贸、粮食、御河、隋园、龙安、油坊、北环街道共9条，长度11.26千米，为混凝土硬化路面。有路灯688盏。共有百善村等村街道8条，长1420米。

【经济概况】 国民经济综述。2017年实现地区生产总值84亿元。财政收入1.65亿元，较上年增长0.08亿元。固定资产投资35.8亿元，较上年增长1.97亿元。社会消费品零售总额9650万元。农民人均纯收入11060元，较上年增长460元。百善镇是省重点中心建制镇、省综合改革试点镇、省农产品加工业示范基地、省现代农业综合和开发示范区。

农业。百善镇辖22个行政村、221个自然庄，27511户、113314人，镇域面积260平方公里，确权面积24.6万亩。种植业以小麦、大豆、玉米和蔬菜为主，2017年农业生产总值9.2亿元。粮食作物主要是小麦、大豆、玉米，全镇24万亩小麦平均单产546公斤，午粮总生产值13.19万吨。生产粮食23.792万吨，较上年增加6.692万吨，其中小麦13.19万吨，大豆1.1028万吨，玉米9.4992万吨。蔬菜、瓜果1.1万亩，间作套种0.8万亩，拥有种植大户148家，其中连片种植百亩以上的大户66家。全镇生猪饲养量2.1万头（其中能繁母猪2900头），肉牛饲养量1320头，羊饲养量1.6万只，家禽饲养量112万羽，畜牧业纯收入人均2000元，拥有养殖大户99家，其中500头以上的养殖场13家，百头以上的养羊户11家。

全镇农业机械13708台，总动力16.8万千瓦，其中旋耕机2020台，收割机850台，玉米收割机105台，拖拉机10838台。机械化收割率99%。

工业。工业主要以面粉加工、食品加工、畜禽类加工、机械加工、建筑材料为主。2017年，实现工业生产总值84亿元。拥有工业企业36家，职工5460人。实现工业增加值16.4亿元。规模以上企业有面粉厂、食品厂、畜类加工厂、禽类加工厂等26家，年产值5000万元以上的企业有面粉厂、食品厂、畜类加工厂、禽类加工厂、饲料厂等23家。年产值亿元以上的企业有面粉厂、食品厂、畜类加工厂、禽类加工厂16家。拥有全国驰名商标2个即“雨润”食品、“骆驼”牌饲料。省优产品3个：鲁王集团的“咏和”牌面粉、皖雪的“孙侯”牌面粉、三丰肥业的“百善”牌肥料。

商贸。2017年共有商业网点2808个职工5810人。其中企业户717家、个体户3327户。社会商品零售总额1.9亿元，较上年增加11%。拥有城乡集贸市场5个，年成交额1.9亿元。

财政金融。2017年，财政收入1.65亿元，较上年增长8%。其中国税完成1.40亿元，地税完成0.25亿元。分别较上年增加0.15亿，减少0.07亿元。

【社会发展】 历史文化名人。历史文化名人有著名东晋音乐家桓伊和“竹林七贤”之一嵇康，有清举文人道光壬午科副榜杨益鲁、清同治年间岁贡谢传春、监生张焕文、清同治年间廪生王存廉等。

【文物古迹】 古钱币。1985年1月，在百善集修建过街天桥，将大峪口中间的隋堤从纵面切断，挖至5米深时，发现瓦壶，壶中有宋代不同时期铜钱5枚。分别为“开元通宝、治平通宝、熙宁通宝、崇宁通宝、政和通宝”。还挖出一个唐代椭圆形的锚。上端有一圆孔，是用来穿绳索的。

柳孜运河码头遗址。遗址位于百善镇柳孜村。1999年4月，在拓修泗永路时，在柳孜发现隋唐运河码头遗址。遗址内出土有南宋时南、北方十几个窑口的大批瓷器，还发现唐代沉船，出土3艘，其中一艘木船长23.6米。清理出一座完整的宋代石筑码头。2000年，柳孜隋唐大运河遗址被列入全国十大考古重大发现。2014年6月22日，在第38届世界遗产委员会会议上，中国大运河项目成功入选《世界遗产名录》，柳孜运河遗址列入名录，成为淮北市首个世界文化遗产。

古隋堤。据《宿州古今》记载：“隋炀帝时，自板渚引黄河水下达淮海开挖一道运河（汴河）。河堤设御道，后称隋堤”。隋堤东西走向，西从铁佛镇道口村起，东到四铺镇颜道口村交界处止，境内全长16公里。隋堤原高出地面3~5米，并比堤之南北高出1～2米。

古城遗址。位于境内王司行政村秦古城

自然村西南。北魏时期建，为涣北县城址。该遗址约300立方米，总面积约135亩。四周有土城遗址，地高出地面约1米。秦古城村因此得名。

文化艺术。2014年，有镇文化站1处，村级文化活动中心22处，各类文化专业户23户，农家书屋29个，藏书5.1万册。音乐、美术书法、摄影及业余创作人员19人。唢呐艺术团、泗洲戏剧团、豫剧团等文艺演出团体21家，其中经审批持证的6家。演员275人。

教育。2017年，有幼儿园18所，在园幼儿2986人，专任教师140人；其中私立幼儿园10所，教师120人。小学17所，在校学生4227人，专任教师234人，小学适龄儿童入学率100%。初中2所，初中在校生1031人，专任教师112人。初中适龄人口入学率100%，九年制义务教育覆盖率100%。2017年财政预算内教育经费3106580元，较上年增长249480元。

医疗卫生。2017年，有镇村医疗单位30个，床位155张，其中村卫生室29个。专业医护人员172名，其中执业医生57人，注册护士32人。2017年，完成诊疗18万人次。22个村的村民参加新型农村合作医疗14.9万人，参保率约98%，较上年增加4216人。共筹集医保资金2374.416万元，报销支出医保资金1192万元，受益村民15.3万人。

体育。有学校体育场19个。100%的村安装健身器材。活动项目有篮球、乒乓球、广场舞、腰鼓舞、象棋比赛等。

广播电视互联网。有线广播网起于1964年，覆盖率99%，到1966年达到100%。

全镇广播覆盖率达100%，电视收视率达100%。

社会保障。2017年医疗救助27人次，97110元。民政部门资助参加合作医疗1527人次，共支出2748600元，比上年增长12.2%。农村最低生活保障户数646户1525人，支出311772元。抚恤事业费支出297513元。有敬老院1家，床位120张，收养农村“五保”人员668人。有社区养老服务中心4个。参加新型农村养老保险56539人，参保率91%。

2017年，全镇拥有汽车1925辆，轿车5060辆，摩托车1766辆，电动车22353辆。

中国大运河柳孜文化园。2015年11月，百善镇柳孜文化园由北京一家园林绿化有限公司投资建设，总投资8000万元，项目位于濉溪县百善镇柳孜村泗永公路旁，占地约600亩，总投资约1.6亿元。园内打造200余亩四季花田，以种植薰衣草、马鞭草、波斯菊、玫瑰、油菜、向日葵等为主，首批花卉将种植20万株薰衣草；庄园内240亩用于种植广玉兰、国槐、红叶碧桃、红枫、华山松、桂花、银杏、紫薇、垂柳等50多种优质树种。周长为300多米的跑马场已投入使用，已先行购买5匹骏马，新建成的约1万平方米的温室光观大棚，采用无土栽培、水肥一体化、物联网技术种植蔬菜、甜瓜、草莓、火龙果等绿色果蔬，展现现代农业技术，供游客休闲采摘。每天平均约5000名游客徜徉花海。大运河文化园二期，将近1000亩的马鞭草花海已经栽植，并完全盛开，月亮湖正在建设中，拥有1000个停车位的生态停车场基本建成。

刘桥镇

【政区概况】 名称来历。刘桥原名刘武桥，原为溪河南岸的一个小村庄，来往行人靠小船渡河，一石匠刘武义务修桥一半病故，另一青年石匠续建，亦名刘伍，后人为纪念2名修桥人，改名刘武桥村，桥成路通。

地理位置。刘桥镇位于北纬116.45° 东经56.8° ，地处濉溪县城西5千米。西与河南省永城市接壤，北接相山区渠沟镇，东联濉溪镇，南邻濉溪经济开发区、铁佛镇，距淮北市区10千米，面积85平方千米。人民政府驻地丁楼村，电话区号0561，邮政编码235159。

政区沿革。1950年7月建濉溪县，刘桥陈圩设濉西区，刘桥为濉西区，亦称第三区，辖15个乡，后增设4个乡，共19个乡。

1958年3月，濉西区并入濉溪区。同年8月，设濉溪镇，刘桥乡、王堰乡合并为刘桥乡。1969年，撤区，刘桥、溪河、小城三个公社合并为刘桥公社。1980年12月，重新建区，刘桥区辖刘桥、张集、钟楼、任土楼、小城、溪河6个公社，1983年，刘桥区增划王堰乡，面积320平方公里，总人口100686人，区公所驻地刘桥集。1986年9月，设刘桥镇，撤刘桥乡划刘桥镇。1987年1月，刘桥镇区合并办

2017年刘桥镇行政村一览表

村	自然庄
刘桥村	刘桥 桥北 桥南 王庄 小阁孜 路南 路北 前陈 后陈 西陈 姚庄户
彭楼村	彭楼 朱寨 王庄 前荣 小街孜 贺庄 后荣 茴村
丁楼村	丁楼 张庄 刘庄 洪庄 将古同
关帝村	关庙 张庄 刘庄 张演庄 杨庄 蒋庄 孙庄 贾庄
陈集村	李月店 杨代庄 杨大庄 陈集
王堰村	黄庄 王堰 赵楼 杜庄 李圩 周庄 李庄 杨庄
火神村	火神 椅子圈 黄庄 丁庄 朱楼 朱集 张庄
杨庄村	张庄 陈庄 小李庄 李赤楼 杨小楼 杨庄 梁楼 前程庄
周口村	周口 龙庄 李庄 孔庄 谷庄 后谷 姜洼 谷梁庄
留古村	王庄 苗庄 袁庄 张楼 赵庄 后程庄 留古
干庄村	干庄 荣楼 丁楼 黄桥 黄楼 刘桥 周庄 孔刘庄
周大庄村	周大庄 后周 杨庙 杨王庄 周小庄 丁东 丁西 丁小庄 高井也 邢庄
小城村	张庄 温庄 赵庄 周庄 王庄 后寨 小城
孟口村	孟口 张庄 小陈集 余楼
任圩村	方庄 黄庄 徐楼 茴村 任圩 徐庄 丁庄
前吕楼村	前楼 赵庄 土楼 黄庄
后吕楼村	后楼 沈洼 任庄 西小庄

公。1992年撤区并乡，保留刘桥镇，2007年7月，村级区划调整由24个村合并为17个村。

政区划分。刘桥镇为工矿型、近郊型城镇，副县级建制镇，全国文明村镇、省新农村建设和城乡一体化试点镇，辖刘桥、彭楼、陈集、丁楼、关帝、前吕楼、后吕楼、小城、任圩、孟口、周大庄、周口、王堰、干庄、火神庙、杨庄、留古17个村民委员会。

人口面积。2017年，辖区常住人口57774人，非农业14445人，占总人口25%，总人口男性28997人，占50.2%，女性28777人，占49.8%，18周岁以下15100人，占26.1%，18～35周岁16292人，占28.2%，35～65周岁22517人，占39%，总人口中汉族57756人，占总人口99.97%，有苗族、壮族、满族等少数民族8个。

【自然条件】 地形地貌。境内全部为黄泛冲积平原区，属黄泛冲积成因的堆积地形，区内土壤深厚肥沃，地面平整。

河流矿藏。境内有过境河流王引河、巴河和沱河，大沟35条。

塌陷湖泊2017年，辖区内塌陷积水面积4.5平方公里，年平均蓄水量为350万立方米。

矿产资源。境内矿产资源以煤为主，主要分布在镇区西部，有皖北矿业（集团）有限公司刘桥一矿、恒源煤电2对生产矿井，恒源煤电为国有上市公司。煤炭资源储量2亿吨，开采年限为60~80年。刘桥一矿、恒源煤电生产的煤炭属特低硫、特低磷、中低灰分、高发热量的优质贫煤，是电力行业优良的动力用煤，主要供应华东地区低挥发分机组电厂。

【基础设施】 交通运输。境内有濉永路、县道钟（楼）王（堰）路、张（集）百（善）路、濉（溪）岳（集）路等公路干线交汇。刘桥一矿、恒源煤电铁路专用线穿境而过。

邮政通信。濉溪县邮政局刘桥支局。刘桥电信营业部专营网点8家，代理服务点30家，宽带用户5102户。淮北移动公司濉溪县分公司于2006年在刘桥镇设立沟通100营业厅，有村级服务网点20家。

供气。2014年8月，投资200万元铺设天然气管道1.5万米，周口村使用天然气。加快推进搬迁农民新区前吕楼、后吕楼、陈集等村天然气改造工程。

供水。2011年5月，濉溪润生供水公司成立，有深水井2眼及成套净化设备，日供水能力5000吨，实际日供水量700吨，自来水用户4200户。

供电。2017年，全镇有10千伏供电线路2条，长度35.8千米；配电变压器253台，容量43935千伏安；用电总负荷28967千瓦。全镇供电量30020580千瓦时。其中工业电量14010290千瓦时，农业用电362486千瓦时，生活照明用电15647804千瓦时，供电可靠率99.8%，电费总额完成1937万元。完成刘桥镇后吕楼4个精品台区和丁楼村刘庄、洪庄、农民新区一期、二期10个台区的低压新建和改造任务。

园林绿化。2017年完成畅通工程道路加宽7.264千米，分别在丁楼村和干庄村；新修道路11.161千米分别是郭小路6.561千米和张百路4.6千米；新修断头路云集路南段和贸易路西段。2017年畅通工程在全县率先完成，在此基础上申请扶贫路。2018年实施分别是刘桥村道3.45千米和任前路3.1千米（任圩到前楼）。同时申报“十三五”期间自然村硬化道路36.75千米，油反沙公路29.1千米，已经进入省公路数据库，等待指标下达修建。完善道路绿化亮化利民路、白杨路、育才路、恒源路、濉永路、濉岳路，对农贸市场原来的脏乱差、道路拥堵、下水道不通、没有路灯等问题进行整改等工作。

街道。政府驻地共有街道12条，长15.5千米，为水泥路面，配套路灯800盏。新建银杏路、恒源路、搬迁安置区内道路11.5千米，新增供水管道12.8千米、排水管涵11.3千米。建成农村清洁工程示范村8个，新建公共建筑1.76万平方米。

【经济概况】 国民经济综述。2017年完成财政收入14234万元，完成年初预算的103.1%。其中县考核收入完成13462.9万元，完成年度考核任务的103.6%，超额完成县下达的考核收入任务。

2017年财政一般预算支出3383万元，另外整合资金2232.7万元用于镇政府正常运转支出、项目建设、拆迁补偿、环境整治、美丽乡村建设，为加快“四个刘桥”建设起到了积极作用，整合资金3258万元用于安置区建设，加快了周大庄村和小城村的整体搬迁工作。

农业。共有耕地6.9万亩，林地2.5万亩。2017年，农业总产值7.1亿元，较上年增加0.9亿元。粮食总产94.1万吨，较上年增加5400吨。种植大户72家，连片种植50亩以上大户48家，农民专业合作社12家，家庭农场26家。全镇种植蔬菜0.4万亩，实现产值210万元。

抽检种植、养殖大户13家，抽检蔬菜样品1016个、畜产样品504个、水产样品201个，完成全年抽检任务。

2017年按照《濉溪县2017年特色种养业到户扶贫手册》的要求，镇、村帮扶联系人逐户统记，公示无异议后上报特色种养殖扶贫户共164户，种植大棚蔬菜8.7亩，种植露天瓜菜35.35亩，养殖鸽子402羽，果树种植面积25.27亩，养鸡5220只，种植苗木32.73亩，养羊323头，养猪23头，补助金额共155380元。2017年品牌大豆、玉米共653户，补助金额408467元。特色种、养殖扶贫项目共支持贫困户1034户，发放产业扶贫资金85.9557万元。通过项目的实施，解决了部分贫困户生产发展资金短缺问题，使贫困户年人均增收300～600元左右。

工业。刘桥镇共有规模以上企业39家，其中规模工业33家，2017年新增规模工业任务2家，待批2家。工业总产值任务21亿，预计12月底可完成工业总产值21.7亿，占年任务的103%。增加值年任务4.52亿，12月底完成4.73亿，占年任务的104.6%，12月底创利税3.1亿万元，各项指标均比上年同期增长12.1%。社会固定资产投资年任务是25亿，

12月底完成25.1亿，占年任务的100%。工业投资年任务10.2亿，12月底完成10.5亿，占年任务的102.9%。技改任务8.88亿，到12月底完成3.1亿，占年任务的34.9%。

招商引资。全镇已落地开工项目11个，签约项目5个，在谈项目6个。该类项目建成后将会带动1200余名劳动力实现就业，年税收将达到600余万元。

2017年，落地开工项目11个，签约项目5个，在谈项目6个。建立刘桥镇电子商务公共服务中心，帮助3家企业转型网上销售。完成电商普及培训7期，培训人数达800余人，推荐16户贫困户参加电商扶贫培训。

商贸。2017年，共有商业网点3038个，职工5790人。其中企业户145家，个体户2893家；食品生产类34户，餐饮业90户，食品经营类190户，加工制造业60户，种植养殖类574户；拥有集贸市场6个，其中刘桥农贸市场占地面积30000平方米。

金融。2017年，境内设有中国农业银行濉溪刘桥支行、邮政储蓄银行刘桥支行、濉溪农商银行刘桥支行金融机构3家。中国农业银行刘桥支行存款4.72亿元，邮政储蓄行存款余额1.75亿元，农商银行存款余额3.7亿元，开办社区E银行新业务，办理手机银行1618户。

【新型城镇化建设】 城镇建设。城镇建成区面积扩大到12.9平方公里，新建农民新区住房面积近60万平方米，城镇化率由24%提高到52%，城镇居民生活质量得到较大提升，前吕楼村、后吕楼村、周口村和陈集村4个行政村及农民新区入住居民全部用上自来水、天然气。顺利实施11个美丽乡村示范村建设，持续擦亮“全国文明镇”的金字招牌。共完成植树造林5063.3亩，全镇森林覆盖率30.5%，绿地率33.2%，人均公共绿地7.9平方米，河道绿化率91%，道路绿化率95%，顺利通过省级森林城镇建设验收，凤栖湖湿地公园已被省林业厅批准为省级湿地公园。城镇各类休闲公园及绿地5处，总面积1370多亩；各企事业单位建有绿地920亩；居住区绿地605亩；人均公共绿地面积7.9平方米。

农民新区一期赵庄、土楼，建筑面积6.2万平方米，安置农户480户，约1500人；二期姚庄户、路南、路北，建筑面积7.2万平方米，安置农户660户，约2000人；三期朱寨、小街子、卞王庄，建筑面积19.2万平方米，安置农户1400户，约5000人，已陆续进行分房工作；四期小城、周大庄，建筑面积23万平方米，2300户，约7200人，小城新区主体工程完成，配套设施建设中。

棚户区改造。2017年，新开工建设陈集、丁楼、王堰3个棚户区改造项目，总投资达9.4亿元，累计改造建设住房3728套。目前，投资2.93亿元的陈集棚户区改造项目计划建设19栋及1个地下车库，建设套数约1086套。开工建设14栋，完成总工程量50%，预计2018年年底全面完工；投资1.3亿元的丁楼棚户区改造项目计划建设12栋及1个地下车库，建设套数约486套。共开工建设7栋楼，因大部分是人防地库，上层土方已开挖完毕，基坑支护及降水已完成，已完成总工程量30%，预计2018年年底全面完工；总投资5.17亿元的王堰棚户区改造项目计划建设25栋及一个地下车库，建设套数约2156套。

【社会发展】 文物古迹。有小城遗址，南庙、前程庄墓群，周庄墓群，黄楼、朱寨遗址，张庄淮海战役烈士陵园等。

文化艺术。刘桥镇综合文化站于2009年7月建成使用，建筑面积301平方米，设有科技培训室、图书室、电子阅览室、未成年人活动中心、留守儿童活动室、老年大学、乒乓球室、文化信息资源共享室、多功能厅、室外群众文体活动场所。图书室藏书8000册。

有农家书屋26个，总面积1000平方米，藏5万书册，每年借阅量达10万人次。2017年，认真做好“文化馆站”免费开放工作。全年来，组织书画、舞蹈等各类培训260期，培训人员8000余人次，组织书画展2期、摄影展4期、剪纸艺术展6期，展出作品148件，丰富人民群众的文化生活；刘桥图书分馆藏书6000余册，全年接待读者约5400人次，健身房配备健身器材16组件，年接待健身爱好者3000余人次；集休闲、健身、演出于一体的文体广场自建成以来，改善群众的健身条件，年接待周边群众10万余人次。

教育。2017年有幼儿园7所，在园幼儿

1526人，专任教师56人，其中私立幼儿园7所，教师56人。小学16所，在校学生3198人，专任教师236人，小学适龄儿童入学率100%；初中在校学生1818人，专任教师140人，初中适龄人口入学率、小学升初中升学率、九年义务教育覆盖率达100%，教育教学质量稳步提升。

医疗卫生。刘桥镇有卫生院1所，下辖17个村卫生室，镇卫生院共有职工62人，其中管理人员3人；专业技术人员55人，其中执业（助理）医师25人，执业护士23人。医院占地约1万平方米，业务用房2560平方米，床位40张，另有行政村医生71人。2017年，严格执行《传染病防治法》的规定，实行网络直报，信息共享，全年报告传染病4个种类、42例；完成各类疫苗接种19153人次，合计建卡1305人；全镇幼儿园学生免费体检2355人次；免费建立居民健康档案46426人，其中，老年人建档管理6347人、高血压建档管理5397人、糖尿病建档管理2174人、重症精神病建档管理200人；免费为全镇65周岁以上老年人体检5599人，开展中医药服务受益4062人。发放、张贴12种健康教育宣传资料11166余份；开展健康教育知识讲座及外展咨询22次，受益人数4176人。孕产妇免费建卡管理786人、0～6周岁儿童免费建卡管理4988人，宫颈癌免费筛查1096例，乳腺癌免费筛查661例，免费增补叶酸发放581人；农村住院分娩补助391人次；卫生监督巡查84户；重大节日前卫生监督检查4次；日常卫生监督巡查相对人390户，协助打击非法行医7例。

2017年，参合居民在卫生院和村卫生室共有84179人次享受新农合的报销补助，补助总金额: 343.54万元；2018年，全镇城乡居民合作医疗筹资工作在全县率先完成任务，参合率达100%以上。

体育。17个村有体育活动场所60处，安装300组健身器材，全民健身活动参与率78 %。2014年，刘桥镇被安徽省体育局授予“全省体育先进单位”称号。

广播电视。1974年5月建成刘桥广播站，2002年8月建成刘桥镇有线电视传输中心，9月正式运营。2014年，刘桥镇11个村接通有线电视，用户5000户。17个村实现无线广播全覆盖。

社会事务。2017年上半年对全镇建档立卡的扶贫户，要求享受城乡低保的进行全面的入户调查，对全镇398户进行调查，符合低保条件的221户，已上报到县民政局221户，经民政局审核，已审批符合享受城乡低保条件的12户、25人，对67户未脱贫符合低保条件的，县民政局正在办理中。

2017年，全镇共有“五保”户389人，其中集中供养103人，分散供养的286人。分散供养标准由原来的每年每人2400元提高到每年每人4200元，从2017年7月1日起执行。

2017年第一季度高龄补贴，共计发放887人、211360元。全镇共有百岁老人8人，每月发放高龄补贴400元。

2017年1月县民政局拨给刘桥镇33万元的冬春款，经过政府研究下发到各个村，对缺粮户进行核对，按每户不低于100元、最高不高于500元的标准进行打卡发放，全镇共有1184户救灾对象，均张榜公示。对个别的残疾人和部分困难群众争取资金，进行慰问。

2017年，为62名精神残疾人补贴精神病药费每人1000元，进一步改善贫困精神残疾人的基本医疗康复状况，使贫困精神病患者得到及时有效治疗，减轻家庭经济负担。截至2017年6月，共计773人享受重度残疾人补贴。2017年上半年累计核销19人，新增办理71人。镇残联上半年共计为18名重度残疾人适配辅助器具34件，为贫困残疾人的生活起居提供便利。

人口与计划生育。2017年，育龄妇女16493人，其中已婚育龄妇女12244人，孕检对象7024人，其中重点管理对象（无孩户和一女户）1843人。到6月底，期内出生684人，其中男孩352人，女孩332人，综合性别比为106，二多孩性别比为109.4，政策内孕情占总人口的比8.01，一孩早孕0.8，二孩早孕1.32。

森林城镇绿化。2017年，全镇全年完成植树造林1805.1亩，超额完成县政府下达的1700亩的任务，11月省林业厅验收组对全镇造林面积、造林小班数比对图纸逐个实地验收，共验收造林小班83处，造林面积1805.1亩。

临涣镇

【政区概况】 名称来历。浍河古名浍水，又名涣水，临涣城池因临涣水而建，故名临涣。

地理位置。位于北纬33° 37′ ~33° 45′ 东经116° 27′ ~116° 41′ 。地处县城中南部，东连韩村镇，南邻五沟镇，西与涡阳县石弓镇、青町镇接壤，北接百善镇。人民政府驻地临涣村，电话区号0561，邮政编码235143，临涣镇隶属于安徽省淮北市濉溪县。距濉溪县城西南37千米处的浍河北岸，是一座历史悠久的古城。

政区沿革。春秋战国时期临涣置铚邑，邑址在今临涣集，属宋国。秦代置铚县，治所临涣集，属泗水郡。梁武帝普通元年（525年），置临涣郡。北齐天宝元年（550年），废临涣郡，置临涣县。唐、宋仍为临涣县。元至元二年（1265年），撤临涣县，置涣阳乡。宋属河南道，后割给金。元属河南归德府，取名涣阳乡。明属凤阳府。清属宿州所辖。

解放战争时期，中共苏豫皖边区第六分区宿西县，设临涣区。1950年7月撤宿西县，设濉溪县。临涣区属濉溪县所辖。

1958年8月撤临涣区，成立人民公社。1980年12月临涣重新设区。1992年2月撤临涣区分设临涣、祁集两镇。2000年为濉溪县副县级镇。2006年3月祁集镇骑路、沈桥、丁楼、陈口、王沃、祁庄、海孜、韩庄、陈圩、常庄、牛庄、四里、谢湖、大孙家、王楼、大高、柴洼、刘油坊18个村并入临涣镇。2007年3月临涣镇由49个村合并为19个村。

政区划分。2017年辖临涣、铚城、沈圩、徐庙、高皇、临南、张楼、湖沟、石集、夹河、梁庙、海孜、沈桥、徐楼、陈口、四里、大高、姚湖、刘油坊共19个村民委员会。

人口面积。2017年，辖区常住人口96680人，其中乡村人口74399人、城镇人口22281人。总人口中，男性49647人，女性447033人；18周岁以下21615人，18~35周岁27076人，35~59周岁33767人，60周岁以上14222人。2017年人口出生2084人，死亡780人；人口出生率15.19‰，人口死亡率5.10‰，人口自然增长率10.09‰。辖区东西最大距离17千米，南北最大距离16千米，总面积168平方千米，其中陆地166.72平方千米，占99.2%，水域1.28平方千米，占0.8%。

【自然条件】 地形地貌。境内全部为平原，地势平坦。地层走向由东西转北偏东，向北倾斜，倾角平缓。

河流矿藏。属古河床边缘中等富水区，境内有自然河浍河、包河2条，人工河界洪河、护城河2条，大沟18条。

矿产资源。以煤为主，煤炭地质储量17000万吨，可采储量16500万吨，主要分布在镇南部。淮北矿业（集团）有限公司青东煤矿、海孜煤矿矿井2对，为省属国有企业。

【基础设施】 交通运输。临涣镇境内有泗许高速、省道202，县道白铁路、临五路、临杨路等公路线路交汇，濉阜铁路穿境而过。1998年，建成临涣镇客运站。日发客运汽车90班次，日客运量2700人次。2009年，成立双林物流运输公司。有货车18辆，年运输能力19.71万吨，年收入300万元。

邮政通信。2017年，临涣邮政支局年业务总量突破510万元，累计发行《人民日报》、《求是》360份，《安徽日报》、《江淮杂志》1300余份。为更好服务三农，新增村邮站16个，满足广大村民缴费，购物等需求。

给排水。1995年建成临涣镇自来水厂。2017年有自来水用户9877户、34094人，镇区主要道路两侧铺设排水管道15000米。

供电。1976年临涣镇海孜变电所建成，2013年文昌宫变电所、朱临变电所建成，户户通电。10千伏线路9条，总长198.61千米，公用变压器台区168台，专用变压器台区146台，居民生活用电28310户；10千伏专用线路两条，线路总长6.1千米。2017年，供电量1.317亿千瓦时，其中工业用电0.932亿千瓦时，居民生活用电0.385亿千瓦时。

园林绿化。2017年，镇驻地有花坛80个，绿化面积3.2万平方米，已完成项目造林面积4176.5亩。

街道。2017年，城区有淮海路、临浍路、文昌街、南阁街、中心街、城隍庙街、尚寺街7条，长11000千米，路灯300盏，另有海孜村街道（原小乡旧址集市商业街道）1条，长980米。

【经济概况】 国民经济综述。2017年，实现固定资产投资14.76亿元，规模工业增加值6.44亿元，规模工业主营业务收入25.3亿元，完成财政收入1.30亿元，社会消费品零售总额118049万元。1995年，临涣镇被列为“全国500家历史文化名镇”，2008年被评为“安徽省生态建设示范镇”，2012年被列为“全国发展改革试点镇”，2014年被命名为“安徽省特色景观旅游乡镇”，2016年被评为“安徽省千年古镇”。

农业。全镇耕地面积19.08万亩，人均1.98亩，全部为水浇地，种植业以小麦、大豆、玉米、蔬菜为主。2017年全年粮食总产12.81万吨，其中小麦8.13万吨，大豆1.15万吨。主要经济作物为蔬菜，种植面积418.8公顷，主要品种有韭菜、大葱、黄瓜、西红柿等。拥有种植大户135户，其中连片种植百亩以上大户135户。畜牧业以养殖猪、羊等家畜为主。2017年生猪饲养量4.3万头，年末存栏2.1万头；羊饲养量2.1万只，年末存栏1.1万只；家禽年饲养量196万只，拥有养殖业大户223家，其中500头以上养殖场3家，百头以上养羊户5家。拥有农业机械18500辆（台），其中旋耕机600台，收割机640台，玉米收获机65台，拖拉机7510台，总动力73.1万千瓦，机械化收割率97 %。

工业。工业主要以铸造、机械制造、食品加工、水泥建材为主，拥有规模以上工业企业15家，职工1500人。2017年，实现工业总产值19.97亿元。其中规模以上企业有双林机械制造厂、众联水泥厂等15家，年产值5000万元以上的企业有4家；拥有全国驰名商标1个，安徽省优质产品2个。

商贸。2017年，临涣镇域有市场贸易单位和个人独资企业2822户，经营人员7000人。其中企业户382家、个体独资户2440家。社会商品零售总额4.25 亿元。

财政金融。2017年临涣镇财政总收入1.30亿元，较上年增长10.7%。其中国税完成11756.95万元，地税完成1246.73万元，分别较上年增长7.8%、48.1%。

全镇境域有农商银行、农业银行、邮政储蓄、邮政银行金融机构4家。

【社会发展】 历史文化名人。“濉涣文章地，两岸多奇才。”在临涣的历史长河中，曾出现过许多在国内乃至世界有着重大影响的历史名人。

蹇叔。（前690年—前610年）东周宋国铚邑（临涣镇）鸣鹿村人，曾与百里奚一起出任秦国左右庶长（上大夫），位达上卿，辅秦穆公为“春秋五霸”之一，成就穆公霸业，为古代著名政治家、军事家。境内筑有蹇叔墓。

徐防。字谒卿，东汉时期沛国铚人，古代著名政治家。徐防于汉明帝永平年间中举孝廉，入朝为郎官。于汉和帝永元初，任司隶校尉，后出任魏郡太守；永元十年任少府大司农（掌钱谷之事），后升任司空（同御史大夫），永元十六年转司徒（即丞相），位居三公之列。徐防的事迹载入《后汉书》。徐防以尊立汉安帝有功，被封为龙乡侯，食邑一千一百户。永初元年，西羌叛汉，切断陇道，郡国十八处地震，四十一处雨水，二十八处大风雨雹。边疆未靖，腹地多灾，徐防认为自己没有辅助皇帝治理好国家，主动辞官。

嵇喜。竹林七贤之首嵇康之兄，字公穆，西晋豫州谯国铚县（今临涣）人。为卫将军司马攸之司马，为齐王重要幕僚。晋时历任江夏太守、徐州刺史、扬州刺史、太仆、宗正。著有文集二卷传于世。其中有答嵇康诗四首《嵇康别传》。

嵇康。（公元223—262年），字叔夜，本姓奚，谯国铚县（今临涣）人。三国时曹魏文学家，“竹林七贤”之一。其生性狂放，博学多才，精通文学、玄学和音乐。曾任中散大夫，史称“嵇中散”。今存诗作50余首。《与山巨源绝交书》一文被选入《古文观止》，流传至今。其创作的《长清》《短清》《长侧》《短侧》四首琴曲被称为“嵇氏四弄”，与东汉的“蔡氏五弄”合称“九弄”，是中国古代著名琴曲，其弹奏的《广陵散》为十大古琴曲之一。《声无哀乐论》《难自然好学论》《太师箴》《明胆论》《释私论》《养生论》为后代传颂。

嵇含。（263—306年），字君道，西晋谯郡铚（今临涣）人，著名文学家、植物学家，嵇康侄孙。历任征西参军、骠骑记室督、尚书郎等职。永兴三年，嵇含被司马郭励所害。晋怀帝即位后，追谥号为“宪”。《隋书·经籍志》录有《嵇含集》10卷。今存诗文收入严可均《全上古三代秦汉三国六朝文》及逯钦立《先秦汉魏晋南北朝诗》。其所著《南方草木状》一书，被称为“世界最早的植物志”、“最早的南方植物志”。

嵇绍。（253—304年），字延祖，西晋谯国铚（今临涣）人，嵇康之子。为人旷达，事母孝谨。后为武帝秘书丞。永兴初，河间王颙、成都王颖举兵，绍从帝战于荡阴，侍卫皆溃。惟绍以身捍卫，飞箭羽集，遂被害于帝侧，血溅帝衣。元帝即位，（317年）赐谥曰忠穆。嵇绍著有文集（《隋书》《唐书经籍志》）传于世。

戴逵。（378—395年），字安道，东晋学者、雕塑家、画家。谯郡铚人。戴逵善于文、琴、书、画。《历代名画记》著录其画作《阿谷处女图》等作品。戴逵擅长雕刻及铸造佛像，首创干漆夹雕塑法。所塑“五世佛”，与顾恺之壁画“维摩诘象”和狮子国送来的玉佛，并称“三绝”。著有《释疑论》等名篇。当时著名学者范宣曾做过戴逵的老师，称其“幼有巧思、聪悟博学”，又说他“少博学，好谈论、善属文，能鼓瑟，工书画，其余巧艺靡不毕综”。

戴颙。（378—441年），字仲若，戴逵之子，戴颙继承父业，创琴曲15部、长曲1部。精于音律，尤善雕刻，亦能著文，在雕刻成就上，与其父称“二戴像制，历代独步。”文学上著有《逍遥论》一书。

戴勃。（371—396年）戴奎长子。擅长书画雕刻。主要绘画作品有《曹长赙象》《三马图》《九州名山图》《朝阳谷神图》《风云水月图》《秦始皇东巡图》等。戴勃还以音律闻名于世。创作5部乐曲和1部长曲。

桓宣。（公元—344年）东晋将领。谯国铚（今临涣）人。初为晋元帝司马睿丞相舍人，转王含参军，受命协助祖逖攻张平、樊雅，迁谯国内史。后为南中郎将、江夏相，参与平定苏峻、祖约之乱。桓宣为都督沔北前锋征讨军事、平北将军、司州刺史，击败后赵石季龙军，镇襄阳。建元二年（334），桓宣进攻石虎大将李罴反为所败，因此遭贬，转镇南将军、南郡太守。

文物古迹、临涣古城墙。始建于战国晚期，现为全国重点文物保护单位。临涣古城环临涣集一周。城内径东西长1490米，南北宽1394米，上宽5~8米，高7~15米不等，城基部宽30~50米，内坡度22.3~26.5米，外坡度22.9~26.5米，总面积2.7平方公里。东南西北各有一个城门，四角有角楼。西城有6座烽火台，东城有3座烽火台，南北城桓皆无。台距100米，台长25~50米，台宽15~30米，高出城墙约5米。北面和东面有护城河，南面有浍河，西面有壕沟。四面各一座城门，城墙上设有垛口，作瞭望、射击之用。

土城系两次筑成，第一次系夯土，土质为黄土、杂土，夯层规整，每层厚15厘米不等，夯窝深2~3厘米。主城墙呈梯形，采用平夯法夯筑，两腰经铲削修整，并用圆木棒横向拍打，表面十分平整、光滑、坚硬。第二次覆土无夯土痕迹，输送的沙土杂以砂浆和汉代遗物。城四隅有角楼，四隅上发现有筒瓦、板瓦，纹饰为绳纹、方格纹和古丁纹。城基部较厚的红褐色古丁纹板瓦，具有战国晚期特征。

观星台遗址。位于临涣古城南端，南临浍河，北通集市，东依犀牛望月台，西临紫禁城。遗址为一高台地，南北长300米，东西宽250米，上有居民，文化层厚约1.5米。1984年文物普查时，曾采集标本15件：红褐陶鼎足1件，蚌壳4件，鹿角1件、石斧1件、红褐夹砂陶绳纹鬲足2件、豆把3件、大口罐残片3件。纹饰有绳纹、指甲纹、弦纹、附加堆纹。经鉴定，该遗址为龙山、商周至汉代文化遗存。现观星台遗址为县级文物保护单位。

文昌宫。现为淮海战役总前委旧址，国家重点文物保护单位。始建于唐代，原名尚书宫，又名藏书宫，后改为昌帝庙。武则天出行江南时，昌帝庙又被改造为一座行宫，宋朝末年易名为文昌宫，沿袭至今。临涣文昌宫原是多重主房、庭院、耳房组合、较为宽大的院落，后相继改建。现存的文昌宫青砖灰瓦，坡顶结构，古朴典雅，分南北中三进庭院，有殿房5间，东西厢房各3间，面房及过道5间，计16间房屋。

淮海战役开始前，文昌宫是中原野战军司令部驻地。1948年11月16日成立由刘伯承、陈毅、邓小平、粟裕、谭震林5人组成总前委，这里便成为淮海战役总前委指挥部驻地。11月23日，指挥部驻地根据战事需要由文昌宫迁至临涣集东南的小李庄。文昌宫藏书阁东侧的堂屋是邓小平的工作室兼卧室。一张木床，一张桌子，一把椅子，马灯茶壶。

北院。为总前委指挥部会议室、秘书处及刘陈邓住处，东跨院为伙房和后勤处，南院是参谋处、作战处、机要处、通讯处旧址。文昌宫的后殿是总前委成员开会的地方。会议桌由两个方桌拼在一起。邓小平洗浴处在东厢房屋山角，共存有1个小凳子、几块砖垫脚。

文昌宫现设淮海战役总前委旧址纪念馆，纪念馆按照《旅游景区质量等级的划分与评定》的国家标准配备硬件和软件设施。现纪念馆占地面积5436平方米，馆内设有总前委旧址原状陈列、史料陈列、实物陈列等三大内容，馆藏革命文物200余件。1981年被列为安徽省重点文物保护单位，1996年、2001年、2007年三次被列为安徽省爱国主义教育基地，2006年被列为全国重点文物保护单位和全国红色旅游经典景区，2008年3月免费对外开放，年接待游客量10万人次。2010年被国家旅游局评定为国家AA级旅游景区。

城隍庙。位于临涣古城中部，建于汉唐时期，为县级重点文物保护单位。前址占地70多亩。后几度兴废，现存城隍庙为一处四合院落，后大殿3间，东厢房3间，前门楼及厢房计5间。占地面积536.08平方米，青砖小瓦，高挑沿出厦，花格门窗，石质檐柱。殿内壁画现依稀可见。

香山庙。又名相山庙、湘山庙，是临涣十八庙之一。香山庙位于临涣镇张后庄庄前，现为县级文物保护单位。原有大殿3间，东西耳房各2间，东西厢房各3间，门楼1间，门楼两边各有边房2间。共存香山庙有正殿3间，两边各有耳房2间，占地约400平方米。始建年代不详，共存有明天启三年、嘉庆十年、大清光绪辛丑年、清乾隆二十八年所立的4块碑文。

1970年，香山庙被用作学校，称香山庙小学。2001年6月，镇政府再次整理重修香山庙。“临涣城西沈圩村有庙宇一座，保存基本完好，始建年代暂无考。庙内存碑刻数块，上有香山、相山、湘山等字样。取香山以示与淮北市市政府所在地相山相区别。庙前有古槐一棵，颇具观赏价值，为保护古树名木及文物古迹，将庙宇整修如旧，重建围墙、门楼。修环道、集碑刻、立撑杆、设护栏，使古庙古槐相得益彰，以供参观，是为记。”

香山庙大殿前苍松翠柏，原有四棵松柏置于通往大殿的道路两旁，现仅存3棵，树龄均在百年以上。松柏之前现有老隋槐。槐衬庙宇，庙映槐树，更显槐树的沧桑与灵性。

南阁。是临涣古城墙的南门，叫正阳门，因面朝泡河和浍河，又叫泡浍门。南阁位于城墙南段中间，是东、南、西、北四个城门中最具特色的一个，到1975年尚保存较好。南阁与城墙同一时期建造，秦、汉、唐、宋、元、明、清各代都进行过不同程度的修葺。

南阁为两层建筑，高15米，长12米，南北宽9米。阁的底层是一拱形城门，用长条石砌成，可供人马车辆通行。东侧两层上有大门，门下有石阶，游人拾级而上，倚楼远眺，古城绿水交相辉映。阁的中层正面自东向西并列着一排齐整的雕花栏杆，栏杆后是12扇彩门，门的上方有千余个方形、圆形对称的窗口，门的下方木板上画有漆画。栏杆上层有10个对称的窗口，用油漆木板相连，涂以彩绘。阁顶为琉璃小瓦，分五脊六兽，阁顶两端雕刻着各种不同形态的飞禽走兽，鳞次栉比，惟妙惟肖。阁内正殿中央供奉着一尊雕塑的玉皇大帝，南阁又有玉皇阁之称。南阁飞檐翘角，云霭缭绕，金碧辉煌。

玉皇阁琉璃瓦的屋脊中间，建有袖珍型庙上庙—姜太公庙，高1.5米，长宽各1米，匠心独具，更为奇特。

南阁的南墙有碑刻“光增浍泡”，北墙有碑刻“永固山河”，此字是建阁时所造，字体皆苍劲有力。阁上镌刻着许多珍贵的石雕，有《狮子衔鲤图》《禹王锁蛟龙》等图案。

李沃孜墓群。临涣集东1.5公里的李窝孜村，有古堆3个，南临浍河。较大的一个在台地西南部，南北长42米，东西宽37米，土层夯实。周围遍植松柏。由于雨水冲刷．古堆逐渐低矮，四周暴露5处小型墓葬。墓内未发现砖石、棺木，均出土铁剑1把。第二个古堆位于前古堆以北60米处，南北长26米，东西宽25米。古堆东部因用土被削去1/3。第三个古堆位于前两个的东侧60米处，长宽各约20米。“文化大革命”期间平毁。1976年，附近村民曾挖掘，掘至4米左右，土质坚硬而止。

临涣茶及茶文化。临涣茶源于东晋，临涣街设有固定茶摊。唐朝出现茶馆。宋、元朝临涣街以经营茶馆为生很普遍。据《通志》载，明清时期的临涣茶馆以独特的水源优势而远近闻名。鼎盛时期茶馆20家。临涣人的饮茶习惯自此沿袭至今，绵延不衰。

临涣茶馆临街而建，多为青砖小瓦、飞檐，具有明清建筑风格。2017年有怡心茶楼、南阁茶楼、淮海茶馆等25家茶馆。

临涣茶因取自迴龙泉、金珠泉、饮马泉、龙须泉四大名泉而形成独特的茶韵。汤红、微甜、香醇，回味悠长。“春生津、夏消暑、秋提神、冬产暖”，一年四季皆饮其茶。茶馆以六安茶梗为原料，用自砌的土灶（俗称老虎灶），用沸水冲沏，当地人俗称“棒棒茶”。加入一次茶棒，可反复冲泡数壶，一壶茶可沏三至五碗或数杯。

临涣茶馆是当地文化社交的聚集地，馆内有“淮北大鼓”“评书”“琴书”等地方曲艺为客人点唱。茶客以中老年人和游客为主。茶客中有文人雅士评戏品茶，谈论时事新闻、纵论天下大事；有村民、亲朋、邻里围坐茶桌，聚会交流农事、商谈男婚女嫁、调解纠纷等；也有商人们茶语间完成一桩桩交易。

临涣茶文化扬名中外，1997年起，先后有《人民日报》、中央电视台等数家国内知名媒体专门采访报道。《英国卫报》记者欣然在《见证中国》一书中记录临涣茶馆。1999年巴黎世界民俗摄影展，一组临涣茶馆照片获金奖。2011年 4月17日（农历二月初二古会），濉溪县举办首届临涣文化节。

文化艺术。2017年建有镇文化站、广播电视站各1处，其中文化站为安徽省一级文化站。有村级文化活动中心19处，各类文化专业户27户，各类图书室19个，藏书10000册。临涣民间艺术团、临涣民间唢呐团、棒棒茶协会、戏曲家协会、诗联协会、泗州戏剧团等文艺演出团体30家，演员500人。

教育。2017年，临涣镇有中心幼儿园2所，民办幼儿园15所。小学19所，中学1所，九年义务制学校1所。幼儿园、小学及初中在校学生4926人，专任教师227人，小学适龄儿童及初中适龄人口义务教育覆盖率均达100%，高中在校生3497名，在编教师220人。

医疗卫生。2017年，有镇村医疗单位21个，床位105张，其中村卫生室19个。经濉溪县卫生计生委、临涣食品药品卫生监督管理所审批，临涣镇域存在合法经营的中、西药店28家。

体育。2017年，有学校体育场11个，看台设施座椅2000张。95%的村安装健身器材，经常参加活动的人员占常住人口的30%。

广播电视。2015年，镇财政投资60万元对电视、广播进行数字化改造。临涣广播站播音时间为早、中、晚三次正常向全镇播音，分夏、冬两种。临涣镇有10万人，电视普及率达到每三人中有1台电视机，全镇电视机总量达2.8万台。

社会保障。2017年农村最低生活保障户数625户1438人，支出478万元。医疗救助189人次，支出58.59万元，民政部门资助参加合作医疗8184人次，支出147.31万元。城镇最低生活保障户数186户，支出167.30万元。各类优抚对象749人，抚恤事业费支出293.43万元。敬老院1家，床位56张，收养农村“五保”人员44人。

居民生活。2017年，全镇拥有安居住房11.5万间，280万平方米，人均1.2间28.9平方米。入住5712户、20202人。居住区环境绿化，垃圾集中清运。设有图书室、体育场、活动室等配套设施。

【名优特产】 临涣包瓜。有百余年酿造历史，为安徽省名优产品。清光绪初年由南京人潘孝武父子来临涣集开设“园昌斋”酱园店制成的一种酱菜。它以香、脆、嫩等独特风味而闻名。清末有诗人题诗赞曰：“瓜风送香气，蜂蝶乱飞云，食之包瓜后，忘却故乡人。”

临涣包瓜系选用优良的包瓜（原名女儿瓜）精制而成。包瓜春季播种，6月底7月初采摘，筛选1～1.5公斤丰满滑润、老嫩适中的鲜瓜，随采随加工，保持瓜的鲜度和脆嫩。制作时将鲜瓜切皮去瓤，入缸初腌，日晒夜露

30余天后复酱（一层瓜一层甜酱），培40天后制作成琥珀色的瓜壳待用。然后将加工好的酱杏仁、酱花生仁、酱黄瓜、酱品兰、酱蒜薹、酱生姜、酱培瓜、咸豆角、石花菜、陈皮等10余种优质酱菜配料切碎调配，装入酱培成熟的瓜壳内，盖上瓜盖，其成品色泽光亮，脆嫩清香，入口清爽，咸甜适度，酱味浓郁，南北皆宜。

培乳。为临涣酱菜品种之一，有着百年制作历史，曾多次被评为安徽省名优产品。培乳制作工艺精细复杂，选料考究，周期长。选取当地优质大豆，加入多种名贵中药材和特制的香料。筛选大豆、浸泡、磨浆制成上成豆腐，将豆腐切成2厘米厚，4厘米见方的胚块，放入容器内发酵，恒温保持48小时左右，用特制的干蜜酱黄培制，加入盐和伏天酱油及适度甜酱，大缸或坛封存10个月左右。优质培乳成棕褐色，酱味浓郁，鲜香可口，软而不腻。

临涣烧饼。“临涣烧饼”又名马蹄饼、千层饼。以香、酥、脆见长，一家烧饼铺整集飘香，入口酥、脆，掉渣。主要原料为面粉、猪膘油（加入少量鸡油）、葱花、芝麻。面粉加水和成面团，经间隔1～2小时醒发后，揉成小团加入猪油、葱花反复揉撮，制成马蹄状，撒上芝麻，放入烧饼炉内，烘烤即成。

培乳肉。为创新名吃。选取本地标准五花肉，切成薄条状，经热加工后，浇入临涣培乳汁，上笼蒸后即成。色泽鲜亮，肥而不腻，入口即化。

南坪镇

【政区概况】 名称来历。东汉末年称庸平，南北朝时曾设庸平县，北宋时改庸平为南坪，意为“宿州南部坪地”。

地理位置。位于北纬33° 27′ ～33° 东经116° 49′ ～116° 54′ 。地处县城东南部，东连宿州市祁县镇、桃园镇，南邻双堆集镇、蒙城县许疃镇，西与孙疃镇、五沟镇接壤，北接宿州市。人民政府驻地南坪村，电话区号0561，邮政编码235126。

政区沿革。秦朝属泗水郡，蕲城所辖，西汉时属沛郡，东汉时属沛国，三国时入魏属谯郡。南北朝时置庸平县。隋朝属彭城（今徐州）所辖，唐宪宗元和四年建宿州，属宿州蕲县管辖。北宋属淮南道，改庸平为南坪，元朝属徐州蕲乡管辖。明属凤阳府，清属江南省。民国元年（1912年）南坪属宿县管辖，设南坪自治局。

1950年新置濉溪县，属濉溪县双堆区管辖南坪乡。1958年成立南坪人民公社。1961年12月建南坪区，辖南坪、双堆、三和、陈集、半铺、芦沟、罗集7个公社。1969年撤南坪区建南坪公社。1980年12月撤南坪区并入双堆区为区辖南坪公社。1983年4月恢复南坪区。1986年实行镇区合并，称南坪镇。1992年撤区并乡，保留南坪镇建制，南坪镇辖29个村，1993年合并为14个村。1999年批准为省级“综合改革试点镇”，为濉溪县副县级镇。2004年任集镇并入南坪镇，辖21个村，2010年原忠阳村并入任集村，辖20个村。2016年年底辖20个行政村。

政区划分。2017年辖南坪、钱铺、庙台、任圩、任集、桃花、香山、老家、太平、耿庙、蒋湖、大王、街西、坪西、黄沟、路东、浍北、朱口、半铺、葛圩20个村民委员会。

人口面积。2017年，辖区总人口102457人，其中非农3049人。另有流动人口318196人。总人口中，男性52857人，占51.5%；女性49600人，占48.5%；18周岁以下26400人，占26.5%；18～35周岁20491人，占20%；35～60周岁35115人，占34.5%。总人口中以汉族为主，汉族101995人，占总人口的99.95%，有回族、壮族、彝族、布衣族、满族、苗族、哈尼族、傣族、侗少数民族9个。2017年人口出生1800人，死亡400人；人口出生率16‰，政策符合率79.5%。辖区东西距离20千米，南北距离16千米，总面积225.29平方千米，其中陆地220.79平方千米，占98%，水域4.8平方千米，占2%。耕地14632公顷。

【自然条件】 地形地貌。境内全部为平原，地势平坦。地层走向由西北向东南倾斜，倾角平缓。

河流、矿藏。属古河床边缘中等富水区，境内有自然河浍河1条，人工河澥河1条，大沟18条。

矿产资源。以煤为主，主要分布在镇东

部、南部。已建皖北煤电任楼煤矿、钱营矿、淮北矿业邹庄煤矿共3对。镇域煤炭矿产储藏量10亿吨。

【基础设施】 交通运输。境内有省道05、县道刘濉路、芦五、孙任路等公路干线。青芦铁路穿境而过。北距徐合高速宿州出口12千米，东距徐合高速南坪出口3.5千米，共建成年吞吐量84万吨的南坪港水运港口。

邮政通信。2017年有邮政支局2处，报纸、杂志累计发行1200份。电信企业1家，服务网点36个，电话交换机总容量2万门，固定电话用户1200户，移动用户7.9万户，互联网用户12800户。

给排水。在太平、任集、路东等村有深水井6眼及成套净化设备。镇区主要道路两侧铺设排水管道8千米。

供电。2017年全镇有10千伏供电线路12条，长度248千米。安装配电变压器340台，容量4.98万千伏安，用电总负荷7200万千瓦。供电量7500万千瓦时，其中工业电量3100万千瓦时，农业用电16万千瓦时，生活照明电量4185千万时，用电可靠性99%，通电率100%。

园林绿化。2017年镇驻地绿化面积0.5万平方米。项目造林590公顷。小区绿化率32%，全镇绿化面积19.3%。

街道。2017年镇政府驻地有中坪、古坪、浍坪、花园、农贸、粮贸、东环、食品、花园主干街道9条，长10千米，为水泥路面，东环路系S305线为沥青路面。2017年镇区花园路、农贸路进行街道提升，整修拓宽路面，铺设沥青路面，有路灯550盏。另有任集、新村、矿北、半铺、朱口等集市。

【经济概况】 国民经济综述。2017年实现地区生产总值17.8亿元，财政收入6200万元，固定资产投资11.3亿元，消费品零售总额4.6亿元，完成招商引资4.1亿元，限额以上企业销售总额4850万元，农民人均纯收入11550元。

农业。2017年，实现农业产值4.1亿元，实施“小麦高产创建活动”和“玉米振兴”计划。小麦种植面积25万亩，单产527公斤，总产13175万公斤，产值28985万元；玉米种植面积23万亩，单产545公斤，总产12535万公斤，产值20800万元；大豆种植面积0.5万亩，单产130公斤，总产65万公斤，产值230万元；蔬菜的种植面积5000亩，产值1500万元。建设无公害农产品基地3000亩，发展设施蔬菜5000亩。

拥有农业机械4.7万辆（台），机械化收割水平达100%。其中旋耕机1900台，收割机1760台，玉米收获机380台，拖拉机3.8万台。

商贸。2017年共有商业网点2150个，职工3120人；其中企业户150家，个体户2000家。2017年，社会商品零售总额达4.6亿元，拥有城乡集贸市场6个，年成交额3.5亿元。

财政金融。2017年财政总收入6200万元，境内有农业银行、农商行、邮政银行、建设银行等金融机构6家。各类存款余额10亿元，各类贷款余额4亿元，分别比上年增长38%、17%。

【社会发展】 文化艺术。2017年有镇文化站、广播电视站各1处，有村级文化活动中心20处，各类图书室38个，藏书42万册，音乐、美术书法、摄影、戏曲业余队伍120人。

教育。2017年有幼儿园5所，看护点13所，附设幼儿园14所，在园幼儿3800人；其中私立幼儿园3所，中心校2所。小学19所，在校学生11214人，专任教师397人，小学适龄儿童入学率100%。初中在校生3600人，小学生8200人，专任教师634人。初中适龄人口入学率、小学升初中升学率、九年义务教育覆盖率均达100%。

医疗卫生。2017年有镇、村医疗单位28个，门诊部2个；床位280张，其中村卫生室78个。专业医护人员134人，其中执业医生60人，注册护士40人。2017年完成诊疗7.4万人次。20个村村民新型农村合作医疗参加率100%。

体育。2017年有学校体育场21个。20个村安装健身器材，经常参加体育活动的人员占常住人口34%。

广播电视。1973年建南坪广播站，广播普及率98%；1995年建50千瓦调频广播电台；1997年投资80万元建有线电视台，2017年有线电视用户0.48万户。

社会保障。2017年农村低保240户564人，城镇低保119人，月人均315元。医疗救助7人次，民政部门资助参加合作医疗652人次。农村五保对象293人，其中集中供养255人，分散供养38人，集中供养每人每年6000元，分散供养每人每年3300元。农村低保2017年A类平均每月220元，B类平均每月200元，C类平均每月180元。

居民生活。拥有住房15万间，300万平方米，人均1.5间30平方米；其中砖混结构楼房7万栋，980万平方米。集中居住区5个，入住2500户9800人。居住区环境绿化，垃圾集中清运。设有图书室、体育场、活动室等配套设施。

2017年，拥有汽车1500辆，轿车1.2万辆，摩托车2.4万辆，电动车6万辆。

易事特光伏发电项目。2017年1月17日，位于濉溪县南坪镇浍北村的易事特濉溪南坪光伏发电站项目一期建成并网发电。工程由易事特集团股份有限公司全额投资、开发、建设、运营，工程总装机容量40兆瓦，总投资约3.6亿元，采用晶硅光伏组件，以农光互补方式建设光伏电站。项目分两期建设，其中一期占地760亩，投资1.6亿元，建成后可年发电约2600万千瓦时，年产值约2600万元，项目全部建成投入运营后，年平均发电量4000多万千瓦时，年销售收入总额约4000万元，相当于年均节约标准煤1.32万吨，减少排放二氧化碳3.4万吨、二氧化硫340吨、氮氧化物100吨及排粉排尘，解决当地近百名劳动力就业。

美丽乡村建设。2016年度黄沟中心村（省级）、大王中心村（市级）、街西中心村（市级）及镇区整治提升（省级）4个美丽乡村建设项目，验收结束。2017年度美丽乡村建设任务是太平中心村，顺利完成乡村道路、农民大舞台、沟塘绿化美化改造等项任务。

整治环境。争取资金800多万元对镇区花园街、农贸街进行综合整治，修补清理下水道，新铺设步行砖、沥青路面。投资近100万元建设的农贸市场投入使用。对于不符合建设规划、土地利用、环境保护等要求的，按照不留地面设施、不留从业人员、不留供电设施、毁闭加工机器，彻底清理3家非法料场、堆场、煤矸石加工场以及搅拌站，拆除8家非法营运码头，恢复800亩耕地。

韩村镇

【政区概况】 名称来历。韩村古称“龙脊村”，明朝名为韩店孜，清朝乾隆年间始称韩村”，明朝名为韩店孜，清朝乾隆年间始称韩村集，沿用此名至今。

地理位置。韩村位于濉溪县南部，北纬33° 6′，东经116° 6′，距县城35千米。南依五沟，北靠百善，东与孙疃接壤，西与临涣相连。

政区沿革。1954年10月始，设韩村区，1958年9月，撤区，建韩村人民公社。1961年12月，撤韩村公社并入五沟区。1969年3月，撤区，设韩村公社。1980年重设区，韩村公社属五沟区。1986年9月，设韩村镇，为6个标准镇之一。2006年3月，原祁集镇11个行政村划入韩村镇。韩村镇是中国特色小镇、中国美丽休闲乡村、国家发改委深化城镇基础设施投融资模式创新特色镇、安徽省建制中心镇、首批扩权试点镇、安徽省优秀旅游乡镇、安徽省生态乡镇。

政区划分。2017年辖祁集、双沟、桃园、河涯、胜利、光明、马店、大李、大庄、建元、小湖、大殷、韩村、淮海、和谐15个村民委员会，200个自然庄。

人口面积。2017年，辖区内常住人口70038人，非农人口1338人，占总人口11.91%。男性35656人，占50.91%；女性34382人，占49.09%。18周岁以下15128人，占21.6%；18～35周岁21838人，占31.18%；35～60周岁23659人，占33.78%；60周岁以上人口9413人，占13.44%。总人口中汉族70030人，占总人口99.99%，苗族、壮族、满族等少数民族8人。

【自然条件】 地形地貌。地处淮北平原中部，地势自西向东南微倾，海拔29.6米。

河流矿藏。境内流域面积501平方米，流域长度10.5千米，年均流量2200万立方米。境内浍河东西贯穿，属淮河支流浍河水系，总长22千米。全镇有香顺沟、团结沟、孟沟、清沟、青庙沟、常沟、北临界洪新河，共计总长96千米。矿藏丰富，有淮北矿业（集团）有限公司的临涣煤矿，海孜煤矿2座生产煤矿。

2017韩村镇行政村情况一览表

村	自然庄
祁集村	周井孜庄　薛湾庄　高楼庄　祁集庄　郭湾　大何家　张桥庄　大郭家　小郭家　肖家
双沟村	大赵家庄　皂角树庄　小王家庄　庙东　庙西　前小赵家庄　后小赵家　碱昌王家　马沟湾　马楼　军黄庄
马桃园村	马桃园庄　大马家　小马家　商口子　小张家
河涯村	杨庄　张河涯庄　小吴家庄　夏家庄　杨圩子庄　西杨庄　高宅庄　庙东庄
胜利村	肖楼庄　杨圩孜庄　周圩孜庄　张令圩孜庄　前吴楼庄　王湾庄　后吴楼庄　大吴楼庄　前骑周庄　后骑周庄　杨万庄　周小庄
光明村	新兴庄　新村庄
马店村	后马店庄　小周家庄　段楼庄　肖家庄　小王家庄　小刘庄　杨家庄　周菜园　张家庄　西吴庄　东吴小庙　罗家庄
大李村	小高家庄　小位家庄　陈前李庄　梁陈庄　磨盘李家庄　吴圩孜庄　吴圩前小李庄　尹家庄　李兆吉庄　大李家庄　丁家庄　周家　道人庄
大庄村	大庄　前油坊　后油坊　朱家庄　杨家庄
建元村	五里谷堆　周格　前八里庄　后八里庄　建元庄　后洼　郑家　纪家　土楼　牛行
小湖村	荒北　小湖子　小李　汤家　杨家　祝周　张青庄　李罗圩子　尹湖　老红庄　小周庄
大殷村	李楼　前殷　后殷　祝家　华佗庙　大丁家　前马店　小郭家　前楼　后楼　八里庄
淮海村	小李庄　高家庄　商家庄　小马庄　刘圩子　大徐家　小徐家　纪圩子　王圩子　沟西　小施家　后小徐家　小高家
和谐村	后陈圩　中陈圩　前陈圩　雪场　刘沟涯　东赵口　西赵口　宋圩　夹河　小马庄　段桥　陆庙　沙垄
韩村村	韩村　沟东　孟庄

海孜煤矿属淮北煤田临海童矿区，北距淮北市约40千米，东距宿州市35千米。矿井范围东南以大马家断层与临涣矿毗邻，西以大刘家断层为界，北至3煤层-800米水平投影线，呈不规则三角形面积33.745平方千米。受断层切割，整个井田被分成两个区，即三角区（西部井）和东西区（大井），西部井作为矿井一个接替采区独立成井。

海孜煤矿大井设计生产能力150万吨/年，于1979年2月动工兴建，1987年10月21日投产；西部井设计生产能力30万吨/年，1996年开始建设，于2001年8月投产。生产能力为159万吨/年（其中大井为120万吨/年，西部井为39万吨/年）。

【基础设施】 交通运输。境内有省道203（淮六路），县道临杨路（临涣—杨柳）、铁白路（铁佛—白沙），海韩路（海孜矿—韩村）。

企业专用公路有韩村工业园区路、青东矿专用公路、临涣矿专用公路，煤焦化、水厂、电厂、选煤厂专用公路。

童亭矿专用铁路、临涣矿专用铁路、煤焦化专用铁路、选煤厂专用铁路穿境而过。淮北中北巴士公司公交101路、102路及途径韩村车辆线路日发客运260班次，日客运量

11000人次。

邮政通信。有濉溪县邮政局韩村支局，2017年邮政业务量为3.6万，报刊发行量12万，电信13200户，移动互联网用户46000户。

供水。全镇建水厂5座。

祁集村水厂。建于2009年，投资280万元，供水能力590立方米，受益人口5600人。

大殷村水厂。建于2010年，投资127万元，供水能力260立方米，受益人口2827人。

大李村水厂。建于2010年，投资201万元，供水能力410立方米，受益人口3813人。

马店村水厂。建于2010年，投资101万元，供水能力112立方米，受益人口1365人。

小湖村水厂。建于2012年，投资315万元，供水能力464立方米，受益人口5642人。

建镇村排水管道44.4千米。

供电。2017年韩村供电量6373万千瓦时，用电量5885千瓦时。10千伏线路8条，线路总长145.77公里。

【经济概况】 国民经济综述。2017年全镇完成工业总产值为47.24亿元，完成全年任务的126%，同比增长43%。2017年规模工业增加值完成11.35亿元，完成全年任务的136%，同比增长56.8%。2017年全镇全社会固定资产投资完成26.8亿元，完成全年任务的109%，同比增长18%。2017年社会消费品零售总额完成1.16亿元，完成全年任务的189%，同比增长70%。财政收入完成2.55亿元，全县镇级排名第二位。

农业。全镇耕种地面积10.2万亩，人均1.5亩，全部水浇地。种植业以小麦、大豆、玉米和蔬菜为主。黑糯玉米，“杨柳青”牌豌豆为本镇的特色农产品。2017年粮食生产10.29万吨，其中小麦产量5.74万吨。大豆产量0.13万吨，玉米产量4.4万吨，分别比上年增加0.3万吨，减少0.08万吨，减少0.1万吨。经济作物主要为蔬菜种植。2017年种植蔬菜1049.49公顷，品种为辣椒、茄子、大葱、萝卜、土豆、西芹、黄瓜等。拥有种植大户173家，其中百亩种植以上大户58家。

畜牧业以养殖猪、牛、兔、家禽为主，拥有养殖大户64家，其中300头以上的养殖大户2户，百头以上的养羊户1家。2017年生猪饲养量4.5万头，出栏2.77万头；羊饲养量1.5万头，出栏0.9万只；家禽75万只，出栏58.9万只。

全镇拥有农业机械2.25万辆（台），其中旋耕机482台，拖拉机1.32万台，玉米收割机112台，联合收割机、手扶拖拉机等12930台。

工业。连续8年财政收入超亿元，2017年全镇完成工业总产值为47.24亿元，完成全年任务的126%，同比增长43%。2017年规模工业增加值完成11.35亿元，完成全年任务的136%，同比增长56.8%。2017年全镇全社会固定资产投资完成26.8亿元，完成全年任务的109%，同比增长18%。2017年社会消费品零售总额完成1.16亿元，完成全年任务的189%，同比增长70%。

商贸。共有规模商贸企业7家、限上服务业2家，大个体7家。正在培育商贸企业1家，2017年社会消费品零售总额完成1.16亿元，完成全年任务的189%，同比增长70%。

财政金融。2017年全镇财政支出4938 万元，年度预算5100万元，占年度预算的96%。

招商引资。2017年利用外资5000万美元，信义光伏、远洋长华、韩殷豆制品有限公司等5家公司完成招商引资5亿元，超额完成全年招商任务。

【社会发展】 文物古迹。淮海战役总前委旧址小李庄、18烈士墓、马桃园遗址、古井亭、河涯村古碑等。

文化艺术。新修建文化站1处，占地4000平方米，文化活动中心15个，“农家书屋”藏书5.2万册，各类文化专业户10 户200 人。文艺演出团体8 家，演员200人。

美好乡村建设。开展祁集美丽乡村省级中心村建设，共14个项目，总投资485万元；2017年2月，建元村顺利通过省级美丽乡村验收；2017年5月，小湖村、河涯村通过市级美丽乡村验收，其中小湖村市级验收排名第一；2017年9月，镇政府驻地建成区顺利通过省级验收。美丽乡村、“三线四边”、“三大革命”综合整治使农村环境面貌大为改观。

改善人居环境。2017年，镇区功能持续增强。新建村村通道路工程7.2 千米，新装太阳能路灯559 盏，新增供排水管道5.4 千米，新增绿地面积221.3公顷，新建公厕12座，街头小巷改造2.3 千米，新建尹湖小学、光明小学教学楼工程、韩村烟草公司综合楼工程等公共建筑4147平方米，对镇区振兴街、矿东路、团结路等进行集中美化、亮化，市政基础设施累计完成投资1760万元。综合环境明显改观。道路畅通工程建设稳步推进，总投资134万元，新建及加宽道路1.3千米，镇域交通状况得到较大改善。加强生态保护与环境治理，深入推进美丽乡村建设，开展农村垃圾、污水、厕所专项整治，推动农村“三大革命”向纵深发展，投入专项资金300万元，配备村级保洁员190人，专业保洁员99人，集中清理生活垃圾、建筑垃圾、废弃秸秆2300吨；深入开展非法石料场清理、燃煤小锅炉整治、集中开展拆除非法加油站（点）等行动，清理煤矸石堆场65家，关闭非法加油站12家，拆除非法加工机械16台（套），仅用15天快速拆除40家一直想拆未拆掉的粘土砖厂，顺利通过国家、省环保督查，在此基础上，20家新型墙材厂通过环评检测验收。2017年午、秋两季，镇村协作，干群联手，实现秸秆禁烧“零火点”的目标，空气质量明显改善。

民生保障。2017年完成民生工程项目28项，其中补贴发放类11项，工程类17项，共发放和投入资金3680.16万元；投资197.23万元实施“一事一议”奖补项目14个，安装太阳能路灯461盏，修建1704平方米水泥道路，绿化草坪1595平方米；全年共发放各种涉农补贴资金2415万元，涉及农户15300户次；午、秋两季农业保险共理赔资金111.9万元；2017年，坚持“以人为本，为民解困，为民服务，促进和谐”的工作宗旨，对城乡低保、特困人员、残疾人患者、孤儿等实施救助；为1349名80岁老人办理高龄补贴；新型高标准敬老院投入使用，集中和分散供养306名老人；2017年转移农村劳动力756人，建立城乡劳动力档案，创业培训三期90人，贫困户技能培训54人，促进全镇新增就业人员854人。

精准扶贫。2017年全镇投资176万元的“观光采摘园”一期已建成并发包成功，年承包收益20万元，解决贫困户务工80人；特色种养业贫困户392户，已发放特色种养业补助金39.5万元；发放户贷企用贷款465万，96户扶贫户参与分红，每户1165元；全面落实“351”和“180”政策，家庭医生签约率和健康扶贫政策覆盖率均达100%；2017年共有127户、169人享受智力扶贫资金25.8万元；集中建设20户贫困户光伏发电，项目已完工；设置贫困户公共服务岗位62人，人均月工资800元。2017年脱贫97户244人，顺利通过省级第三方评估验收。

商贸物流。新培育“花样年华”1家限额以上商贸企业，总数达7家。物流运输业不断发展壮大，子洋物流发展迅速；浍河航道治理工程稳步推进，2017年施工1.8千米，完成疏浚土方约100万立方米，完成全镇境内总工程量的45%；农村商品流通服务体系建设扎实推进，10余家大中型超市投入运营，形成祁集、韩村、小湖3个镇商贸中心。

电子商务。发展电商18家，韩村镇电子商务园、青年电商创业园、韩村镇电商协会在全县率先成立，韩村镇电商配送中心已投入使用，建成20个“邮乐”站点；阿里巴巴“村淘”项目成功建成7个网点，“农商一号”淮北体验店已在胜利、光明，双沟等村投入运营；实施“互联网+”行动，物流快递、网上购物等新型业态迅速发展。

文化旅游。学前教育、义务教育办学条件显著改善，民办教育规范发展，育蕾学堂、建元中学招生规模不断扩大；科技工作不断进步，新增专利申请30件；基层医药卫生水平不断提升，15个村均建立卫生服务站。镇卫生院与县医院结对进行医共体帮扶建设，增设特色专家门诊，推进优质医疗服务资源共享；开展家庭签约医生服务8400例，满足不同层次医疗服务需求。群众文化体育活动丰富多彩，全年共送文化下乡演出20场次，举办农民广场舞、篮球比赛12场次、淮海村民大舞台每周均有精彩演出，较好丰富了群众文化生活。

2017年3月小李家红色旅游景区被评为国家AAA级旅游景区；成功举办小李家红色旅游季暨小李家红色博物馆开馆仪式;景区年接待游客约10万人次。2017年总投入297万元，基础设施逐步完善。经市、县批准，成立了淮海战役总前委旧址指挥部管理机构，配备2名专职管理人员，负责景区开发、接待、服务等工作；农家乐、小李家红色开放式党校、廉政文化广场等相继建成；陆续增加小李家指挥部展示物品及文物配备，为下一步创建国家AAAA级旅游景区打下基础。

安全生产。加大对全镇液化气市场监管力度，在全镇范围内燃气市场进行定期和不定期每月不少于1～2次安全生产检查，主要对非法经营门点进行严厉打击，发现一起，坚决取缔一起，不留盲区，消除安全隐患。在检查的同时，不断地向群众宣传燃气安全知识，特别是督促燃气企业、液化气经营门点在日常经营活动中加强对燃气用户安全用气知识的宣传工作，努力营造良好的燃气供需和使用环境，促使全镇燃气市场安全生产形势平稳发展。

扎实开展“百日除患铸安”等专项行动，安全生产形势持续稳定。

铁佛镇

【政区概况】 名称来历。据史料记载，铁佛镇北原有一唐代古寺，寺内“大雄宝殿”有三尊佛像，中间最大的一尊为铁铸成，寺以铁佛像得名“铁佛寺”，寺南村庄遂以“铁佛”记名，沿袭至今。

地理位置。铁佛镇隶属于安徽省淮北市濉溪县。位于北纬33° 42 ' ～ 33° 53 ' 东经116° 35′ ～116° 56′ 。地处淮北市濉溪县城西南部约23千米处。东距宿州市45千米，西距永城市15千米。地处县城西南部，西连永城市候岭乡，北连刘桥镇，东连百善镇，南连临涣镇。人民政府驻地铁佛村，电话区号0561，邮政编号235158。

政区沿革。春秋战国时期属铚邑，治所在现临涣，属宋国。秦代属铚邑，泗水郡。唐、宋属临涣县，属于其管辖。宋属河南道，后割给金。元属河南归德府。明属凤阳府，清属宿州所辖。解放以来，1954年设铁佛乡，1958年，成立人民公社，即划成卧龙、岳集两个人民公社，一度属百善大区所辖。1958年10月16日时任党和国家领导人刘少奇到卧龙湖人民公社视察工作。1962年又改为铁佛区，下辖朱庙、岳集、古城、油榨、铁佛、卧龙、黄集7个小公社。1969年～1979年都属于铁佛、岳集2个人民公社。1980年，撤销铁佛、岳集2个人民公社，重新建立铁佛区，将朱庙、岳集、古城、油榨、铁佛、卧龙、黄集7个小公社划为7个乡，将黄集乡的张楼大队梁庄大队和百善区的留古、蒋庄、刘楼等大队合并划为洪河乡；总计全区共辖8个乡，65个行政村，412个生产大队。

1983年撤区设乡。1997年，面积90平方千米，人口4.2万人，辖铁佛、道口、范楼、圩孜、蒋庄、刘楼、张楼、杨庄、留古、蒋埝、黄集、王楼、李集、赵集、店孜、王尧、卧龙、米庄、罗庄19个村委会。2006年，撤销岳集乡，并入铁佛镇，同时将铁佛镇的2个村划入刘桥镇。

政区划分。2017年辖道口、周圩、刘楼、北张楼、店孜、卧龙、和谐、黄集、赵集、铁佛、张庄、七口、张黄庄、岳集、茂卜、油榨、朱庙、大王、古城、孟楼、崔楼、梁楼、朱暗楼、南张楼、梁庄、邹楼共26个行政村。

人口面积。2017年，辖区总人口13.75万，其中非农业人口3500人。总人口中，男性69851人，占50.8%；女性67649人，占49.2%；18周岁以下34941人，18～35周岁40745人，占30.1%；35～65周岁岁47758人，占35.5%；65周岁以上14051人。总人口中以汉族为主，共132447人。少数民族55人，为苗族、蒙古族。2017年，人口出生6366人，死亡约541人。辖区总面积223.8平方千米。其中，可耕种面积23.5万亩。

【自然条件】 地形地貌。境内全部为平原，地势平坦。地层走向由东西转北偏东，向北倾斜，倾角平缓。以横穿平原中部的古隋堤(今宿永公路)为界，北部为黄泛冲积平原区，南部为古老河湖相沉积平原区。隋堤南有较多的封闭型湖洼地，全系耕地。这是全镇特有的地貌类型，其成因与隋运河有关。原运河北堤宽40米，高出地面5米，高大完整；南堤宽20米，高出地面4米，残缺不全。汛期大水猛涨时，南堤往往决口，泥沙被水冲向决口两边，自北向南形成土岭。由于长期积水，便形成封闭型湖洼地，近似方形。这样的湖洼地如卧龙湖、尹湖、油榨湖等。特点为湖底滞水性大，四周保水差。

河流矿藏。属古河床边缘中等富水区，沱河从西到东穿境而过，新建沟、青沟、隋堤沟等6条主干大沟横穿东西。著名的隋唐大运河遗址（当地人称为隋堤）自西北向东南（店孜村、铁佛村、道口村均位于隋堤上）穿过该镇境内，全镇建涵闸7座，承担全镇排水灌溉。

矿产资源。以煤炭、铁矿资源为主，现共探明煤炭储量4亿多吨，煤种为低灰低硫优质无烟煤，多分布张黄庄村、卧龙村及其附近区域，镇内有卧龙湖煤矿一座，系省“861”重点工程。铁矿石储量700万吨，多分布邹楼村及附近，邹楼铁矿在建设、完善中。

【基础设施】 交通运输。境内有宿永公路、濉岳公路、白铁公路交叉贯穿，泗许高速公路将横穿该镇南部。每天经过镇境的班车达45余班次，日客流量达3540人次。

邮政电讯。铁佛共邮政局1处，代办所1处，邮政业务总量75000元，报纸、杂志累计发行1000份。电信企业1家，服务网点13个，电话交换机总容量6000门，固定电话用户200户，通信普及率90%以上；互联网用户5000户。全年电信业务收入511万元。

给排水。建成自来水厂：现有油榨村、店孜村、铁佛村、岳集村、古城村等村供用自来水，有深水井2眼及成套净化设备，供水普及率为85%。镇区主要道路两侧铺设排水管道3200米。

供电情况。全镇有10千伏供电线路7条，长度593千米。投运变压器237台，总容量5910千伏安。供电量达4324720千瓦时。其中工业用电量达279600千瓦时，农业及居民生活用电量为452000千瓦时。用户总数达38218户，通电率达100%。

园林绿化。2017年镇绿化面积达849万平方米。全镇森林覆盖率达47%，林木绿化率45%，多为杨树、栾树、香樟、柳树、银杏、桂花、桃树等品种。

街道。2017年镇政府驻地共有老铁佛街、铁佛北街、铁佛新街、省道203沿路街道等四条，合计总长320米，为水泥路面。有路灯430盏。另有原小乡旧址集市岳集街道、油榨街道、古城街道、店孜街道、黄集街道共计5条，总计长约5千米。2017年镇区主要道路两侧新增路灯190盏、供水管道5千米、排水管涵8千米。

【经济概况】 国民经济综述。全镇完成地区生产总值31亿元，财政收入完成5841万元；全社会固定资产投资完成2.58亿元；规模工业主营业收入完成6.4亿元；工业固定投资完成9800万元；农村常住居民人均可支配收入达到9930元。规模以上工业企业累计5个。社会消费品零售总额13亿元，涨幅4%。农民人均纯收入达9155元，涨幅5%。2017年，项目建设方面，完成泗永路改造工程，济祁高速铁佛段顺利通车，完成濉岳路南段改建征迁工作，施工监理单位招投标工作已经完成，并建成通车。

农业。总耕地面积24.9万亩。2017年，进一步夯实农业基础设施。在邹楼、南张楼实施农业综合开发治理项目，治理面积达2万亩，投资达2000万元以上，在岳集、孟楼、梁庄实施高标准基本农田建设项目2.24万亩，全镇新打机井106眼，修复老井100眼。小麦单产连续多年突破千斤，实现“十二连增”；适度规模经营快速提升，培育发展家庭农场206家，土地流转面积进一步扩大。铁佛镇发展规模以上养殖专业户180户，建成规范化养殖小区3个。年出栏各类家禽牲畜300万只（头），养殖业年产值达到2.8亿元，培育恒昌禽业等一批规模养殖场，辐射并带动全镇养殖业的发展。全镇农业总产值达到8亿元。种植业主要为玉米、大豆、小麦、蔬菜。20万亩“全国绿色食品（小麦）原料生产基地”已通过二次认证。

拥有农业机械2954辆，总动力台数1841台，机械化收割水平达100%。其中旋耕机440台。收割机1051台，玉米收获机30台，拖拉机410台，秸秆打捆机346台。

工业。主要以农产品加工、面粉加工、饲料加工等为主。2017年，全镇完成固定资产投资完成3.28亿元，规模工业主营业收入完成6.35亿元，工业固定投资完成3800万元，均实现提升。规模以上工业企业累计达到4个，分别为鲁南面粉（集团）有限公司、金华面粉有限公司、弘实粉业有限公司、绿康源饲料有限公司。其中，年产值5000万元以上企业有鲁南面粉（集团）有限公司、金华面粉有限公司、弘实粉业有限公司、绿康源饲料有限公司4家。年产值超过亿元以上的企业为金华面粉有限公司、鲁南面粉（集团）有限公司2家。拥有全国驰名商标1个，省产品2个。

商贸。截至2017年年底，铁佛镇共有限额商贸企业4家，大型购物超市达6家。2017年共有商业网点3410个，职工12312人。其中企业户21家、个体户3187家。2017年社会商品零售总额达12亿元，较上年增长4%；拥有城乡集贸市场14个。铁佛街粮食收购大户达7家。电子商务启动运营，新增农村淘宝村级服务站5家。此外，镇已申报古城汉墓群、曹楼银杏树保护开发旅游项目。

财政金融。2017年镇财政总收入完成625.5万元。其中，国税收入完成236.2万元；地税收入完396.8万元。分别较上年小幅增加。2017年全镇财政预算总支出2868.4万元，同比增长70.4%。2017年，镇内有中国农业银行铁佛支行、中国邮政储蓄铁佛支行、安徽农商银行铁佛支行、安徽农商银行岳集支行等金融机构4家，各类存款余额2884.9万元，较上年增加8%；贷款业务仅中国农业银行铁佛支行办理，2017年贷款余额为30万元。

【社会发展】 历史文化。名人古代历史文化名人有明末拔贡李抱真、清末秀才朱效信、革命党人陈文甫、李彦三、王秉仁、李荣梓等。

古城汉墓。位于濉溪县岳集乡古城，当地老百姓传说为汉（樊哙）墓。1992年由省考古所主持发掘，出土文物一二百件，有铜印、石器、铁器、陶器和瓷器等文物。汉墓的一号墓顶高达3.8米，二号墓共有12室14个单元，结构复杂，保存完好。二号墓画像石雕刻手法为浮雕、线刻等，内容有青龙、白虎、朱雀、玄武、三足乌、象、猪、鱼、开明兽、天禄、辟邪等珍禽异兽。一号墓室内的砖壁上发现有“元和五年”，乃东汉章帝年号。二号墓末发现纪年砖，故该墓为东汉大型墓葬而不是樊哙墓。于2013年5月被评为国家重点文物保护单位。

千年银杏。铁佛镇曹楼村西小学校前的古银杏，高32米，胸围630厘米，枝下高2米。七大主枝支撑托起30米×26米的伞状树冠，初步鉴定，属东汉时期古树，迄今已有1800年之久，是淮北市古银杏树中最为雄伟壮观的一株。据曹氏大型墓碑载：“公祖居河南，惠王之裔，明初时迁于涣北白果树左，由来九世矣……”明代初年曹氏祖先迁于“白果树左”，可见在当时此株银杏已是相当大树。该树已经被《安徽古树名木》一书收录。

隋沟堤。原古隋唐大运河，当地老百姓都称为“隋堤”。由隋唐宇文恺主持的这段运河，历史上称为通济渠。通济渠在公元605年开凿，分东西两段：西段自今洛阳西郊引洛河和谷水入黄河；东段自荥阳汜水，引黄河后，循汴水（原淮河支流），经商丘、宿县、泗县入淮河。全镇作为运河核心地带之一的乡镇，运河自西向东分别通过店孜村、铁佛村、道口村，贯穿约5～8千米。

文化艺术。2017年有镇文化站、广播电视站各一处，有村级文化中心27处，各类文化专业户60户，各类图书室29个，藏书11余万册，音乐、美术书法、摄影及业余创作团队达756人。文艺演出团体共60家，演员532人。2017年镇一级财政支出教育经费41万元。

教育。全镇共有中小学29所，在校学生8745多名。2017年有幼儿园21所，在园幼儿4257人，专任教师104人。小学27所，在校学生6732人，专任教师343人。小学适龄儿童入学率100%。初中3所，在校学生2141人，专任教师180人。小学升初中升学率100%。2017年镇一级财政支出教育经费78.5万元，较上年增长25%。

医疗卫生。2017年有镇、村医疗单位31个，门诊部2个；卫生院共有床位100张，其中村卫生室29个；固定资产总额为532万元。专业医护人员131人，其中执业医生56人，注册护士42人，其他工作人员33人。

美丽乡村建设。2013年确定张黄庄村为美好乡村建设示范村，共投入1200多万元，疏通河道、清理赵古路两侧垃圾，搬迁6个自然庄；村内主次干道路面硬化建设16万平方米，完成下水道工程8千米；建设新村、村部2个文化广场，新增太阳能路灯92盏；卧龙湖煤矿建设美好乡村，新增绿化工程3千米，种植枣树2000棵，维修进矿路总长3千米，安装路灯1200盏；规划以种植、养殖产业13家。大部分工程于2017年底竣工。

精准扶贫。截至2017年年底，共有贫困户1034户，贫困人口3319人；共投如590多万元帮助贫困户脱贫，其中危房改造481户，其中贫困户318户，“五保”户、低保户163户，房屋修缮2户。

互联网建设。2017年年底实现全镇通网，共投资470多万元，架设线路2.8万多千米，网络入户2万多户。

电子商务建设。2017支持农村淘宝建设，个人总投资45万元，覆盖6个行政村，雇有员工12人，年均纯收入达20万元，带动附近就业人员20人。

体育。2017年，有学校体育场29个。88%的村安装健身器材，经常参加体育和全民健身活动的人员占常住人口的62%。

社会保障。2017年城镇最低生活保障户68户、95人，月人均260元。民政部门资助参加合作医疗共支出46万元。农村最低生活保障户数1210户、2486人。抚恤事业费用支出350万元，有社区服务中心1个。参加新型农村养老保险76185人，参保率91%。2017年镇财政用于社会保障就业450万元，主要为行政事业单位离退休支出。全年发放各类优抚、困难补助、奖补资金1875.5万元。扎实开展精准扶贫工作，镇村两级建立3319人的贫困户档案。镇新增个体小老板数354户，带动就业3200人，推介小额担保贷款920万元，转移农村富余劳动力3万多人。交通状况明显改善。新修农村混凝土道路20公里，改造危桥2座。

居民生活。2017年全镇村民人均纯收入9155元。人均拥有住房人居1.5间，32平方米；其中砖混结构楼房32300栋，130664人。居住区环境绿化，垃圾集中清运。设有图书馆、活动场、活动室等配套设施。

2017年，拥有汽车3251辆，轿车2874辆，摩托车7845辆，电动车37544辆。

五沟镇

【政区概况】 名称来历。因原有麻沟、孟沟、李沟、张沟、胡沟5条东西走向的排水沟而得名五沟。

地理位置。位于北纬33° 28′ 0.59″ ~ 33° 33′ 42.88″ ，东经116° 31′ 5.50″ ~ 116° 41′ 59.62″ 。地处濉溪县西南部，东与孙疃镇、南坪镇为邻，南与蒙城县交界，西与涡阳县接壤，北接韩村镇。五沟镇新镇区经过三年的选址、规划、建设，2014年夏季搬迁入入驻，人民政府驻五沟村，电话区号0561，邮政编码235131，北距县城约50千米。

政区沿革。1950年7月1日建，属濉溪县，设五沟区辖马店等15个乡，1956年秋撤五沟区，1957年4月恢复五沟区，1958年9月撤区设五沟人民公社。1961年12月撤五沟人民公社，五沟辖五沟、韩村等6个公社。1969年3月撤区又设五沟公社。1980年12月，再撤公社设五沟区。1992年4月，撤区设五沟镇。

政区划分。2017年年底，五沟镇辖五沟、白沙、白寺、魏庙、藕池、界沟、张圩、南湖南、北湖南、王圩、邵长营、曹坊、孟集、童亭、大陈、石门、国政、土楼、庙前、袁店、肖店21个村民委员会。

人口面积。2017年年末，辖区常住总人口108254人，其中农业人口61796人，另有流动人口227623人。总人口中，男性55667人，占比51.6%；女性52365人，占比48.5%；18周岁以下26013人，占总人口24%；18~35周岁31803人，占29.6%；35~60周岁35562人；60周岁以上14601人，占13.56%。总人口中以汉族为主，汉族105628人，占比99.91%；少数民族102人，占0.09%。外来从业人数1556人。辖区东西最大距离16.88千米，南北最大距离17.94公里，总面积188.76平方千米。其中陆地175.19平方千米，占92.81%；水域13.70平方千米，占7.19%；城镇建成区面积120公顷，总人口44969人，绿化面积8.6公顷。

【自然条件】 地形地貌。五沟镇境内全部为平原，地势平坦，为石灰质地层。西北高而东南低，境内沟、河多东南流向。

河流矿藏。境内沟河甚多，有三大水系：浍河水系（南岸），澥河水系（北岸），淝河水系。浍河水系：浍河东西走向，经韩村镇流入五沟镇童亭村北部边缘，向东南流入孙疃镇。浍河在五沟镇内全长3.5千米，河上口最宽130米，河深4.5米，水深2.5米。全镇78%的雨水通过白尤沟、团结沟、孟沟流入浍河。澥河水系：东西走向，从五沟镇土楼村徐集庄西南角，向东流至界沟村，在石盘庄入南坪镇境内，全长14千米，宽30米，深4.5米。淝河水系：运粮沟从韩村镇小湖孜村小周庄入境，经袁店、魏庙、肖店、土楼等村向南流入凤凰沟后汇入在蒙城县境内的北淝河，运粮沟在五沟镇境内全长17千米，宽20米，深4米。

境内矿产。资源丰富，共有淮北矿业集团和皖北矿业集团的五沟、界沟、袁店、童亭4对生产煤矿，资源储量1078606千吨。其中界沟井田面积13.64平方千米，矿井资源储量16040.4万吨，可采储量6801.7万吨；五沟矿井田面积1078606平方千米，可采储量7400万吨；童亭矿井田面积24.16平方千米，可采储量6246.5万吨。

【基础设施】 交通运输。境内有省道203

（淮六路）现升级为国道（目前正在改建施工中）穿境而过，境内长14千米，双向四车道。每日五沟至淮北方向往返客车44辆次，日客运量500人次；每日五沟至宿州方向往返客车32辆次，日客运量460人次。有服务于五沟、界沟、袁店、童亭4座煤矿的运输公司4家，运输车辆183辆，日运输能力2200吨。

邮政通信。2017年年末，有五沟、大陈邮政网点2处，邮政储蓄点2处，邮政业务总量109万元。报纸、杂志累计征订60万份。电信企业2家，服务网点9个，电话交换机总容量（光纤）6台，固定电话用户0.5万户；移动电话用户2万户，互联网用户0.85万户。全镇电信业务收入690万元。

供排水。至2017年末，有大陈、界沟、白沙、北湖南、国政、五沟6个自来水厂，深水井10眼及成套净化设备，年供水8.72万立方米。五沟新区分污水、雨水两个排水系统，排水管网长140000米。2014年，投入资金700万元，建设五沟新区污水处理厂，是年建成并投入使用，日处理污水376.8立方米。

供电。五沟镇新镇区供电所于2014年8月建成，全镇有主变压器269台，总容量59120千伏安，高压输电线路7条，总长度195.4千米。年售电量4828万千瓦时，其中工业用电584.68万千瓦时，农业用电151.6万千瓦时，居民生活用电3517.32万千瓦时，非居民用电276.4万千瓦时，商业用电298万千瓦时，综合电压合格率98%，供电可靠率99.8%。

园林绿化。2017年，镇驻地新建文化广场1个，绿化1.2平方千米；项目造林41.5公顷，绿化面积60公顷，全镇绿化率45%。

街道。新镇区14条街道，街道长14.56千米，路面水泥硬化25.3万平方米，路灯2760盏。旧集市改造10条，总长13.8千米，路灯617盏。

【经济概况】 国民经济综述。2017年实现地区工农业生产总值19.1亿元，比上年增长7.9%；财政收入2.1亿元，比上年增长15.3%；固定资产投资10.6亿元；社会消费品零售总额10.6亿元，较上年增长4.35%；全镇农民纯收入11570元，较上年增长9.2%。全年共安排重点项目36个，总投资33.3 亿元。

农业。全镇耕地面积18.16万亩，人均1.8亩，靠近浍河的童亭村有部分田块为潮土土质，其他全部为砂浆黑土土质。经营主体规模流转土地面积3620亩，完成任务103.4%。新增家庭农场、农村专业合作社16家，申报市级示范家庭农场1家、市级示范合作社1家。畜牧养殖以猪、羊、家禽为主，示范户30家，每年开展养殖技术培训6次，培训人员900人次。2017年生猪存栏量12万头，出栏2万头；羊存栏量1.6万只，出栏量208万只；家禽存栏量18万只，出栏量46万只。

工业。以煤炭、建材为主。2017年工业总产值17.86亿元。拥有工业企业56家，就业3537人；实现工业增加值8.8亿元，比上年增长10.1%。

商贸。2017年，共有商业网点2812个，职工3100人，其中企业107家，个体户2635家。完成社会消费品零售总额3288万元，增长14.7%；城乡居民人均可支配收入10600元，增长7.8 %。拥有五沟、白沙、袁店、界沟、大陈5个乡村集贸市场，年成交额15.6亿元，比上年增长6.3%。

财政金融。2017年，全年，完成规模工业增加值5.7 亿元，增长42 %；完成工业总产值12.2亿元，增长10.8 %；完成税收2.25亿元，增长7.3%；完成固定资产投资11.6亿元，增长9.5%；完成社会消费品零售总额3288 万元，增长14.7%；城乡居民人均可支配收入10600元，增长7.8 %。

【社会发展】 文化艺术。2017年年末，有镇文化站1处，村级文化活动中心21处，各类文化专业户22户，从业人数456人，年参加演出5920次。镇文化站图书室1个，村农家书屋21个，留守儿童活动室13个，未成年人活动中心6个，共藏各类图书4.66万册。

教育。2017年年末，有公办独立幼儿园3所，在园幼儿931人，教师57名；民办幼儿园14所，在园幼儿2400人，自聘教师153人；小学22所，在校学生6141人，教师390人；九年一贯制学校2所，在校学生894人，教师74人；初中2所，在校学生2109人，教师180人。九年义务教育覆盖率均达100%。2017年财政预算内教育经费2326万元，比上年增长45.9%。预算内教育经费占财政总支出比例为14.1%。

医疗卫生。2017年年末，有各级医疗卫生机构27个，民营医院3家，床位258张；固定资产总值3660万元。专业卫生人员177名，其中执业医师68人，执业助理医师44人，注册护士46人。2017年医疗机构（门诊部）完成诊疗25.8万人次。全镇21个村参保新型农村合作医疗94820人，参保率96.8%。

计生服务。全镇年均人口出生率17.24‰以内；人口自然增长率10‰；出生婴儿性别比保持在106.25左右，基本正常。全镇已婚育龄妇女综合节育率达90%以上。全镇共享受农村计划生育家庭奖励扶助人4501次，累计兑付奖扶资金186万元。2017共享受计划生育家庭特别扶助10人次，兑付特别扶助资金49200元。2017年享受奖扶人190人，计兑付奖扶资金191520元，奖扶扩面204人，兑付扩面资金146880元。节育手术并发症14人，兑付资金45600人，2017年计兑现独生子女保健费234600元，兑现节育奖励全履盖资金118500万元。新农保优待计生家庭2464人次。兑现资金86240元，累计兑付资金872540元。

体育。2017年，有体育健身场所43处，其中镇政府1处，机关单位2处，村民服务中心15处，学校25处。每年都定期举办迎春运动会、广场舞大赛、物资交流会篮球邀请赛、学校运动会各1次，参加全民健身活动人口达全镇人口的49%。

广播电视。1969年10月建广播站，同年12月全镇开通农村有线广播，广播覆盖率100%。1997年10月建无线广播调频台，各村建广播室，2001年12月开通有线电视，有线电视用户1.5万户，入户率85%。

社会保障。2017年，城镇最低生活保障人数25人，支出18.4万元，月人均收入438.96元；医疗救助230人次，民政部门资助参加合作医疗2030人次，共支出118.25万元；农村最低生活保障人数1456人，支出489万元，月人均收入219.71元；国家抚恤、补助各类优抚对象672人，抚恤事业费支出280万元。新建五沟、界沟2个敬老院，床位300张，收养农村五保人员119人；到2017年年底，全镇16周岁以上参加城乡居民社会养老保险人数达55000多人，其中60周岁以上享受人员13000多人，全镇养老保险缴费人数达39222人。

居民生活。2017年，全镇村民人均纯收入10600元。共进行建档立卡贫困户危房改造一期152户，争取资金297万元，二期危房改造179户，其中建档立卡贫困户103户，共计资金294万元，目前已全部竣工并通过了县危改办的验收。集中居住区6个，楼房1860栋30.3万平方米，入住2700户0.99万人。居住区内环境绿化，垃圾集中清运，并设有图书室、活动室、体育场所等配套设施。

2017年，全镇拥有汽车682辆，轿车1356辆，摩托车1.9万辆，电动车4.7万辆。

美丽乡村。坚持高标准规划设计，张圩美丽乡村规划、镇建成区整治规划获2017年度全省优秀城乡规划设计奖。完善提升镇政府驻地、白沙、藕池等2016年度美丽乡村基础设施建设，强力推进环境综合整治，镇建成区、白沙美丽乡村顺利通过省级验收。加快推进规划、设计、招标、建设等工作，2017年度张圩、白寺、孟集、曹坊4个美丽乡村基本建成。大力开展农村环境治理“三大革命”，农村陈年垃圾得到彻底整治，完成旱厕改造1327户，完成白沙非正规垃圾堆放点治理，镇村环境秩序明显改善。

脱贫攻坚。2014年建档立卡贫困户1488户3377人，建档立卡贫困村1个——北湖南村。2017年，脱贫378户、949人，1个贫困村出列。落实产业扶贫、就业扶贫、健康扶贫、教育扶贫等帮扶项目5445项，发放各类补助资金4658万元，开发扶贫公共服务岗位212个，发放小额扶贫贷款1720万元。大力推进产业扶贫。建设镇创业扶贫星火园，成功引进新能源路灯电池组装等项目入驻；投资260万元的扶贫农业生态观光园建设稳步推进；投资1234万元的贫困村高标准农田综合治理成效显著，农业基础设施进一步改善。

孙疃镇

【政区概况】 名称来历。“疃”是“屯、村庄”的意思。元朝末年孙姓最先定居形成的村庄，后人口渐多，形成集市。

地理位置。孙疃镇位于濉溪县中南部，处濉（濉溪）陈（陈集）公路与宿（宿州）涡（涡阳）公路交会。北纬33° 33′，东经116° 46′。南北与南坪、四铺接壤，东西与宿州、五沟镇相邻。镇域呈东西走向狭长状，随境内浍河蜿蜒曲折，东西最长处27.5千米，南北最宽处18.8千米。人民政府驻地孙疃村，电话区号0561，邮政编码235121。

政区沿革。民国初年（1912年），孙疃隶属于宿州临涣镇孙疃乡。民国十六年（1927年）改建行政区，孙疃乡改为宿县第四区。民国19年（1930年）第四区和第七区（临涣区）合并，称临涣区，原第四区孙疃区改称孙疃联保处，下设保、甲。

民国31年（1942年），孙疃属中共宿蒙县浍南区所辖乡。民国三十四年（1945年）10月，孙疃属宿蒙县界沟区所辖乡。民国三十六年（1947年）底，中共宿西县在孙疃浍北一带今属陈楼、燕头、杨柳新建雁鸣区。民国三十八年（1949年）年初，孙疃浍南一带划归五沟区。1950年7月，建濉溪县，设孙疃区。五沟区析出辖孙疃、王圩、三官、郭集、田寺、香山、任集、忠阳、逯滂、庙台、坪西、蒋湖、张桥、太平、浍北、谭庙共16个乡。1955年，原杨柳区并入孙疃区，下辖22个乡。1958年9月，撤销孙疃区成立人民公社，孙疃区划分为两个人民公社。浍南以孙疃为中心成立“超英人民公社”，浍北以杨柳为中心成立“中苏人民公社”。1961年12月，恢复孙疃区，孙疃区辖孙疃、任集、忠阳、太平、朱口、燕头、杨柳、陈楼8个公社。1969年3月，撤区，孙疃区拆分为孙疃、杨柳、任集3个公社。1980年12月，重设区，孙疃区辖孙疃、朱口、陈楼、杨柳、尤沟、太平、任集、忠阳8个公社。1983年4月，取消公社，改为乡。孙疃区辖孙疃、郭集、尤沟、任集、太平、忠阳、杨柳、燕头、陈楼9个乡。1992年，撤区并乡。撤孙疃区，分设孙疃镇、任集镇和杨柳乡。2006年，杨柳乡并入孙疃镇。

政区划分。2017年辖孙疃、任李、秦口、六八里、王楼、刘寨、尤沟、四李、燕头、炮楼、杨柳、沟西、刘圩、陈楼、楼坊、代庙、耿圩、王圩、大田、郭集、部桥、徐圩22个村民委员会。

人口面积。2017年，辖区常住人口118978人，常住户数28960户。其中农业人口109863人，另有流动人口8962人。常住人口中，男性62826人，占52.8%；女性56152人，占47.2%。总人口以汉族为主，共113470人，有回族、毛南族、布依族、满族等11个少数民族，共91人。全镇22个村245个自然庄，24个党总支105个党支部，党员3156人，其中农村党支部55个，农民党员2399人。

【自然条件】 地形地貌。辖区面积268平方千米，其中陆地面积204.98平方千米，水域面积0.1平方千米。境内全部为平原，地势平坦。地层自西北微向东南倾斜，坡降万分之一点六，落差8米，平均海拔高度25.5米。

河流矿藏。属古河床边缘中等富水区，境内有自然河浍河1条，另有孙任沟、鱼鳞沟、大青沟、团结构、朱蒋沟、大辛沟、杨柳沟、幸福沟、七里沟、燕头沟、尤沟、尹沟、老杨柳沟等大沟13条，涵闸5座。

矿产资源。以煤为主，已建淮北矿业（集团）有限公司孙疃煤矿和杨柳煤矿，为省属国有企业。孙疃煤矿总投资12.6亿元，年产180万吨，杨柳煤矿总投资13.3亿元，年产240万吨。

【基础设施】 交通运输。境内有宿涡路、刘濉路、宿马路、孙任路、濉漆路等公路干线交汇。青芦铁路穿境而过。2000年建成孙疃镇客运站，日发客运汽车68班次，日客运量3000人次。

邮政通信。2017年有邮政支局2处，邮政业务总量（含邮政储蓄）2亿元以上，报纸、杂志累计发行10万余份。电信企业1家，服务网点25个，电信业务收入3000万元。互联网用户（含移动互联网用户）70000户。

给排水。2008年建成孙疃镇自来水厂，有深水井7眼及成套净化设备，供水普及率为90%，2016年建成孙疃镇大田水厂，为孙疃镇及五沟镇、南坪镇部分行政村供水。镇区主要道路两侧铺设排水管道5400米。

供电。2017年全镇有10千伏供电线路12条，长度260千米。配电变压器510台，容量68000千伏安。全镇供电量7600万千瓦时，用电可靠率99.98%。

园林绿化。2017年镇驻地有花坛235个，绿化面积768336平方米。新增造林绿化面积20175亩。小区绿化面积68亩，绿化率76%。

街道。2017年镇政府驻地共有街道4条，长5.5千米，为水泥路面。配套路灯180盏。有孙疃集原小乡旧址集市杨柳、郭集、尤沟、燕头、陈楼6个集市。

【经济概况】 国民经济综述。2017年，实现财政收入8498万元、全社会固定资产投资6.22亿元、工业固定资产投资1.69亿元，均超额完成年度目标任务；规模工业企业实现工业总产值5.48亿元，实现工业增加值1.14亿元；现有规模企业9家，完成1家申报任务，完成2家限额以上商贸企业培育任务。招商引资在谈签约项目4个，落地建设项目4个，评估认定资金1亿元，完成县下达目标任务；2017年重点项目建设5个，完成投资1.1亿元。

农业。全镇耕地面积20.7万亩，人均1.8亩，全部为水浇地。进一步调优农业产业结构，优质小麦等传统农业不断发展壮大，2017年核心示范区小麦单产550公斤，小麦平均单产千斤以上，再次实现小麦“千斤镇”的目标。新增土地流转面积3600亩，培育新型农业经营主体15家，申报省级1家、市级2家；新建标准化饲养小区（场）3个，畜禽强制性疫病免疫率达到100%；大力推进增绿增效“双增”工程，持续发展经果林种植业，完成植树造林3407亩。

畜牧业。以养殖猪、牛、羊、兔、家禽为主，拥有养殖大户1000余家，其中300头以上的养殖大户285家，百头以上养殖大户376家。生猪饲养量1.658万头，年末存栏4万头，羊饲养量536万只。

全镇拥有农业机械138666套，总动力96.00万千瓦，其中旋耕机638台，收割机970台，拖拉机10025台，秸秆粉碎还田机232台，打捆机36台，玉米收获机135台。

工业。工业主要以农产品加工、新型墙材、面粉制造和农机具生产为主。2017年实现工业生产总值5.48亿元。规模工业企业实现工业总产值5.48亿元，实现工业增加值1.14亿元；现有规模企业9家，完成1家申报任务，完成2家限额以上商贸企业培育任务。年产值5000万元以上企业5家：濉溪县大地制粉有限责任公司、淮北市华丰机械设备有限公司、淮北市祥业建材有限责任公司、淮北市润雨新型墙材有限公司、濉溪县郜桥新型墙材厂。年产值亿元以上企业1家：濉溪县大地制粉有限责任公司。

商贸。2017年共有商业网点468个，职工18500人，其中企业户146家，个体户3205家；拥有城乡集贸市场6个，年成交额10亿元。

【社会发展】 脱贫攻坚。全镇建档立卡贫困村2个，建档立卡贫困户995户、2606人。其中，一般贫困户678户、1774人，低保贫困户293户、799人，“五保”贫困户24户、33人。2014年脱贫181户、505人；2015年脱贫63户、180人；2016年脱贫287户、777人，2017年脱贫325户、814人，未脱贫139户、330人。贫困户主要致贫原因有因病、因残、因学等，其中因病致贫1594人，占61%；因残致贫597人，占23%；因学致贫42人，占1.6%；其他原因致贫373人，占14.3%。2017年度，全镇脱贫攻坚工作有序推进。大力实施脱贫攻坚工程，高质量完成“重精准、补短板、促攻坚”专项整改与脱贫攻坚大排查工作，顺利通过省第三方评估，完成325户、820人脱贫，陈楼、刘圩2个贫困村出列脱贫攻坚任务。

环境整治。人居环境不断优化。加强水源地保护，深入开展河道整治，对镇域内17条沟、河，5个采煤塌陷区全面实行“河长制”；完成畜禽禁养区内畜禽养殖场（小区）和养殖专业户关闭或搬迁工作；推进土壤污染治理与修复；加快重点企业、行业污染整治，大力推进治污减排；继续开展大气污染综合防治，实现秸秆禁烧零火点目标任务，改善生态环境。农村环境“三大革命”行动按照时间节点整体推进，垃圾中转站正常运转，垃圾做到日产日清，农村人居环境逐步改善；新成立孙疃镇市容执法队并对镇域内多个街区进行专项治理，乱搭乱建、乱摆摊点现象得到有效治理，镇容镇貌得到改善。

文化艺术。2017年有文化站1处，占地1000平方米。有文化活动中心24个，“农家书屋”藏书3万册。各类文化专业户35户460人。各类文艺演出团体8家演员，185人。

教育事业。辖区内有3所初中、15所小学、12所幼儿园、7处小学教学点和8处幼儿看护点，专任教师1452人。初中适龄人口入学率、小学升初中升学率、九年义务教育覆盖率均达100%。有“省示范普通高级中学”1所，教学质量、高考成绩在全县处于前列。

医疗卫生。2017年有中心卫生院1所，分院1所，村级卫生室25个。设有床位120张，固定资产总值960万元。专业医护人员138名，其中执业医生60人，注册护士65人。2017年完成诊疗98000人次，村民参加新型农村合作医疗参保率98.5%。

体育事业。2017年共有学校及社会体育场所85个，全镇22个村均安装健身器材，经常参加体育活动的人员占常住人口12.8%。

广播电视。1953年2月建成镇广播站。1992年10月，投资25万元建有线电视台。1993年10月建成濉溪电视差转台。2017年全镇广播电视覆盖率100%。

社会保障。注重改善民生，不断扩大养老、失业、医疗等覆盖面。全镇城乡居民养老保险参保人数达5.6万人，其中60周岁以上领取养老保险金的有1.4万人，16～59周岁参保4.2万人，续保率达90%以上，新增城镇就业1836人，农村劳动力转移就业22568人，创业培训190人，协调解决小额贴息创业贷款1000余万元；完成农村危房改造268余户。严格执行全面“二孩”计生政策，推进优质服务，提高人口素质，促进人口均衡发展,发放农村计划生育家庭奖励资金79.9455万余元。

居民生活。2017年全镇农民人均纯收入11049元，人均拥有住房2.5间、75平方米。集中居住区9个，有楼房8790栋1406400平方米。居住区环境绿化，垃圾集中清运。设有图书室、体育场、活动室等配套设施。2017年，拥有汽车6750辆，轿车3859辆。

双堆集镇

【政区概况】 名称来历。因南有尖谷堆、北有平谷堆，二堆成双，故称双堆集。

地理位置。位于北纬33° 17′ ～33° 26′ 25″，东经116° 55′ ～116° 59′，地处淮北市最南部，东与宿州市埇桥区接壤，南与蚌埠市怀远县为邻，西邻亳州市蒙城县，北接南坪镇。人民政府驻双堆村，电话区号0561，邮政编码235128，北距濉溪县70千米。

政区沿革。1950年7月撤宿西县建濉溪县，设双堆区，为县辖第十一区。1951年县设十区，双堆区辖槽坊、芦沟、罗集、平堆、三和、澥河、南坪、张圩、刘楼、陈集和双堆12个乡。1958年8月，双堆乡并入南坪乡。同年9月，撤区成立人民公社，双堆并入南坪公社。1961年年底，恢复区建制，双堆公社归南坪区辖。1969年3月，第二次撤区，设双堆公社。1980年12月双堆重新设区双堆区辖双堆、半铺、南坪、三和、芦沟、罗集、陈集7个公社。1992年2月，撤双堆区，设双堆集镇。2006年3月，原陈集乡三和村、魏圩村、祝庙村。高家村、谢店村、陈集村、马沟村、张集村、四门村、赵元村、大桥村、梨园村、罗集村、刘楼村、大徐村、熊庙村、17个村并入双堆集镇。2007年3月，双堆集镇由39个村合并为23个村。

政区划分。2017年，辖曹坊、张圩、沈湖、施刘、双堆、吴井、李圩、陈桥、芦沟、大桥、罗集、熊庙、刘楼、魏圩、三和、谢店、高家、祝庙、张集、马沟、陈集、赵元、邹圩23个村民委员会。

人口面积。2017年年末，辖区总人口129712人，其中非农29664人。另有流动人口12685人。总人口中，男性66833人，占51.5%；女性62879人，占48.5%；18周岁以下29066人，占22.418%；18～35周岁40246人，占31.03%；35～60周岁48946人，占37.73%；60周岁以上11454人，占8.83%。总人口中以汉族为主，达195367人，占99.99%，有回族、苗族少数民族2个。2017年人口出生1781人，死亡346人；人口出生率0.09%，政策符合率100%。辖区东西最大距离19千米，南北最大距离22.6千米，总面积253.48平方千米。其中陆地243.5平方千米，占96.1%；水域9.5平方千米，占3.9%。

【自然条件】 地形地貌。境内全部为平原，地势自西北向东南缓倾，中部微高，南部淝河沿岸，北部八里沟沿岸，地势较低。

河流、矿藏。境内河道属小清河水系，有自然河澥河、淝河2条，澥河起源于五沟镇自陈桥村西入境，东西贯穿，流入浍河，境内河道长15.5千米。淝河发源于河南省商丘从镇南部边境流过，境内河道长6.5千米。大沟12条。

境内矿产资源主要为煤，蓄量2亿吨，主要分布在双堆村、邹圩村附近。

【基础设施】 交通运输。境内南北有合徐高速、省道305等2条公路干线。其中合徐高速境内长8千米，省道305境内长6.58千米。2014年年末，镇区开通交通线路4条，全长25千米，公交汽车线路2条，日发客运汽车25班次，日客运量600人次。

邮政电讯。2017年年末，有邮政局2处，代办所2处，邮政业务总量11万元，纯收入6万元。报纸、杂志累计发行5.7万份。电信企业1家，服务网点51个，电话交换机总容量3.26万门，固定电话用户1.02万户，移动电话用户25736户，互联网用户12372户。全年电信业务收入361.8万元。

给排水。农村饮水安全工程项目双堆水厂在建，共有深水井3眼，铺设管网20千米，建成后可解决周边6个村、4万人的饮用水问题。全镇铺设排水管道16千米。

供电。2017年，辖区内10千伏高压输电线路5条，总长620千米，配电变压器268台，总容量1.1兆伏安，用电负荷1.8万千瓦，年售电量累计完成0.3亿千瓦时，其中工业用电量60万千瓦时，农业用电量240万千瓦时，居民生活用电量2700万千瓦时。综合电压合格率99.96%，供电可靠率99.98%。

园林绿化。2017年，镇驻地有花坛5个，绿化面积0.5万平方米。植树造林面积147公顷，绿化率9%。

镇政府驻地有淮海路、口子路、曹城路、浍水路、陵园路、解放路、胜利路、教育路街道8条，长13千米，为水泥路面。有路灯120盏。另有原小乡旧址集市罗集街、陈集街、芦沟街、三和街、曹坊街5条。

【经济概况】 国民经济综述。2017年，财政收入完成1386.2万元。其中，地税完成46.5万元，国税完成1339.7万元；全社会固定资产投资35000万元，其中工业固定资产投资完成7000万元；限额以上企业销售总额1776万元，社会消费品零售总额增速11.1%。

农业。耕地面积30万亩，人均1.5亩，全部为水浇地。粮食种植以小麦、玉米、蔬菜为主。粮食作物以小麦玉米为主。2017年生产粮食27.67万吨，较上年增加1.87万吨，其中小麦13.58万吨，玉米14.08万吨，分别较上年增加0.79万吨、1.07万吨。主要经济作物为蔬菜。2017年蔬菜种植面积777公顷，主要品种有韭菜、黄瓜、西红柿等。拥有种植业大户21户，其中连片种植百亩以上大户4户。

畜牧业以养殖猪、羊、家禽等为主。2017年生猪饲养量7.16万头，年末存栏2.29万头；羊饲养量3.29万只，年末存栏2.76万只；家禽年饲养量69万只。拥有养殖业大户108户，其中500头以上养殖场92家，百头以上养羊户16户，拥有农业机械4870台，其中旋耕机764台，收割机1282台，拖拉机764台，还田机764台，打捆机14台。机械化收割水平达99%。

工业。主要以机械加工、服装加工、面粉加工、建筑材料为主。2017年，实现工业生产总值0.2亿元。拥有工业企业13家职工320人；实现工业增加值0.2亿元，较上年增长100%。其中服装加工厂10家，年产值600万元，机械加工企业3家，年产值1000万元，其他企业8家，年产值400万元。

商贸。2017年，共有商业网点246个，职工2300人，个体户1304户，社会商品零售总额4.03亿元，较上年增长8%；拥有城乡集贸市场6个，年成交额4.6亿元。

财政金融。2017年，财政收入完成1386.2万元。其中，地税完成46.5万元，国税完成1339.7万元。

2017年，境内有农村商业银行、邮政储蓄金融机构2家，各类存款余额7.8亿元，较上年增长5%；各类贷款余额2.7亿元，较上年增长3%。

【社会发展】 文物古迹。文物出土为8类33种46件。其中古货币有两类（蚁鼻钱、方眼铜钱）41种，126样面板，产生于战国时期。古化石、石锛、石斧、贝镰、穿孔介贝、骨镞、陶镞、陶埙等产生于新石器时期。

尖古堆遗址，位于淮海战役双堆集烈士陵园院内西南角，南北长32米，东西宽28米。

平谷堆遗址，位于平堆村刘庄西北80米，南北长47米，东西宽42米。两堆为新石器时期的人类生活点，安徽省文物保护单位。

马谷堆、安郎寺出土部分文物，初步鉴定为殷、商时期遗址。

重大事件。淮海战役双堆集地区歼灭战。为淮海战役第二阶段战役。从民国37年（1948年）11月18日阻击战始，至12月15日，历时28天，经过阻击、包围、围歼3个阶段，歼灭国民党第十二兵团4个军，11个师，1个快速纵队，共12万人，生俘兵团司令黄维，副司令吴绍周。淮海战役是整个战役承前启后的关键。

邓小平视察双堆。1960年2月24日，中共中央总书记邓小平、书记彭真等在中共安徽省委第一书记曾希圣、蚌埠地委第三书记丁道明、专员单劲之的陪同下到双堆视察。

文化艺术。2017年有镇文化站、广播电视站各1处，有村级文化活动中心23处，各类文化专业户35户，各类图书室24个，藏书3.2万册，音乐、美术书法、摄影纪业余创作人员326人。有芦沟腰鼓队、双堆秧歌队文艺演出团体，演员120人。

教育。2017年有幼儿园7所，在园幼儿740人，专任教师18人；其中私立幼儿园4所，教师10人。小学26所，在校学生7500人，专任教师294人，小学适龄儿童入学率100%；初中4所，初中在校学生2600人，专任教师190人。初中适龄人口入学率98%、小升初升学率99%、九年义务教育覆盖率均达到100%。2014年财政预算内教育经费781.6万元，较上年增长40.2万元。

医疗卫生。2017年，有镇、村医疗单位25个，门诊部25个；有床位245张，其中村卫生室23个；固定资产总值1230万元。专业医护人员123人，其中执业医生57人，注册护士70人。2017年，完成诊疗9万人次。参加新型农村合作医疗88207人，参保率88.6%，较上年增加2380人，共筹集医保资金882.07万元，受益村民6万人。

体育。2017年，有学校体育场6个，90%的村安装健身器材，经常参加体育活动的人员占常住人口的30%。

广播电视。1970年1月建广播站，同年建成275瓦调频广播电台，1995年4月投资12万元建成双堆集镇有线电视台。2017年广播覆盖率100%。有线电视用户1.9万户，入户率65%。

社会保障。2017年城镇最低生活保障户数34户51人，支出188880元，月人均308元；医疗救助35人次，共支出134775元。农村最低生活保障户数571户，人数1561人，支出472.9万元，月人均252.5元。国家补助类优抚对象310人，优抚费支出226.7万元；敬老院3家，床位230张，收养农村“五保”人员61人。参加新型农村养老保险46691人，续保率94.66%。

居民生活。2017年，全镇人均纯收入9056元。拥有住房人居2间、45平方米；其中砖混结构楼房17280幢、259.2万平方米。集中居住区3个，有楼房1350幢、24.3万平方米。入住户1250户、5670人。居住区环境绿化，垃圾集中清运。设有图书室、体育场、活动室等配套设施。

四铺镇

【政区概况】 名称来历。早在唐、宋时期，官府设置铺堡，十里一铺，五里一堡，每铺设铺司1名，兵2名，传递官府非紧急文书，递铺至清末撤销。宿州城西路有西三铺、西四铺、西五铺、鲁甸铺、百善铺、柳孜铺、铁佛铺。四铺距宿州城四十华里，是宿州向西设置的第四个铺堡，故名西四十里铺，今称四铺。

地理位置。四铺镇位于北纬33° 38′ 35″ ~33° 48′ 18″，东经116° 40′ 55″ ~116° 53′ 03″。地处濉溪县东部，距县城22.5千米，北靠淮北市烈山区，西连百善镇，南接韩村镇和孙疃镇，东临宿州市，是濉溪县的东大门。人民政府驻地四铺村，电话区号0561，邮政编码235115。

政区沿革。民国初年（1912年），四铺隶属宿县。

1949年中华人民共和国成立，四铺隶属皖北行署宿县专区下辖的宿西县，宿西县撤隶属新建濉溪县。1958年成立四铺人民公社。1971年宿县专区更名为宿县地区，四铺隶属宿县地区下辖的濉溪县。1977年濉溪县划归淮北市，四铺隶属淮北市濉溪县。1981年，四铺公社撤消，成立四铺区。四铺区下辖三铺、四铺、五铺、秦楼、赵集、魏集、古饶7个小乡。1992年撤区并乡时，三铺乡和四铺乡合并为四铺乡，五铺乡和魏集乡合并为五铺乡。2006年由四铺乡和五铺乡合并为四铺乡，辖20个村、193个自然庄。2012年12月四铺乡撤乡建镇，成立四铺镇。

政区划分。2017年辖四铺村、五铺村、三铺村、大郭村、新风村、北陈村、大曹村、洪南村、界洪村、谢岭村、周陈村、新建村、八里村、梁圩村、湖涯村、新庄村、五里铺村、颜道口村、侯庙村、张圩村等20个村民委员会。

人口面积。2017年，辖区总人口93241人。另有流动人口9040人。总人口中，男性49238人，占52.80 %；女性44003人，占47.19%；总人口中以汉族为主，有蒙古族、回族、苗族、彝族、壮族、满族、白族、土家族、傈僳族少数民族9个。2017年度人口出生1554人，死亡158人；人口出生率16.67‰，人口自然增长率14.97‰，计外多孩率5.53%。辖区东西最大距离18.5千米，南北最大距离17.5千米，总面积195.8平方千米，其中陆地192.1平方千米，占98.11%，水域3.7平方千米，占1.89%。

【自然条件】地形地貌。境内处于淮北平原腹地，地势平坦开阔，湖洼地较多。地势自西北向东南微倾。

河流、矿藏。属淮河洪泽湖水系。境内有人工河1条，2017年，全镇积极争取上级扶贫政策，改造三铺、周陈、北陈3个村的自来水延伸管网，新增自来水厂1座，修复老旧机井100眼，使6000亩农田得到有效灌溉。

境内有三铺铁铜多金属矿区，煤炭储量4021万吨，铁矿储量4412万吨，铜金属储量75153万吨。建有玉鑫、太平和东鑫3座铁铜矿山。

【基础设施】 交通运输。东距京沪铁路20千米、合徐高速公路15千米，省道303公路、泗许高速公路穿境而过，四铺镇地处县域中东部，距县城23千米，泗许高速、省道303、203、235穿境而过，另有黄陈路、濉漆路、濉刘路、大祁路等四条县乡道，特别是S203快速通道的建成通车，使四铺镇到县城和市区缩短为30分钟车程。2002年建成四铺镇客运站，日发客运汽车28班次，日客运量500余人次。

邮政通信。2017年有邮政局1处，代办所1处，邮政业务总量140万元，报纸、杂志累计发行18万余份。电信企业6家，服务网点23个，固定电话用户3917户，电话普及率68%；移动电话用户26589余户，互联网用户2230余户。

给排水。2013年建成四铺镇自来水厂，有深水井2眼及成套净化设备，供水普及率为100%。镇区主要道路两侧铺设排水管道6400米。

环境保护。自农村“三大革命”开展以来，全镇193个自然庄全部完成清理，爆破砖瓦窑厂1家，清理物料堆场8家，关停或搬迁禁养区内养殖场27家。2017年全镇环境综合治理投入资金400余万元。2017年，夏季及秋季秸秆禁烧和综合利用工作累计投入资金629.28万元，通过全镇广大干群的共同努力，圆满实现了“零火点”的目标。为加强河湖管理保护工作，全镇全面推行河长制，明确总河长、副总河长、河长及相关单位的职责，竖立镇级河长制公示牌15座，村级河长制公示牌20座，不断加强对水资源的保护及水域岸线的管理。

供电。四铺供电所2017年，全镇有10千伏供电线路5条，总长度212.3千米，低压380伏总长度276.86千米，配电变压器265台，容量4.183万千瓦安，用电总负荷2.782万千瓦，全镇供电量4856万千瓦时，其中工业供电量1656.3万千瓦时、农业供电量950万千瓦时，生活照明供电量2165.9万千瓦时。用电可靠率99.98%。

园林绿化。2017年镇驻地有花坛200个，绿化面积22.5万平方米。全镇植树造林280公顷，绿化覆盖率18.5%。

街道。2017年镇政府驻地有街道6条，长3.5千米，为水泥和柏油路面，安设路灯330盏。另有原小乡旧址集市五铺街、三铺街、四铺街、魏集街、八里铺街、马家集街，街道6条。

【经济概况】 国民经济综述。2017年，实现规模工业增加值3亿元，规模工业总产值9.6亿元；工业固定资产投资完成4150万元，工业技术改造完成4150万元；完成全社会固定资产投资3.2亿元；重点项目1个，共完成全年投资计划8000万元；争取招商引资资金1亿元，已通过第三方评估。

农业。四铺镇是一个典型的农业大镇，农民种植以小麦、玉米、大豆为主，2017平均单产均在千斤以上。“隋圆蜜”西瓜种植面积逐渐扩大，辐射带动了周边多个村镇，自发形成了西瓜批发市场，品牌效应日益显现。新庄花卉远销全国各地。2017年，全镇新增家庭农场20余家，种养殖专业合作社5家，评定省级“一村一品”专业示范村1家，市级示范家庭农场3家，市级示范社1家。新增流转土地面积3800亩。建设森林长廊6千米，新增造林面积4300亩，建设森林村庄1个。实施农机深耕项目2万亩，深松项目2万亩，深翻项目3000亩。全镇存栏生猪4.15万头，牛0.07万头，羊0.66万只，家禽64.81万只，其中肉禽15万只。

全年累计出栏生猪6.5万余头，牛0.06万头，肉羊0.45万只，禽36.39万只，人均牧业收入1900元。

工业。工业主要以铁矿、皮件、水泥生产加工为主。其中规模以上企业8家，具体为年产值5000万元以上企业7家。年产值亿元以上企业4家安徽太平矿业有限公司、濉溪县玉鑫矿业有限责任公司、淮北市东鑫矿业有限公司、濉溪县庞博皮件有限公司。

财政金融。全年完成财政税收9552.41万元，完成全年考核任务9040万元的105.7%，比上年增加808.05万元，同比增长9.24%。其中：国税8586.58万元，完成全年考核任务8310万元的103.3%；地税965.83万元，完成全年考核任务730万元的132.3%。乡镇级收入完成2040.71万元，比上年增收390.15万元。2017年境内有中国农业银行四铺支行、中国邮政储蓄银行濉溪四铺营业所、濉溪农商银行四铺支行、濉溪农商银行五铺支行金融机构4家。

【社会发展】 文化艺术。2017年有镇文化站1处，有线电视台3处，有村级文化活动中心20处，各类文化专业户5户，各类图书室24个，藏书4.7余万册，音乐、美术书法、摄影及业余创作队伍达30人。有黄德安、牛松林、董牌坊文艺演出团体3家，演员50人。

教育。2017年有幼儿园17所，在园幼儿2100人，专任教师6人，自聘教师53人。小学26所，在校学生3663人，专任教师258人，小学适龄儿童入学率100 %。初中2所，初中在校生1112人，专任教师157人。初中适龄人口入学率、小学升初中升学率、九年义务教育覆盖率均达100%。

医疗卫生。2017年，有镇、村医疗单位29个，其中门诊部1个、村卫生室27个，有床位150张，固定资产总值800万元。专业医护人员89名，其中执业（助理）医师46人，注册护士38人。2016年，完成诊疗8万人次。20个村村民参加新型农村合作医疗82328人，参保率97%，报销支出医保资金476万元，受益村民45974人次。2017年家庭医生签约11384人。

体育。2017年有学校体育场20个，看台设座椅500张。70%的村安装了健身器材，经常参加体育活动的人员占常住人口60%。

精准扶贫。通过产业扶贫、金融扶贫、智力扶贫、就业扶贫、健康脱贫、社保兜底等扶贫项目切实增加贫困户收入。2017年，三铺、北陈2个贫困村均已出列，全镇脱贫206户、594人，圆满地完成2017年年初拟定的脱贫攻坚工作任务。

美丽乡村。2017年，镇规划建设美好乡村示范村2个，分别为镇政府驻地建成村和五铺村。

土地。2017年，全镇耕地保有量不低于14392.71公顷，基本农田保护面积不低于13696.66公顷。增减挂钩任务指标100亩，完成206亩，已验收完毕。高标准农田建设项目投资4000万元，分布于北陈、周陈、三铺、新庄4个行政村，经过改造建设，建成4万亩高标准基本农田，目前已验收完毕。

广播电视。1958年建四铺广播站，1980年建成550瓦调频广播电台。2006年4月建成四铺镇广播电视站，2017年全镇广播覆盖率100%。

社会保障。农村居民最低生活保障方面：2017年共发放2008人低保资金560余万元。农村五保供养方面，全镇“五保”户506人，打卡发放“五保”户生活费138余万元。城乡医疗救助方面，全年医疗救助23人次，发放资金7.95万元，临时救助46人次，发放资金11余万元。

居民生活农民人均纯收入1.1万元，同比增长4%，人民群众生活水平和质量有了较大的提高和改善。

人 物

2017年濉溪县逝世离休干部一览表

姓　名	出生年月	原工作单位	病故时间	参加工作时间	原职务	享受待遇	单位性质	入党时间
祁正平	1927.10	湖沟中学	2016.5	1949.1	校长	科员	事业	1986.4
祁士敏	1933.04	烟酒公司	2016.12.11	1944.6	—	科员	企业	1948.3
杨毅华	1925.09	新城幼儿园	2016.12.28	1949.2	园长	科员	事业	—
单士龙	1931.10	县法院	2017.1.3	1949.8	庭长	科员	机关	1954.10
胥德林	1929.10	教育局	2017.1.5	1949.1	—	科员	事业	1985.6
谢如彬	1930.03	县医院	2017.1.6	1948.10	—	科员	事业	1950.7
温子才	1933.05	燃料公司	2017.1.20	1949.6	站长	科员	企业	—
赵忠东	1925.01	面粉厂	2017.1.30	1942.8	厂长	副科	企业	—
丁在胜	1928.02	孙疃供销社	2017.2.4	1949.3	—	科员	企业	—
伯运华	1931.12	四铺粮站	2017.3.6	1948.10	—	科员	企业	1954.4
王昌太	1927.08	五沟供销社	2017.3.7	1944.7	—	科员	企业	—
高明道	1924.03	泗县人武部	2017.11.12	1949.1	—	科员	事业	1949.3
邱文华	1931.01	土产公司	2017.3.17	1944.9	—	副县	企业	1945.5
张瑞林	1926.12	濉溪初级中学	2017.3.22	1949.9	—	科员	事业	—
刘从先	1932.02	县检察院	2017.3	1949.8	—	科员	机关	1991.6
颜召礼	—	市场监督管理局	2017.4.2	—	—	—	机关	—
陆玉盘	1931.11	任集供销社	2017.5.3	1946.3	—	副县	企业	1947.4
周济民	1918.03	四铺中心校	2017.5	1949.8	—	科员	事业	—
赵克章	1931.05	铁佛镇政府	2017.5.30	1944.6	—	科员	机关	—
张西銮	1928.04	文甫小学	2017.6.10	1948.11	—	科员	事业	—
陈彰明	1923.06	水产中心	2017.6.12	1946.11	站长	副县	事业	1947.7
殷之营	1926.02	道口小学	2017.6.16	1949.8	—	科员	事业	—
孔献常	1929.12	疾控中心	2017.7.5	1948.10	—	科员	事业	—
赵更生	1929.02	城关一中	2017.7.20	1949.2	—	科员	事业	—
陈锡敏	1931.05	县防疫站	2017.7.26	1949.2	—	科员	事业	—
杨天林	1932.10	粮食局	2017.8.6	1949.3	股长	科员	机关	1973.7
王灿华	1931.06	孙疃中学	2017.8	1949.9	—	科员	事业	—
孙全义	1933.07	民政局	2017.10.19	1949.3	书记	正科	机关	1954.6
姬长兴	1927.05	农委	2017.10.23	1944.8	督导员	副县	事业	1944.3
胡玉才	1926.08	四铺中学	2017.10.28	1949.9	—	科员	事业	—
陈　晋	1926.07	韩村供销社	2017.11.3	1946.11	—	科员	企业	—
李良玉	1928.10	铁佛中学	2017.12.8	1949.2	—	科员	事业	1987.6

模范人物

中国好人

王保村　杜银玲　王计划　吴彩霞
陈凤云　兰克平

安徽好人

王计划　吴彩霞　刘名利　陈凤云
程加忠　兰克平

晋升副高职称人员名单

2017年卫生系列正高级人员

李德新

2017年卫生系列副高级人员

苏叶莉　张明芳　孙良华　贾海勇　蔡国平
孙楠楠　韩　勇　李　强　郜文红　于敏捷
王淑萍　李　君　吴　珍　李雪英

2017年教育系列副高级人员

刘晓东　荆孝顺　纪晓军　凌涵伟　李淑侠
王士玲　张二昌　周开文　谭昌平　商祥忠
郭胜道　任　力　赵春林　任春华　孙学刚
陈锦梅　李新胜　张　伟　杨子文　王　杰
张树云　殷化丽　李　虎　田振侠　孟　超
姜艳艳　任翠平　李　艳　任　建　周智龙
曹文莉　马立红　杨永明　孙秀华　刘　娟
朱新勤　任启军　吴海艳　宋金秋　孟兰侠
刘　洁　张　婧　管玉海　王艳秋　李红亚
王庆兰　张淑华　牛孝魁　张玉华　贾琼琛
王立强　陈昆荣　陈艳秋　顾秀萍　张　彦
刘　旭　李晓明　陈　超　周梦溪　周开勋
许志民　王　飞　蒋　军　周宗侠　朱德敏
丁维红　毕志华　李开仲　王　莉　杨　永
吴晓亚　王　芳　陈慧云　桑　珍　张　芹
谢　斌　耿卫星　韩金勃　郭　琳　黄正锋
肖宗夫　孙秀英　孟凡林　张群山　魏　松
周春鲁　陈惜良　魏清溪　王相平　张　玲
祝春雷　朱　莉　朱　霞　任　敏　李祥莲

2017年工程系列副高级人员

吴玉珍

领导干部名录

（2017年12月31日）

中共濉溪县委

市委常委、县委书记　李加玉
县委副书记　赵德志　周无事
孙兴学（挂职）
县委常委　朱成文　周　昆
王　申　姜　灵（女）
徐　虎　孙荣本
亓　峰　孙　进
袁奇策（挂职）

县委工作部门及直属单位

县委办公室

主　任　周　昆
副主任　马　宇　祁克勇　袁雪飞
陆　建　任中锋　黄娣（女）
刘　亚
纪检监察组组长　张黎（女）

政研室

副主任　闫　晗

县委、县政府信访局（县委群众工作部）

局　长（部　长）　任中锋
副局长（副部长）　杨　伟　杨继朋

组织部

部　长　姜　灵（女）
副部长　聂　颖　陈　光　李金军
陈文娟（女）　高　峰
梁文龙（挂职）
纪检监察组组长　吴长圣

宣传部

部　长　亓　峰
常务副部长　李　磊
副部长　李运良　西　凤（女）
杨晓红（女）

文明办

主　任　杨晓红（女）
副主任　丁怀军　刘帅山

统战部

部　长　　姜　灵（女）

副部长　　李杰超　韩正勇　张中玲（女）　李晓平　邵　峰

对台办主任　李晓平

政法委

书　记　　朱成文

副书记　　任　勇　丁正武　刘允奇

政治处主任　曹淑兰（女）

维稳办

主　任　　曹光仿

综治办

主　任　　丁正武

副主任　　孟凡明

保密局

局　长　　袁雪飞

党史研究室

主　任　　陆　建

副主任　　梁廷春

档案局（档案馆）

局长、党组书记　　黄夫良

副局长　　蔡　莽　侯长磊

党组成员　戴长虹

老干部局

局　长　　高　峰

副局长　　马明华　王　玲（女）

县委党校

校　长　　周无事

常务副校长　孙　浩

副校长　　郝宗敏　李　乾

直属机关工委

书　记　　李金军

副书记　　苏　芹（女）

纪检监察组长　丁素玲（女）

人武部部长　孙　庆

工会主席　　李从宽

濉溪县纪委

书　记　　徐　虎

副书记　　肖雪峰　黄从俭　彭起翔（挂职）

常　委　　张亚斌　王廷友　宋玉霞（女）

濉溪县监察委

主　任　　徐　虎

副主任　　肖雪峰　黄从俭

委　员　　王廷友　宋玉霞（女）

县巡察办

主　任　　张亚斌（兼）

副主任　　戴　强

濉溪县人大常委会

主　任、党组书记　　李相军

副主任、党组副书记　王成武

副主任　　赵　岩（女）　陈永乐　李秀侠（女）

县人大常委会工作机构

办公室

主　任　　吴　飞

副主任　　张　超　张文书　费欣意

人事代表选举工委

主　任　　郑思海

副主任　　魏秀侠（女）

城市建设工委

主　任　　谢友勇

副主任　　关贺岭

农业与农村工委

主　任　　孙　浩

副主任　　祝关东

内务司法工委

主　任　　张广华

教科文卫工委

主　任　　万学军

财政经济工委

主　任　　李　健

代表联络室

主　任　　高　峰

预算审查室

主　任　　李　岩

人大专职常委　许明英（女）　杨文学　方立君

濉溪县人民政府

县长 党组书记　赵德志
常委副县长　王　申
副县长　吴　杰　任　婷（女）王永涛
张　利　袁奇策（挂职）
刘传新（挂职）
谈跃明（挂职）

政府办及有关部门

县政府办公室（法制办、外事办）
主　任　赵德光
副主任　张思华　张　珂　毕永杰
黄　娣（女）　任中锋
党组成员　周宗启
纪检监察组组长　张纯胜
人民防空和防震办公室
主任、党组书记　李首峰
副主任　陈兴华
民族宗教事务局
局　长　邵　峰
副局长　陈春华（女）
行政服务中心
主任、党组书记　王　强
副主任　刘晓梅（女）
县委、县政府任期目标考核委员会办公室
主　任　赵中炳
副主任　孙文略
县委、县政府督查室
主　任　薛　亚
副主任　陆青龙　任明亮
县机关事务管理局(县委、县政府接待办公室)
局长（主任）　黄　娣（女）
环保局
局长、党组书记　牛家标
副局长　周　超　张心红
总工程师　徐敬彬
文化旅游体育委员会
主任、党委书记　欧阳玲(女)
副主任　王晓梅(女)　李　森　丁卫东
纪检监察组组长　赵元晨
工会主席　马　峰
党委委员　李　彬
安全生产监督管理局（煤炭管理局）
局长、党组书记　丁怀启
副局长　王再平　朱　洁
总工程师　王　博
县城市管理综合执法局
局长、党委书记　孙孔明
副局长　王　伟　荆孝武
纪检监察组组长　张晓波
工会主席　彭　宏
交通运输局
局长、党委书记　陈安厚
副局长　朱利茂　许　伟
纪检监察组组长　闫化仁
党委委员　闫　伟
人社局
局长、党委书记　陈文娟（女）
副局长　袁卫东　郭慧慧（女）沈　建
纪检监察组组长　吴晓燕（女）
编办
主任、党组书记　王　胜
副主任　徐　磊　张　锋
财政局（国有资产管理局）
局长、党组书记　程振华
副局长　营劲松　汪炳臣　鲁德明
纪检监察组组长　赵华山
金融办公室
主　任　鲁德明
民政局
局长、党委书记　赵海峰
副局长　周秀红（女）　秦　辉
纪检监察组组长　张　丽
工会主席　任明坤
科技局
局长、党组书记　周　苑（女）
副局长　王俊武　刘　飞
教育局
局长、党委书记　单春晓
党委委员　李　勇
副局长　秦振华　岳小丽（女）
纪检监察组组长　耿红超
县政府教育督导室
总督学　李　勇

城乡建设委员会
主任、党委书记　王　振
副主任　赵夫鸣　徐尊义　赵礼平　沈尧羲（挂职）　耿　超（挂职）
纪检监察组组长　丁言启
工会主席　吕扩军

卫生和计划生育委员会（爱卫会办公室）
主任、党委书记　李军培
副主任　王　平　赵　磊　伯广宝
纪检监察组组长　程金玲
工会主席　孙东海
党委委员　陈传志　邢爱华

农林委员会
主任、党委书记　张　平
副主任　陈思宇　曹方明　吴亚东　戚晓光　王红亚
纪检监察组组长　陈龙远
工会主席　郭　瑛
党委委员　陈织艳　王玉良

县发展和改革委员会（物价局）
主任（局长）、党组书记　蔡晓春
副主任（副局长）许　良　钱敏冕　钱敏冕
纪检监察组组长　赵立勤

经济和信息委员会
主任、党委书记　周　鹏
副主任　陈绪杰　李明星　郑达勤
纪检监察组组长　戚　铁
工会主席　张家春
总经济师　李庆永

统计局
局长、党组书记　李敬乾
副局长　李向龙　黄素兰
总统计师　陈宏礼
党组成员　曹伯蕊

审计局
局　长　刘　鎏（女）
党组书记　孙亚非
副局长　熊训风　邓晓梅（女）
党组成员　赵　刚

房产管理局
局长、党组书记　刘　溪
副局长　王立侠（女）　张东岳

房屋征收安置办公室
副主任　刘　磊　蒋阳光

公共资源交易中心
主　任　程　浩
副主任　梁硕东　崔清明

市场监督管理局（食品药品监督管理局、食品安全委员会办公室）
局长（主任）、党委书记　王凤强
副局长（副主任）赵　明　张芳（女）王立刚
纪检监察组组长　郭圣军
工会主席　胡章勤
总工程师　李永进

广播电视台
台长、党委书记　费艳芬（女）
副台长　侯良丽（女）王　利　冀化海
工会主席　杨　鹏

供销合作社
理事会主任、党委书记　任明杰
理事会副主任　李云臣　张惠强
监事会主任　耿德文
监事会副主任　董　鑫（女）

水务局
局长、党委书记　彭兴艾
副局长　郭清春　马廷玉
工会主席　程其伟
党委委员　郭拥军　张志伟

商务局（招商局）
局长、党委书记　刘须芹
副局长　吴宏军　周炳琦　孙春雨（女）
工会主席　张明明
党委委员　赵永成

粮食局
局长、党委书记　秦雪峰
副局长　王丽茹（女）　蔡　奇
工会主席　张　梅

农业机械管理局
局长、党组书记　赵时玲
副局长　李　伟　张银行
工会主席　陈艾芹

防汛办
主　任　张志伟
副主任　黄　新

能源办
主　任　王玉良

地方志编纂委员会办公室

主　任　　贾维维（女）

县红十字会

会　长　　任印标

副会长　　朱　浩

濉溪县政协

主席、党组书记　　刘　铁（女）

副主席、党组副书记　　刘继华

副主席　　朱秀芳（女）　李家龙　沈志华　戚　华（女）

政协办

办公室

秘书长、主任　　郑　林

副主任　　张爱侠（女）　吴红岩　郜喜民

社会和法制委

主　任　　陆青华

副主任　　王从贵

港澳台侨和民族宗教委

主　任　　张　群（女）

副主任　　郑万新

农村工委

主　任　　赵　宝

副主任　　王　铎

教科文卫体委

主　任　　金蕙梅（女）

副主任　　祁克杰

提案委

主　任　　曹光焰

副主任　　刘明非

经济贸易委

主　任　　袁文军

副主任　　王　林

文史资料委

主　任　　韩建国

专职常委　　袁希学

人武部

部　长　　顾书军

政　委　　陈龙万

政法部门

公安局

局长、党委书记　　胡　巍

政委　　朱德春

副局长　　周　杰　张卫东

纪检监察组组长　　魏　杰

副政委　　宰卫玲（女）

政治处主任　　王其龙

党委委员、交警大队大队长　　刘明常

检察院

检察长、党组书记　　毛　强

副检察长　　李怀玉　王瑞莲（女）　陆青峰

纪检组组长　　李志林

政治处主任　　马　屹

法　院

院长、党组书记　　黎文彬

副院长　　郑士田　许晓明　马成城

纪检监察组组长　　毛宏星

司法局（县社区矫正局）

局长、党组书记　　王智涛

副局长　　郑永明　王道爱　田　原（女）

纪检监察组组长　　崔　华（女）

群团部门

总工会

主席、党组书记　　段文成

副主席　　刘顺风　牛晓玲（女）

团县委

书记、党组书记　　丁晓莉（女）

副书记　　汤　皓

妇　联

主席、党组书记　　丁淑华（女）

副主席　　朱　玲（女）　张雅君（女）　张　芳（女）（兼）　苏　芹（女）（兼）

科　协

主　席　　张绍廷

副主席　　张存岭

文　联

主　席　　王明文

副主席　　李　芹

工商联（商会）
主　席　　任　婷（女）
党组书记　　李杰超
副主席　　陈献宇　王　一　李明星（兼）
张　芳（女）（兼）

残　联
理事长　　朱航军
副理事长　　耿　平（女）　刘怀杰

县辖区、乡（镇）

濉溪芜湖现代产业园区
党工委第一书记　李加玉
副主任　　王　莉（女）

濉溪经济开发区
党工委第一书记　吴　杰
主任、工委书记　李端新
副主任　　苏文华　谢东升　陆登峰
周广胜　王莉（女）（挂职）
纪检监察工委书记　黄启亚
工委委员　　化　鹏　程尤毅

百善现代农业示范区管委会
党工委书记　　陶延华
主　任　　张守恒
副主任　　彭红心　赵海涛
纪检监察工委书记　王青松
工会主席　　马　跃

濉溪镇
党委书记　　李拥军
党委副书记　陆松平（女）（正科级）
叶伟（挂职）
党委委员、副镇长　　陈　勇
党委委员、纪委书记　　李　辉
党委委员、组织委员　　陈　安
党委委员、宣统委员　　苏　浩
党委委员、人武部部长　韩　超（副科级）
党委委员　　马　跃
人大主席团主席　　王亚辉
人大主席团副主席　　郭　萍（女）
镇　长　　陆松平（女）（正科级）
副镇长　　陈　勇　胡　宇　桂沛春
刘怀志（挂职）

刘桥镇
县委常委、党委书记　　孙　进
党委副书记　　崔海波　张　超
荆　涛（挂职）
党委委员、副镇长　梁　煜
党委委员、纪委书记　李建国
党委委员、组织委员　王　彬（副科级）
党委委员　　朱成宇　姚　锋（挂职）
人大主席团主席　　陈智琼（女）（正科级）
人大主席团副主席　　张计划
镇　长　　崔海波（正科级）
副镇长　　梁　煜　侯红军　任　影

百善镇
党委书记　　化　学
党委副书记　孟凡恕　单晓华　陈志斌（挂职）
党委委员、副镇长　　朱志丹
党委委员、纪委书记　陈钦刚
党委委员、组织委员　牛忠礼
党委委员、宣统委员　任婷婷（女）（副科级）
党委委员、人武部部长　刘　高
党委委员　　叶　寒（挂职）
人大主席团主席　　周金华（正科级）
人大主席团副主席　　谢　鑫（副科级）
镇　长　　孟凡恕（正科级）
副镇长　　朱志丹　牛海洋　杨玉峰

临涣镇
党委书记　　葛　剑
党委副书记　武亚萍（女）陈雷　杨晋（挂职）
党委委员、副镇长　　何　义
党委委员、纪委书记　　杨　雷
党委委员、组织委员　　魏　鹏
党委委员、宣统委员　　周建华
党委委员、人武部部长　孙　超
党委委员　　潘海船　宋爱军（挂职）
人大主席团主席　　何维军（正科级）
人大主席团副主席　　高桃园
镇　长　　武亚萍（女）（正科级）
副镇长　　何　义　杨允广（副科级）

南坪镇
党委书记　　李　影
党委副书记　　吴　翔　王俊亭
党委委员、副镇长　　李　彦（女）
党委委员、纪委书记　　朱保军
党委委员、组织委员　　林琳（女）（副科级）
党委委员、宣统委员　　任青山
党委委员、人武部部长　陆　震

党委委员 李　勇（挂职）
人大主席团主席 殷化阳（正科级）
人大主席团副主席 马　冲
镇　长 吴　翔（正科级）
副镇长 李　彦　杨兢业　武辉辉

五沟镇

党委书记 李永刚
党委副书记 王培刚　谢传标　刘路（挂职）
党委委员、纪委书记 李海峰
党委委员、组织委员 肖文彬
党委委员、宣统委员 罗秀梅（女）
党委委员、人武部部长 周华杰
党委委员 魏尊强　朱成轩（挂职）
人大主席团主席 马万峰（正科级）
人大主席团副主席 李玉东
镇　长 王培刚（正科级）
副镇长 周　雷　牛孝峰

铁佛镇

党委副书记 赵　焱　张　伟
党委委员、副镇长 杨丙海
党委委员、纪委书记 郑红雨
党委委员、组织委员 李　莹
党委委员、宣统委员 贾成伦
党委委员、人武部部长 张思奎
党委委员 马旭东　贾承明（挂职）
人大主席团主席 周兴华
人大主席团副主席 孙庆平
镇　长 赵　焱
副镇长 杨丙海　胡凤鸾（女）
周汝昕（女）王传伟
科技副镇长 陈令成

韩村镇

党委书记 张　伟
党委副书记 刘兆峰　杜祥军　梁文龙
孟宪伟（挂职）
党委委员、副镇长 宗　亚
党委委员、纪委书记 李朝阳
党委委员、组织委员 曹　永
党委委员、宣统委员 周　华
党委委员、人武部部长 孙克己
党委委员 梁坤乾　郑知理（挂职）
人大主席团主席 肖翠侠（女）（正科级）
人大主席团副主席 祁　军
镇　长 刘兆明
副镇长 宗　亚　黄　艳（女）
王海燕（女）
科技副镇长 高思民

孙疃镇

党委书记 朱东利
党委副书记 张运岭　郑新江
党委委员、副镇长 闫成法
党委委员、纪委书记 周爱民
党委委员、组织委员 周　良
党委委员、人武部部长 张思宝
党委委员 宁广明（挂职）
人大主席团主席 周文彬
人大主席团副主席 郜　林
镇　长 张运岭
副镇长 闫成法　牛进军
裴成武　苗东岳(挂职)

双堆集镇

党委书记 杨　永
党委副书记 蒋　鹏　胡守忠
党委委员、副镇长 陈　林
党委委员、纪委书记 刘启明
党委委员、组织委员 赵紫岩
党委委员、宣统委员 杨慧慧
党委委员、人武部部长 方振超
党委委员 李乐乐　孙启松(挂职)
人大主席团主席 李广亮
人大主席团副主席 张道海
镇　长 蒋　鹏
副镇长 陈　林　胡朝利　凌连杰

四铺镇

党委书记 徐宏建
党委副书记 祝春华　张　平
张　巍（挂职）
党委委员、副镇长 涂晓飞
党委委员、纪委书记 张从连
党委委员、组织委员 葛亚南
党委委员 李家明　刘　云
宋千军（挂职）
人大主席团主席 孙永军
人大主席团副主席 赵玉琳
镇　长 祝春华
副镇长 涂晓飞　赵书平　任　鹏

市属及其他单位

国土资源局
局长、党组书记　徐亚军
副局长　张玉松　马　勇　吴　超　秦淑芬（女）徐月芹
纪检组组长　赵志军
国税局
党组书记、局长　鲍　林
副局长　周宗普　吴　超　张天柱
纪检组组长　周博韬
地税局
党组书记、局长　杨德刚
副局长　宋新华　吴　雷　蒋延鲲
纪检组组长　徐继武
气象局
局　长　陈启霞（女）
副局长　吕森林　刘诗涛
国网濉溪县供电公司
总经理　梁　伟
党委书记　杨小彬
副总经理　吴元月　丁怀军　李　刚
纪委书记　关亚飞
邮政局
总经理　万利果
副总经理　田　浩
中国电信股份有限公司濉溪分公司
总经理　胡　军
副总经理　朱　艳　朱曙光
中国移动通信集团有限责任公司濉溪分公司
总经理　孙志强
中国联通公司濉溪分公司
总经理　房红模
中国银行濉溪支行
行　长　任　茜（女）
副行长　杨佩佩　蒋　魏
建设银行濉溪支行
行　长　丁怀海
副行长　吴波坤
工商银行濉溪支行
行　长　蔡淑华
副行长　马化洋　鲁德武　沐清森
农业银行濉溪支行
行　长　张旱雨
副行长　张　研
农业发展银行濉溪支行
行　长　王建华
副行长　孙世忠　徐　武
农商行濉溪支行
董事长　雷　慧
行　长　王忠平
副行长　雷志刚　段张虎
监事长　徐　岩
徽商银行濉溪支行
行　长　周　梅（女）
邮政银行濉溪支行
副行长　韩小红
国家统计局濉溪调查队
队　长　曹伯蕊
副队长　常双喜　张超峰
马鞍山农商银行濉溪支行
行　长　鲁汪琼
濉溪湖商村镇银行
行　长　佘月平
副行长　李　宁
招商银行濉溪支行
行　长　张应礼
副行长　孙　磊

附 录

濉溪县2017年国民经济和社会发展统计公报

面对复杂严峻的宏观经济形势，县委、县政府大力推进“五大发展行动计划”，抢抓机遇，稳中求进，县域经济呈现出实力增强、结构优化、质量提升的良好态势，民计民生、社会事业、社会治理取得新进步。

一、综合

初步核算，全县全年实现地区生产总值296.8亿元，增长9.1%。其中，第一产业增加值42.6亿元，增长3.8%；第二产业增加值158.1亿元，增长11.8%；第三产业增加值96.1亿元，增长7.7%。按常住人口计算，人均地区生产总值28429元。三次产业结构为14.3:53.3:32.4。

全年新增城镇就业19705人。全年新增私营企业1305户、个体工商户6811户。

二、农业

全年粮食种植面积308.7万亩，比上年增加4.4万亩。其中夏粮播种面积157.5万亩。全年粮食总产量108.5万吨，其中夏粮产量79.8万吨。小麦平均单产500.3公斤，连续5年稳固小麦单产“千斤县”地位。全年实现农林牧渔业总产值74.5亿元，增长1.6%。其中，农业产值41.3亿元，增长4.3%；林业产值2.9亿元，增长3.6%；牧业产值24.1亿元，下降4.4%；渔业产值2.3亿元，增长3.0%；农林牧渔服务业产值3.8亿元，增长3.6%。全年生猪出栏量40.2万头，增长2.3%；家禽出栏量1243.6万只，下降2.9%；羊出栏29.2万只，下降4.9%；牛出栏8618头，增长1.6%；肉类总产量5.9万吨，增长1.4%；水产品产量1.2万吨，增长4.6%。新型农业经营主体蓬勃发展，家庭农场达1073家，其中市级以上示范家庭农场132家；农民专业合作社达782家，其中国家级农民专业合作社3家。农业品牌建设持续推进，新增“三品一标”获证企业7家，其中“临涣酱包瓜”获批国家地理标志保护产品，15个农产品获得绿色食品认证。国内知名农业产业化龙头企业汉世伟集团、牧原集团入驻濉溪，规模以上农产品加工企业达66家。农村集体产权制度改革试点扎实推进，土地确权登记工作通过省级验收。黄桥闸、徐楼闸除险加固、小型水利改造提升等项目扎实推进，连续22年荣获省“江淮杯”奖。完成新一轮农村电网改造升级工程，农村供电基础设施大大改善。

三、工业和建筑业

全年新增规模以上工业企业25家，总数达294家。全年规模以上工业总产值增长17.5%；分行业看，石油加工、炼焦及核燃料加工业增长112.7%，农副食品加工业增长12.2%，非金属矿物制品业增长3.5%，黑色金属冶炼及压延加工业增长8.4%，有色金属冶炼及压延加工业增长50.9%，专用设备制造业增长16.1%，电气机械及器材制造业增长16%。铝基新材料、装备制造、食品加工“2+1”产业产值占规模工业总产值比重达67.6%。全年规模以上工业增加值增长12.6%。分类型看，国有企业增长813.6%，外商及港澳台企业增长6.0%，股份制企业增长11.7%。从轻重工业看，轻工业增加值增长10.1%，重工业增加值增长17.1%。

全县规模以上工业企业实现主营业务收入增长17.6%，利润增长21.9%，利税增长21.4%。

年末全县资质等级以上建筑企业11家。全年房屋建筑施工面积26.6万平方米，下降

12.3%。房屋竣工面积22.0万平方米，下降5.2%。建筑业实现增加值14.4亿元，增长6.4%。

县开发区配套完善、产业集聚效应突显，争创国家级开发区工作进入培育期，被纳入国家商务部管理考核序列。省铝制品质量监督检验中心争创国家级检验中心工作加快推进。创建国家火炬铝基新材料特色产业基地顺利通过答辩。开发区规模工业企业增至96家。濉芜产业园水电气、安置房等配套设施日趋完善，入驻规模工业企业12家，斯瓦克汽车部件等12个项目加快建设，北工汽车部件、麦能电器等项目试生产。

出台支持科技创新20条、加快新型工业化发展等政策，设立3000万元新型工业化发展专项资金。全年高新技术产业实现增加值27.8亿元，增长13.3%。战略性新兴产业实现产值110.2亿元，增长19.6%。省级技术中心达12家、工业精品5个。新增战略性新兴企业9家，总数达21家。新认定广博机电等高新技术企业8家，总数达21家。艾瑞库车业、金鸿盛电气荣获“2017年省级两化融合贯标试点企业”。理士电源、口子酒业跻身“2017全省民营企业百强榜”。

四、固定资产投资

全年在建施工项目500个，其中新开工项目412个。全年固定资产投资增长13.9%，其中项目投资增长14%。房地产开发投资17.7亿元，增长12%。分产业看，一产投资增长262.9%；二产投资增长9.3%；三产投资增长10.4%。全县230个重点项目完成投资185.1亿元，利丰电器、广博机电二期等铝产业项目加快建设，富厚电气、新品源锂电池等项目竣工试产。易事特等6个光伏项目并网发电，浦发秸秆发电、鸿源煤气发电项目基本建成。

全年完成房屋征收面积165万平方米，符夹线以东老城区连片改造面积达1.98平方公里，河西区改造面积1.06平方公里。实施四里庄等棚改项目15个，乾隆湖环境整治等重点项目3个。全年完成棚改投资47亿元，开工16711套。

五、国内贸易

出台支持现代服务业发展18条政策，支持商贸、电商等服务业发展。国家电子商务进农村综合示范县稳步推进，中瑞公司跻身全省电子商务50强，县电子商务产业园跻身2017年省级电子商务集聚区、2016～2017安徽省电子商务示范园区。

全年培育限上商贸流通企业30家，总数达108家。2017年实现社会消费品零售总额96.8亿元，增长11.7%。其中限额以上单位实现零售额23亿元，增长10.5%。居民消费结构不断提升，日用品消费类、烟酒类、汽车类消费平稳较快增长。全县限额以上批零单位中日用品类实现零售额2.44亿元，增长29.3%；烟酒类实现零售额4.10亿元，增长28.6%；汽车类实现零售额0.45亿元，增长21.5%。

六、对外贸易

全年实现进出口总额2.77亿美元，比上年增长14%。其中，出口2.73亿美元，增长23.8%，进口426万美元，下降13.8%。新增出口实绩企业7家，总数达36家。

成功举办“2017年中国铝加工与润滑技术交流研讨会暨濉溪铝产业发展高端论坛”招商活动。全年引进省外资金116.83亿元，实际利用外资2.34亿美元，增长2.7%。理士电源跻身2017全省民营企业进出口百强榜，位列第9位。

七、交通

实施并完成农村道路畅通工程373.6公里，南双路、百临路等一批县乡道路建成通车。“一航两港两闸”加快推进。年末全县民用汽车拥有量9.0万辆，增长19.6%，其中私人汽车7.8万辆。全年交通运输、仓储和邮政业实现增加值9.0亿元，增长5.3%。

八、财政和金融

全年完成财政总收入33.6亿元，增长10.8%。其中地方财政收入16.7亿元，增长3.3%。税收收入30.6亿元，增长24.7%。全年财政支出56.9亿元，增长12.8%。其中，教育支出11亿元，下降4.5%；医疗卫生支出7.6亿元，增长41.6%；农林水事务支出10.7亿元，增长32.9%；住房保障支出4.9亿元，增长28.8%；社会保障和就业支出5.1亿元，下降1.4%；节能环保支出2.8亿元，增长34.3%。

通过设立产业基金、续贷过桥资金等方式，帮助企业融资78亿元。美信铝业实现并购上市，大自然种猪在新三板挂牌。淮北农商银行濉溪支行开业，银行金融机构达12家。全面落实“营改增”、结构性减税降费等改革政策，累计为企业减轻税费负担1.2亿元。全年发放小额扶贫贷款1.5亿元。完善续贷过桥资金管理运行机制，壮大产业基金规模，提高“税融通”服务水平，全年新增贷款20亿元，贷款余额达到236亿元。

年末全县金融机构各项人民币存款余额427.3亿元，比年初增加53亿元，同比增长14.2%；住户储蓄存款余额286.6亿元，比年初增加31.4亿元，同比增长12.3%；金融机构各项人民币贷款余额215.4亿元，比年初增加32.4亿元，同比增长17.7%。金融存贷比达到50.4%，比上年提升1.5个百分点。

九、教育和科学技术

年末全县有普通中学49所，在校学生5.3万人。小学176所，在校学生7.9万人。中职学校2所，在校学生2234人。幼儿园110所，在园幼儿3.6万人。年末全县拥有专任教师9160人。小学适龄儿童入学率100%，初中学龄人口入学率99.65%；小学毕业生升学率达到105.77%，初中毕业生升学率达到56.79%。“义务教育发展基本均衡县”通过国家评估认定。城区新改建恒大小学等6所学校。引进2家校车服务公司。

全年专利申请量1118件，专利授权282件。其中发明专利申请462件，发明专利授权50件。全民科学素质显著提升，获“全国科普示范县”称号。

十、文化、卫生和体育

成功举办首届柳孜大运河文化艺术节，首届运河流域八省市鼓书曲艺展演等系列文化宣传活动精彩纷呈，彰显了我县独特的文化艺术魅力，擦亮了运河文化名片。临涣唢呐等5个项目入选安徽省第五批非物质文化遗产名录。我县被评为“安徽曲艺之乡”。全民健身和竞技体育扎实开展，我县被评为“全省创建体育强县示范县”。

年末全县各类医疗卫生机构362家，其中医院22家、卫生院18家，执业（助理）医师1642人、注册护士1685人。卫生机构床位数4283张。

十一、人口、人民生活和社会保障

年末户籍人口111.9万人，比上年增加0.7万人，其中，男性57.7万人，增加0.4万人；女性54.2万人，增加0.3万人。当年出生人口22391人，死亡人口13862人。全县常住人口104.4万人。

全年城镇居民可支配收入26501元，增长8.5%。全年城镇居民人均消费支出17069元，增长8.1%。其中，食品烟酒支出4156元，下降2.1%；全年农村居民可支配收入11570元，增长9.2%。全年农村居民人均消费支出8559元，增长6.7%。其中，食品烟酒支出2423元，下降4.8%。

年末全县收养性社会福利单位23个，拥有床位3202张。全县城镇基本养老、医疗、失业保险参保人数分别为6.7万人、4.5万人和3.3万人。全民医保扎实推进，参加农村新型合作医疗的人数达95万人。城乡居民养老保险参保51.8万人，续保34.2万人。

注：

1. 本公报数为初步统计数；

2. 地区生产总值和规模工业增加值总量按现价计算，增长速度按可比价格计算；

3. 规模以上工业统计范围为年主营业务收入2000万元及以上的工业企业；

4. 固定资产投资统计范围为计划总投资500万元以上项目及房地产开发。

索 引